IRAK
AUX ORIGINES D'UN RÉGIME MILITAIRE

ALAA TAHIR

IRAK

AUX ORIGINES D'UN RÉGIME MILITAIRE

Editions L'Harmattan
5-7, rue de l'Ecole-Polytechnique
75005 Paris

L'Harmattan, 1989
ISBN : 2-73 84-0281-X

A ANNIE,

TRANSCRIPTION

Nous avons suivi le système des équivalences indiqué par la revue *Arabica,* tome II, de janvier 1955.

Transcription	Lettre arabe	Prononciation équivalente
Ḍ	ض	D
D̲	ذ	TH (son « THEY » anglais)
T̲	ث	TH (son « THING » anglais)
Ḫ	خ	KH (son « CH » allemand)
Q	ق	K
Š	ش	CH
Ḥ	ح	H (son « H » allemand)
H	ه	H
Ẓ	ظ	Z
ʼ	ء	A
ʻ	ع	A
Ġ	غ	G
Ğ	ج	G
Ṭ	ط	TT

LES GRADES MILITAIRES DES OFFICIERS DANS L'ARMÉE IRAKIENNE ET LEURS ÉQUIVALENCES DANS L'ARMÉE FRANÇAISE

Certains grades d'officiers ont subi des changements de dénomination après l'année 1958. Aussi, le tableau ci-dessous donne l'équivalence des grades anté et postérieurs à 1958 par rapport à ceux de la France.

IRAK		FRANCE
Sous la monarchie	**Actuellement**	
Moulāzim	**Moulāzim**	**Sous-lieutenant**
Moulāzim 'awal	**Moulāzim 'awal**	**Lieutenant**
Ra'īs	**Naqīb**	**Capitaine**
Ra'īs awal	**Rā'id**	**Commandant**
Mouqadam	**Mouqadam**	**Lieutenant-Colonel**
ʿAqīd	**ʿAqīd**	**Colonel**
Zaʿīm	**ʿAmīd**	**Général de Brigade**
Liwā'	**Liwā'**	**Général de division**
Farīq	**Farīq**	**Général de corps d'armée**
Mārechal	**Mouhīb**	**Maréchal**

ÉQUIVALENCE DES UNITÉS MILITAIRES

Irakiennes	**Françaises**
Al ǧayš	Troupe (ou l'Armée)
Faylaq	Régiment
Firqa	Division
Liwā'	Brigade
Fawǧ	Bataillon
Sariya	Compagnie
Katiba	Escadron
Faṣil	Section

ORGANIGRAMME D'UNE DIVISION D'INFANTERIE DANS L'ARMÉE IRAKIENNE

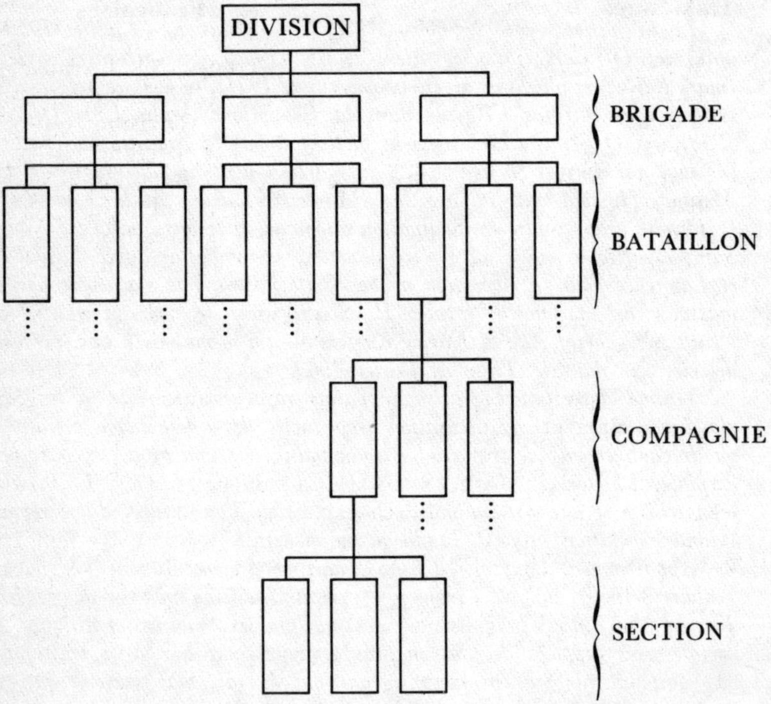

PRÉFACE

Le 14 juillet : date symbolique pour une révolution. 14 juillet 1958 : après les Officiers libres égyptiens (juillet 1953), les militaires syriens (mars 1954), les militants algériens (novembre 1954), la poussée progressiste syrienne qui entraîne l'Égypte dans la République Arabe Unie (février 1958), les Officiers libres irakiens mettent à bas la dynastie hachémite : le jeune roi Fayçal II âgé de 23 ans, arrière-petit-fils du chérif de La Mecque, Hussein qui, appuyé sur l'Angleterre, avait proclamé en 1916 la Révolte arabe contre la domination ottomane, et le vieux ministre Noury Saïd, ex-officier arabe au service ottoman, ex-combattant avec Fayçal Ier et Lawrence pour la libération arabe. Cette mise à bas s'achevait par le massacre de la famille royale. Il en surgissait le nouveau maître de l'Irak : le général Abd el Karim Kassem — lui-même mis à bas, exécuté, déterré, jeté dans le Tigre en février 1963.

*Drame shakespearien, prise de palais royal évocateur de la tragédie classique (*Bajazet...*), accusation trop facile de « despotisme oriental » ou de changements de dynasties à la mamluk tels que rapportés par, par exemple, l'historien Maqrizi ? Ou putsch militaire, coup d'État anti-monarchiste et anti-britannique ? Ou expression d'une neuve, d'une renouvelante révolution arabe ? Tradition ou modernité ?*

Apparemment l'ouvrage d'Alaa Tahir se présente comme une monographie sérieuse sur le « règne » — moins de cinq ans — du général Kassem, ses idées progressistes, ses indéniables réformes politiques et sociales, ses rapports de plus en plus difficiles avec les partis politiques, son nationalisme irakien intransigeant qui le fait mal soutenir par le trop faible parti communiste irakien et attaquer par le puissant mouvement Baath, nationaliste unioniste arabe. Ceci pour les luttes collectives.

Mais aussi dans ses rapports — ses compétitions — idéologiques et psychologiques de plus en plus tendues avec, à l'extérieur, le grand Nasser, héraut symbolique de la dignité et de l'unité arabes, et à l'intérieur, avec l'autre officier irakien, le compagnon d'armes et de politique de 1958 devenu le frère ennemi, qui le fera juger et le remplacera en 1963 : Aref.

Monographie donc, restituant avec bonheur les mutations sociales et politiques intervenues au cours de la période Kassem ; et décrivant aussi avec précision certaines opérations militaires limitées, une « technique du coup d'État » : la prise du palais royal en 1958 demeurera un modèle de description tactique.

Plus profondément, l'ouvrage d'Alaa Tahir offre matière à une réflexion décapante sur les transformations capitales qui se font jour dans le monde arabe contemporain : unité politique et culturelle d'une nation, ou articulation d'États-nations ne parvenant pas à contrôler leurs rivalités et agressivités respectives ? Interrogations sur les formes et les méthodes de pouvoirs oscillant entre des populismes sociaux et des dirigismes contrôlés, réfrénant la lutte des classes et s'appuyant sur certains milieux contre d'autres ; sur des souverainetés fondées sur la force mais se légitimant par leurs espoirs d'indépendance anti-impérialiste, de développement économique et de justice sociale, plus que sur des processus démocratiques pluralistes que n'ont su mettre en œuvre les élites politiques et intellectuelles.

Ce qui pose d'une manière spécifique le rôle du militaire arabe bloqué entre « le pouvoir et la révolution » dans les décennies suivant les libérations, lors de la prédominance des idéologies socialistes et nationalistes qui ont précédé les renaissances islamistes.

D'où aussi les appréciations désabusées de l'auteur sur le destin individuel et la capacité à gouverner de Kassem, ce soldat honnête, patriote, doté d'un « savoir-faire expéditif et limité », mais incapable, selon lui, de se réaliser en de grands projets, de fonder un véritable style arabe de pouvoir, de gouvernement et de société.

Au-delà de cinq années de l'histoire politique irakienne, Alaa Tahir nous provoque à mieux réfléchir, à mieux comprendre les actuelles transformations des armées, des classes et des pouvoirs dans les sociétés arabes.

Jean-Paul CHARNAY

AVANT-PROPOS

« Sous un certain angle, l'histoire musulmane contemporaine se développe en une succession de putschs militaires : coups d'État réussis, tentatives depuis 1936 *. » Il est aisé de constater au travers de cette recherche que l'histoire de l'Irak corrobore cette thèse par sa richesse en coups d'État parmi lesquels ceux de Bakir Ṣodqī en 1936, Rašīd Alī Al Gaylānī en 1941, sans compter les nombreuses tentatives qui échouèrent avant le 14 juillet 1958, ainsi que le coup d'État de Al Šawāf, le mouvement de Kirkouk et les ébauches de *pronunciamento* à l'encontre de Kassem.

Il est certain que les pays musulmans étant des pays où le sous-développement tant économique que social et culturel... reste conséquent, la conscience politique et culturelle n'émerge que difficilement du patrimoine islamique dans lequel les califes se sont complus à la maintenir, notamment dans le domaine politique, en ayant soin de protéger le privilège de l'hérédité des successions.

Ces pays, auxquels appartient l'Irak, n'ont connu ni système parlementaire, ni élections, ni mouvement populaire de masse exprimant l'idée et les revendications d'un peuple.

L'Irak s'ouvre à ce monde au travers du colonialisme occidental, une emprise coloniale qui reste prudente dans son « enseignement du libéralisme », car soucieuse de préserver ses privilèges.

Faute d'intellectuels, le peuple irakien ne peut s'imposer à un système royal qui repose fortement sur la tutelle britannique.

Il faudra attendre et compter sur l'armée et plus précisément sur des officiers d'une nouvelle génération, cette « génération intermédiaire » dont parle J-P Charnay, qui s'annonce comme l'avant-garde d'une société en léthargie.

---

* J.P. Charnay, *Le militaire arabe entre le pouvoir et la révolution*, Cahiers internationaux de sociologie, 1972 pp. 229-230.

Face au colonialisme, ces officiers s'affirment. Ils puisent dans l'armée la force, une structure — qui faisaient défaut aux partis politiques irakiens — ainsi que des ambitions. C'est alors le début de cette longue chaîne de coups d'État qui aboutit aux évènements du 14 juillet 1958 qui renverse la monarchie. Un nouveau chef « hérite » du pouvoir : Kassem qui, bientôt, afin de préserver celui-ci, condamne les portes du pouvoir aux forces politiques qui se développent dangereusement à son goût.

Le pli est pris : un nouveau coup d'État se prépare en réaction à ce dirigisme. Se succèderont alors des gouvernements militaires comme celui d'Aref, puis ceux de ses successeurs, qui se désignent comme « provisoires » en promettant des élections si attendues et si réclamées.

Une situation propre à ces pays sous-développés qui se retrouve dans le monde islamique à différents stades — comme au Pakistan où le général Ẓiyā' Al Ḥaq, qui après plusieurs années de gouvernement « provisoire » promet toujours des élections — et où l'opposition politique subit l'oppression du régime gouvernemental militaire, attendant que son heure sonne pour renverser la situation.

Des pays où le « choix » d'un gouvernement se fait par la violence et où les civils ne peuvent s'imposer car l'organisation, la structure, la puissance, le rayonnement et l'étendue des ramifications, dont dispose l'armée, leur font défaut et ne leur permettent pas de s'affirmer auprès d'une population rompue à des gouvernements militaires.

Le dernier président irakien en est un exemple vivant : alors vice-président de la république sous Ahmed Ḥasan Al Bakir, Saddam Hussein (civil) fut nommé général en 1974 dans l'hypothèse où il aurait à assurer la succession de Ahmed Ḥasan Al Bakir. Depuis 1979, à la tête du pays, Saddam Hussein mettra à profit la leçon de ses prédécesseurs et s'attachera à « éloigner » tout parti politique, tout militaire, tout civil susceptible de le priver de ses privilèges de chef d'État, cela en s'appuyant plus que jamais sur l'armée, « l'avant-garde des sociétés sous-développées ».

INTRODUCTION

Depuis le coup d'État du 14 juillet 1958, qui renversa la monarchie et proclama la république, et jusqu'à l'heure actuelle, le pouvoir en Irak a été partagé par de multiples régimes militaires qui ont fait du coup d'État le moyen d'accession au pouvoir.

En dépit des divergences idéologiques qui distinguent un pouvoir d'un autre, la structure de ces régimes a été unique et toujours marquée par l'absence de toute cohésion et aussi de cohérence. Les régimes successifs qui n'ont pu surmonter ni leurs contradictions, ni cette absence chronique de cohésion ont cependant veillé à l'instauration d'un compromis social capable de les maintenir au pouvoir. Pour atteindre ce but, ils ont dû renforcer les appareils répressifs afin de se préserver de tout éventuel mouvement pouvant aboutir à leur renversement, tout en restant conscients du manque de légitimité politique qui les caractérisait. Ainsi, les pouvoirs putchistes n'ont cessé de conduire l'Irak de crises en crises — politiques et économiques — jusqu'à ce que le pays soit entraîné dans le conflit irako-iranien déclaré le 22 septembre 1980 ; conflit qui a fait quatre cent mille victimes du côté irakien et presque un million du côté iranien, sans compter la destruction de l'économie des deux pays, l'impact sur la démographie et les incidences sur les structures mentales et morales.

Le pouvoir actuel en Irak est la résultante des régimes antérieurs, instaurés à la faveur d'une série de coups d'État marqués du sceau des militaires. En témoigne, l'étroite surveillance de toute l'activité politique dans la société civile ou militaire de ce pays. Aussi, ce pouvoir constitue-t-il une étape historique, à l'instar de la monarchie depuis son accession au pouvoir, tenant à l'écart les civils non seulement la magistrature suprême mais aussi de tous les postes ministériels, ce en quoi il rejoint, à des degrés divers, le régime de Nasser qui avait procédé à la militarisation de toutes les institutions étatiques.

L'hétérogénéité de cette caste militaire met en relief les contradictions du pouvoir. Aussi, pour appréhender la nature de ce système, il convient de revenir à ses origines structurelles : le coup d'État du 14 juillet 1958, qui annonçait déjà la configuration de tous les systèmes ultérieurs. Pourtant, le pouvoir de Kassem n'était pas caractéristique d'un système d'hégémonie militaire ou politique. Il s'agissait en fait d'un pouvoir transitoire instauré dans une société dont les institutions dites libérales, tel le parlement, a permis l'instauration de réformes économiques et politiques, réformes qui, bien que positives, relevaient plus de la personnalité de Kassem que de la nature du régime et purent atténuer le caractère militaire du pouvoir.

L'analyse du pouvoir détenu par Kassem permet d'appréhender plus clairement la nature des régimes qui lui ont succédé, en dépit de leurs divergences idéologiques. Cette analyse permet en effet d'éclairer l'évolution des régimes politiques durant cette phase d'attente et donne ainsi une meilleure compréhension du conflit actuel qui masque et détourne l'attention de la faillite et de la crise que traverse le présent régime irakien, et risque de remettre en question le caractère de stabilité dont certains voudraient encore accréditer ce régime militaire.

La période étudiée révèle différents mouvements/courants politiques qui se succéderont à un moment ou à un autre au gouvernement après le 14 juillet 1958, tout comme se succèderont à la présidence de la République les personnages qui ont fait, de près ou de loin, l'événement au cours de ces années, tels ʿAbd Al Salām Aref (président de 1963 à 1966), Aḥmad Ḥassan Al Bakr, puis Saddam Hussein actuellement président de l'Irak.

Ces quelques années furent celles d'une vie politique intense, elles furent si riches en événements qu'elles retentissent encore sur notre époque. Certains partis politiques ont su prendre un essor et un élan qui les ont projetés dans la vie publique, profitant des quelques instants de pause dans la censure gouvernementale, alors que d'autres ont dépéri et disparu à jamais comme, par exemple, Al Waṯani Al Dīmoqrātī, le parti nationaliste démocratique.

Une richesse et une densité qui font que ces cinq années sont considérées par certains comme étant l'origine, la genèse historique et structurelle des régimes politiques militaires en Irak. En effet, aucune réforme majeure n'est venue modifier ces structures ces dernières années. De ce fait, étudier le régime de Kassem, qui instaure, ne l'oublions pas, la première république en Irak, permet de tracer un profil de tous les régimes qui succèderont, aux rythmes des coups d'État et des mouvements militaires. Il n'est guère possible de comprendre la vie politique irakienne aujourd'hui sans remonter à cette date-clé de 1958 qui fit basculer l'histoire du pays. Il ne faut pas négliger le fait que le parti Baas irakien, actuellement au pouvoir, donne la preuve quotidienne de la persistance du phénomène, tant au niveau de la politique intérieure (conflit kurde toujours latent) qu'extérieure (Iran).

Le parti Baas, plein d'ambition, qui a fait ses premiers pas sous le régime de Kassem, et qui, avec le temps, et fort de l'expérience que le libéralisme de Kassem lui permet d'acquérir, travaille pour obtenir le pouvoir, et ce par le biais d'une « stratégie de coups d'État », instrument favori des régimes de dictature. Parallèlement à l'éveil du parti Baas, ce milieu de siècle a vu la petite bourgeoisie s'enrichir d'une conscience politique et prendre certains pouvoirs pour venir influencer progressivement la politique irakienne.

De cette « petite-bourgeoisie » émergeront des noms célèbres tels ceux de ʿAbd Al Salām Aref, son frère Abd Al Rahman ʿAref, Ahmad Hassan Al Bakr et Saddam Hussein.

PREMIÈRE PARTIE

MISE EN PLACE DU RÉGIME

PREMIER CHAPITRE

DE L'ORGANISATION DES OFFICIERS LIBRES

I. Genèse conceptuelle de la création d'une organisation militaire

La discrétion mise par les historiens* à faire ressortir l'importance des relations entre armée et pouvoir politique en Irak reste indéniable, et pourtant, la discrétion et la superficialité qui entourent celles-ci n'entachent en rien leur profondeur et leur influence incontestables sur l'avenir de ce pays. Ce qui apparaît comme une distanciation sociale entre l'armée et le pouvoir politique n'est en fait qu'illusoire. Car dès les premières années de l'exercice du colonialisme britannique et par la suite le mouvement de 1920 qui achemine la Grande-Bretagne vers une révision de sa ligne de conduite politique, la quasi-majorité des détenteurs du pouvoir « politique » s'avèrent être des personnes dont la formation politique émane indéniablement des écoles militaires.

Le bénéfice de cette formation, réservée à une élite à laquelle elle confère force et respect, ne fut jamais exploité en vue de contraintes par la force — coup d'État ou instauration d'un régime — mais plutôt comme l'assise, le fondement d'une vie politique future.

Cette instruction des militaires en vue de remplir un rôle politique, qui précède la création de l'armée irakienne, se révèle suffisante pour inciter l'Irak à accomplir ses premiers pas pour

* Se reporter en annexe à l'analyse des sources effectuée par l'auteur.

sortir de son mutisme administratif et politique, bien que la Grande-Bretagne ait fortement marqué de son empreinte cette « libération » et ait adhéré à cette initiative libératrice. En fait, l'armature impérialiste subsiste, seule sa forme/son expression n'ont été que très légèrement modifiées car si une solution est portée à l'absence de cadres administratifs et politiques, il est indéniable que le mérite de l'initiative revient à la Grande-Bretagne, par l'entremise d'officiers instruits dans des écoles turques, sous l'autorité de la puissance colonisatrice.

Cette dernière a su adapter et mettre à profit « l'expérience politique turque » pour l'armée irakienne qui, tout en restant supervisée par l'autorité britannique, bénéficia de la combinaison de ces divers enseignements. La quasi-totalité des membres du gouvernement irakien ont alors su et pu tirer avantage des enseignements britanniques et/ou turcs. Nourī Al Saīd, Ǧaʿ Far Alʿ Askarī, Ǧamīl Al Madfʿī et Yāsīn Al Hāšimī peuvent être ici cités à titre d'exemples au même titre que de nombreux ministres sortis de l'Académie des sciences militaires de Constantinople, lieu d'éducation privilégié des fils de notables (1).

De cet ensemble éducatif politico-militaire se dégage une armée irakienne solidement structurée, mais surtout, enfin, irakienne — bien qu'indéniablement d'origine intellectuelle turque. Postérieurement à ce fait, l'émergence au sein de l'armée d'une classe d'officiers prenant part à la vie publique, marquée par une nouvelle vision des questions politiques et de leur résolution, se dessine. Cette nouvelle « classe » militaire se distingue par ses conceptions idéologiques, politiques, ses théories et surtout par une efficacité résultant à l'origine, sans nul doute, de l'acquisition par cette minorité de postes hiérarchiquement importants au sein de l'Administration militaire et du gouvernement.

Ne serait-ce pas déjà un fait symptomatique que de constater que cette nouvelle race d'officiers se dresse idéologiquement contre « la race primitive des officiers nés du colonialisme » et de constater l'accentuation idéologique rattachée aux thèmes de l'indépendance et de l'émancipation irakiennes ainsi qu'à celui de la décolonisation, bien que le poids du contrôle britannique se fasse de moins en moins pesant déjà ?

Peu à peu, la poussée de cette classe naissante va acculer la Grande-Bretagne à devoir négocier son maintien dans un pays qui a déjà pris le chemin de son indépendance. Vue sous cet angle, cette ère historique peut être considérée comme « le passage de l'invasion à la contre-offensive qui, à l'encontre du colonialisme, marque le début d'une ère de mouvements importants ».

Cette période se caractérise donc comme étant le délicat passage du colonialisme à l'indépendance, le lieu d'affrontement entre la puissance d'un empire — britannique — et l'inexpérience et la jeunesse idéologique d'un pays avec lequel il faudra désormais compter : l'Irak.

Le principe de décolonisation étant posé, un des actes marquants est le désengagement et la désaffection militaires de la Grande-Bretagne en Irak et la mise en place d'un système de substitution au « cadre classique imposé par la force colonialiste » afin de permettre ainsi l'instauration de réformes, bien que celles-ci se caractérisent encore par un manque d'ampleur certain. L'ambivalence des objectifs en vue de l'indépendance pour l'Irak reste, pour cette élite militaire, évidente. D'une part, le désir de décolonisation politico-militaire du pays comme première étape vers une décolonisation totale est évident — bien que ce premier point ne soit abordé que dans sa généralité tandis que, d'autre part, l'ambition personnelle de ses officiers, conscients de leur force et du pouvoir qu'ils détiennent, se manifeste très vite.

L'entrée dans l'action de ces forces s'opère le 29 octobre 1936, avec le coup d'État du général Bakir Ṣodqī contre le gouvernement, aboutissant à un renversement révélateur qui maintient le système de la royauté. Il ne peut donc être question d'un renversement gouvernemental mais seulement ministériel à la tête duquel Ḥikmat Soulymān devient Premier ministre d'un gouvernement qui fut qualifié de « réformiste éclairé » toujours subordonné à l'emprise de la puissance colonisatrice.

L'accession à des postes ministériels de certains membres de la formation politique Al Ahālī marque l'origine des changements de tendance réformiste (2), parmi lesquels certains, nettement kémalistes, reçurent le meilleur accueil du Premier ministre (3) favorable à des réformes inspirées des modèles turcs. Bakir Ṣodqī s'érigeant en dictateur militaire anéantit ce programme de nouvelles réformes et l'on voit déjà poindre à l'horizon la lutte qui opposera les groupes de « formation turque » au pouvoir et la nouvelle classe d'officiers. Sentiment renforcé et confirmé par l'assassinat de Bakir Ṣodqī en août 1937, résultat d'un complot érigé par Ġafar AlʿAskarī, fondateur de l'armée irakienne et membre partisan de la classe militaire « primitive » (4).

S'il est permis d'évoquer l'échec de ce coup d'État tant sur les plans militaires — assassinat de Bakir Ṣodqī — que politique — renversement du gouvernement, rejet des réformes — il est indéniable que l'on assiste là à la révélation d'un nouveau mode d'intrusion dans la politique et qui n'est autre que la violence. Ainsi se révèle la véritable identité du pouvoir politique en Irak : une couverture civile pour une activité politique dont le noyau se trouverait être de contenu militaire.

Par ailleurs, ce coup d'État présente l'originalité d'être le premier coup d'État militaire de l'histoire moderne irakienne, bien que n'étant pas la première tentative de pénétration militaire dans la politique. Paradoxalement, originalité de ce coup d'État, selon certains officiers irakiens, n'a qu'une seule valeur, celle d'être le début d'une voie politique tracée par les militaires.

Ces mêmes officiers ajoutent que malgré l'assassinat de Bakir Ṣodqī et l'épuration ministérielle, aucun changement notable n'a été remarqué quant aux pressions militaires exercées sur le gouvernement et dépendantes de l'intensité des actions politiques coloniales (5).

L'étude, même sommaire, de ce coup d'État et de ses origines fait intervenir incontestablement l'influence non négligeable des coups d'État militaires à l'étranger et plus précisément ceux survenus dans des pays ayant les mêmes spécificités économiques, sociales et politiques que l'Irak, dans ce dernier quart du XIXe siècle. Les quelques exemples, qui suivent, ne peuvent que corroborer cette hypothèse :

— 1879 : coup d'État du général Aḥmad ʿOrābī en Égypte.

— 27 avril 1909 : coup d'État en Turquie émanant de l'organisation Torkiya Al Fatāt* et dirigé contre le sultan ʿAbd Al Ḥamīd.

— 5 août 1919 : coup d'État de Mustafa Kamal (Ataturk) qui instaure la République turque.

— Mars 1921 : coup d'État du général Riḍa Pahvlavī** qui place sa dynastie sur le trône d'Iran où elle régnait encore jusqu'en 1979, avec l'appui d'une élite militaire (6).

Ce coup d'État irakien n'est pas uniquement un des maillons de cette longue chaîne de mouvements militaires qui éclosent au Moyen-Orient, chaîne qui débuta bien avant 1936 et qui se prolonge de nos jours sans lutte idéologique entre les programmes confrontés — réactionnaires et radicaux — lors de cette succession/alternance de gouvernements.

En effet, le phénomène « ambition personnelle » occupe une place par trop évidente dans les motivations de la plupart de ces coups d'État, qui reflètent dès lors plus une lutte au sein de l'Administration militaire qu'une lutte idéologique au sens propre. Le maintien des structures sociales, économiques et politiques traditionnelles en est une preuve plus que révélatrice.

Contrairement au mouvement de 1936, celui de mai 1941 ne se caractérise pas par l'unicité de la détention de l'autorité.

* (Turquie, La fille.)

** B. Vernier, *Armée et politique en Moyen-Orient*, Collection Études et Documents, Payot, Paris, 1966, p. 236.

Larousse, *Encyclopédie en couleurs*, 1978, T. 12, p. 4903.

Ce qui marque ce mouvement, comparativement à celui, de même ampleur, de 1936 reste la plus grande clarté et les précisions dans les desseins et l'appartenance politique. Cette dernière apparaît plus nettement si l'on étudie successivement tous les éléments qui vivifièrent ce deuxième mouvement militaire dirigé par les deux colonels d'idéologie « nationaliste-arabiste » : Ṣalāh Al Dīn Al Ṣabāġ et Fahmī Saīd, fondateurs en 1931 du groupe Ǧamʿlyat Al Ḍobāt (« Le groupe des officiers »). Ces deux colonels joignent leurs forces à celles de deux autres colonels — Kāmil Šibīb et Maḥmoud Salmān — et lancent en 1941 un ultimatum au régent ʿAbd Al Ilāh, qui n'a d'autre solution que d'accepter la dissolution du gouvernement constitué par le Premier ministre Al Hāšimī et d'agréer la formation d'un gouvernement de « Défense nationale » avec à sa tête Rašīdʿ Ālī Al Gaylānī, d'appartenance nationaliste-arabiste. A cette époque, bénéficiant de la propagande nazi, le courant nationaliste-arabiste connaît une activité intense et devient un mouvement politique influent (7).

La quasi-similitude idéologique existant entre ces deux courants nationalistes arabiste/national-socialiste — opposés à toute ingérence politique et économique de l'étranger — a pour conséquence « l'annexion » de Rašīdʿ Ālī Al Gaylānī au « parti allemand » (8), alors qu'il bénéficie déjà d'une certaine notoriété dans les milieux politiques irakiens, pour avoir entre 1920 et 1935 détenu plusieurs portefeuilles ministériels et occupé le poste de Premier ministre. Par la suite, des divergences naissent entre son courant d'idées et le gouvernement colonialiste. Aussi grâce aux quatre colonels déjà nommés, il gagne à sa cause l'armée irakienne, avec l'appui de l'Allemagne.

L'orientation ambivalente de ce mouvement se trouve réaffirmée par les historiens qui qualifient ce mouvement de nationaliste-régional (Waṭaniya) et de nationaliste-arabiste (Qawmiya). Les actions entreprises par ce mouvement ne reflètent pas le but général partagé par la nation : œuvrer à la décolonisation. Car sa réussite aurait signifié, en définitive, opter pour la substitution d'un colonialisme — celui de la Grande-Bretagne — pour celui de l'Allemagne, qui aurait exploité une position stratégique militaire forte vis-à-vis des Alliés et mis en place une « régence » économique sur l'Irak.

Le mouvement de Bakir Ṣodqī se révèle en fait engagé sur une voie plus réformiste, du fait de la nature et des buts des réformes qu'il propose, alors que le mouvement de 1941 n'inscrira jamais la moindre réforme dans son programme.

Un renversement brusque de situation succède à la chute du mouvement de 1941 : le contrôle britannique s'accentue plus que jamais, les quatre colonels sont exécutés, Rašīdʿ Ālī Al

Gaylānī est contraint de fuir en Iran, ce qui mutile l'armée et explique en partie la période de calme relatif qui va durer jusqu'en 1958.

Outre le renforcement du contrôle britannique, les exécutions et la fuite de certains officiers, une autre conséquence se profile : la méfiance du régent envers l'armée qui va aboutir à l'instauration de contrôles militaires, à la montée de l'espionnage ainsi qu'à des dénonciations au sein de l'armée. Un but doit être atteint : annihiler toute rébellion militaire rendue déjà quasi impossible par la seule présence britannique et la force militaire qu'elle représente avec des camps militaires tels que Ḥabāniya et Soʿayba.

L'élite de cette classe — de nouveaux officiers — prend alors conscience de la raison majeure qui est à l'origine des échecs des deux mouvements de 1936 et 1941 : l'individualisme en leur sein. Cette prise de conscience conduit à la refonte de « l'Organisation », bien qu'avant d'avancer le vocable « organisation » il faille se poser deux questions :

1. Pourquoi la recherche de la libération de l'emprise colonialiste et de l'instauration de réformes, par l'entremise d'officiers nationalistes, n'a d'autre alternative que l'immixtion dans le champ politique ? Question formulée quelque peu différemment par un sociologue égyptien : « Pourquoi les officiers des pays dits sous-développés s'affirment-ils plus dans des domaines de politique intérieure comparativement à ceux des sociétés dites industrialisées (9) ? »

2. Quel est le germe du concept créateur d'une organisation militaire issue de l'armée elle-même et qui s'arroge la responsabilité d'un changement politique ?

Répondre à la première question implique nécessairement de tenir compte des spécificités de l'Irak et parmi celles-ci de la plus importante : le fait que l'armée investisse le domaine politique et y joue un rôle prépondérant et cela à plusieurs titres.

- La force politique civile (il faut entendre par cette expression : les partis non militaires), fortement incrustée dans des structures déjà existantes de par sa ligne idéologique traditionnelle — fidélité/foi en la royauté — et les moyens dont elle dispose au sein du Parlement ne possède pas les aptitudes nécessaires pour faire admettre son projet et obtenir des changements radicaux. Une étude attentive des réformes de ces partis ne ferait que mettre en valeur leur « quasi-conservatisme », à l'exception du Parti communiste irakien. L'organisation de ces partis, au travers de leurs méthodes mêmes de travail reste rudimentaire. Durant les grandes manifestations d'opposition au gouvernement qui eurent lieu, des années 1920 jusqu'en 1956, ces mêmes partis sortirent du légalisme politique, entraînant par là même la résurgence de la violence gouvernementale.

Ce qui différencie les partis politiques et le gouvernement reste indéniablement le fait que les premiers n'accordent pas à la violence l'intérêt que semble lui attribuer le dernier. De ce fait, certains partis politiques, contraints de faire face à la violence que le gouvernement leur oppose, n'atteignent jamais leurs buts, ce qui démontre irréfutablement l'influence non négligeable de la force armée dans la politique.

- Les partis de l'opposition, faute de structure, de plan, de moyens, d'énergie, de foi, ont atteint le point de non-retour dans l'incapacité de mettre un terme au système politique royal et à l'emprise colonialiste. Ces « associations politiques » pour n'avoir pas répondu à la violence par la violence, ne peuvent manifestement plus s'imposer.

L'armée, en contrepartie, prend alors conscience de sa force face à la vulnérabilité de ces partis, de la puissance de ses moyens d'action et de pression par la violence, de son expérience — par opposition à l'inexpérience des partis politiques — de la valeur de son Organisation et de ses structures. L'idée d'un mouvement armé se laisse déjà pressentir. Lénine a d'ailleurs écrit dans un de ses ouvrages : « Bien que les moyens puissent avoir une importance non négligeable lors de la conduite d'un mouvement armé, il n'en demeure pas moins que l'expérience militaire acquise, lors d'actions dirigées contre l'armée, les prisons, les administrations, certains points stratégiques militaires, doit être également considérée comme un élément primordial (10). » Cette affirmation s'applique tout particulièrement aux partis politiques et explique leur défaillance. La prise de conscience de la nécessité d'une certaine expérience dans l'action militaire prouve qu'une analyse des échecs est effectuée et qu'au-delà de celle-ci un acheminement vers une action décisive se confirme.

- Les officiers bénéficient d'une conscience politique plus profonde que celle des « partis politiques civils » et s'affirment de plus en plus par cette supériorité, qui fait d'eux une « caste » exceptionnelle joignant les moyens matériels aux moyens d'ordre psychologique.

- Les exemples de mouvements armés de pays voisins tels que la Turquie ou l'Iran, pour ne citer que ceux-ci, renforcent les officiers irakiens dans leurs ambitions — personnelles ou nationales — accentuant la confiance qu'ils placent dans un mouvement de même type avec pour desseins un coup d'État et la prise du pouvoir.

• Le pays souffre de non-structuration généralisée, toute structure, embryon de structure, est confiné à l'état latent. L'armée, une fois de plus, se révèle comme le noyau de la prise de conscience politique de la société irakienne de par son niveau de conscience politique et intellectuel le plus élevé. Pour cette « classe supérieure », qui tient effectivement une place importante dans l'intelligentsia du pays, un rôle manifeste l'attend fatalement dans les projets politiques du pays (11). L'armée alors se modèle, se soumet à des transformations adéquates à l'avenir qu'elle se réserve pour devenir l'armée d'une nation luttant pour son indépendance, tout en conservant son rôle traditionnel — la défense du pays —, celui dont dépend aussi l'espoir du futur (12).

• Par son rôle, l'armée possède une position très proche de celle du pouvoir politique. Elle apparaît, d'une part comme le point le plus profond dans le noyau du pouvoir — en quelque sorte sa base, son assise — et d'autre part comme le point d'intersection des projets politiques et nationaux assurant la protection (13).

La dépendance du gouvernement vis-à-vis de l'armée n'est plus à démontrer lors de mouvements d'opposition. La politique gouvernementale rythme donc l'action militaire, avec à la clé de la gamme : « L'espoir politique national ». L'avantage prépondérant de l'armée reste celui d'être « armée » et de bénéficier de cette force et des dérivés psychologiques qui en découlent, persuasion, crainte, respect, ...

Cette prise de conscience de la valeur de l'armée éclate avec la naissance d'une nouvelle élite d'officiers. Cette union — armée/nouveaux officiers — donne naissance aux embryons de mouvements « anti-royauté »/anti-gouvernement. La nouvelle génération d'officiers croit en la force de l'armée et de son action face à un pouvoir sans armée, ainsi qu'en l'unique possibilité de renverser le gouvernement par une action militaire.

• La poussée exercée par les ambitions personnelles est une des motivations utilisées pour l'obtention du pouvoir — but à fin nationale.

La réponse à la seconde question, portant sur la formation d'une organisation militaire, compte de multiples composantes.

• L'ascendance des deux mouvements militaires antérieurs à celui du 14 juillet 1958 — celui de Bakir Ṣodqī en 1936 et celui de RašīdʿĀlī Al Gaylānī en 1941 — sur la création d'une organisation militaire au sein même de l'armée, sans appartenance, ni relation aucune avec des partis politiques irakiens quels qu'ils soient, est indubitable.

De ces luttes intestines résulte l'impossibilité d'imposer une stratification/organisation qui puisse se généraliser à l'ensemble des mouvements et ainsi endiguerait l'opposition, et qui en cas d'échec préserverait l'esprit des réformes. Les échecs de ces deux mouvements se révèlent donc positifs, d'autant plus qu'ils suggèrent aux « officiers rescapés » l'idée de création d'une organisation militaire au sein de l'armée et ayant des desseins politiques.

• En 1948, le déroulement de la guerre de Palestine a une répercussion profonde sur les officiers de l'armée irakienne qui sont arrêtés sur le chemin de la victoire par des impératifs d'ordre politique sous-jacents — une fois de plus s'affirme l'emprise coloniale —, et sont ainsi frustrés d'un succès militaire pourtant facile.

Cette défaite due à la politique fait germer l'idée d'un renversement du gouvernement, symbole de cette défaite, en vue de victoires futures. L'idée de créer une organisation militaire naît dans l'esprit du colonel Rifʿat Al Ḥāǧ Sirī. En revanche, sa concrétisation se révèle moins évidente qu'elle ne pouvait lui apparaître au départ. A ses débuts, elle prend la forme discrète de rencontres entre militaires opposés au gouvernement, rencontres facilitées et favorisées par les tensions de l'après-guerre palestinienne (14).

• Un mouvement militaire venu de l'étranger influence de façon positive les officiers irakiens. Il s'agit de la Révolution du 23 juillet 1952 en Égypte.

Ce succès réveille un élan insoupçonné chez les officiers et calme leurs hésitations. Cette victoire se révèle être plus une victoire contre l'impérialisme que la réussite d'un mouvement limité à un espace géographique, à l'Égypte. Cette conviction fait son chemin dans l'esprit des officiers irakiens.

Il ne faut pas négliger non plus le fait qu'à l'origine de cette révolution se trouve une organisation d'officiers de l'armée égyptienne. Comme le dira beaucoup plus tard un des membres du Comité suprême de l'Organisation des officiers libres irakiens : « Outre l'influence incontestable de la Révolution du 23 juillet 1952 en Égypte sur l'armée iranienne et sur la création d'une organisation militaire, il faut évoquer également son impact sur les situations politiques dans tous les pays du Moyen-Orient (15). »

Un autre officier du même comité déclare lors de cet événement : « Qu'est-ce qui retient l'éclatement de la révolte de l'armée irakienne ? La Révolution égyptienne est une réussite, nonobstant toutes les bases militaires britanniques installées sur le sol d'Égypte et qui regroupent, à des fins de contrôles politiques et militaires, des milliers de soldats britanniques (16). »

II. Naissance et développement de l'Organisation des officiers libres au sein de l'armée irakienne

La création d'une organisation militaire au sein de l'armée irakienne résulte donc de la succession de faits tant internes qu'externes au pays même. Il est donc quasiment indispensable que l'émergence de l'organisation irakienne soit antérieure à la Révolution égyptienne.

On peut affirmer cela bien que ʿAbd Al Salām Aref avance dans ses mémoires que le concept d'une organisation, telle qu'elle apparaît jusqu'ici, ait été émis par lui dès la chute du mouvement de 1941. En mon for intérieur, je ne puis considérer cette affirmation que comme une réaction face à l'échec du mouvement de Rašīdʿ Ālī Al Gaylānī.

Ces mêmes mémoires révèlent, par ailleurs, que déjà en 1942 ʿAbd Al Salām Aref aurait, alors qu'il se trouvait à Baṣra, entamé des entretiens avec de jeunes officiers, ayant pour objet, entre autres, l'examen de la situation précaire et difficilement supportable de l'Irak.

La nécessité de l'élaboration d'un plan et d'une organisation s'avèrant essentielle pour tout mouvement, toute révolution contre le gouvernerment (issu soit de l'armée, soit des masses civiles), ʿAbd Al Salām Aref aurait alors enchaîné avec le problème de la direction de cette organisation. Il aurait évoqué l'idée d'un Comité suprême secret ayant eu pour principale tâche — au stade préliminaire — de penser et d'établir le plan de la révolution. Des tracts auraient même été distribués clandestinement dans le pays, selon un système « sophistiqué », pour l'époque : le brouillage des ondes pour protéger la diffusion de ceux-ci des investigations du gouvernement de Nouri Al Saīd (17).

Toujours selon la même source, il aurait fondé cette organisation et lui aurait fixé les objectifs suivants :

— libération de l'emprise coloniale,
— épuration des bases militaires britanniques établies en Irak,
— appropriation du pays par l'éviction de la tutelle de la Grande-Bretagne et de ses bénéficiaires,
— remise au peuple irakien du soin de diriger le pays,
— récupération de l'identité nationale.

Au vu de tous les documents publiés à notre connaissance, il ressort que les affirmations de ʿAbd Al Salām Aref appartiennent plus au domaine de l'hypothétique qu'à celui du réel.

Ces mémoires ayant, en effet, été publiées en 1966, alors que leur auteur était au pouvoir. Leur véracité reste fort douteuse car, ainsi que nous le savons, dans tout pays dit « sous-développé », les vérités émises par les chefs d'État sont relatives à leur bon vouloir et bien des événements voient le cours de leur histoire sensiblement dévier de ce qu'il fut, au nom de valeurs dont ils tirent bénéfice.

Affirmer aujourd'hui que les déclarations de ʿAbd Al Salām Aref peuvent être qualifiées de mensongères est possible, car si l'idée de création d'une organisation militaire voit le jour aussitôt après la guerre de Palestine, la formation proprement dite de cette organisation n'est effective qu'après la révolution d'Égypte.

Contrairement aux « Mémoires d'ʿAbd Al Salām Aref » infirmée par des témoignages écrits d'officiers, ultérieurs à la révolution du 14 juillet 1958, les principes de création d'une organisation semblent avoir été émis pour la première fois par Rif ʿAt Al Ḥāğ Sirī. Témoignages renforcés par celui d'un officier du Comité suprême de l'Organisation des officiers libres, qui révèle que Rif ʿAt Al Ḥāğ Sirī est à l'origine de la création d'une Organisation militaire secrète dans l'armée, cela dès la fin de la guerre de Palestine (18).

Quelques proches de Rif ʿAt Al Ḥāğ Sirī partagent ce secret, qui commence à ne plus en être un, parmi lesquels les colonels Riğab ʿAbd al Mağğīd, ʿAbd Al Wahāb Al Amīn et Moy̱ Al Dīn ʿAbd Al Ḥamid (19).

La précision chronologique relative à l'idée de créer une organisation militaire dans l'armée irakienne, laisse toujours planer quelques doutes car s'il paraît quasi certain que l'idée de cette création revient à Rif ʿAt Al Ḥāğ Sirī, le manque de précisions quant à l'exactitude de cette affirmation reste non négligeable. Si d'aucuns soutiennent que la création au niveau théorique de cette organisation remonte à 1948, il est également confirmé que l'application de ces théories ne trouve à se concrétiser, en fait, qu'après la révolution d'Égypte en 1952.

De nombreuses sources, d'abord orales puis écrites, telle celle du colonel ʿAbd Al Karīm Frḥān — membre du Comité suprême de l'Organisation des officiers libres —, qui déclare que les réunions entre officiers de l'armée irakienne se multiplient et que l'idée de la création d'une organisation militaire fait son chemin — viennent d'ailleurs appuyer cette thèse selon laquelle l'initiative de cette création revient à Rif ʿAt Al Ḥāğ Sirī, qui l'aurait formulée lors d'une rencontre avec le colonel ʿAbd Al Karīm Frḥān, durant la guerre de Palestine (20).

Cette Organisation, dont les fondements idéologiques voient le jour en 1948, se concrétise en 1952 et s'avère précéder dans tous les domaines les autres formations militaires puisque son « passé historique » est sans nul doute le plus ancien.

Les premiers adhérents connus au mouvement à avoir mené une active propagande auprès des autres officiers sont, sans nul doute, ʿAbd Al Maǧīd et Rif ʿAt Al Ḥāǧ Sirī (21). Les critères d'appréciation et de sélection des futurs membres de cette Organisation reposaient essentiellement sur des liens d'amitié et de confiance personnelle réciproques entre anciens et nouveaux adhérents opposés au gouvernement et au système politique alors en vigueur.

Nonobstant la multitude d'officiers répondant à ces deux critères, une sélection très sévère s'opère. Seuls sont retenus les officiers appartenant au cercle d'amis de ʿAbd Al Maǧīd et de Rif ʿAt Al Ḥāǧ Sirī (22), tel le lieutenant-colonel Ṣabīḥ ʿAlī Gālib (23), ami personnel et de longue date de Rif ʿAt Al Ḥāǧ Sirī (24) qui fut recruté dès la fin de l'année 1952.

Il nous paraît nécessaire d'insister sur cette notion d'amitié qui est à l'origine de cette Organisation car elle sera un facteur important de cohésion, un frein puissant contre l'infidélité.

Le sentiment profond qui règne dès le début au sein de ce groupe est sans aucun doute celui de la confiance réciproque. Si une telle valeur morale permet à Rif ʿAt Al Ḥāǧ Sirī de mener à bien son projet, elle conserve néanmoins l'inconvénient d'être un frein à l'établissement d'un programme de réformes et d'une « idéologie déterminée ».

En effet, cette amitié reste la source de tergiversations quant aux principes et programme à appliquer. La multitude « d'idéologies » qui découle de cette « cohabitation » concourra à la perte progressive du mouvement.

Si l'amitié a réuni des officiers, elle ne suffit plus pour servir de base à un courant unificateur au niveau des objectifs à atteindre, compte tenu des différences « idéologiques », des buts divers de ces adhérents, à l'exception d'un seul : la lutte anti-impérialiste et anti-monarchique.

Dans ces conditions de « programme commun » trop succinct, comment s'étonner que des controverses idéologiques aient éclaté après la révolution de 1958, dès la chute du gouvernement ? L'Organisation se trouve alors en proie aux tiraillements de tous les adhérents qui tentent d'imposer leurs propres vues, leurs propres programmes et ils s'avèrent nombreux car outre le mouvement de RifʿAt Al Ḥāǧ Sirī, existe une profusion de petites organisations analogues qui connaissent les mêmes divergences d'opinion, les mêmes tiraillements entre tendances. Après quelques négociations, elles décideront de se rapprocher plus ou moins de l'Organisation de RifʿAt Al Ḥāǧ Sirī, de loin la plus importante.

Le cas du mouvement qui s'était créé autour de ʿAbd Al Karīm Frḥān peut être cité ici à titre d'exemple (25).

Au terme de l'année 1952 et au début de 1953, le groupe des officiers libres de Sirī se développe et ses rangs se grossissent, en particulier avec la présence de jeunes officiers qui, tels NoʿMān Māhir Al Kanʿānī et Ismāʿīl AlʿĀrif, y adhèrent. Au cours du second trimestre de l'année 1955, RifʿAt Al Ḥāǧ Sirī envisage de contacter le général Naǧīb Al Robayʿī afin qu'il se rallie lui aussi à l'Organisation et en soit le chef. Le général refuse cette proposition, bien que très tentante en un sens (26).

Il est plus que vraisemblable que durant l'année 1952, d'autres organisations voient aussi le jour, mais il est manifeste que celle de Sirī — alors la plus importante, attire des personnalités notoires, telles que les généraux Nāǧī Ṭālib et Moḥy Al DīnʿAbd Al Ḥamīd, pour ne citer qu'eux, alors qu'ils occupaient des postes hiérarchiques très honorables. Le nombre d'adhérents ne fait qu'augmenter malgré un système de sélection assez strict prenant en compte les éléments suivants :

— réputation de ces officiers au sein de l'armée, jugements établis tant sur des valeurs morales que physiques ;

— grade et relations de ces officiers au sein de l'armée ;

— site géographique, Bagdad facilitant ainsi les rencontres.

RifʿAt Al Ḥāǧ Sirī, qui s'est hissé à la tête du mouvement, le dirige sans négliger ses intérêts personnels, défendant des buts politiques — accession à l'indépendance, récupération de l'identité nationale, élimination de toute tutelle, ... — qui servent aussi ses ambitions — un portefeuille de Premier ministre et, pourquoi pas, la présidence de la République.

Pour ne pas risquer de voir le « leadership » lui échapper, il ira jusqu'à refuser des adhésions comme celle du colonel ʿAbd Al Salām Aref qui, bénéficiant d'appuis et du crédit certain dans l'armée (27), risquerait de faire chanceler sa position.

Situation d'autant plus paradoxale que RifʿAt Al Ḥāǧ Sirī accepte des alliances avec des officiers de grades hiérarchiques supérieurs au sien, dès que ceux-ci semblent n'avoir aucune ambition importante.

L'activité de l'Organisation, qui poursuit son développement jusqu'à l'été 1956, s'étend alors à toutes les branches militaires de Bagdad, s'échappant même, parfois, à l'extérieur de la capitale (28).

Des officiers de la Garde royale, parmi lesquels le capitaine Al Diǧaylī, adhèrent même au mouvement. Cette information divulguée au régent ʿAbd Al Ilāh a pour effet immédiat la mise en retraite anticipée du capitaine (29) de cette Garde royale, pourtant connue pour sa fidélité au roi.

Si l'organisation creuse une enclave au sein de la garde royale, elle dirige aussi ses efforts en direction des sous-officiers, presque tous issus de la paysannerie. Une origine sociale transformée, par les officiers, en motivation pour rallier les sous-officiers à leur cause, prêchant pour un avenir laissant place à l'espoir d'une vie meilleure et plus égalitaire (30).

Une telle progression au niveau des effectifs et de l'activité ne peut passer inaperçue indéfiniment. Dès que l'existence d'une Organisation secrète, relativement puissante, est révélée au Régent, ce dernier instaure un système de contrôle discret des réunions qui se déroulent dans la capitale.

La première mise en présence des membres de l'Organisation et du gouvernement (1955/1956) a lieu lors de la réunion qui se tient au domicile bagdadien de Ṣafā'ʿĀrif, en présence entre autres, des colonels ʿAbd Al Wahāb Al Amīn, IsmāʿĪl AlʿĀrif et Moḥy Al DīnʿAbd AlḤamīd, et des lieutenants-colonels RifʿAt Al Ḥāǧ Sirī et Ṣāliḥ Al Samarā'ī.

La nouvelle de la tenue d'une réunion secrète de l'Organisation des officiers libres est confirmée dès le lendemain au chef d'état-major RafīqʿĀrif, de la bouche même des participants devenus délateurs. Une enquête s'ouvre à la demande du chef d'état-major pour vérification des faits, entraînant la dispersion des membres de l'Organisation, qui doivent fuir de Badgad et même parfois hors du pays, ce qui sera le cas pour plusieurs d'entre eux :

— exil, au sud de l'Irak, à KalʿAt Sokar, pour RifʿAt Al Ḥāǧ Sirī à un poste équivalent ;

— nomination de Moḥy Al DīnʿAbd Al Ḥamīd à un poste de professeur à l'Académie militaire ;

— détachement de Ṣāliḥ Al Samarāʿī à un poste d'attaché militaire à l'ambassade d'Irak à Amman ;

— exil de Ismāʿīl Al ʿĀrif à Washington, à un poste d'attaché militaire ;

— maintien de ʿAbd Al Wahāb Al Amīn à son poste (31).

Le chef d'État-Major, au vu de cette dislocation rapide, pense que la protection de la monarchie est désormais assurée. Ni le régent, ni le ministère de la Défense n'ont eu connaissance de cette contre-offensive militaire menée à l'encontre de l'Organisation des officiers libres.

Tandis que le gouvernement recouvre sa sérénité, la suspicion commence à régner parmi les membres de l'Organisation qui flairent, avec raison, la trahison qui coûta la vie au mouvement. Le nom du seul délateur ne sera révélé qu'après le 14 juillet 1958.

Entre-temps, toutes les hypothèses sont émises et la méfiance est de règle. Les doutes de Rifʿat Al Ḥāğ Sirī portent sur Ismāʿīl Al ʿĀrif, qui jouit d'un poste relativement influent à Washington, ce que Sirī considère plus comme un remerciement pour service rendu que le résultat d'une éviction (32).

Le lieutenant-colonel ʿAbd Al Karīm Frḥān vient d'ailleurs étayer cette thèse en déclarant que tout poste d'attaché militaire dans une quelconque ambassade à l'étranger — compte tenu des nombreux avantages d'ordre pécuniaire, ou de prestige d'un tel poste fait toujours l'objet de convoitise chez les officiers qui les considèrent comme des récompenses qu'ils soient situés en Jordanie, en Turquie ou aux États-Unis. Ce lieutenant-colonel ne se prive pas d'ajouter que ces postes requièrent moins de disponibilité et d'aptitude que tout autre poste administratif militaire en Irak (33).

Le doute va alors planer sur tous les attachés militaires en poste après la dénonciation de la réunion, y compris sur Al Sāmarāʿī qui, lors de la révolution du 14 juillet 1958, tentera d'intercepter les forces militaires irakiennes basées en Jordanie pour faire échec à la révolution (34).

Mais la suspicion la plus lourde pèse sur Ismāʿīl Al ʿĀrif principalement lorsqu'il annonce son refus de retourner en Irak après la révolution et demande l'asile politique aux États-Unis. Une déclaration à Ṣāliḥ Mahdī ʿAmāš va d'ailleurs étayer cette thèse lorsqu'il dira qu'il craignait alors des représailles du fait de l'appui, sous pression, qu'il avait fourni avec Ṣāliḥ Sāmarā'ī au « félon » ʿAbd Al Wahāb Al Hamīn. Sur les conseils de son confident, Ismāʿīl Al ʿĀrif adresse alors à ʿAbd Al Karīm Kassem une missive lui décrivant la situation. Kassem autorise alors son retour en Irak (35).

Si Ismāʿīl Al ʿĀrif est mis hors de doute, il n'en est pas de même du colonel ʿAbd Al Wahāb Al Amīn qui, contrairement à ses collègues, n'a subi aucun déplacement, ni géographique ni hiérarchique de son poste de chef de bureau du « mouvement militaire » au ministère de la Défense à Bagdad (36), doute qui s'intensifie lorsqu'il demande aux officiers libres la cessation de leurs activités politiques. A cet argument étayant la thèse accusatrice de ʿAbd Al Wahāb Al Amīn, se joint celui d'une conversation téléphonique, le matin même de la révolution de 1958, avec le colonel Aḥmad Marʿī, alors chef de la Police militaire, et le général Šoqrī Maḥmoud Nadīm. Le sujet de cette conversation tourne autour de la révolution qui se prépare et de la contre-offensive qui pourrait avoir lieu.

Au lendemain du 14 juillet 1958, les actions personnelles de ʿAbd Al Wahāb Al Amīn renforcent la présomption de sa trahison envers l'Organisation des officiers libres. Ne serait-ce qu'au travers des diverses visites qu'il rend aux prisonniers politiques, partisans de la monarchie (37).

ʿAbd Al Karīm Frḥān fait part, dans ses écrits, de ce qu'il croit être le trait principal du traître de l'Organisation : faiblesse de sa croyance en l'Organisation, pour ne pas parler d'« incrédulité » dans le succès de cette Organisation (38). Cette description semble portraitiser le colonel ʿAbd Al Wahāb Al Amīn qui, par son absence lors de la première réunion devant aboutir à l'élection du Comité suprême, attira défavorablement l'attention sur sa personne. Sa crainte de la police gouvernementale l'avait en fait poussé à ne pas se présenter à cette réunion. Une autre absence fut remarquée, ce même jour, celle de RifʿAt Al Ḥāğ Sīrī, qui se trouvait en exil dans le sud de l'Irak (39).

Nos convictions personnelles nous poussent à croire que la peur, chez un révolutionnaire, est un signe extérieur manifeste de non-confiance en son Organisation, que celle-ci soit militaire ou civile. C'est cette même peur qui, bien souvent, conduit le révolutionnaire sur le chemin de la dénonciation pour assurer sa sauvegarde, ce qui fut précisément le cas de ʿAbd Al Wahāb Al Amīn, le délateur dont l'identité fut dévoilée par le chef d'état-major Rafīq ʿĀrif, lors de sa détention dans les prisons de Bagdad (40), version confirmée d'ailleurs par l'adjoint du chef d'état-major et chef de division Ġāzī Al Dāġistānī (41).

Certains auteurs pourtant n'hésitent pas à démentir cette accusation tandis que d'autres allèguent que ʿAbd Al Karīm Kassem aurait conseillé de formuler cette accusation au chef d'état-major dans le dessein de mettre fin à l'Organisation des officiers libres de RifʿĀt AlḤāğ Sirī afin que lui-même — Kassem — puisse se consacrer à sa propre Organisation des officiers libres, qui sera étudiée un peu plus loin dans ce livre (42) et ce d'autant plus aisément qu'il bénéficierait ainsi de la confiance du gouvernement (43).

Suite à la découverte de la réunion de l'Organisation des officiers libres de Sirī, de nombreux récits voient le jour, parmi lesquels ceux qui accusent ʿAbd Al Karīm Kassem d'avoir voulu frapper mortellement cette Organisation avec l'aide d'une cellule communiste. ʿAbd Al Salām Aref n'hésite pas à corroborer cette hypothèse en ajoutant que la trahison émane indirectement de ʿAbd Al Karīm Kassem, avec pour intermédiaire Ismāʿīl Al ʿĀrif, dont le but était de mériter la confiance du gouvernement (44). Cette hypothèse n'en est restée qu'au stade de la supposition, supposition reposant sur deux points de vue :

— ʿAbd Al Salām Aref est à la présidence de la République alors que paraissent ses mémoires et, comme nous l'avons vu plus haut, la véracité des faits et écrits de hautes personnalités, dans les pays arabes, comme ailleurs, reste encore à démontrer ;

— sous le « régime » de ʿAbd Al Karīm Kassem, ʿAbd Al Salām Aref affronte des situations critiques dont une condamnation à mort, ce qui ne peut manquer d'aviver de profondes animosités.

Si certains écrits tendent à laisser soupçonner ʿAbd Al Karīm Kassem, d'autres viennent parallèlement sinon l'innocenter du moins le défendre, en particulier ceux qui affirment que ʿAbd Al Karīm Kassem n'a pas connaissance de l'existence d'une autre Organisation d'officiers libres que la sienne, bien que Ismaʿīl Alʿārif — membre de l'Organisation des officiers libres de Sirī — soit de ses amis (45).

Cette anecdote met en évidence l'importance des structures et relations au sein d'une Organisation secouée par les soubresauts des ambitions personnelles et individuelles. La révolution, les réformes restent à l'état latent de symboles pour la majorité des membres de l'Organisation, car ceux d'entre eux — pour ne pas dire la plupart — qui subordonnent les buts de l'Organisation à leurs propres ambitions — ne savent pas faire preuve de confiance envers l'Organisation, contrairement à ʿAbd Al Karīm Kassem et ʿAbd Al Salām Aref par la suite.

De telles conditions expliquent l'incapacité évidente d'une Organisation à fixer ses réformes et son programme, contrairement à ce qu'il est permis d'espérer d'une Organisation à but révolutionnaire.

Si l'événement relatif à la réunion des officiers libres trahis marque l'histoire de cette Organisation, les conséquences de cette trahison influenceront aussi l'histoire irakienne d'une façon ambivalente :

— les membres de l'Organisation, de par leur inactivité forcée, participeront eux-mêmes à leur auto-dissolution ;

— la prise de conscience par le gouvernement des possibilités de l'existence d'une Organisation militaire dans l'armée sera à l'origine de l'instauration d'un système d'investigation raffiné au sein de l'armée, en particulier de la formation d'espions militaires issus des écoles militaires spécialisées (46). Outre ces mesures gouvernementales de répression visant l'armée, des mises à la retraite anticipée sont effectuées, notament pour ʿAlī Aḥmad Fou'ād tandis que Šakīb Al Faḍlī est astreint à un stage au Pakistan et Šākir Maḥmoud Šoqrī à un stage en Libye (47).

Quelques mois après ce grave événement, l'Organisation sort de son hibernation avec prudence, de nouveaux contacts s'établissent entre membres et des réunions s'organisent. Parmi ses membres les plus actifs reste incontestablement Riğab ʿAbd Al Mağīd, qui regroupe les membres de la « cellule de RifʿAt Al Ḥāğ Sirī », comme NoʿMān Māhir Al KanʿĀnī et ʿAbd Al Ḳarīm Frḥān et propose aux cellules de moindre importance une union avec le groupe rescapé (48).

Riğab ʿAbd Al Mağīd devient dès lors la cheville ouvrière de l'Organisation et la fait bénéficier de nouveaux contacts tels ceux de Nāğī Ṭālib, Miḥsin Ḥousayn Al Ḥabīb, sans compter les nouveaux officiers qui adhèrent à l'Organisation.

La conférence de Bandoeng en avril 1955 favorise la croissance de l'Organisation. Les officiers libres utilisent cette idée de neutralité pour lancer une offensive contre le gouvernement irakien, qui entre alors dans le pacte de Bagdad.

La guerre du canal de Suez en 1956, avec l'agression d'Israël, de la France et de la Grande-Bretagne contre l'Égypte donne une nouvelle vitalité à l'activité de l'Organisation qui s'oppose à la politique gouvernementale tendant à appuyer la France et la Grande-Bretagne.

Le mécontentement populaire devient alors l'outil de recrutement de l'Organisation, au sein de laquelle naît l'idée d'une action militaire dirigée contre le gouvernement, action qui bénéficierait de l'état de tensions. Des conditions défavorables feront cependant qu'aucune action ne pourra être entreprise (49).

La victoire politique de Ğamal ʿAbd Al Nasser restera pourtant un autre atout majeur pour l'Organisation, qui prend confiance en un mouvement de « refoulement colonialiste » imitant l'initiative courageuse d'ʿAbd Al Nasser. Dès lors, l'adhésion d'officiers hiérarchiquement influents est enregistrée, notamment celles de ʿAbd Al Laṭif, Ğāsim Kaẓm Al, Ḥasan Al Naqīb et Ṭāha Al Dourī qui créent, au sein de l'Organisation, la cellule Al Ḥaliya Al Waṣīṭa.

Compte tenu de la croissance permanente de l'Organisation, Riğab ʿAbd Al Mağīd propose l'élection d'un Comité suprême pour la direction de l'Organisation et l'établissement d'un programme entre les cellules constituant l'Organisation (50).

III. Élection du comité suprême de l'Organisation des officiers libres

Ṣabihʿ Ali Ġālib, alors adjoint d'un attaché militaire en poste à l'ambassade d'Irak en Grande-Bretagne, retourne à Bagdad où il est aussitôt contacté par Riğab ʿAbd Al Mağīd qui lui propose de participer à l'élection du Comité suprême de l'Organisation. D'autres prises de contact s'établissent et la première réunion — qui se tient en décembre 1956 au domicile du commandant de l'Armée de l'air, Mouḥamad Sabiʿ — réunit les colonels Moḥy Al DīnʿAlḤamīd, NağīṬālib, Miḥsin Housayn Al Ḥabīb, Riğab ʿAbd Al Mağīd, les lieutenants-colonels Waṣfī Ṭāhir, ʿAbd Al Karīm Frḥān, ṢabīḥʿAlī Ġālib et, bien entendu, le commandant Mouḥamad Sabiʿ (51).

La décision de l'élection pour un Comité suprême résulte de longues discussions. Les participants de cette réunion prêtent serment sur un texte rédigé par ʿAbd Al Karīm Frḥān (52) :

> « Je jure par Dieu, Tout-Puissant et sur ce Saint Livre, fidélité à la révolution et protection pour l'Organisation et ses buts.
>
> Je jure d'obéir à l'Organisation et de protéger les secrets de la révolution, même si je ne devais plus appartenir à cette Organisation, dans un seul but : assurer sa survie (53). »

Cette prestation de serment et la cérémonie qui s'ensuit prouvent indéniablement l'importance qu'occupe la religion chez les officiers libres attachés à la tradition religieuse, bien que l'esprit révolutionnaire eût voulu qu'ils y fussent sinon opposés du moins indifférents.

La religion — origine et élément considérables des traditions arabes — reste fortement ancrée en eux. Seuls l'épiderme de leur personnalité a pu être égratigné par des idées de révolte. Ils restent sans nul doute profondément attachés à leurs racines ancestrales dont le développement est canalisé par la religion, fondation de la société arabe. Ce contrôle, ce besoin du rappel du nom divin, démontrent une certaine carence au niveau de l'idéologie qui a besoin d'être comblée par une force extérieure divine et il faut se rappeler que : « L'appartenance à la civilisation musulmane (est) une perception qui existe aussi bien chez l'individu inculte encore pétri de superstitions que chez le rationaliste matérialiste ou athée. (54) »

« Sociologiquement, l'islam se constitue en système totalisant. Il affirme sa vocation à englober l'intégralité de l'existence individuelle et collective » (55), cela pour renforcer l'idée que la religion reste un fait manifeste de grande valeur à tous les niveaux sociaux y compris dans celui formé par les strates militaires.

Le contrôle métaphysique, extérieur à l'Organisation, démontre une structure chancelante pour ne pas dire quasi inexistante et inadéquate. De cette faiblesse sont nées des divergences ayant de graves conséquences. La religion s'avère donc être plus un frein qu'un moteur à l'évolution idéologique de tout mouvement politique ou révolutionnaire, car elle reste conservatrice de traditions et de croyances, allant à l'encontre de la progression d'une « idéologie nouvelle », comme celle que propose l'Organisation des officiers libres.

Après la prestation de serment et de longues délibérations, le Comité suprême qui est élu se compose des colonels Moḥy Al Dīn ʿAbd Al Ḥamīd, Nāǧī Ṭālib, Miḥsin Ḥousayn Al Ḥabīb, ʿAbd Al Wahāb Al Amīn — malgré son absence à cette réunion et dont la trahison n'a pas encore été prouvée à ce jour —, le lieutenant-colonel et ingénieur Riǧab ʿAbd Al Maǧīd — le lieutenant-colonel Rifʿat Al Ḥāǧ Sirī — absent lui aussi à cette réunion comme nous l'avons vu, ʿAbd Al Karīm Frḥān, Waṣfī Ṭāhir, Ṣabiḥ ʿAlī Ġālib et le commandant Mouạmad Sabiʿ (56).

Cette élection du Comité suprême marque le début d'une nouvelle étape : celle d'une Organisation hiérarchisée (57), à structure verticale. Des directives précises doivent être appliquées : interdiction de rédiger quelque écrit que ce soit, interdiction de publier quoi que ce soit, contrôle des contacts avec l'extérieur de l'Organisation par méfiance envers le contrôle politique qui s'accentue alors dans l'armée (58).

Entrée de ʿAbd Al Karīm Kassem dans l'Organisation des officiers libres

Concurremment à l'Organisation des officiers libres de Rifʿat Al Ḥāǧ Sirī, existe aussi une autre Organisation qui répond à la même dénomination, celle de Al Manṣour avec à sa tête le général ʿAbd Al Karīm Kassem, alors chef de la 19e brigade de la 3e division de l'armée irakienne. Parmi les membres de cette Organisation, il faut remarquer les colonels ʿAbd Al Salām Aref, également chef militaire d'un bataillon de la 20e brigade de la 3e division, Ṭāhir Yaḥyā et le général Aḥmad Ṣāliḥ Al ʿAbdī (voir annexe I).

La brigade de ʿAbd Al Karīm Kassem est basée à Ǧalolā', environ 200 kilomètres au nord de Bagdad et durant cette période, entre l'Organisation de Bagdad — celle de Rifʿat Al Ḥāǧ Sirī — et celle de Al Manṣour — ʿAbd Al Karīm Kassem — aucun contact ne pourra s'établir. L'Organisation de Bagdad conserve donc le bénéfice de son influence sans égale sur l'armée irakienne.

Certains écrits viennent même récuser l'existence de l'Organisation de ʿAbd Al Karīm Kassem et relate la rencontre de Rifʿat Al Ḥāǧ Sirī avec ʿAbd Al Karīm Kassem comme ayant été la rencontre entre une Organisation — celle de Sirī — et un homme — Kassem — et non comme la prise de contact entre deux chefs d'organisation. Thèse soutenue aussi avec vigueur par Ṣabīḥ ʿAlī Ġālib qui explique que dans une des cellules de l'Organisation, des officiers ont émis l'idée de contacter ʿAbd Al Karīm Kassem et le colonel ʿAbd Al Wahāb Al Šawāf. L'entrée de ce dernier, jugée alors inopportune est reportée mais une discussion s'engage à propos de celle de ʿAbd Al Karīm Kassem.

Trois membres du Comité suprême — Ṣabīḥ ʿAlī Ġālib, Riğab ʿAbd Al Mağīd et Waṣfī Tāhīr — forment la délégation chargée du contact avec Kassem, en janvier 1957. Une première rencontre secrète a lieu au domicile bagdadien de ʿAbd Al Karīm Kassem, qui accepte l'idée d'adhérer à l'Organisation de Sirī à la condition de pouvoir rencontrer l'un des membres du Comité suprême. Nāğī Ṭālib établit ainsi le deuxième contact avec Kassem, qui accepte l'invitation à entrer dans l'Organisation des officiers libres de RifʿAt Al Ḥāğ Sirī.

Le Comité suprême entérine cette nouvelle adhésion comme étant celle d'un membre ordinaire, sans aucun privilège reconnu. Le Comité suprême compte alors onze membres (59).

Ce témoignage renforce la thèse qui conduit à penser que le contact pris par l'Organisation de RifʿAt Al Ḥāğ Sirī ne concerne que ʿAbd Al Karīm Kassem, l'individu, l'homme et non le « leader » d'une Organisation.

Paradoxalement à cette hypothèse, ʿAbd Al Karīm Frḥān en étaye une autre : les officiers de l'Organisation des officiers libres de Sirī ont avancé l'idée d'un éventuel contact avec Kassem, non pas en tant qu'entité indépendante mais bien comme chef d'une Organisation car l'existence de l'Organisation de Kassem a été révélée à l'Organisation des officiers libres de Bagdad quelque temps auparavant. La décision de rencontrer ʿAbd Al Karīm Kassem serait donc liée à ce fait. L'envoyé chargé de cette mission n'est autre que Nāğī Ṭālib qui, accompagné de Waṣfī Ṭāhir, un ami de Kassem, rencontre ʿAbd Al Karīm Kassem à son domicile, à Badgad (60). C'est ainsi que l'adhésion de Kassem aurait été acquise, hypothèse que confirment d'autres membres du Comité suprême de l'Organisation des officiers libres, parmi lesquels Nāğī Ṭālib.

D'après les souvenirs de ce dernier, dès l'annonce de l'existence de l'Organisation de Al Mansọur naît l'idée de contacter cette « nouvelle Organisation » et de précipiter l'action en faveur d'un rapprochement de ces deux Organisations. Nāğī Ṭālib aurait ainsi, avec Waṣfī Ṭāhir, rencontré ʿAbd Al Karīm Kassem et amorcé l'étude des principes et des buts des deux Organisations qui, vu leurs similitudes, avaient tout intérêt à se fondre en une organisation unique bien décidée à œuvrer à la chute de la monarchie et à la fin du colonialisme. Au terme d'une réunion de l'Organisation des officiers libres de Bagdad, en janvier 1957, à laquelle Kassem est invité et assiste, celui-ci prête serment (61).

Il peut paraître hasardeux de se lancer dans cette polémique portant sur l'entrée de ʿAbd Al Karīm Kassem dans l'Organisation des officiers libres. Cependant, et compte tenu des allégations diverses prêtées à certains, la non-concordance des dates avancées et, a posteriori, l'impact considérable de cette rencontre, une mise au point s'avère nécessaire.

Il faut d'abord insister sur le manque de précision et sur l'opacité du témoignage de Ṣabīḥ Ġālib, non seulement sur les faits mais également au niveau de la précision chronologique. En effet, si le doute reste permis sur le déroulement de certains moments de cette rencontre, il est incontestable que cette rencontre a lieu en janvier 1957 et non en avril 1956 et de multiples témoignages abondent en ce sens.

Cette « association » entre l'Organisation de Sirī et celle de Kassem fait ressortir en particulier le degré moindre d'impact de l'Organisation de ʿAbd Al Karīm Kassem, l'existence de structures, quoique encore embryonnaires et hétérogènes et surtout la quasi-similitude des desseins politiques des deux groupes.

Des notoriétés militaires figurent parmi les membres de l'organisation de Al Mansour tels les colonels ʿAbd Al Salām Aref, Ṭāhir Yaḥyā, le général Aḥmad Ṣāliḥ AlʿAbdī (62). Si la date exacte de la création de cette Organisation reste ignorée, il est toutefois permis de la localiser dans le temps postérieurement à celle de l'Organisation de Bagdad. A ce sujet, de multiples et souvent divergentes allégations s'offrent à l'historien.

Parmi celles-ci, celle de ʿAbd Al Karīm Kassem qui évoque l'une de ses relations communistes qui leur aurait déjà fait part de l'existence d'une organisation secrète militaire se dressant contre le gouvernement irakien, cela dès la fin de l'année 1954 (63). Il nous faut noter que cette date entre en contradiction avec celle de février 1955 avancée aussi dans un autre témoignage (64).

L'existence d'une organisation militaire, dont le but primordial est la révolution, est révélée durant l'été 1956 à un des membres du Parti communiste irakien sur ordre de ʿAbd Al Karīm Kassem et par l'entremise de ʿOmar Naẓmī et Rašīd Mouṭlak (65).

Par ailleurs, c'est antérieurement à la guerre de Suez, en novembre 1956, que des rapprochements s'établissent entre Ḥousayn Ǧamīl, secrétaire du Parti nationaliste démocratique, et Rašīd Mouṭlak, qui rapporte l'existence de l'Organisation des officiers libres et la préparation d'une révolution contre le système politique actuel (66).

Même ʿAbd Al Karīm Kassem s'égare parmi différentes dates pour situer temporellement l'origine de son organisation, en témoigne l'existence de plusieurs discours divergents sur ce point. Un premier discours prononcé par Kassem en 1959 indique que ce dernier aurait travaillé pour la révolution depuis une vingtaine d'années (67) alors qu'à une autre occasion, il avance une date postérieure à la guerre de Palestine (68).

Plus tard, après la révolution de 1958, il expliquera qu'il faut remonter à trois ans pour situer les débuts de l'Organisation, alors que lui, chef d'une brigade, partait en Jordanie pour y rencontrer des officiers syriens (69). Cette dernière allégation est confirmée par le colonel ʿAbd Al Salām Aref (70), chef du 3e bataillon de la 20e brigade, dont l'adhésion sera proposée par ʿAbd Al Karīm Kassem dès son entrée au Comité suprême. Cette proposition est d'abord rejetée, l'adhésion étant soumise à une période de six mois de « quarantaine », ce qu'acceptent Kassem et Aref (71) au niveau du principe seulement puisque dans les faits, on note la présence de ʿAbd Al Salām Aref dès la réunion suivante de l'Organisation des officiers libres.

L'étonnement fait à nouveau place aux discussions mais ʿAbd Al Karīm Kassem réussit un véritable coup de force en rompant avec les lignes de conduite et de travail fixées au sein du Comité suprême. En effet, une interdiction pèse sur l'entrée de tout nouveau membre, sans l'accord préalable de tous les membres du Comité suprême, ou d'une majorité puissante mais Kassem passe outre à ces règles et proclame ʿAbd Al Salām Aref membre de l'Organisation, le comité n'a plus qu'à ratifier cette entrée (72).

Ces deux « adhésions » — quoique ce terme ne semble pas tout à fait justifié, ni pour l'entrée de ʿAbd Al Karīm Kassem, ni pour celle de ʿAbd Al Salām Aref — qui ressemblant plus à un coup de force qu'à une adhésion — renforcent militairement et de façon considérable l'Organisation du fait que ces deux membres sont des militaires très influents et hiérarchiquement puissants.

L'utilisation de cette nouvelle force potentielle ne peut, en effet, être bénéfique que si elle s'avère dirigée vers l'obtention d'une victoire du mouvement.

Un argument supplémentaire joue en faveur de ces deux nouvelles recrues : leur appartenance à la même troupe qui peut ainsi plus facilement les mobiliser pour la révolution. A ces deux entrées dans le Comité suprême, succèdent celle des colonels Ṭāhir Yaḥyā, ʿAbd Al Wahāb al Šawāf, ʿAbd Al Raḥmān Aref, cette dernière par l'intercession de son frère ʿAbd Al Salām Aref (73).

A la veille du 14 juillet 1958, le Comité suprême compte quinze membres et l'Organisation elle-même deux cent trois officiers répartis dans diverses branches de l'armée irakienne (74).

L'élection de ʿAbd Al Karīm Kassem à la tête du Comité suprême de l'Organisation des officiers libres

En avril 1957*, soit peu de temps après l'entrée de ʿAbd Al Karīm Kassem au Comité suprême, l'idée d'élire un chef fait son chemin (75). On se demande d'abord s'il faut mettre en place un commandement individuel ou un commandement de groupe. Des discussions s'entament et, en définitive, le commandement individuel est requis pour la direction de l'Organisation qui affirme qu'un commandement central est nécessaire à la préservation de la centralisation de l'Organisation. Trois noms sont alors avancés, celui du général ʿAbd Al Karīm Kassem, et ceux des colonels Naǧī Ṭālib et Moḥy al Dīn ʿAbd Al Ḥamīd. C'est ʿAbd Al Karīm Kassem qui, à l'issue d'un vote, est « couronné » chef du Comité suprême et de l'Organisation des officiers libres.

Cette élection favorise l'harmonie hiérarchique au sein de l'Organisation et du Comité suprême (76) et il est permis de penser que ce besoin d'harmonie motiva cette élection.

L'entérinement du vote par le Comité suprême fut quasi unanime, ce que Riǧab ʿAbd Al Maǧīd contesta pourtant. Eu égard à ses opinions, les capacités de Nāǧī Ṭālib se conjuguent mieux aux exigences d'un tel poste à vocation révolutionnaire (77).

La désignation des membres suppléants favorise les colonels Moḥy Al Dīn ʿAbd Al Ḥamīd et Nāǧī Ṭālib ; Riǧab ʿAbd Al Maǧīd est nommé secrétaire du Comité. Ce vote participe à l'introduction progressive d'une structure hiérarchique de type vertical affinée par l'élection de divers « comités » :

— celui du Plan : qui détient la responsabilité de l'établissement des plans/projets politiques et militaires. Ce comité compte parmi ses notoriétés les colonels Moḥy Al Dīn ʿAbd Al

* Bien que les officiers libres, encore vivants à notre époque, corroborent cette date, l'historien irakien ʿAbās Ḥamīdī la conteste dans son livre *Développements et courants politiques intérieurs à l'Irak 1953-1958*, page 287 et avance celle d'août 1957.

Ḥamīd, Nāǧī Ṭālib, ʿAbd Al Wahāb Al Amīn et Miḥsin Ḥousayn Al Ḥabīb ;

— le comité de propagande qui réunit entre autres les lieutenants-colonels ʿAbd Al Karīm Frḥān et Ṣabīḥ ʿAlī Ġālib ainsi que le colonel Riǧab ʿAbd Al Maǧīd ;

— le comité d'informations avec les lieutenants-colonels Rifʿat Al Ḥāǧ Sirī et Waṣfī Ṭāhir, le commandant Mouḥamad Sabiʿ... ;

— le comité du budget : les colonels Moḥy Al Dīn ʿAbd Al Ḥamīd et Miḥsin Ḥousayn Al Ḥabīb.

Ces comités se distinguent de par leur inter-indépendance tant du point de vue du contenu que du rythme de travail à effectuer mais cette indépendance ne prévaut pas vis-à-vis de leur « supérieur hiérarchique » : le Comité suprême qui doit être tenu informé de toute prise de décision.

Cette structure verticale conserve un avantage : la protection du secret au niveau des activités et de la sécurité de l'Organisation (78). En effet, chaque élément n'est qu'un maillon d'une longue chaîne, celle de l'Organisation des officiers libres irakiens, qui de ce fait se trouve protégée.

Principes généraux du travail de l'Organisation des officiers libres

Ces élections marquent de façon évidente un tournant fondamental dans l'histoire de l'Organisation, notamment grâce à une ligne de conduite plus claire et surtout beaucoup plus structurée.

La fixation des principes généraux devant régler l'activité de l'Organisation et sa protection, ainsi que la détermination de l'activité de celle-ci après la réussite de la révolution restent autant d'actions marquant ce changement de « politique » de l'Organisation des officiers libres.

Deux catégories de principes généraux se détachent.

— On a adopté d'abord la tactique de *travail clandestin*. Tout acte rédactionnel reste fortement déconseillé ou doit prendre « l'allure innocente » d'une missive sans rapport aucun avec un quelconque travail politique ; la publication des tracts, des journaux, ... mêmes internes à l'Organisation reste frappée d'interdiction, compte tenu de la vigilance de la police politique ; l'entrée d'un nouveau membre ne peut être ratifiée qu'avec l'accord de *tous* les membres du Comité suprême; l'appartenance à un autre parti irakien n'est pas autorisée, l'Organisation des officiers libres se réclamant extérieure à tous les courants et tensions politiques. Par ailleurs, la volonté de protection s'affirme par la mise en place d'une structure cellulaire, qui charpente le Comité suprême, et protège le secret des réunions au niveau des cellules. L'usage de codes est prescrit pour les conversations téléphoniques, compte tenu des contrôles de la police politique et la prise de contact avec les partis politiques s'exerce par le biais d'intermédiaires limités à deux au maximum.

Le refus de tout contact avec des pays étrangers, mêmes arabes, devient la règle primordiale — exception faite pour la République Arabe Unie (R.A.U.) qui réussira malgré tout à obtenir des informations sur l'existence d'une Organisation militaire en Irak (79).

Il faut noter aussi que l'égalité et la pratique démocratique font de timides apparitions : proclamation de l'égalité de tous les membres par leurs devoirs et leurs droits, le chef ne se distingue pas du commun des membres de l'Organisation : il n'a pas de privilèges spéciaux du fait de l'extension des pouvoirs du Comité suprême — jugements, procès, sanctions... — ; refus de la peine capitale ; majorité des deux tiers requise pour l'application de sanctions ; le Comité suprême reflète l'autorité suprême inégalée (en réaction contre le gouvernement et le système colonialiste).

— Autre tactique : la préparation de l'après-révolution (80) : on adapte le plan militaire pour la révolution à toutes les situations et circonstances politiques et militaires et l'on décide qu'il faut tirer profit de chaque mouvement militaire sous contrôle de l'Organisation, en particulier des mouvements militaires en direction de la capitale.

Le but fixe est maintenant créer un mouvement à Bagdad lorsque la présence des trois sommités gouvernementales — le roi, le régent et le Premier ministre — se trouve être confirmée (81). La réalisation d'un tel plan nécessite donc toute liberté de mouvement pour se mouler aux exigences imprévisibles du contexte politique, social et militaire en de telles circonstances et l'adaptation à toutes contingences et fluctuations politiques ou militaires. On prévoit donc la mobilisation de chaque officier pour contrôler son champ d'action militaire, dès l'annonce de la révolution par la Radio de Bagdad. En cas de situation grave et imprévue, faute d'ordres précis, la responsabilité et les décisions de ces officiers devront prévaloir. Au terme de l'action révolutionnaire, l'annonce de l'instauration d'un Conseil de commandement de la révolution marquera le début d'une « nouvelle ère » politique. Il regroupera les membres du Comité suprême et détiendra alors, simultanément mais temporairement, les pouvoirs législatifs et exécutifs ; cela aussi longtemps qu'un parlement ne sera pas élu.

Ces principes généraux sommairement livrés ici font l'objet de communications tacites entre les membres de l'Organisation, par respect d'un des principes cruciaux précédemment explicités. Le fait de n'avoir pas d'entente politique « idéologique », ni de plan rédigé, reflète, à notre avis, une autre défaillance au sein de l'Organisation.

Cette fragilité organisationnelle s'accentue avec la circulation orale des consignes et mots d'ordre, sans aucune confirmation écrite, sans rédaction de rapports. Aucune trace matérielle ne subsiste de ces confrontations idéologiques, aucune analyse profonde ne marque cette période historique de l'Organisation des officiers libres, qui ne s'avance ainsi que très lentement vers une maturité politique nécessaire.

Les rencontres au sein de l'Organisation des officiers libres succombent progressivement à la routine et, à tout moment « le recul politique » de l'un ou de l'autre des membres reste envisageable devant l'adversité. Bien qu'il reste indéniable qu'aucune convention écrite n'ait existé, le colonel ʿAbd Al Wahāb Al Amīn (82) soutiendra le contraire lors de sa déposition devant le Tribunal Militaire suprême, qui d'ailleurs n'hésite pas à le contredire.

Outre cette restructuration de l'Organisation des officiers libres, la coopération de l'Organisation de Kassem avec celle de Sirī donne naissance à une organisation quantitativement puissante et influente, ce qui ne nuit nullement à l'existence d'autres organisations indépendantes ayant un moindre degré d'influence.

Afin de donner, dans ce livre, un plus juste reflet des innombrables tensions qui ravagent la vie politique irakienne à cette époque, un aperçu sommaire sur ces diverses organisations d'officiers s'impose.

Les autres organisations d'officiers dans l'armée irakienne

Si l'Organisation des officiers libres est considérée comme la plus importante d'Irak et conserve son indépendance politique, l'existence d'autres organisations d'officiers ne doit pas être négligée.

— On note en particulier l'existence d'une organisation communiste fondée par le Parti communiste irakien qui constate l'intérêt et la portée, pour le peuple irakien, d'un rapprochement avec l'armée. Le rapport de la deuxième conférence de ce parti confirme ce sentiment : l'armée reste une force matérielle potentielle sous l'emprise ennemie, le gouvernement. L'utilisation et la mobilisation de cette force à l'encontre du gouvernement doit faciliter l'obtention de la liberté. Il est donc crucial, pour gagner la Nation à la cause, de travailler à un rapprochement entre notre mouvement et l'armée (84), telle fut en substance la portée des propos tenus lors de cette conférence.

Le Parti communiste irakien s'infiltre donc dans l'armée par le biais de l'organisation Al Lağna Al Waṭaniya Litiḥād Al Ḍoubāṭ Wa Al Ğonoud (« Le Comité national de l'union des officiers et soldats ») avec comme meneur politique Ibrāhīm Ḥousayn Al Ğobourī et comme notoriétés militaires le commandant Fāḍil Mahdī Al Bayātī, le capitaine Mousā Ibrāhīm pour ne citer que les plus connus.

Le premier écrit (tract) à parution bi-mensuelle *Ḥoriyat Al Waṭan* (« Liberté du pays ») voit le jour en janvier 1955. C'est avant tout un appel à la mobilisation des officiers et des soldats, pour un changement dans l'armée et le pays. La lecture de ce premier numéro révèle que le soldat irakien n'est en fait que l'esclave du gouvernement, assujetti pour la guerre et duquel on tient nul compte des opinions. Ce tract lance également de virulentes attaques : les traîtres étrangers œuvrent pour la destruction du moral des soldats irakiens pour les mener sur la voie de la lâcheté (85).

Une tentative d'union des activités politiques diverses en vue d'une lutte plus soutenue contre le gouvernement figure parmi les desseins initiaux de cette organisation (86) qui a énormément souffert de l'existence de l'Organisation des officiers libres qui, du fait de sa notoriété, la priva de nombreuses adhésions.

Faute d'avoir pu devenir la puissance réelle, ce comité dut se résigner à regrouper ses forces autour de la publication de son tract, s'efforçant de mobiliser l'attention de l'armée contre le gouvernement pour aboutir à son renversement (87).

La dissolution de ce « Comité national de l'Union des officiers et soldats » survint après la révolution de 1958, ses buts ayant été atteints, dans leur grande majorité.

L'existence concomitante d'une seconde organisation communiste à Dīwāniya est un fait certain. Elle comptait quelques sommités militaires telles que les capitaines Ḥasan Al Wā'ilī, Kazom ʿAbd Al Karim et le lieutenant Monʿim Gāsim. Des contacts s'étaient établis entre celle-ci et l'organisation de Fāḍil Al Bayātī (88), mais le gouvernement prit des mesures à l'encontre de ce mouvement aussitôt qu'il en eut connaissance et

Fāḍil Al Bayātī, seul membre de l'organisation connu du gouvernement, se retrouva vite à la retraite.

Bien que l'Organisation des officiers libres ait eu connaissance de cette organisation, par l'entremise de Mousā Ibrāhīm, ami de ʿAbd Al Karīm Frḥān, aucune prise de contact n'eut lieu (89).

— A Moussil, au nord de l'Irak, l'organisation Tanẓīm Al Ḍoubāṭ Al Towār (« l'organisation des officiers révolutionnaires ») avec un courant quasi nationaliste (Qawmiya) regroupe des officiers tels que le colonel MaḥmoudʿAzīz et les commandants Mağīd Al Ğalabī, ʿAlī Al Ḫafāf ainsi que le capitaine Ḥāzim Ḥasan. Son influence avant la révolution reste discrète au sein de l'armée, ce qui explique son assimilation par l'Organisation des officiers libres (90).

— A Nāṣriya dans le Sud irakien, une organisation d'officiers très distante de l'activité de l'Organisation des officiers libres, comptant parmi ses membres le colonel Šākir Maḥmoud et des officiers nationalistes-arabistes, s'active en faveur de l'unité arabe (91).

— Un groupe fondé à l'académie de l'état-major apparaît. Il trouve ses bases dans l'amitié et la proximité, pour ne pas dire quasi-similitude, au niveau des idées politiques de ses membres. Les desseins politiques de ce groupe s'apparentent, en règle générale, à ceux de l'Organisation des officiers libres. Les commandants Ğāsim Al Tikrītī, Kaẓom Ğasim AlʿAzāwī et Ḫālid Makī al Hāšimī, les capitaines ʿAbd Al StārʿAbd Al Laṭīf, Ṣāliḥ MahdīʿAmāš, Ḥasan Al Naqīb, ṢobḥīʿAbd Al Ḥamīd et Ṭāha Yāsīn Al Dourī constituent l'élite de ce groupe.

Le colonel ʿAbd Al Mağīd — secrétaire du Comité suprême de l'Organisation des officiers libres — contacte dès lors cette « cellule » en vue de son annexion (92) et il convient de préciser que des contacts s'établissent aussi avec Ḥizb Al Baas Al Ištirākī.

IV. Origine sociale des officiers libres

La création en 1921 de l'armée irakienne repose essentiellement, au niveau « formation », sur les fils des chefs tribaux, donc sur le système féodal ou sur la bourgeoisie commerçante ainsi que sur la « classe ottomane ».

Dès son accession au trône, Fayṣal I s'était en effet efforcé de constituer des forces armées pour assurer la police à l'intérieur d'un pays tiraillé par de multiples forces centrifuges, mais aussi pour défendre ses frontières et assurer un emploi régulier aux anciens officiers irakiens de l'armée ottomane ainsi qu'aux fils de familles influentes afin de les canaliser sous le joug du pouvoir central (93). Celui qui deviendra le premier chef d'état-major, Ğafar Al ʿAskarī, se vit confier alors la tâche de créer l'armée irakienne (94).

Vers les années 30, une forte volonté d'accroître les effectifs de l'armée se devine et l'ouverture des portes des académies militaires aux différentes strates sociales, sans aucune distinction, confirme alors ce sentiment.

Un parallèle ne peut qu'être établi avec l'Égypte qui œuvre de façon similaire. Le jaillissement d'une classe dite « moyenne » à laquelle se rattachent les officiers libres égyptiens (95) accentue ce courant.

Cette nouvelle classe d'officiers se distingue, au terme des études à la faculté militaire, par ses ambitions personnelles et ses idées nationalistes fermement opposées à l'impérialisme. Cette canalisation des ambitions personnelles doit aboutir à un mouvement politique capable de lutter contre les difficultés que doit affronter cette classe sociale.

Une étude même sommaire, des mouvements militaires au Moyen-Orient dirigés par des officiers d'origine modeste — tels que AḥmadʿOrawī, Kamal Ataturk, Riḍa Pahvlavī, Mouḥamad Mağib et même de milieu humble, tels que ĞamalʿAbd Al Nasser et ʿAbd Al Karīm Kassem, s'impose donc fatalement (96).

Or, à l'origine, cette armée se caractérise par l'exclusion quasi systématique de cette nouvelle classe et le pouvoir s'avère être un privilège réservé à la classe traditionnelle des officiers. C'est parmi cette classe de « rejetés » que l'on trouvera les futurs membres de l'Organisation des officiers libres, et ce sera cette nouvelle génération de militaires (97) qui permettra à l'armée irakienne de se renforcer considérablement dans les années trente.

Ce déferlement d'officiers sur les écoles militaires, lors de ce que l'on peut appeler la « démocratisation » de l'armée irakienne s'explique de diverses façons :

— brièveté des études militaires (neuf mois),

— avantages matériels d'un tel enseignement (logement, repas, ...),

— rareté des facultés dispensant un enseignement supérieur au niveau du baccalauréat (98),

— désaffection des officiers pour les études (brièveté de celles-ci) leur permet une entrée dans la vie active militaire plus rapide.

Cette classe d'officiers se caractérise par un niveau d'études relativement limité. Aussi, pour ces officiers, ces écoles militaires symbolisent-elles avant tout la possibilité — avec de faibles moyens intellectuels et financiers — d'une progression dans l'échelle sociale.

L'Organisation des officiers libres est donc constituée par des membres des classes citadines les plus humbles de la société irakienne (99). A titre d'exemple Al Šawāf, Al Ṭabaqǧalī, Al Rāwī sont de ceux-ci mais l'on note deux exceptions à cette règle, si règle il peut y avoir : le commandant Ḫālid Makī Al Hāšimī, neveu de grands officiers et Premiers ministres Ṭāha Al Hāšimī et Yāsīn Al Hāšimī (100), et Nāǧī Ṭālib, fils d'un propriétaire terrien député sous la monarchie (101).

Si la composante de l'Organisation des officiers libres reflète les strates les plus modestes de l'Irak, son Comité suprême accentue encore cette image, avec des exemples tels que celui de ʿAbd Al Karīm Kassem né à Bagdad en 1914, dans une famille très pauvre des faubourgs de Al Mahdiya, dans l'humble quartier de Qanbarʿ Alī (102) où le père était menuisier et celui d'ʿAbd Al Salām Aref né dans le faubourg de Souq Ḥamāda et dont le père n'était qu'un modeste mercier (103).

L'expression « classe moyenne » précédemment employée mérite donc un approfondissement au niveau de l'analyse car la conception qui lui est rattachée reste vaste. Elle comporte en fait plusieurs niveaux sociaux qui vont des riches — bien que modérément — aux plus pauvres en passant par ce que l'on nomme la petite bourgeoisie.

Bien que floue, cette expression n'en garde pas moins l'avantage de ne pas marquer un rattachement précis à une source liée au système de production telle que celle opposant les termes ouvrier/usine et paysan/terre.

La « classe moyenne » apparaît donc comme une synthèse de plusieurs strates associant largement « la petite bourgeoisie », « le prolétariat » et la « paysannerie ». Ce concept peut être appliqué aux composantes sociales de l'Organisation des officiers libres, mais avec prudence car cette strate intermédiaire, constituée elle aussi de multiples éléments dépendants de niveaux sociaux divers, ne peut être considérée comme une entité à part entière car, si elle se distingue de la « petite bourgeoisie » de par ses critères de productivité, toutes deux se gratifient des mêmes idées et buts généraux : idées conservatrices — gangue de la religiosité — bien que toutefois nationalistes-régionalistes (Waṭanya) s'opposant à l'impérialisme.

Un avenir conservateur, avec des principes parfois poussés à l'extrême dans cette voie jusqu'à devenir réactionnaires, s'offre donc à cette classe moyenne. Les exemples de ʿAbd Al Salām

Aref et Rif'At Al Ḥāğ Sirī — courant arabiste/islamique — restent à ce titre flagrants.

Ces différences sociales éclatent par le biais de leurs « idéologies » politiques endiguées entre des idées réformistes et des idées conservatrices et parfois réactionnaires ; et des divergences vont s'exprimer clairement au Comité suprême des officiers libres (104-105).

De ces différences, ressort l'important crédit du courant nationaliste auprès des membres du Comité suprême, cela pour deux raisons majeures :

— la force du *courant nationaliste* dans les établissements d'enseignement militaire, où ces officiers obtiennent leur formation, reste prépondérante du fait que ces établissements ont subi au départ l'influence du courant d'idées nationalistes des fils de tribus qui manifestaient une certaine fierté vis-à-vis de leurs origines arabes. Ce sentiment profond ne manquera pas d'imprégner les « nouveaux officiers » ;

— les professeurs de ces établissements militaires — de grands officiers, pour la plupart — sont par ailleurs issus de la génération formée par l'armée ottomane. A ce titre, ils eurent à subir le racisme des Turcs à leur encontre et l'affirmation de leur arabité fut plutôt comme une réaction à ce racisme (106).

Ce courant nationaliste prolonge une ligne politique traditionnelle avec notamment à sa clé l'islam et le sentiment familial plus fort que jamais. Une brève étude des orientations politiques des quinze membres du Comité suprême fait ressortir qu'aucun d'eux n'est incroyant, ni étranger. Reposant sur des bases si solidement ancrées dans le passé et les traditions, il est concevable que ce courant n'ait pas évolué, la religion restant le frein majeur responsable de cette stagnation.

Après la révolution égyptienne, la conférence de Bandoeng, la guerre de Suez, les discours de 'Abd Al Nasser — maintenant au pouvoir — portant sur l'alliance nationaliste arabiste donnent au courant arabiste une autorité plus pesante sur les officiers libres.

Outre ce courant d'idées, s'exerce au sein du Comité suprême le courant réformiste pour le nationalisme régional (Waṭaniya). Il est influencé par le Parti nationaliste démocratique et son journal *Al Ahālī* à tendance socialiste. Il s'agit en fait d'un réformisme issu du socialisme des pays occidentaux (107) dont l'impact restera mineur au sein du Comité suprême. Il comptait néanmoins dans ses effectifs des personnalités telles 'Abd Al Karīm Kassem, Waṣfī Ṭāhir, Moḥy Al Dīn 'Abd Al Ḥamīd, 'Alī Ġālib. On peut donc dire, au vu de ces diverses tendances que l'idéologie du Comité suprême était bien l'arabisme, qui en constituait en fait le ciment.

Un véritable courant islamique apparaît d'ailleurs clairement parmi quelques membres du Comité suprême.

Comme nous l'avons vu, le niveau intellectuel des membres du Comité suprême reste assez faible et la raison apparente de cette faiblesse est liée au fait que les études de ses membres ont été limitées aux seules études militaires, exception faite de deux officiers licenciés en droit (108), malgré ces lacunes, ces officiers forment l'avant-garde d'une société incrustée dans le sous-développement et qui semble fort bien s'en accommoder.

Une avant-garde car l'armée ne subit ni l'isolement du monde environnant, ni la distenciation par rapport aux réalités quotidiennes. Elle peut donc exprimer la force de la société irakienne (109), jouer un rôle privilégié dans tous les pays dits sous-développés.

Selon un sociologue égyptien, la carence de maturité de l'armée irakienne, qui transparaît dans la volonté militaire de changements politiques et sociaux tant escomptés, caractérise cette armée et ses militaires (110), qui deviennent rapidement prisonniers de leurs conditions et cultures restreignant leurs capacités.

Prisonniers des tactiques politiques plus que des stratégies pour l'institution de réformes, les officiers irakiens, conscients de cet état de fait, affrontent ces imperfections accentuées par les luttes d'ambition intestines qui détruisent et minent progressivement une part de leur « idéologie politique », peu mûre, mais qui pourtant stimulent les officiers d'origine sociale modeste dans l'acquisition des avantages sociaux jusqu'alors privilégés de la « classe traditionnelle », tout en conservant un dessein nationaliste : la libération du pays (« cheval de Troie » dans la course au pouvoir).

V. Objectifs de l'Organisation des officiers libres

Ainsi que précédemment explicité, s'il n'existe pas d'accord écrit liant les officiers sur des principes généraux en vue d'une révolution, il existe néanmoins des accords tacites. Faute d'élément rédactionnel définissant tant par le vocabulaire que par l'idée un principe, l'Organisation des officiers libres use d'une phraséologie aux diverses dimensions et d'un vocabulaire dont la rectitude de sens évolue selon les locuteurs.

Après la révolution, ces buts seront consignés dans l'ouvrage d'un officier, Ṣabīḥ ʿAlī Ġālib, membre du Comité suprême, et apparaissent tels qu'à leur origine (111-112).

Quelques remarques, sur ce programme très général, s'imposent. En effet, il ne faut pas ignorer que l'idée première des officiers libres n'a pas été alors d'instaurer, aussitôt après la révolution, la république, mais bien au contraire le maintien de la monarchie — abstraction faite du régent et du Premier ministre (113).

L'idée de la chute de la monarchie viendra plus tard avec celle d'une république et peut être située lors de l'entrée de ʿAbd Al Karīm Kassem dans l'Organisation des officiers libres qui sera alors marquée par son radicalisme. Par ailleurs, pour ʿAbd Al Salām Aref, le vocable « révolution » s'attachait à la mort du Roi, du régent et du Premier ministre.

L'évolution chronologique du sens du nom « révolution », ici très sommairement rendue, prouve donc la postériorité, par rapport au programme initial de l'Organisation des officiers libres, de l'écrit de Ṣabīḥ ʿAlī Ġālib. D'autant plus que cet officier se complaît dans un déferlement de détails portant sur l'instauration de la république — avec anéantissement des classes réactionnaires entre autres, éloignement de l'armée du domaine politique, création d'un Conseil de partisans de la révolution, l'annonce d'une constitution démocratique, élection libre par le choix d'un gouvernement alliant tous les partis politiques (114).

Cette précision n'argumente pas en faveur de son auteur, bien au contraire, puisqu'elle dénonce la falsification de la datation de ce programme qui ne peut se situer que postérieurement à la révolution du 14 juillet 1958.

L'Organisation se consacrant *a priori* à des problèmes d'ordre plus routinier — contacts, réunions, adhésions de nouveaux membres, ... — il paraît difficilement possible d'accréditer la version de Ṣabīḥ ʿAlī Ġālib.

La notion de république qui, sur l'impulsion du Conseil des partisans, apparaît progressivement après la révolution égyptienne, sera évincée par celle d'un Conseil de souveraineté. Seuls deux buts relèvent bien de cette époque : la fin de la monarchie et la libération du colonialisme. Tous les autres principes énoncés par les officiers libres, dans divers ouvrages, sont donc postérieurs à la révolution d'environ une dizaine d'années.

La rédaction de ces programmes, après la révolution, s'effectuera grâce au concours d'officiers libres témoins de l'époque pré-révolutionnaire et qui dévoilent leurs souvenirs.

Ces buts, bien que restructurés après la révolution, conservent une sémantique caractérisée par le double sens des vocables usités tels que :

- lutte contre l'impérialisme et contre toute alliance impérialiste, thème qui sous-entend le pacte de Bagdad, dont l'évocation explicite est refoulée anté et postérieurement à la révolution irakienne. Pacte duquel l'Irak ne se retire que plusieurs mois après la révolution ;
- liberté, démocratie, constitution : faute d'approfondissement et de précisions au niveau des idées, ces vocables perdent peu à peu leurs sens ;
- confirmation des droits kurdes : comment comprendre l'expression « droits nationalistes kurdes », compte tenu du fait que cette notion de « droits » prend certainement un sens différent, sous l'effet du courant nationaliste/arabiste, puisque les persécutions les plus violentes ont lieu sous le gouvernement de ʿAbd Al Salām Aref.
  La nation kurde subit alors une guerre d'anéantissement menée par des spécialistes égyptiens qui établissent des plans de guerre. On note l'utilisation de bombes au napalm contre les habitations, les villages et la violence est immense ;
- l'égalité sociale : comment se définit son contenu et sur quelles bases au niveau social, économique ou politique ? On est en droit de se demander si ces mots ne reflètent pas plus, pour l'Organisation, un sentiment qu'une réalité, même lointaine ;
- la paix : un but plus qu'imprécis car indéfini au niveau du concept : s'agit-il d'une paix intérieure au pays ou alors extérieure ? Mais avec quels partenaires ? Dans quels buts ?
- la neutralité positive et active : la conférence de Bandoeng et ses résultats pourraient expliquer en partie cette conception mais de là à expliciter celle-ci, un grand pas reste à franchir ;
- la coopération fraternelle avec tous les pays arabes contre le colonialisme : une association de termes qui nécessite une dissociation, notamment, des termes « coopération » et « fraternelle », pour obtenir une bonne compréhension. Cette analyse, très sommaire, de la formulation des objectifs de l'Organisation des officiers libres n'a pas pour but l'étude de la sémantique mais celui de faire ressortir uniquement le sens ambigu des vocables usités dans ces énonciations ; « coopération » ne devant pas être rapprochée d'« unité », qui conserve un

sens plus précis et plus profond, tout comme « fraternel » qui n'appartient pas de surcroît au vocabulaire politique ;

- l'union arabe : un but crucial emprisonné dans une formule vaste sur laquelle il reste difficile de s'accorder, et à laquelle rattacher un sens devient tâche ardue. Il paraît donc difficile d'adhérer à un tel projet par rapport à l'unité arabe déjà existante au sein de la République Arabe Unie.

Ces imprécisions, ce vague conceptuel peuvent, d'une certaine façon, s'expliquer par les origines chaotiques de l'Organisation des officiers libres.

Encore très imprécis lors de leur rédaction, plus de dix années après la révolution, qu'auraient pu être ces principes avant la révolution ? Nos convictions personnelles nous portent à croire que cette rédaction remonte à dix ans environ après la révolution, rien n'ayant été rédigé en bonne et due forme antérieurement.

Il ne s'agit pas d'élaborer une critique ayant trait uniquement aux principes mais aussi aux applications et non-applications de ceux-ci ainsi que de leurs conséquences.

Si ces principes ne font pas preuve de maturité (par leur simple exposé), il n'en reste pas moins que leur nécessité apparaît évidente à cette époque-là en Irak. Ces principes doivent servir de tremplin à l'émancipation de l'Irak. Bien que nécessaires, ils sont toutefois mineurs comparativement aux besoins de la société et des principes que tout révolutionnaire est en droit d'attendre d'une organisation à but révolutionnaire, comme celle de l'Organisation des officiers libres.

VI. Tensions entre membres de l'Organisation des officiers libres

Il ne semble pas qu'aucune tension entre les membres de l'Organisation des officiers libres ait été évoquée antérieurement à « l'entrée » de ʿAbd Al Karīm Kassem et ʿAbd Al Salām Aref au sein du Comité suprême et, pour être encore plus précis, antérieurement à l'idée de leurs éventuelles adhésions.

D'après Rifʿat Al Ḥāǧ Sirī, l'origine de ces conflits vient du fait que ʿAbd Al Karīm Kassem veut s'approprier l'action et la gloire de l'Organisation des officiers libres. Malgré l'éloignement forcé de Rifʿat Al Ḥāǧ Sirī, considéré comme le père spirituel de l'Organisation, au sud de l'Irak, celle-ci lui conserve sa dévotion. L'apparition de deux nouvelles adhésions, celles de ʿAbd Al Karīm Kassem et ʿAbd Al Salām Aref, ne manquent pas d'éveiller la méfiance de RifʿAt Al Ḥāğ Sirī, qui juge celles-ci prématurées et susceptibles de rompre l'équilibre de l'Organisation (115).

Après l'élection de ʿAbd Al Karīm Kassem au Comité suprême, RifʿAt Al Ḥāğ Sirī déclare qu'il n'accorderait pas sa confiance à ʿAbd Al Karīm Kassem même pour lui confier le commandement ne serait-ce que d'une dizaine de soldats (116). L'entrée de ʿAbd Al Karīm Kassem et son élection, peu après, spolient RifʿAt Al Ḥāğ Sirī de sa position au sein de l'Organisation, cela d'autant plus aisément que hiérarchiquement ʿAbd Al Karīm Kassem est le supérieur de RifʿAt Al Ḥāğ Sirī et qu'il fut, lui aussi, le fondateur d'une organisation militaire. Sa force de caractère, son ambition démesurée, l'imposition de ses idées ne facilitent pas la tâche de RifʿAt Al Ḥāğ Sirī, d'autant plus facilement évincé du pouvoir qu'il se trouve à Kalat Sokar et n'a aucune possibilité d'assister aux réunions, aussi cruciales soient-elles.

Peu après l'entrée de ʿAbd Al Karīm Kassem, celui-ci propose la candidature de ʿAbd Al Salām Aref, mais opposent leur veto aux membres de l'Organisation. Alors, pour la première fois, ʿAbd Al Karīm Kassem s'impose, ainsi que nous l'avons vu précédemment. Cette action, non concertée, réveille des protestations de la part des officiers libres. Le « tandem Kassem/Aref » se révèle devenir bien plus vite le « pivot » du Comité suprême et de l'Organisation, autour duquel gravitent les décisions et l'orientation des réunions et conférences.

Selon le témoignage d'un officier, un accord a toujours régné entre les idées que formule Kassem et celles de Aref, contre celles des autres officiers. Cet officier ajoute que tous deux devaient très certainement se réunir et étudier une tactique commune avant d'affronter les officiers lors des réunions.

Il s'agit donc d'un affrontement opposant dès lors le « pivot ʿAbd Al Karīm Kassem/ʿAbd Al Salām Aref » à l'ensemble des officiers libres. En dépit de ce côté « dévastateur » des adhésions de ʿAbd Al Salām Aref et ʿAbd Al Karīm Kassem ; force est de reconnaître que tous deux ont su apporter aux réunions une profondeur et chaleur incontestables lors des échanges d'opinions.

Ce « pivot » au sein de l'Organisation s'accroît bientôt avec l'arrivée de Waṣfī Ṭāhir (117). Une tentative est par ailleurs esquissée en direction de ʿAbd Al Karīm Frḥān, qui ne se juge pas dans une situation lui permettant d'agréer une telle proposition (118). Un conflit éclate alors, opposant les officiers libres, le Comité suprême et une cellule de l'Organisation, Al Ḫaliya Al Waṣīṭa, que nous avons précédemment évoquée.

L'origine de ce conflit n'a d'autre sujet que l'attaque d'un des membres de cette cellule à l'encontre de ʿAbd Al Karīm Kassem. Afin de cerner le problème Riğabʿ Abd Al Mağīd délègue un membre du Comité suprême pour établir un contact avec cette « cellule-rebelle » composée de neuf membres. ʿAbd Al Salām Aref se porte alors volontaire pour cette mission (119). Plus tard, cette cellule viendra grossir « l'union tripartite » constituée par ʿAbd Al Karīm Kassem/ʿAbd Al Salām Aref/ Waṣfī Ṭāhir.

Dès lors, une cascade de conflits aux origines multiples va déferler sur l'Organisation.

La préparation d'un mouvement prévu pour le 11 mai 1958, par ʿAbd Al Karīm Kassem, qui a rédigé à cet effet un plan détaillé comprenant la liste de tous les officiers participants au mouvement, marque le début de l'un de ces conflits qui va porter sur le fait que ʿAbd Al Karīm Kassem a rédigé sur papier tous les détails de cette opération, rompant alors avec la règle qui voulait que tout acte écrit soit prohibé (120). ʿAbd Al Karīm Kassem s'obstine et refuse de détruire ce document. Un nouveau pas est franchi.

En mai 1958, un troisième conflit se déclare dont cette fois-ci les protagonistes sont Riğabʿ Abd Al Mağīd et ʿAbd Al Salām Aref. A l'origine de ces véhémences : divers problèmes tels que la date de la révolution, entre autres, qui révèlent l'existence d'une sourde lutte interne. ʿAbd Al Salām Aref, quitte à oublier la sécurité du plan de la révolution, attise cette action en s'opposant à l'avis de Riğabʿ Abd Al Mağīd. Cette opposition va marquer le rapprochement d'ʿAbd Al Salām Aref avec Kassem ainsi que son adhésion au « pivot » que symbolise déjà ʿAbd Al Karīm Kassem, pivot qui s'élargira progressivement (121) comme nous l'avons vu précédemment malgré les résistances et le fait que plusieurs membres de l'Organisation menacent alors de remettre en cause leurs adhésions (122).

Le dernier conflit important éclate entre ʿAbd Al Karīm Kassem et Riğabʿ Abd Al Mağīd, au cours de la réunion du Comité suprême du 27 juin 1958, qui se tient chez ʿAbd Al Wahāb Al Šawāf. Les divergences éclatent en effet sur la question de répartition du pouvoir après la révolution et la réunion se conclut sans qu'aucune décision ne soit prise (123).

Parallèlement à ces conflits, qui secouent fortement l'Organisation, éclatent des tensions entre les membres même du Comité suprême, tensions en apparence dues aux différences de caractères de ces membres.

Le cas de RifʿAt Al Ḥāğ Sirī illustre bien le type de tensions qui existaient alors au sein du Comité suprême. En effet, Rifʿat Al Ḥāǧ Sirī, bien qu'élu au Comité suprême, n'assiste à aucune de ces réunions, compte tenu, d'une part, de l'éloignement de son poste par rapport à la capitale, et d'autre part et surtout, en raison de l'inimitié qu'il éprouve à l'égard de Kassem et Aref. L'éloignement de Rifʿat Al Ḥāǧ Sirī de la scène politique du Comité suprême, tant volontaire qu'involontaire a conduit certains historiens à déclarer que Rifʿat Al Ḥāǧ Sirī n'avait tout simplement jamais été membre du Comité suprême (124).

A ces révoltes intérieures, le plan de déclenchement de la révolution, le destin de la famille royale (par exemple, de l'applicabilité de la peine de mort au régent et au Premier ministre, ainsi que l'exil pour le roi) sont autant de sources de conflits supplémentaires qui viennent secouer l'Organisation. Démocratie, Égalité, autant de principes déjà décriés avant que d'avoir été instaurés conformément au programme de l'Organisation.

D'autres membres, partisans de l'extermination de la monarchie et de ses représentants, plaident en faveur de l'exécution du roi, du régent et du Premier ministre, prenant comme prétexte le désir de non-ingérence des pays du pacte de Bagdad dans la politique irakienne (125), ce qui semble difficilement crédible, le roi ou le régent vivants.

Tous ces problèmes affaiblissent considérablement l'Organisation. Tandis que, de leur côté, ʿAbd Al Karīm Kassem et ʿAbd Al Salām Aref tentent de renforcer l'Organisation en proposant une union avec le colonel ʿAbd Al Laṭīf Al Darāǧī, de la même brigade que ʿAbd Al Salām Aref, afin de consolider la position de l'Organisation des officiers libres au sein de la 20e brigade.

Les membres de cette « pyramide élitiste » au sein de la 3e division prêtent serment de conserver secrète la date retenue pour la révolution, celle-ci ne devant pas être divulguée aux autres membres du Comité suprême (126) quitte à isoler ceux-ci de l'action. Le but avoué est alors de préserver un effet de surprise totale lors de l'éclatement de la révolution (127).

Une scission s'entame dès lors entre les partisans de ʿAbd Al Karīm Kassem et ceux fidèles à l'Organisation dont les rôles et le pouvoir s'estompent progressivement.

ʿAbd Al Salām Aref expliquera, lors de son procès, cette scission par la réserve que ʿAbd Al Karīm Kassem aurait manifestée à l'égard du Comité suprême qui paraissait hésiter à se lancer dans une révolution ; de plus ʿAbd Al Karīm Kassem lui aurait alors déclaré que le seul travail positif ne pourrait émaner que de Aref et lui-même (128).

Ces conflits eurent de graves répercussions au niveau de

l'unité de l'Organisation et du respect de ses lois initialement fixées par le Comité suprême. A partir de ce moment, le désordre s'installa progressivement (129) et, avec lui, l'anarchie. Des contacts furent même établis avec des partis politiques sans qu'aucun intermédiaire — ainsi que la règle le précisait — n'ait été désigné. Les contacts directs de ʿAbd Al Karīm Kassem avec le Parti communiste irakien, ceux de ʿAbd Al Salām Aref et ʿAbd Al Karīm Kassem avec la Syrie (130), et enfin ceux de Kassem avec Ǧamal ʿAbd Al Nasser (131) sont à ce titre évocateurs du nouveau pouvoir qui s'installe et mine l'Organisation en détruisant ses principes fondateurs.

Le ressentiment profond qui en découle ne se limite pas au Comité suprême mais s'étend au contraire à toutes les cellules qui subissent fatalement le contre-coup de cette politique et qui réagissent en manifestant leur désir de voir l'éclatement rapide d'une révolution, craignant que l'Organisation des officiers libres ne se détruise elle-même (132) avant que le but n'ait été atteint.

Malgré cela l'Organisation se désagrège sous les secousses conflictuelles qui apparaissent entre ses membres, qui rivalisent pour la protection et le maintien de leurs intérêts personnels et se heurtent de plus en plus fréquemment en raison de leurs caractères très différents, pour ne pas dire parfois totalement opposés.

L'absence de toute « idéologie commune » ne peut que favoriser ces heurts permanents au sein d'une organisation créée autour de deux buts fondamentaux : renverser la monarchie et mettre un terme à la colonisation, objectifs qui s'estompent à mesure que grandissent les divergences engendrant la crise du système politique au lendemain du 14 juillet 1958. Cette crise se verra favorisée également par l'aspect quelque peu étriqué de l'horizon intellectuel des officiers libres qui ne les autorise pas à imposer une solution radicale à ces points de discorde enregistrés durant cette période.

VII. L'existence d'une organisation militaire dans l'armée irakienne est-elle un fait connu du pouvoir royal ?

Les mouvements militaires au sein de l'armée irakienne — en particulier celui de RašīdʿĀlī Al Gaylānī en 1941 — dirigés contre le gouvernement, puis la réussite du coup d'État du

23 juillet 1952 en Égypte attisent la méfiance du gouvernement à l'encontre de l'armée en général.

Les contrôles de la police militaire s'accentuent — intrusions d'agents gouvernementaux dans l'armée, perquisitions, ... — bien que la certitude de l'existence d'un mouvement d'opposition dans l'armée ne soit pas encore acquise.

Cette situation de suspicion n'entrave en rien la multiplication de « groupes » dans l'armée, dont ʿAbd Al Ilāh finit fatalement par découvrir l'existence à la fin de l'année 1953 grâce à deux courriers anonymes dénonçant cent soixante-dix officiers participant à une action destinée à entraîner la chute du gouvernement royal.

ʿAbd Al Ilāh s'abstient de lancer des représailles pour éviter d'ébruiter ces actions anti-gouvernementales émanant d'officiers de l'armée irakienne, mais également faute de preuves irréfutables. Si ces deux missives anonymes n'entraînent pas de représailles directes, elles n'en accroissent pas moins l'action de la police militaire qui organise des opérations répressives au sein de l'armée, et met en place un réseau d'infiltration d'espions (133) qui permettra la découverte, entre autres, en 1956, de la réunion de l'Organisation des officiers libres de RifʿAt Al Ḥāğ Sirī et la dispersion des membres de celle-ci comme nous l'avons vu précédemment.

ʿAbd Al Ilāh, qui a maintenant la preuve de l'existence d'au moins un mouvement dans l'armée, ordonne la création d'un « Service de renseignements du Palais royal », parallèle en quelque sorte à celui de la police politique.

La direction de cette nouvelle administration est confiée au colonel Mouḥamad Laṭīf dont la tâche consiste à renseigner directement le régent sur tous les mouvements et actions enregistrés au sein de l'armée (134), par le biais de rapports requis auprès de toutes les administrations et tous les tribunaux (135).

ʿAbd Al Ilāh, dès lors, n'hésite plus à sévir contre les officiers soupçonnés d'appartenance à un quelconque mouvement et les sanctionne par des mises à la retraite. L'exemple de NoʿMān Māhir Al KanʿĀnī reste à ce titre plus que révélateur de l'atmosphère de suspicion qui règne alors au sein de l'armée. En effet, cet officier invité par Ḥaydar Al Rikābī — un ami du régent —, livre sans retenue ses sentiments sur le gouvermenent, le régent, la politique irakienne à son hôte qui ne manque pas d'enregistrer ses déclarations et de les remettre au plus vite à ʿAbd Al Ilāh.

Cette bande enregistrée ne révèle aucun détail sur l'Organisation des officiers libres à laquelle NoʿMān Māhir Al KanʿAnī appartient, mais n'offre que quelques critiques à l'encontre du gouverment et du régent.

ʿAbd Al Ilāh fait ouvrir une enquête, qui n'aboutit pas, sinon à la mise à la retraite, le 18 avril 1957, de NoʿMān Māhir Al KanʿĀnī. Cet incident sans autre suite sera cependant à l'origine du gel de l'activité de l'Organisation durant deux mois et va créer une atmosphère de suspicion.

Ṣāliḥ MahdīʿAmāš *, membre de la police militaire, s'efforce de rassurer l'Organisation en l'assurant de son concours pour protéger le secret de son existence (136). Cette période de sérénité ne dure pas car bientôt le chef de la sécurité nationale, Bahǧat AlʿAṭiya, remet au régent un rapport dénonçant cent cinquante officiers préparant des actions anti-gouvernementales.

RafīqʿĀref, à qui ce rapport est remis, s'efforce de rassurer le régent et l'assure de la fidélité de l'armée irakienne. Bien que cette version paraisse crédible, elle ne mérite pas qu'on s'y attarde, car les événements prouveront par la suite que sa véracité n'est pas à l'abri du doute (137).

Si RafīqʿĀref conserve le silence sur la multitude de rapports, d'accusations, accompagnées de noms de personne qu'il rassemble dans son dossier, c'est qu'il doute de leur véracité et qu'il est en proie à une lutte intérieure qui le pousse à maintenir sa confiance en l'armée. C'est du moins ce qu'il déclarera devant le tribunal de la Révolution (138).

Cette confiance en l'armée, il réussit à la faire partager au régent qui, en juillet 1958, lui confie la mission de se rendre auprès du roi Housayn, en Jordanie, pour vérifier des rumeurs portant sur un projet de coup d'État en Irak. Au cours de cette mission, qui intervient quelques jours seulement avant la révolution du 14 juillet 1958, RafīqʿĀref s'attache à apaiser les esprits — dont celui du roi Housayn — en réaffirmant la fidélité de l'armée irakienne envers son roi puis, mission accomplie, rentre en Irak le 11 juillet 1958 (139).

Cette politique de « sécurisation » entreprise par RafīqʿĀref, ne semble pas avoir prise sur le chef de la Sécurité nationale qui présente un nouveau rapport au Premier ministre — Nourī Al Said — avec des informations de valeur sur l'Organisation des officiers libres et la préparation d'un coup d'État imminent. Le Premier ministre et Bahǧat AlʿAṭiya remettent ce rapport au régent qui convoque RafīqʿĀref, pour lui en faire communication. Ce dernier, à nouveau, rassure le régent, en démentant les données de ces rapports et en lui conseillant la méfiance vis-à-vis des rapports de la Sécurité nationale (140).

Outre ces rapports, force courriers affluent vers le Palais

* Ṣāliḥ MahdīʿAmāš, après le coup d'État du 17 juillet 1968, devient l'adjoint du président Aḥmad Ḥasan Al Bakr, et plus tard ambassadeur en France, puis en Russie et en Pologne.

royal, dans le bureau de ʿOmar Al Hoğāzī — de la Brigade de la Garde royale — et dénoncent des officiers et l'Organisation des officiers libres s'opposant au gouvernement.

L'auteur de quelques-unes de ces missives n'est autre que Salmān Al Dargazalī, dont le but est de se rapprocher du palais afin d'obtenir un poste influent dans l'armée. Parmi ces courriers qui n'atteindront jamais le palais se trouvait celui qui dénonçait Miḥsin Housayn Al Ḥabīb comme dissident (141).

La Garde royale adjoint à ces dénonciations multiples un rapport, dont elle est l'auteur, et qui lui aussi dénonce d'importants officiers comme menant une activité politique allant à l'encontre de celle du gouvernement. On peut noter, parmi ces noms, celui de Nāǧī Ṭālib — déjà cité d'innombrables fois dans d'autres rapports — chef d'une Brigade de la 1re Divisioin et membre jadis de la garde du corps du régent. Ayant fait jusqu'alors preuve de sang-froid et de réserve, Nāǧī Ṭālib se complaît à livrer maintenant publiquement ses opinions hostiles au gouvernement (142), auxquelles le régent ne prête pas la moindre attention.

Il reste évident que la guerre de Suez en 1956 soulève chez les officiers libres, des élans anti-colonialistes, contraires aux exigences de la politique du roi Fayṣal II et qui sont à l'origine de ces nombreux rapports. L'exemple de l'accusation portée à l'encontre de la 3e division plus précisément la 19e brigade, avec à sa tête le général ʿAbd Al Karīm Kassem, reste un bon exemple de cette période de suspicion qui précède le 14 juillet 1958. Le but de toutes ces délations est de tendre à infiltrer des doutes dans l'esprit du régent, pourtant maintes fois rasséréné par RafīqʿĀref et les rapports annuels du général Ġāsī Al Daġistānī, qui réaffirme la fidélité de sa division envers le roi, une division « où le germe du communisme n'est pas même décelable (143) ».

ʿAbd Al Karīm Kassem, conscient de l'acharnement des dénonciations dont il est l'objet, se plaît à jouer la carte de la fidélité pour tromper le gouvernement et Ġāsī Al Daġistānī. D'ailleurs, après la révolution de 1958, ʿAbd Al Karīm Kassem, déclarera lors d'une conférence de presse que la circonspection dont il fut l'objet tant du Premier ministre que du Palais royal le stimula pour prouver sa fidélité à la révolution. Entouré d'une « voie lactée de rapports dénonciateurs », il dut allier l'hypocrisie à la comédie de la loyauté envers le gouvernement (144).

Il est possible d'avancer sans risque d'erreur que le service de la Sécurité nationale connaît l'existence d'une organisation militaire au sein de l'armée, avec tous les détails s'y rapportant. A ce sujet, un officier de la Garde royale rapporte que le chef de la Sécurité nationale de la ville de Al Ḥila lui aurait présenté un épais dossier regroupant les noms de personnes et faits se rattachant aux activités politiques au sein de la 1re Division. Ce responsable aurait ajouté qu'un tel dossier relevait plus de la police militaire que de la Sécurité nationale (145).

Le régent, devant l'afflux de rapports et de courriers de dénonciations finit par se laisser convaincre de l'existence d'un mouvement dans l'armée et, dès lors, à chaque doute qui pèse, il répond par une mise à la retraite, un éloignement ou un recyclage des officiers mis en cause, arme psychologique possédant un double avantage : neutralisation de l'officier et discrétion de cette sanction afin de circonscrire le mal de la façon la plus discrète. De nombreux officiers eurent à subir ces sanctions, parmi lesquels :

— le général Nāğīb Al Robayʿi un nationaliste, qui doit quitter un poste influent dans l'armée pour un poste d'ambassadeur en Arabie saoudite ;

— le capitaine Fāḍil Mahdī Al Bayātī, un communiste, membre de la Garde royale, mis à la retraite ;

— le sous-lieutenant Kamāl Mağīd également membre de la Garde royale, mis à la retraite (146) ;

— le capitaine ʿAbās Al Dogaylī choisi par les officiers libres pour établir des contacts avec la Brigade de la Garde royale, où une activité anti-monarchique se réveille, est également mis à la retraite sur dénonciation (147).

Malgré tous les efforts déployés pour découvrir et démasquer les éventuelles organisations militaires, RafīqʿĀref dément les accusations avancées afin que le Palais royal ne soit vainement inquiété. Car en fait, aucune preuve de l'existence de tels mouvements tant récriés, ni même de preuves contre leurs protagonistes ne sont détenues par RafīqʿĀref. Par ailleurs, si de telles organisations existent, elles ne peuvent en aucun cas, selon RafīqʿĀref, représenter une menace militaire pour le gouvernement telle qu'il faille en alerter le Palais royal. De plus, ne dispose-t-on pas de chefs de troupes fidèles au système monarchique tels que Ġāsī Al Dāġistānī, ʿOmarʿAlī, ... ?

Ces excès de confiance de RafīqʿĀref se trouvent contrebalancés par la somme d'informations que possède la sécurité nationale — beaucoup plus efficace et scrupuleuse que la police militaire — et portant sur l'Organisation des officiers libres.

Aussi, pour contrer de façon définitive l'action entreprise par la sécurité nationale empiétant sur celle de la police militaire, Rafīq ʿĀref dément formellement au régent l'existence de tout mouvement dans l'armée. Ce dernier finit par rallier la thèse de Rafīq ʿĀref en réfutant toutes les accusations lancées jusqu'alors, y compris celle fournie — avec force preuves à l'appui — par Bahǧat Al ʿAṭiya, en mai 1958.

Le régent éconduit le chef de la sécurité nationale et lui conseille de restreindre son action de « prospection anti-gouvernementale » aux seuls domaines civils (148). Dès lors, il n'est plus guère possible de nier l'évident conflit qui oppose la police civile — sécurité nationale — à la police militaire représentée par le service de renseignements militaires. Cette tension s'accroît d'autant plus lorsque le Palais réaffirme sa confiance en Rafīq ʿĀref — chef d'état-major — et, qui plus est, ami du régent.

Les divergences qui fleurissent entre sécurité nationale et service de renseignements militaires trouvent un de leurs reflets dans un échange de correspondances du 5 juillet 1958 émanant du service de renseignements militaires et adressées à la Sécurité nationale. Ces deux documents, cités par l'historien Ǧafar ʿAbăs Ḥamīdī, dans son ouvrage *Développements politiques internes à l'Irak 1953-1958* (149) (Annexes II et III) prouvent que la Sécurité nationale ignorait l'existence, pourtant notoire — surtout depuis son extension rapide après la guerre de Suez — de l'Organisation des officiers libres.

Une telle lacune dans l'information reste d'autant plus étonnante que l'Organisation des officiers libres ne bénéficiait plus du secret qui protégeait son existence, compte tenu de sa croissance incontrôlable et de l'importance des activités menées par des personnalités aussi connues que ʿAbd Al Karīm Kassem, ʿAbd Al Salām Aref, Nāǧī Ṭālib, ...

Une explication peut être recherchée au niveau de la nouvelle politique engagée par le régent vis-à-vis de cette organisation. En effet, aux sanctions mêmes relativement légères — mises en retraite, déplacements, recyclages d'officiers — il préfère pratiquer l'indifférence, résultat d'une politique d'apaisement spirituel soutenue que prodigue Rafīq ʿĀref.

Une telle politique va indéniablement à l'encontre des informations dont dispose Rafīq ʿĀref, qui n'ignore point qu'une organisation militaire sévit dans l'armée irakienne. Deux raisons majeures semblent avoir été à l'origine de son silence et du fait qu'il ne fait pas part de ses soupçons à ʿAbd Al Ilāh.

D'une part, lui-même, Rafīq ʿĀref, ne croit pas en la possibilité d'un mouvement émanant de cette organisation, compte tenu des problèmes et des tensions internes qu'elle connaît. On peut dire, d'autre part, qu'il agit par ambition afin de défendre sa position de chef du service des renseignements militaires, qui veut qu'il réduise à néant toute organisation opposée au gouvernement. Aussi, en niant l'existence d'une organisation menaçant le gouvernement, il réaffirme sa position.

Parallèlement, et bien que fatalement opposé, Bahǧat Al ʿAṭiya — chef de la sécurité nationale — rédigera des rapports sur l'opposition non seulement civile mais aussi militaire, dans le but de réaffirmer sa fidélité au Palais ainsi que sa position personnelle.

Un conflit ne pouvait manquer d'éclater entre ces deux personnalités et Rafīqʿ Āref refuse dès lors toute coopération avec le service de sécurité nationale qui s'immisce dans les affaires militaires (150) et insiste, par ailleurs, pour que le régent fasse respecter les champs d'action de ces deux services.

Ce conflit ne doit en aucun cas être négligé, car la profondeur de ses motifs profonds tend à démontrer que l'état d'esprit et les conflits dans lesquels l'Irak vit ne se limitent pas à la seule Organisation des officiers libres, ni aux relations entre les partis politiques eux-mêmes mais ce conflit contamine également le gouvernement et ses services extérieurs. Ce sont ces conflits qui conduisent à l'étouffement de certaines révélations de la part de Bahǧat AlʿAṭiya, qui regroupe l'ensemble des informations sur l'Organisation des officiers libres dont il pressent, on le devine, les capacités à soulever un mouvement anti-gouvernemental.

Cette succession de rapports lancés par Bahǧat AlʿAṭiya et tendant à dénoncer l'Organisation des officiers libres et son activité anti-gouvernementale et les contre-offensives de Rafīqʿ Āref, auprès du régent, prouve indéniablement que l'Organisation des officiers libres se trouve en face d'un seul ennemi potentiel : le directeur de la sécurité nationale.

Celui-ci se trouve soutenu dans sa tâche de « démystification » par le ministre de l'Intérieur, Saʿīd Qazāz, qui l'aide à cerner l'Organisation des officiers libres pour la conduire à trahir son existence.

La preuve irréfutable du moindre danger que représente Rafīqʿ Āref durant cette période pré-révolutionnaire réside dans le fait qu'il sera grâcié, ainsi que Ġāsī Al Dāġistānī, lors du jugement rendu par le Tribunal du Peuple après la révolution, contrairement à Saʿīd Qazāz et Bahǧat Al ʿAṭiya qui seront condamnés à la peine de mort par pendaison.

Ces innombrables rapports, dénonciations et courriers anonymes ne peuvent laisser place au doute quant à la connaissance avant la révolution, par quelques sommités gouvernementales, dont le régent, de l'existence d'un mouvement opposé à la monarchie (151) dont seule l'heure du déclenchement resterait encore inconnue (152). L'Organisation des officiers libres en tant qu'organisation secrète a désormais vécu (153).

VIII. Relations entre l'Organisation des officiers libres et les partis politiques irakiens

Bien que toute participation à une quelconque activité politique soit prescrite pour les militaires, quelques cellules existent dans l'armée sous la direction de partis politiques comme le parti communiste irakien ou le Parti Baas arabe socialiste.

Bien que ce point soit posé, il n'en demeure pas moins que l'Organisation des officiers libres conserve son indépendance en tant qu'organisation militaire vis-à-vis des autres partis politiques même si elle établit avec eux des contacts, contacts dictés par la nécessité absolue de nouer des alliances pour donner à tout éventuel mouvement l'ampleur d'une révolution.

Les premiers contacts entre l'Organisation des officiers libres et les partis politiques irakiens datent de la même époque que les prémices de l'organisation avec la « cellule » de Rif'At Al Ḥāğ Sirī et Riğab'Abd Al Mağīd. Le premier contact, qui sera établi avec le parti Al Istiqlāl (« Parti de l'Indépendance ») eut lieu en 1943. Rif'At Al Ḥāğ Sirī dépêchera alors 'Abd Al Stār'Alī pour proposer à l'émissaire d'Al Istiqlāl, Mouḥamad Ṣidīq Šanšal, secrétaire du parti, de mettre leurs forces en commun pour préparer un coup d'État capable de libérer le pays du joug colonialiste.

Mouḥamad Ṣidīq Šanšal rejette cette proposition qu'il juge prématurée, compte tenu de l'inadéquation des structures de l'Organisation des officiers libres à résister à une éventuelle « poussée » des adhérents civils (154). Rif'At Al Ḥāğ Sirī persiste et noue dès lors des relations avec l'adjoint du chef de l'Istiqlāl, Fā'iq Al Samārā'ī, qui agrée cette proposition de coopération (155) et en réfère à Mouḥamad Sidīq Šanšal.

Ce dernier le questionne à son tour sur les desseins de l'Organisation des officiers libres qui sont maintenant clairs : éviction du régent et du Premier ministre, mais maintien du roi et de la monarchie. Cette explication ne le convainc pas et il oppose son veto à cette coopération, en rappelant ses déceptions antérieures avec l'échec du mouvement de Rašid'Ālī Al Gaylānī aux desseins quasi similaires. Bien que rejetant cette proposition,

Mouḥamad Ṣidīq Šanšal précise que si l'instauration d'une république se substituait à la monarchie, il accepterait cette offre d'union (156).

Si, a priori, Mouḥamad Ṣidīq Šanšal pressent l'incapacité de Rif'At Al Ḥāğ Sirī à diriger l'Organisation, il ne manque pas pour autant de lui prodiguer ses conseils en vue d'un travail s'organisant dans la clandestinité (157), afin d'éviter toutes confrontations et provocations avec le gouvernement. De son côté, Rif'At Al Ḥāğ Sirī multiplie ses contacts avec Fā'iq Al Samārā'ī et cela par l'entremise du commandant Ṣāliḥ'Abd Al Mağīd Al Samārā'ī — parent éloigné de Rif'At Al Ḥāğ Sirī et également son conseiller en matière de politique au niveau de son organisation (158).

L'élection du Comité suprême marque le début d'échanges et de liens avec les partis politiques, par l'intermédiaire du secrétaire du Comité suprême, Riğab'Abd Al Mağīd, qui persévère dans les relations avec l'Istiqlāl et obtient ainsi, grâce à ces contacts, une idée de la situation politique dans le pays (159). Il agit de même avec le Front de l'union nationale, par le biais de contacts avec 'Abd Al Stār'Alī Housayn.

Le secrétaire du Comité suprême sollicite alors de Sidīq Šanšal qu'il rencontre Ğamal 'Abd Al Nasser, en juillet 1957, puis, plus tard, en février 1958. Mouḥamad Hasanain Haykal, directeur du journal *Al Ahrām* (« Les pyramides »), procède aux préparatifs de cette rencontre (160).

Parallèlement à cette prise de contact, depuis 1957, 'Abd Al Wahāb Al Amīn et Mouḥamad Mahdī Kouba — chef du parti Al Istiqlāl — multiplient leurs rencontres qui aboutissent à l'évocation, par le colonel 'Abd Al Wahāb Al Amīn de l'après-révolution. Plusieurs noms de membres de l'Istiqlāl sont avancés pour de futurs portefeuilles ministériels, parmi lesquels Ibrāhīm Kouba à l'économie et Āli Al Kan'Ānī à la santé (161).

L'aide de l'Istiqlāl, lors des rencontres de l'Organisation des officiers libres avec Ğamal 'Abd Al Nasser, reste indéniable bien que, plus tard, ce parti refusera de communiquer la date de la révolution, dont il aura eu connaissance par Kāmil Ğadirğī, Mouḥamad Ṣidīq Šanšal et 'Abd Al Stār 'Alī Al Ḥousayn, à l'Organisation (162).

Presque simultanément aux contacts établis avec l'Istiqlāl, l'Organisation des officiers libres se rapproche du parti Al Waṭanī Al Dimoqrāṭī grâce à l'intervention du secrétaire de ce parti, Ḥousayn Ğamīl, qui rejette en définitive tout projet de coopération avec l'Organisation, par manque de confiance en l'envoyé dépêché par l'Organisation pour cette première rencontre (163).

Au terme de l'année 1956, Rašīd Mouṭlak délégué par 'Abd

Al Karīm Kassem entre en liaison avec Kāmil Al Ǧadirǧī, chef du parti Al Waṭanī Al Dimoqrāṭī, qui rejette également toute idée de coopération avec des militaires, gardant en mémoire le douloureux échec du mouvement de Bakir Ṣodqī en 1936 (164). Ce refus n'entraîne pas pour autant la rupture des relations entre l'Organisation et ce parti, bien au contraire, celles-ci se poursuivent avec pour interlocuteurs Ḥousayn Ǧamīl, Kāmil Al Ǧadirǧī et Mouḥamad Ḥadīd.

Le sort qui doit être réservé à la famille royale apparaît alors au centre de nombreuses discussions et déjà se discernent les partisans du « meurtre » sur la personne du roi, en cas de totale réussite du mouvement. Cette proposition obtient l'adhésion de Kāmil Al Ǧadirǧī (165) bien qu'elle soit contraire aux principes démocratiques édictés par son parti. Il s'agit donc ni plus ni moins de l'assassinat du roi — quasi innocent de la situation dans laquelle se trouve alors l'Irak, car manœuvré tout au long de son règne par le régent, son oncle. Sans vouloir chercher pour autant à excuser un tel défoulement de haine, il semble que Kāmil Al Ǧadirǧī ait agi plus sur une impulsion personnelle que suite à un raisonnement sensé servant la cause de la révolution.

Ne fut-il pas en effet emprisonné suite au réquisitoire de l'avocat de l'accusation le lieutenant ʿAbd Alāh Maḥmoud Wanās (166).

Cet acharnement à s'attaquer au représentant de la monarchie reflète bien le cynisme dont il fait preuve jusque dans ses ouvrages. D'un progressisme pré-révolutionnaire, il se replie vers un état d'esprit réactionnaire après la révolution.

Ces diverses rencontres enrichissent l'Organisation de principes économiques et stratégiques, dispensés par Mouḥamad Ḥadīd qui, dans le premier cabinet de ʿAbd Al Karīm Kassem, occupera un portefeuille ministériel (167). Infatué de cette aide, le parti Al Waṭanī Al Dimoqrāṭī n'hésitera pas à clamer l'honneur qu'il a eu de participer aux préparatifs de la révolution (168). Une question vient pourtant immédiatement à l'esprit, car si le parti Al Waṭanī Al Dimoqrāṭī refuse une coopération avec l'Organisation des officiers libres, quels sont alors les desseins qui le conduisent à poursuivre ces contacts ?

Si Kāmil Al Ǧadirǧī rejette toute idée de coopération officielle avec l'Organisation, par crainte de voir se renouveler un précédent échec, il n'en demeure pas moins désireux d'obtenir, par l'intermédiaire de l'Organisation, des informations concernant la situation politique du pays, la vie civile, les mouvements en prévision...

Outre ces deux partis politiques irakiens imminents, le Parti communiste irakien, de son côté, réussit à infiltrer dans l'armée quelques organisations militaires telles : Itiḥād Al Ḏobaṭ Wa Al Ǧonoud et Rābiṭat Al Askarīn Al Waṭanīn Al Aḥrār, d'influence moindre.

L'Organisation des officiers libres, représentée par ʿAbd Al Karīm Kassem, tente donc en 1956 un rapprochement avec le Parti communiste, parti tenu alors quelque peu à l'écart. ʿAbd Al Karīm Kassem détache Rašīd Mouṭlak pour établir les premiers contacts avec Kamāl ʿOmar Naẓmī et évoquer le mouvement militaire que l'Organisation prévoit contre le gouvernement, l'automne de la même année, plus précisément durant les grandes manœuvres militaires qui se dérouleront alors. Les conditions fondamentales du succès de ce mouvement — la présence des trois sommités gouvernementales : le roi, le régent et le Premier ministre — n'ayant pu être remplies, l'action révolutionnaire s'en trouvera reportée (169).

Rašīd Mouṭlak et ʿOmar Naẓmī entreprennent alors, par l'entremise d'un membre du comité centrale du Parti communiste — ʿĀmīr ʿAbd Alah — d'obtenir que le Parti communiste appelle la population à manifester dans les rues de la capitale lors du mouvement afin d'appuyer celui-ci, de faciliter le contrôle du mouvement et l'instauration du couvre-feu, et qu'il accepte de prendre des responsabilités dans le domaine économique tant durant cette période pré-révolutionnaire que durant celle qui lui succédera (170). Le général ʿAbd Al Karīm Kassem requiert également du Parti communiste qu'il obtienne de l'U.R.S.S. et de la République de Chine populaire (171) un appui en cas de contre-offensive dirigée par les pays capitalistes.

Le 11 juillet 1958, ʿAbd Al Karīm Kassem annonce au Parti communiste la date retenue pour la révolution : le 14 juillet 1958. Le parti durant deux jours connaît une effervescence importante et s'affaire pour le grand jour. La nouvelle se propage en son sein avec des directives précises : manifestations populaires avec banderolles et slogans doivent appuyer la révolution tout en ne négligeant point les buts et « l'idéologie » du parti, qui ne doit en aucun cas se laisser submerger et étouffer lors du déroulement des actions révolutionnaires (172). Le Parti communiste entend marquer profondément de son empreinte ce mouvement. Le jour de la révolution, les forces communistes épauleront le mouvement militaire, soutien qui se prolongera jusque sous le « régime de Kassem », alors que les partis nationalistes (Qawmiya) n'hésitent pas à faire volte-face.

L'Organisation des officiers libres décide également avant la révolution un rapprochement avec le Parti Baas arabe socialiste, bien qu'encore peu connu à l'époque. Sa jeunesse politique vaudra donc à ce parti un poids politique très limité face à l'actualité et une influence pour le moins restreinte mais il sera tout de même contacté et quelques offficier de l'Organisation des officiers libres — nationalistes/arabistes — adhèrent au parti Baas, qui est le seul parti nationaliste en Irak à l'époque et qui résulte de la montée de la popularité de Ǧamal ʿAbd Al Nasser, alors considéré comme seul chef nationaliste.

Les adhésions des commandants Ṣāliḥ Mahdīʿ Amāš, Sobḥīʿ Abd Al Ḥamīd — qui établit le premier contact personnel avec le Parti Bass arabe socialiste —, et ʿAbd Al Stār Abd Al Laṭīf ne sont que le fruit des efforts de Fayṣal Habīb Al Ḫayzarān et Šafīq Al Kamālī (173).

Ces contacts vont se multiplier même après la révolution et le parti Baas va, dès lors, s'efforcer d'inscrire quelques-uns de ses membres à la faculté militaire pour renforcer son activité dans l'armée, acquérant par là même des capacités et des notions non négligeables dans divers domaines qui, ultérieurement, seront utilisées lors du coup d'État contre ʿAbd Al Karīm Kassem. En 1957, un bureau militaire s'organise, avec à sa tête Fou'Ād Al Rikābī, au sein du Parti Baas (174) et l'activité du Parti Baas croît dans les milieux militaires où des officiers, et non des moindres, adhèrent au parti.

Une telle croissance ne peut passer inaperçue et le directeur de la sécurité nationale, Bahǧat Alʿ Aṭiya, rédige en effet dès février 1958, un rapport dans lequel il indique que le domicile de Fou'Ād Al Rikābī sert de lieu de réunion à des officiers, dont un colonel « connu », qui pourrait être le colonel ʿAbd Al Salām Aref, partisan du nationalisme (175) qui aurait insisté personnellement pour que des contacts s'établissent avec la cellule Al Ḫaliya Al Waṣīṭa qui, plus tard, comptera des membres baasistes tels que Ṣāliḥ Mahdīʿ Amāš et Ṣobḥīʿ Abd Al Ḥamīd, pour ne citer que ceux-ci.

Le sous-lieutenant Alaa Al Ǧanābī, délégué par ʿAbd Al Salām Aref, dévoile la date de la révolution — alors prévue le 12 juillet 1958 — au chef du Parti Baas arabe socialiste — ʿAlī Ṣāliḥ Al Saʿ Adī, prédécesseur de Fou'Ād Al Rikābī — afin qu'il tienne en alerte ses « troupes » et se prépare à soutenir le mouvement militaire. Cette information est divulguée à tous les comités supérieurs régionaux du parti, qui se mobilisent en vue de l'action révolutionnaire (176).

Bien que le Parti Baas arabe socialiste partage avec ʿAbd Al Salām Aref le même courant d'idées fondé sur le nationalisme, il n'en demeure pas moins que le premier se caractérise par un quasi anti-nassérisme et le second par son nassérisme affirmé. Malgré cette divergence, le Parti Baas, plus confiant en sa force, multiplie les contacts avec les officiers dans un dessein unique : atteindre le pouvoir par une action militaire, quitte à renier certains détails de son « idéologie ».

IX. Relations entre l'Organisation des officiers libres et les pays arabes

La proscription de tout contact avec les pays étrangers, mêmes arabes, reste une des règles majeures fixées par le Comité suprême de l'Organisation.

Si la Répubique Arabe Unie (R.A.U.) prend connaissance de l'existence d'un mouvement dans l'armée, sans plus de précision, elle le doit à ʿAbd Al Karīm Kassem et ʿAbd Al Salām Aref qui la contactent personnellement avant leur entrée dans l'Organisation des officiers libres de RifʿAt Al Ḥāǧ Sirī.

C'est du moins la version de l'un des membres du Comité suprême (177). Les premiers contacts avec la R.A.U. s'organisent dès 1956, alors que ʿAbd Al Karīm Kassem — chef de la 19e Division — se trouve en Jordanie durant la guerre de Suez pour éventuellement parer une attaque syrienne contre l'Irak opposée à la politique égyptienne.

A Ramṯā, sur la frontière jordano-syrienne, Kassem et Aref abordent des officiers syriens, tels ʿAbd Al Ḥamīd Al Sarāǧ — qui plus tard détiendra le portefeuille de l'Intérieur — et ʿAfif Al Bazrī. ʿAbd Al Karīm Kassem, lors de ces entrevues, fait part de son désaccord vis-à-vis de la situation et de la position politiques de l'Irak et réaffirme à ses interlocuteurs qu'aucun officier irakien n'envisage de combattre l'armée syrienne (178).

ʿAbd Al Karīm Kassem et ʿAbd Al Salām Aref sollicitent dès lors de ʿAbd Al Ḥamīd Al Sarāǧ qu'il annonce à Ǧamal ʿAbd Al Nasser l'existence de leur Organisation des officiers libres — toujours indépendante de celle de Sirī — et qu'un mouvement en gestation prendra sous peu la responsabilité du renversement du système politique en Irak (179).

Leur interlocuteur dépêche un « enquêteur » en Irak, qui prend en effet connaissance de l'existence d'une organisation, mais contrairement aux prévisions de Kassem et de Aref, il révèle celle de RifʿAt Al Ḥāǧ Sirī — dont la notoriété prévaut sur celle de l'organisation de Kassem —.

ʿAbd Al Ḥamīd Al Sarāǧ fait alors parvenir un courrier à l'un des membres du Comité suprême, courrier qui relève plus d'un questionnaire que d'une simple missive à but relationnel. Le Comité suprême alerté se réunit pour débattre de ces questions :

— effectif des officiers libres et leur identification,

— effectif des groupes sous contrôle de l'Organisation,

— besoins de l'Organisation,

— date de la révolution,...

La décision du Comité de garder le silence pour éviter tout encouragement de contacts recueille l'accord de ses membres (180).

L'entrée de ʿAbd Al Karīm Kassem au Comité suprême va faire que ce principe de régulation des contacts sera bafoué dès juillet 1957, lorsqu'il délègue Rašid Mouṭlak pour entreprendre un rapprochement avec le Parti Al Waṭanī Al Dimoqrāṭī, par le biais de Ḥousayn Ǧamīl. Ce dernier se voit confier la tâche de rencontrer Ǧamal ʿAbd Al Nasser, au Caire, pour sonder celui-ci sur sa position à l'égard de l'Organisation des officiers libres irakiens, et sur son attitude éventuelle en cas de révolution en Irak ainsi que sur les possibilités d'aide dont il pourrait gratifier l'Organisation.

Ǧamal ʿAbd Al Nasser répond de façon satisfaisante à ces questions en promettant de fournir toute l'aide possible à la révolution en cas de réussite ; dans le cas contraire, il accordera le droit d'asile politique aux officiers libres en difficulté.

Ḥousayn Ǧamīl alors évoque le projet de « supprimer les trois grands du système irakien » et question ʿAbd Al Nasser sur les possibilités de représailles des pays occidentaux à l'encontre de l'Irak et du mouvement révolutionnaire. ʿAbd Al Nasser le rassure : les profits des pays occidentaux en Irak prévalent sur la vie de trois personnes, fussent-elles les dirigeants du pays. Aucune action ne sera intentée contre l'Irak, ces pays tenant à préserver leurs privilèges économiques (181).

Ce contact avec l'Égypte ne fut pas isolé. En effet, avec l'assentiment du Comité suprême, l'Organisation des officiers libres noue de nouvelles relations avec la République Arabe Unie. Le secrétaire de l'organisation — Riǧab ʿAbd Al Maǧīd — contacte le Front de l'union nationale pour qu'un membre soit dépêché afin d'entrer en liaison avec ʿAbd Al Nasser, lors d'une conférence qui se déroule en Syrie à Damas.

Le 12 février 1958, Mouḥamad Ṣidīq Šanšal est investi de cette mission qui consiste à étudier la situation et la position de Ǧamal ʿAbd Al Nasser , ainsi que celle de l'U.R.S.S. vis-à-vis de la révolution prévue (182). ʿAbd Al Nasser réitère la réponse précédemment formulée et donne l'assurance de l'appui de l'U.R.S.S. Il insiste cependant sur quelques points : la non-appartenance des officiers à quelque force que ce soit pour la révolution, l'adaptation et la fluctuation de leurs plans aux circonstances politiques et militaires irakiennes (183).

Sidīq Šanšal requiert de Ğamal ʿAbd Al Nasser la possibilité de fourniture d'armes déposées en Syrie pour les officiers libres. L'envoi de celles-ci est respecté mais leur lent acheminement par avion vers la capital sous la direction de Mouḥamad Sabiʿ, membre du Comité suprême (184), ne les rendront opératoires que le deuxième jour de la révolution, soit le 15 juillet 1958.

Une autre connexion entre l'Organisation des officiers libres et la Jordanie s'établira bientôt sous l'impulsion du chef d'état-major jordanien, ʿAlī Abou Nawār, qui, dans une correspondance adressée à Nāğī Ṭālib déclare avoir en sa possession toutes les informations relatives à l'Organisation et propose, en cas de succès révolutionnaire, RašidʿAlī pour la présidence de la république. Nāğī Ṭālib détruira ce document qu'il tient pour présomptueux, et ne fera que l'évoquer lors d'une réunion, sans y accorder plus d'intérêt (185). Si des contacts bien précis s'organisent avec la République Arabe Unie et la Jordanie, d'autres moins bien limités dans le temps et l'espace s'établissent également avec d'autres pays.

En effet, à Damas, MaʿRouf Al Dawālībī aurait été contacté, peu avant la révolution, par deux officiers irakiens qui auraient sollicité la faveur de rencontrer l'ambassadeur soviétique à Damas, afin d'étudier avec celui-ci la position de l'U.R.S.S. en cas de succès de la révolution irakienne. Après avoir pris contact avec son gouvernement, l'ambassadeur leur aurait fait savoir que l'U.R.S.S. se tenait prête à fournir son appui à la révolution (186).

Cette description des origines sociales de quelques officiers — membres de l'Organisation des officiers libres et parfois du Comité suprême de celle-ci —, les contacts de cette Organisation tant avec les partis politiques qu'avec les pays étrangers, ainsi que les divergences que l'Organisation doit surmonter afin de s'affirmer tant dans le monde politique, que dans son pays nous conduisent à faire une synthèse de ces données prises et jugées dans leur ensemble, avec un certain recul — tant critique, analytique, que chronologique —, mais qui n'apparaissent pas toujours de façon évidente dans le détail de cette étude.

La remarque qui s'impose, en premier lieu, concerne incontestablement le manque d'unité idéologique, ou tout au moins idéelle entre les membres de l'Organisation des officiers libres. Certes, les officiers de cette Organisation se défendent de toutes possibilités de rattachement à un parti politique quelconque (187), ce qui ne signifie pas pour autant que leurs opinions et vue politiques soient identiques et qu'aucun parti ne reflète celles-ci.

Cette situation relève plutôt de la non-maturité idéelle dont ils font preuve tant dans leurs actions politiques — acharnement à précipiter la révolution — que dans les divergences qui fleurissent entre membres du Comité suprême, membres de l'Organisation et divers partis politiques, ceci aux dépens de l'équilibre et de la cohésion de l'Organisation.

De ces déchirements tant internes qu'externes ne peuvent résulter que l'établissement de buts généraux — chute de la monarchie, terme du colonialisme — sans ligne de conduite précise définie par des directives recueillant l'approbation de tous les membres de l'Organisation et un programme affiné œuvrant en ce sens.

L'idéologie des officiers libres erre entre des lignes très vagues et générales d'un courant nationalite/arabiste (« nationalitaire », ainsi que l'écrit Maxime Rodinson), l'influence islamique toujours pressante et pesante avec toute la réaction qu'elle peut évoquer et un courant de pensées nationalistes/régionales (Wataniya). Cette errance n'a jamais trouvé de solution dans la synthèse de ces trois courants parfois hermétiquement opposés mais pourtant conciliables, lorsque leurs idées sont étudiées en détail.

L'Organisation échoue à imposer des structures saines et stables, ainsi qu'une ligne de conduite précise, tant dans les détails de ses moyens que ceux de ses desseins.

La cause principale de cette instabilité se trouve indéniablement dans la genèse de l'Organisation où l'amitié est le critère de sélection pour y adhérer.

Une telle sélection ne peut manquer d'associer des individus de milieux inégaux, de caractères hétérogènes, d'ambitions nuancées, de relations diverses, de politiques distinctes... Avec l'extension de l'Organisation au sein du Comité suprême ces disparités s'accentuent progressivement, ce qui ne manque pas de se répercuter violemment sur l'Organisation elle-même et sur le moral de ses membres. Les conséquences de ces divergences, qui résultent d'un « amalgame de caractères si différents » sont des plus essentielles et vitales pour l'Organisation : sentiment de non-responsabilité du Comité suprême, non-respect des ordres et absence de toute unité idéologique, ceci tant au sein du comité que dans toutes les branches de l'Organisation.

Il est vraisemblable que si le Comité suprême avait su imposer une unité idéologique, par la concertation, à ses membres puis ultérieurement à l'Organisation entière, alors un programme avec des directives précises aurait pu délimiter sans ambiguïté une ligne de conduite politique faisant abstraction et aplanissant toutes les ambitions personnelles qui minent l'Organisation. Le « cercle vicieux » se referme. Comment découvrir qui fut à l'origine l'œuf ou la poule, la non-unité idéologique ou l'atmosphère conflictuelle au sein de l'Organisation ?

Par ailleurs, manque au sein du Comité suprême un « chef »

symbolisant le « héros », une puissance de caractère, une force vivante imposant le respect tant pour lui que pour l'Organisation et une capacité d'arbitrage en cas de conflit ou pour assurer l'unité des discussions. Le chef se devait d'être le trait d'union entre ces membres.

Carence ressentie sans nul doute. Car si Rifʿ At Al Ḥāğ Sirī reste le « père spirituel » de l'Organisation, il n'a pas les qualités que requiert un chef d'organisation politique, et qui plus est à buts révolutionnaires. De plus, cette suprématie s'estompe progressivement son éloignement géographique par rapport à la capitale.

Devant la violente poussée que représente l'entrée de ʿAbd Al Karīm Kassem dans l'Organisation, cette image du « père spirituel » s'efface. Pour l'Organisation des officiers libres, l'entrée de ʿAbd Al Karīm Kassem ne s'accompagne d'aucune recrudescence de créativité, elle symbolise l'union de deux organisations et le début d'une activité politique plus intense.

Mais aucun motif sentimental n'appuie le caractère de ʿAbd Al Karīm Kassem, contrairement à celui du Rifʿ At Al Ḥāğ Sirī.

Si ʿAbd Al Karīm Kassem réussit à s'imposer dans l'Organisation de Sirī puis à y intégrer ses correligionaires par des actions d'éclat, cela n'en réduit pas moins le prestige d'être le chef de l'organisation à l'origine de la révolution. Car si l'on ne peut nier l'influence manifeste de Rifʿat Al Ḥāğ Sirī à l'aube de l'Organisation des officiers libres, il faut également admettre que ʿAbd Al Karīm Kassem s'est adroitement substitué à celui-ci par des coups de force, au sein de l'organisation.

Malgré cette brève et schématique analyse du caractère type idéal du chef d'organisation politique, il faut reconnaître que cette synthèse n'est atteinte ni par Sirī, ni par Kassem qui est plus radical que son prédecesseur à la tête de l'Organisation, mais dont l'influence ne correspond pas à celle que l'on peut escompter d'un chef. Les divergences multiples, les réunions sans décision, les règles bafouées restent autant d'exemples accusateurs.

Outre le problème douloureux du commandement, non des moindres, celui de l'appartenance sociale et du désir d'ascension dans l'échelle sociale avivent les ambitions des officiers libres.

Telle « la carotte devant l'âne », une extraction sociale humble pousse les officiers libres et les motive dans l'atteinte des desseins nationaux. Cette origine sociale porte une marque islamique manifestement très profonde (culte, prières, jeûnes,...), ou contenue et refoulée dans l'être même, mais qui transparaît dans les discours politiques (notamment lors de la prestation du serment rédigé par ʿAbd Al Karīm Frḥān).

L'islam en investissant les individus limite leurs capacités d'auto-créativité et d'auto-gestion, tant dans leurs vies politique, économique, sociale que sentimentale ; l'Organisation des officiers libres y a également été confrontée.

Les rivalités « tribales » qui scindent l'Organisation en groupuscules et facilitent la multiplicité des divergences aggravent encore ce sentiment de déséquilibre ressenti tant au niveau du Comité suprême, qu'à celui des officiers de l'Organisation et même au niveau de l'Organisation dans son intégralité. Tous ces facteurs qui jouent en défaveur de l'Organisation pourraient nous conduire à penser que nous ne sommes pas en face d'une organisation au sens strict du terme.

Pourtant il est manifeste que des individus d'extraction sociale, de caractères et pensées distincts se groupent sous un seul « drapeau », celui de l'anéantissement de la monarchie et de la tutelle colonialiste, se battent avec des moyens et des armes disparates contre un gouvernement conforté par des puissances étrangères non des moindres. Mais il est également évident que des divergences ont écarté certains officiers et membres de l'Organisation de l'action et que le succès de celle-ci revient de droit à l'élite de ses membres Kassem/Aref/Waṣfī Ṭāhir, et leurs adhérents et « adeptes » du dernier moment, alors qu'à la Radio de Bagdad le premier manifeste de la révolution est proclamé.

Des divergences sont nées avec l'Organisation, progressent avec elle pour se prolonger encore après la révolution et saper le régime de Kassem, qui, sur de telles bases chancelantes, ne peut manquer de s'écrouler.

Conçue pour effectuer des changements politiques, économiques, sociaux, ... cette Organisation n'a su satisfaire les « esprits mouvants » de l'époque et échoue non dans ses buts fondamentaux, avec la fin de la monarchie et du colonialisme, mais dans la mise en application de son « idéologie ».

Qui peut prétendre affirmer sans commettre d'erreur par où l'Organisation des officiers libres a pêché, par son manque d'unité, ses conflits internes ou ses contacts ... ?

NOTES

(1) Bernard VERNIER, *L'Irak d'aujourd'hui*, Librairie Armand Colin, Paris, 1963, pp. 124-125.

(2) ḤALĪM AḤMAD, *Mouğas tārīḫ al 'Irāq sl ḥadīṯ 1921-1958* » (« Résumé d'histoire moderne irakienne 1921-1958 »), Éditions Dār Ibn Ḫaldoun, Beyrouth, sans date, p. 99.

(3) *L'Irak d'aujourd'hui*, p. 128.

(4) Bernard VERNIER, *Armée et politique au Moyen-Orient*, Éditions Payot, Paris, 1966, p. 151.

(5) ʿABD AL KARĪM FRḤĀN, *Ṯawrat 14 tamouz fī al'IrāQ*, (« La révolution du 14 juillet en Irak »), Éditions Dār Al ṬaliʿA, Beyrouth, Première édition, mars 1978, p. 32.

(6) *L'Irak d'aujourd'hui*, p. 123.

(7) Jean-Baptiste DUROSELLE, *Histoire diplomatique de 1919 à nos jours*, Dalloz, Paris, 8e édition, 1978, p. 316.

(8) *Ibid.*, p. 316.

(9) ANWAR ʿABD AL MALIK, *Al ğayš wa al ḥaraka al waṭaniya*, (« L'armée et le mouvement nationaliste »), traduit en arabe par Ḥasan Qoubaysī, Éditions Dār Ibn Ḫaldoun, Beyrouth, sans date, p. 35.

(10) LÉNINE, *Noṣouṣ ḥawl al masāl' il al 'askariya*, (« Textes sur les questions militaires »), traduit en arabe par Al Hayṯam Al Ayoubī, Éditions Dār Al Ṯalī'A, Beyrouth, 1er édition, juillet 1972, pp. 58-59.

(11) *Armée et politique au Moyen-Orient*, p. 150.

(12) *L'armée et le mouvement national*, p. 46.

(13) *Ibid.*, p. 17.

(14) LAYṮ ʿABD AL ḤASAN AL ZOUBAYDĪ, *Ṯawrat 14 tamouz 1958 fī al 'Irāq*, (« La révolution du 14 juillet 1958 en Irak »), Éditions Wizārat Al IʿLām, Bagdad, 1979, pp. 115-176.

(15) ṢABĪḤ ʿALĪ ĠĀLIB , *Qiṣat ṯawrat 14 tamouz wa al ḍobāt al aḥrār*, (« L'histoire de la révolution du 14 juillet et les officiers libres »), Éditions Dār Al ṬaliʿA, Beyrouth, 1re édition, 1968, p. 17.

(16) ʿABD AL KARĪM FRḤĀN, *La révolution du 14 juillet en Irak*, p. 40.

(17) *Roza al yousif*, Magazine hebdomadaire, Le Caire, n° 1979 du 16 mai 1966, p. 15.

(18) ṢABĪḤ ʿALĪ ĠĀLIB, *L'histoire de la révolution du 14 juillet*, p. 12.

(19) *Ibid.*, p. 12.

(20) ʿABD AL KARĪM FRḤĀN, *La révolution du 14 juillet en Irak*, p. 41.

(21) AL ZOUBAYDĪ, *La révolution du 14 juillet en Irak*, p. 121.

(22) ʿABD AL KARĪM FRḤĀN, *La révolution du 14 juillet en Irak*, p. 41.

(23) ṢABĪḤ ʿALĪ ĠĀLIB, *L'histoire de la révolution du 14 juillet*, p. 5.

(24) *Ibid.*, p. 61.

(25) ʿAbd Al Karīm Frḥān, *La révolution du 14 juillet en Irak*, p. 44.

(26) Ǧafar ʿAbās Ḥamīdī, *Al taṭaworāt wa al itiğāhāt al siyāsiya al dāhiliya fī al ʿIrāq 1953-1958*, (« Les développements et courants politiques intérieurs en Irak 1953-1958 »), 1re édition, Bagdad, 1980, p. 281.

(27) ʿAbd Al Karīm Frḥān, *La révolution du 14 juillet en Irak*, p. 45.

(28) *Ibid.*, p. 41.

(29) Fāliḥ Ḥanẓal, *Asrār maqtal al ʿĀʾila al malika fī al ʿIrāq*, (« Les secrets de l'assassinat de la famille royale en Irak »), sans lieu, sans date, pp. 64-65.

(30) Al Zoubaydī, *La révolution du 14 juillet 1958 en Irak*, p. 38.

(31) *Ibid.*, pp. 150-151.

ʿAbd Al Karīm Frḥān, dans son ouvrage, *La révolution du 14 juillet en Irak*, pp. 14-15 écrit que cette réunion se tient en 1950, il s'agit sans doute d'une erreur d'impression, car à cette époque-là l'Organisation des officiers libres n'existe pas encore.

(32) *Ibid.*, p. 151.

(33) ʿAbd Al Karīm Frḥān, *La révolution du 14 juillet en Irak*, pp. 46-47.

(34) Al Zoubaydī, *La révolution du 14 juillet 1958 en Irak*, p. 152.

(35) *Ibid.*, p. 151.

(36) ʿAbd Al Karīm Frḥān, *La révolution du 14 juillet en Irak*, p. 47.

(37) Al Zoubaydī, *La révolution du 14 juillet 1958 en Irak*, p. 152.

Ministère de la Défense, *Moḥākamāt al maḥkama al ʿolyā al hāṣa*, (« Les jugements du tribunal supérieur spécial »), Éditions Maṭba ʿAt Al Ḥokouma, volume 5, Bagdad, 1959, pp. 261-262.

(38) ʿAbd Al Karīm Frḥān, *La révolution du 14 juillet en Irak*, p. 46.

(39) *Ibid.*, p. 49.

(40) Source personnelle, Al Zoubaydī, *La révolution du 14 juillet 1958 en Irak*, p. 152.

(41) Source personnelle, *Les développements et courants politiques intérieurs en Irak 1953-1958*, p. 282.

(42) Ṣabīḥ ʿAlī Ġālib, *L'histoire de la révolution du 14 juillet*, p. 15.

(43) ʿAbd Al Karīm Frḥān, *La révolution du 14 juillet en Irak*, p. 47.

(44) *Roza al yousif*, Magazine hebdomadaire, nº 1980 du 23 mai 1966, Le caire, p. 27.

(45) *Les développements et courants politiques intérieurs en Irak 1953-1958*, p. 282.

(46) Ṣabīḥ ʿAlī Ġālib, *L'histoire de la révolution du 14 juillet*, p. 15.

ʿAbd Al Karīm Frḥān, *La révolution du 14 juillet en Irak*, p. 47.

(47) *Les développements et courants politiques intérieurs en Irak 1953-1958*, p. 282.

(48) Source personnelle.

(49) AL ZOUBAYDĪ, *La révolution du 14 juillet 1958 en Irak*, p. 44.

(50) *Les développements et courants politiques intérieurs en Irak 1953-1958*, p. 283.

(51) ṢABĪḤ ʿALĪ ĠĀLIB, *L'histoire de la révolution du 14 juillet*, pp. 20-21.

(52) ʿABD AL KARĪM FRḤĀN, *La révolution du 14 juillet en Irak*, p. 48.

(53) AL ZOUBAYDĪ, *La révolution du 14 juillet 1958 en Irak*, pp. 44-45.

(54) Jean-Paul CHARNAY, *Sociologie religieuse de l'islam*, Éditions Sindbad, Paris, 1977, p. 16.

(55) *Ibid.*, p. 14.

(56) ʿABD AL KARĪM FRḤĀN, *La révolution du 14 juillet en Irak*, p. 49.

(57) AL ZOUBAYDĪ, *La révolution du 14 juillet 1958 en Irak*, p. 123.

(58) ʿABD AL KARĪM FRḤĀN, *La révolution du 14 juillet en Irak*, p. 7.

(59) ṢABĪḤ ʿALĪ ĠĀLIB, *L'histoire de la révolution du 14 juillet*, pp. 22.

(60) ʿABD AL KARĪM FRḤĀN, *La révolution du 14 juillet en Irak*, p. 52.

(61) AL ZOUBAYDĪ, *La révolution du 14 juillet 1958 en Irak*, p. 126.

(62) *Ibid.*, p. 123.

(63) Document du directorat de la Sécurité Nationale, *Confessions de ʿOmar Naẓmi*, Dossier n° 5/3/37.

(64) ʿABD AL RAZĀQ AL BĀRIḤ, *Maʿnā ʿAbd Al Karīm Kassem*, (« A travers ʿAbd Al Karīm Kassem »), Éditions Maṭbaʿat Al ʿAhd Al Ğadīd, Bagdad, 1962, p. 60.

(65) ʿĀMIR ʿABD ALLAH, *Tafāṣīl tonšar li'awalī marra an ṯawrat 14 tamouz* (« Des détails publiés pour la première fois sur la révolution du 14 juillet »), Journal *Ṭarīq al ša'ab.* Quotidien du 14 juillet 1974, Bagdad.

(66) *Les développements et courants politiques intérieurs en Irak 1953-1958*, p. 258.

(67) ʿABD AL KARĪM KASSEM, *Mabādi' ṯawrat 14 tamouz fī Ḫoṭab ʿAbd Al Karīm Kassem* (« Les principes de la révolution du 14 juillet dans les discours de ʿAbd Al Karīm Kassem »), Éditions Maṭbaʿat al Ḥokouma, Volume 1, Bagdad, 1959, pp. 115-116.

(68) ʿABD AL KARĪM KASSEM, *Mabādi' ṯawrat 14 tamouz fī ḫoṭab ʿAbd Al Karīm Kassem* (« Les principes de la révolution du 14 juillet dans les discours de ʿAbd Al Karīm Kassem »), Volume 2, Bagdad, 1960, p. 188.

(69) *Al Ğamhouriya*, Quoditien irakien, du 25 juillet 1958.

(70) *Les jugements du tribunal supérieur spécial*, Volume 5, p. 448.

(71) ṢABĪḤ ʿALĪ ĠĀLIB, *L'histoire de la révolution du 14 juillet*, p. 25.

(72) Source personnelle.

AL ZOUBAYDĪ, *La révolution du 14 juillet 1958 en Irak*, p. 127.

(73) Ṣabīḥ ʿAlī Ġālib, *L'histoire de la révolution du 14 juillet*, p. 25.
(74) Al Zoubaydī, *La révolution du 14 juillet 1958 en Irak*, pp. 127-128.
(75) *Ibid.*, p. 137.
(76) Ṣabīḥ ʿAlī Ġālib, *L'histoire de la révolution du 14 juillet*, p. 22.
(77) Source personnelle, *Les développements et courants politiques intérieurs en Irak, 1953-1958*, p. 287.
(78) Ṣabīḥ ʿAlī Ġālib, *L'histoire de la révolution du 14 juillet*, p. 23-24.
(79) *Ibid.*, pp. 26-30.
Al Zoubaydī, *La révolution du 14 juillet 1958 en Irak*, pp. 139-141.
(80) Ṣabīḥ ʿAlī Ġālib, *L'histoire de la révolution du 14 juillet*, p. 30.
(81) *Ibid.*, p. 29.
(82) *Les jugements du tribunal supérieur spécial*, Volume 5, pp. 253-254.
(83) Source personnelle.
(84) Soʿād Ḥayrī, *Ṯawrat 14 Tamouz* (« La révolution du 14 juillet »), Éditions Dār Ibn Ḫaldoun, 1re édition, 1980, Beyrouth, p. 86.
(85) Soʿād Ḥayrī, *Min Tārīḫ Al Ḥaraka Al Ṯawriya Al Mouʿāṣira Fī Al ʿIrāq, 1920-1958* (« Sur le mouvement révolutionnaire contemporain en Irak, 1920-1958 »), Éditions Maṭbaʿ At Al Adīb, Bagdad, volume 1, 1974, pp. 248-249.
(86) Soʿād Ḥayrī, *La révolution du 14 juillet*, p. 86.
(87) Al Zoubaydī, *La révolution du 14 juillet 1958 en Irak*, pp. 124-125.
(88) *Ibid.*, p. 125.
(89) ʿAbd Al Karīm Frḥān, *La révolution du 14 juillet en Irak*, p. 55.
(90) ʿAbd Al Ġanī Al Malāḥ, *Al Taġroba Baʿd 14 Tamouz* (« L'expérience après le 14 juillet »), Éditions Maṭbaʿ At Maʿ Touq, Beyrouth, 1966, p. 17.
(91) Source personnelle.
(92) Ṣabīḥ ʿAlī Ġālib, *L'histoire de la révolution du 14 juillet*, pp. 35-36.
(93) *L'Irak d'aujourd'hui*, p. 125.
(94) *Ibid.*, p. 125.
(95) Bilyaīf et Brimakof, *Maṣr Fī ʿAhd ʿAbd Al Nasser* (« L'Égypte à l'époque de ʿAbd Al Nasser »), Traduit en arabe par ʿAbd Al Raḥmān Al Ḫamīsī, Éditions Dār Al Talīʿ A, Beyrouth, 1er édition, 1975, p. 25.
(96) *L'Irak d'aujourd'hui*, p. 132.
(97) ʿAbd Al Karīm Frḥān, *La révolution du 14 juillet en Irak*, p. 58.
(98) *Ibid.*, p. 58.
(99) Uriel Dann, *Iraq under Qassem. A political History 1958-1963*, Israël University Press, Jérusalem, 1969, p. 21.

(100) *Ibid.*, p. 21.
(101) Al Zoubaydī, *La révolution du 14 juillet 1958 en Irak*, p. 172.
(102) *Iraq under Qassem. A political history 1958-1963*, p. 21.
(103) Al Zoubaydī, *La révolution du 14 juillet 1958 en Irak*, p. 119.
(104) Divergences, *idéologiques*, exprimées au sein du Comité suprême des officiers libres, notamment entre :

1. Le général ʿAbd Al Karīm Kassem, sans appartenance à un parti politique, bien qu'attentif aux idées du Parti nationaliste démocratique et de son journal Al Ahālī et subissant leurs influences.
2. Le colonel ʿAbd Al Salām Aref, se caractérise lui aussi par son indépendance politique bien qu'attachant beaucoup d'importance aux idées nationalistes/arabistes et à l'islam.
3. Le colonel Ribağʿ Abd Al Mağīd : subit l'attrait de l'arabisme.
4. Le colonel Nāğī Ṭālib : aucun attachement connu à quelque parti politique que ce soit, mais suit une ligne de conduite nationaliste/arabiste.
5. Le colonel ʿAbd Al Wahāb Al Šawăf : quasiment apolitique bien que l'influence de l'arabisme puisse parfois transparaître.
6. Le colonel Moḥy Al Dīnʿ Abd Al Ḥamīd : lui aussi se caractérise par son indépendance politique et l'influence que peut exercer sur lui le Parti nationaliste démocratique.
7. Le colonel ʿAbd Al Wahāb Al Amīn : indépendant politique, le courant nationaliste démocratique ayant un ascendant sur ses idées.
8. Le colonel Miḥsin Ḥousayn Al Ḥabīb : qui croit dans le courant nationaliste arabiste.
9. Le colonel Ṭāhir Yaḥya : connu pour ses idées arabistes.
10. Le colonel ʿAbd Al Raḥmān Aref : aux idées arabistes bien qu'indépendant politiquement.
11. Le lieutenant-colonel Rifʿ At Al Ḥāğ Sirī : connu pour son indépendance politique bien qu'influencé par le courant de pensée arabiste/islamique.
12. Le lieutenant-colonel ʿAbd Al Karīm Frḥān : un autre indépendant aux idées arabistes.
13. Le lieutenant-colonel Waṣfī Ṭāhir : aux idées pro-communistes. Il se rallie à l'organisation marxiste Anṣār Al Salām (« Les Partisans de la Paix ») sous le régime de Ābd Al Karīm Kassem.
14. Le commandant Mouḥamad Sabiʿ : aux idées arabistes et à l'indépendance politique notoires.
15. Le lieutenant Ṣabīḥ ʿAlī Ġālib : sous l'influence des idées nationalistes démocratiques bien qu'indépendant politiquement.

(105) Source personnelle.
Al Zoubaydī, *La révolution du 14 juillet 1958 en Irak*, pp. 174-175.
(106) ʿAbd Al Karīm Frḥām, *La révolution du 14 juillet en Irak*, pp. 58-59.

(107) *Les développements et courants politiques intérieurs en Irak 1953-1958*, p. 286.

(108) Al Zoubaydī, *La révolution du 14 juillet 1958 en Irak*, p. 173.

(109) *L'Armée et le mouvement national*, p. 48.

(110) *Ibid.*, p. 32.

(111) Objectifs de l'Organisation des officiers libres, selon les écrits de Sabīḥ ʿAlī Ġālib :

1. liberté nationale,
2. lutte anti-colonialiste et contre toutes les alliances impérialistes. Rejet des bases militaires étrangères en Irak,
3. disparition de la féodalité et libération paysanne,
4. fin du réactionnariat et de la monarchie. Instauration d'une République,
5. Liberté, Démocratie et constitution. Établissement d'un systéme démocratique,
6. confirmation des droits kurdes, au sein de l'unité irakienne, et des autres minorités nationalistes en Irak,
7. égalité sociale,
8. paix,
9. neutralité positive et active,
10. coopération fraternelle avec tous les pays arabes et soutien à tous les pays arabes contre le colonialisme,
11. unité arabe : but crucial,
12. établissement de relations d'amitié avec tous les pays du monde, respectant la liberté irakienne,
13. restitution de la Palestine à son peuple.

(112) Ṣabīḥ ʿAlī Ġālib, *L'histoire de la révolution du 14 juillet*, pp. 44-45.

(113) *Tarīq Al ŠaʿB*, Quotidien n° 249 du 14 Juillet 1974, Bagdad.

(114) Ṣabīḥ Ali Ġālib, *L'histoire de La révolution du 14 juillet*, p. 46.

(115) ʿAbd Al Karīm Frḥām, *La révolution du 14 juillet en Irak*, p. 45.

(116) *Ibid.*, p. 51.

(117) *Ibid.*, p. 56.

(118) *Ibid.*, pp. 54-55.

(119) *Ibid.*, p. 67.

(120) Source personnelle, *Les développements et courants politiques intérieurs en Irak 1953-1958*, p. 228.

(121) Source personnelle. ʿAbd Al Karīm Frḥān, *La révolution du 14 juillet en Irak*, p. 68.

Al Zoubaydī, *La révolution du 14 juillet 1958 en Irak*, p. 147.

(122) *Les jugements du tribunal supérieur spécial*, volume 5, pp. 337-338.

(123) Source personnelle. *Les développements et courants politiques intérieurs en Irak 1953-1958*, p. 288.

(124) Maǧīd Ḫadourī, *Al ʿIrăq Al Ğamhourʿi* (« L'Irak républicaine »), Éditions Al Dār Al Moutaḥida Lil Našr, Beyrouth, 1974, p. 36.

(125) Source personnelle, Al Zoubaydī, *La révolution du 14 juillet 1958 en Irak*, p. 145.

(126) Source personnelle, *Les développements et courants politiques intérieurs en Irak 1953-1958*, p. 228.

(127) ʿAbd Al Salām Aref, *Modakarāt Al Ra'is ʿAbd Al Salām Aref* (« Mémoires du Président ʿAbd Al Salām Aref »), Éditions Al Mou'sasa Al Qawmiya, Bagdad, 1967, p. 41.

(128) *Les jugements du tribunal supérieur spécial*, volume 5, p. 427.

(129) Source personnelle, Al Zoubaydī, *La révolution du 14 juillet 1958 en Irak*, p. 146.

(130) ʿAbd Al Karīm Kassem, *Mabadi' Tawrat 14 Tamouz Fī Hoṭab Ibn Al Šaʿb* (« Les principes de la révolution du 14 juillet dans les discours du fils de la nation »), Éditions Maṭabʿat Al Ḥokouma, Bagdad, 1959, volume 2, p. 96.

(131) Al Zoubaydī, *La révolution du 14 juillet 1958 en Irak*, p. 147.

(132) *Ibid.*, pp. 148-149.

(133) *Les développements et courants politiques intérieurs en Irak 1953-1958*, p. 299.

(134) Document du Ministère de la Défense, *Dossier de Mouḥamad Al Šayh Laṭīf*, n° 6/58.

(135) *Ibid.*

(136) Ṣabīḥ Alī Ġālib, *La révolution du 14 juillet en Irak*, pp. 38-39.

(137) Al Zoubaydī, *La révolution du 14 juillet 1958 en Irak*, p. 154.

(138) *Les jugements du tribunal supérieur spécial*, Bagdad, 1958, volume 2, pp. 425-426.

(139) Peter Snow, *Hussien, A Biography*, Bassle and Jenkins, London, 1971, p. 121.

(140) Tawfīq Al Siwīdī, *Modakarātī Fī Nisf Qarn min Tārih Al ʿIraq Wa Al Qadiya Al ʿArabiya* (« Mes mémoires d'un demi-siècle de l'histoire de l'Irak et des affaires arabes »), Éditions Dār Al Kitāb Al ʿArabī, 1er édition, 1969, Beyrouth, pp. 594-595.

(141) Document du Ministère de la Défense, *Documents du Colonel Salmān Al Dargazalī*, n° 19/58.

(142) *Les secrets de l'assassinat de la famille royale en Irak*, p. 69.

(143) *Ibid.*, p. 70.

(144) Ṣabīḥ Našʿat Al Ḥilī, *14 Tamouz Yawm Ḫalīd* (14 juillet une journée immortelle), Bagdad, 1959, pp. 13-14.

(145) *Les secrets de l'assassinat de la famille royale en Irak*, pp. 78-79.

(146) *Ibid.*, p. 65.

(147) Document du Ministère de la Défense, *Dossier de Mouḥamad Al Šayh Laṭīf*, n° 6/58.

(148) Auteur inconnu, *Mağzarat Al Riḥāb* (« Le massacre de Riḥāb »), Éditions Dār Al Ḥayāt, Beyrouth, 1960, pp. 27-30.

(149) Document du directorat de la Sécurité nationale, *Documents des renseignements de l'armée irakienne*, n° 1/15.

(150) *Les développements et courants politiques intérieurs en Irak 1953-1958*, p. 104.

(151) Source personnelle.
(152) Source personnelle.
(153) *Les secrets de l'assassinat de la famille royale en Irak*, p. 82.
(154) Interview avec MOḤAMAD ṢIDĪQ ŠANŠAL par AL ZOUBAYDĪ, *La révolution du 14 juillet 1958 en Irak*, p. 164.
(155) IN 'ĀMAL ĞONDĪ, *'Ilā Ayn Yasīr Al Siyou'Ioun Fī Al'Irāq*, (« Jusqu'où iront les communistes en Irak ? »), Éditions Dār Al Našr Al'Arabiya, Beyrouth, 1959, pp. 105-122.
AḤMAD FAWZĪ, *Tawrat 14 Ramaḍān*, (« La révolution du 14 Ramadan »), Éditions Al Šarika Al Ārabiya Lil Našr, Le Caire, 1963, pp. 36-38.
(156) AL ZOUBAYDĪ, *La révolution du 14 juillet 1958 en Irak*, p. 165.
(157) *Les développements et courants politiques intérieurs en Irak 1953-1958*, p. 296.
(158) *Al Ahrām*, Quotidien, Le Caire, n° du 28 mai 1959.
(159) AḤMAD FAWZĪ, *Ġarb Am Ġoroub* (« L'ouest ou le coucher du soleil »), Éditions Dār Al Šarq Al Ğadīda, Le Caire, 1961, p. 81.
(160) *Les développements et courants politiques intérieurs en Irak 1953-1958*, p. 297.
(161) *L'Irak républicaine*, pp. 46-47).
(162) *Les développements et courants politiques intérieurs en Irak 1953-1958*, p. 297.
(163) AL ZOUBAYDĪ, *La révolution du 14 juillet 1958 en Irak*, p. 165.
(164) *Ibid.*, p. 165.
(165) *Les développements et courants politiques intérieurs en Irak 1953-1958*, p. 298.
(166) Interview personnelle avec le colonel 'ABD ALLAH MAḤMOUD WANĀS, Paris, octobre 1981.
(167) *Al Taqāfa Al Ğadīda*, Revue mensuelle, Bagdad, n° 4 de juillet 1969, pp. 16 17.
(168) *Les développements et courants politiques intérieurs en Irak 1953-1958*, p. 298.
(169) *Tarīq Al Ša'Ab*, Quotidien, n° 249 du 14 juillet 1974, Bagdad.
(170) *Ibid.*
(171) *Ibid.*
(172) SO'ĀD ḤAYRĪ, *Min Tāriḫ Al Ḥaraka Al Tawriya Al Mousou'āṣira Fī Al'Irāq, 1920-1958*, volume 1, p. 353.
(173) *Les développements et courants politiques intérieurs en Irak 1953-1958*, p. 295.
(174) *Ibid.*, pp. 295-296.
(175) Document du directorat de la Sécurité nationale, *Le courrier de la Sécurité de Bagdad*, Courrier secret, n° 3721 du 10 mai 1958.
(176) AL ZOUBAYDĪ, *La révolution du 14 juillet 1958 en Irak*, p. 169.
(177) ṢABĪḤ 'ALĪ ĠĀLIB, *L'histoire de la Révolution du 14 juillet*, p. 30.
(178) 'ABD AL KARĪM KASSEM, *Les principes de la révolution du 14 juillet dans les discours du fils de la nation*, volume I, Bagdad, 1959, p. 31 et volume 2, Bagdad, 1959, pp. 89-90.

(179) MOUḤAMAD HASANAYN HAYKAL, *ʿAbd Al Nasser Wa Al ʿĀlam*, (ʿAbd Al Nasser et le monde »), Éditions Dār Al Nahār, Beyrouth, 1972, p. 188.

(180) ṢABĪḤ ʿALĪ ĠĀLIB, *L'histoire de la révolution du 14 juillet*, p. 30.

(181) AL ZOUBAYDĪ, *La révolution du 14 juillet 1958 en Irak*, p. 171.

(182) *Ibid.*, p. 166 et 171.

(183) *Ibid.*, pp. 166-167.

(184) *Ibid.*, p. 167.

(185) *Ibid.*, p. 172.

(186) *Al Šarq*, Quotidien, Beyrouth, 22 décembre 1961.

(187) ṢABĪḤʿALĪ ĠĀLIB, *La révolution du 14 juillet*, pp. 27-28.

DEUXIÈME CHAPITRE

DESCRIPTION TACTIQUE DE LA RÉVOLUTION

I. Tentatives de révolution par l'Organisation des officiers libres antérieures à celle du 14 juillet 1958

Afin de mieux cerner les subtilités de l'action révolutionnaire qui conduit au renversement du gouvernement irakien, il convient de présenter, de façon schématique, les diverses tentatives avortées de soulèvements contre le joug gouvernemental irakien.

En effet, si le mouvement de juillet 1958 apparaît comme étant l'aboutissement d'événements à tendance plus ou moins révolutionnaire, l'ayant précédé, il n'en demeure pas moins qu'il répond à l'exacerbation politique et morale des officiers qui, face aux multiples reports de l'action, commencent à faire preuve d'impatience, de mécontentement et parfois de perte d'intérêt.

Le premier essai de rébellion anti-gouvernementale remonte au mois de novembre 1956, après la guerre de Suez qui attise la colère des officiers libres face à la politique irakienne adoptée à l'égard de l'agression de l'Egypte par des pays occidentaux. Des manifestations civiles soulèvent la quasi-totalité des provinces irakiennes et gagnent la capitale, en signe de protestation contre la politique que soutient l'Irak.

Les officiers libres de 1re division de la 14e brigade, alors en manœuvres à Ǧabal Ḥimrīn, au nord de l'Irak, songent à utiliser cet événement politique de retentissement mondial, ainsi que ses conséquences sur la politique irakienne, pour lancer un mouvement et précipiter l'action devant aboutir, selon eux, au renversement monarchique.

ʿAbd Al Wahāb Al Šawāf rassemble alors tous les officiers libres de la brigade à laquelle se rattache son bataillon et élabore un plan afin de se saisir du chef de la 14e brigade, Salmān Al Dargazalī, et d'organiser un mouvement des divisions vers la capitale en vue de son occupation par la brigade blindée dirigée par le colonel Ṭāhir Yaḥyā, et du renversement du gouvernement.

Devant les minces possibilités de réussite d'un tel plan, les officiers libres renoncent mais ni l'enthousiasme, ni le zèle que ces préparatifs ont réveillés dans les cœurs et les esprits des officiers et des soldats ne s'apaiseront de si tôt.

Le gouvernement, qui ne manque pas d'être informé de ce complot, menace le bataillon de ʿAbd Al Wahāb Al Šawāf de désarmement mais n'applique pas cette sanction de crainte de voir se propager cette révolte à toute l'armée irakienne. Le bataillon en cause subit en représailles un déplacement au point dit « H3 », situé aux abords de la frontière jordanienne, en plein désert (1).

La deuxième tentative prend forme alors que la brigade de ʿAbd Al Karīm Kassem — basée en Jordanie — prend le chemin du retour vers la capitale, en décembre 1956. ʿAbd Al Karīm Kassem se trouve contacté par Salmān Al Ḥasan, dépêché par Rifʿat Al Ḥāǧ Sirī, et apprend que l'Organisation des officiers libres envisage l'occupation de Bagdad. L'éventualité de cette occupation par la Brigade de Kassem paraît réalisable pourtant, bien ques les officiers libres encouragent ʿAbd Al Karīm Kassem dans cette voie et l'assurent de leur soutien, le chef de la 2e brigade semble peu favorable à ce genre d'action (2).

Cette affaire connaît une autre version, plus parallèle que contradictoire : la brigade de Kassem, basée en Jordanie, croise lors de son déplacement vers le point « H3 » le 3e bataillon de la 14e brigade, celui de ʿAbd Al Wahāb Al Šawāf. Unissant leurs forces et leurs effectifs, Kassem et Šawāf auraient alors étudié les possibilités de succès d'un « pronunciamiento » lors de la céromonie prévue dans la zone « H3 » pour accueillir l'armée irakienne de retour de Jordanie, cérémonie présidée par les trois sommités gouvernementales irakiennes.

Le plan retenu par ʿAbd Al Karīm Kassem et ʿAbd Al Wahāb Al Šawāf consiste à tuer le roi, le régent et le premier ministre, puis à annoncer la révolution. Mais les circonstances jouent contre eux : en effet, les trois personnalités éminentes du gouvernement n'étant pas réunies, le mouvement avorte (3).

Certains auteurs, parmi lesquels Ǧafar ʿAbās Ḥamīdī, se plaisent à penser que cette tentative n'est que pure élucubration inventée par Kassem après la révolution de 1958, lors d'une conférence de presse. D'autres s'appuient sur une situation dans le temps qu'ils veulent manifestement différente, pour infirmer cette version et ne retenir qu'une date postérieure au 8 décembre 1956 pour le retour de la brigade de ʿAbd Al Karīm Kassem de Jordanie (4).

Une polémique s'engage dès lors quant à la date de cette action. En effet, Ǧafar ʿAbās Ḥamīdī conteste les cadrages temporels jusqu'alors avancés, notamment par Al Zoubaydī qui parle de décembre 1956 (5), et retient la date de novembre 1956. Alors qu'il apparaît clairement à l'étude d'une interview de Kassem, par des journalistes, que cette tentative se situe bien en décembre 1956, ce qui infirme la version de ǦafarʿAbās Ḥamīdī.

Un lapsus calami semble fort probable entre cette datation — décembre 1956 — et celle de Šawāf — novembre 1956 (6).

Une autre tentative révolutionnaire a lieu en octobre 1957 au cours de manœuvres militaires, à armes réelles, à BayḪāl, au nord de l'Irak et organisées par le gouvernement à des fins de propagande afin de faire accepter le pacte de Bagdad et de présenter les armes américaines livrées à l'Irak.

A ce spectacle populaire, le roi, le régent et le Premier ministre devaient être présents et le Comité suprême, fort de cette occasion, se réunit pour mettre au point un plan de capture (7), et éventuellement d'élimination de cette « pyramide élitiste gouvernementale ». L'action paraît d'autant plus réalisable que les bataillons, et les brigades se rencontrant à cette occasion, sont sous le contrôle de l'Organisation des officiers libres et que les effectifs mis en présence comptent la division de Kassem et celle du colonel Saʿīd (8).

Le plan prévoit également que cette action de violence se poursuive par un contrôle de la capitale par les officiers libres et l'occupation du centre de Bagdad ainsi que de ses points stratégiques : radio, palais-royal, ministères,... La déception et la désillusion frapperont à nouveau l'Organisation des officiers libres, car ni le régent — en voyage officiel à Formose —, ni le Premier ministre n'assistèrent à ces manœuvres militaires. Les principaux protagonistes étant absents, le mouvement ne peut donc être que reporté, une fois encore (9).

Peu après, le 6 janvier 1958, une nouvelle occasion se présente sous la forme d'un festival militaire devant se dérouler sur la base militaire de Rašīd à Bagdad.

Un mois avant la date retenue pour cette commémoration de l'anniversaire de la création de l'armée irakienne, le Comité suprême se rassemble pour préparer un nouveau plan insurrectionnel (10).

Les militaires de ce festival doivent eux-mêmes procéder au coup d'état sous le contrôle des officiers libres. Parmi ces forces, on note la présence de la brigade de ʿAbd Al Karīm Kassem qui se distingue à nouveau, le bataillon d'artillerie lourde dirigé par le colonel Miḥsin Ḥousayn Al Ḥabīb et le 2e bataillon du colonel Maḥmoud ʿAbd Al Razāq. A l'issue de nombreuses et longues discussions et entrevues, deux plans sont élaborés :

— Celui de ʿAbd Al Karīm Kassem qui peut se résumer ainsi : deux tanks ouvrent le feu sur la tribune officielle où se tiennent le roi, le régent, le Premier ministre et leur entourage. Le sort réservé au roi ne fait pas encore l'objet de débats au sein du Comité suprême mais il est décidé que cette action rapide et décisive devra se poursuivre par l'arrestation, par les officiers libres, des responsables de la base militaire de Rašīd, puis par le contrôle des points stratégiques de la capitale.

Cette proposition n'est pas acceptée par le Comité suprême prétextant les victimes inutiles avec, parmi elles, des officiers libres sacrifiés pour un plan trop peu affiné.

Malgré l'enthousiasme mis par ʿAbd Al Karīm Kassem et ʿAbd Al Salām Aref à défendre ce projet, celui-ci sera rejeté (11).

— Celui de Nāǧi Ṭālib peut, schématiquement, être énoncé comme suit : le bataillon du colonel ʿAbd Al Raḥmān Aref, basé à environ 20 kilomètres à la périphérie de Bagdad et qui doit traverser la capitale très tôt le matin du 6 janvier 1958 pour se fixer à la base militaire de Rašīd, doit saisir l'occasion de son déplacement pour occuper la capitale et ses points stratégiques, puis procéder à l'arrestation des trois grands de la monarchie irakienne.

Divers autres groupes militaires semblent prêts à accepter de soutenir cette action, mais les réticences de ʿAbd Al Raḥman Aref, qui se réfugie derrière des arguments de faible poids, font que l'unanimité des voies du Comité suprême n'est pas acquise (12).

De cette précipitation et de l'incohérence des esprits et des propositions résulte la carence certaine d'un plan précis pour mener à bien cette action.

Le désenchantement s'estompe du fait que cette prestation militaire se trouve, elle également, reportée en raison de conditions météorologiques peu favorables (13).

Mai 1958, avec ses manœuvres militaires, connaît aussi sa tentative de putsch, à Roṭba, sur la frontière irako-syrienne. A nouveau, à la tension des préparatifs millitaires révolutionnaires, succède la désillusion : l'absence de Nourī Al Said à ces manœuvres fait avorter le plan.

Cependant, lors de ces présentations militaires le roi et le régent seront les cibles de trois obus. Le premier éclate à 500 mètres environ de la butte sur laquelle se tenaient le roi et son oncle, le second à 100 mètres et le dernier atteint la butte alors que le roi et le régent entourés de la Garde royale se mettent à l'abri. Le récit de cet événement ne manque pas de courir dans les agences de presse (14) et la capitale vibre à cette annonce.

Une telle action ne peut conduire qu'à une enquête, ce que le régent s'applique et s'attache à requérir. La constitution d'un comité s'organise, sous la direction du colonel ʿAbd AlʿAzīz Al ʿOkaylī qui entretient des relations relativement suivies avec l'Organisation des officiers libres. Il n'y a donc rien de surprenant à ce que ce dernier déclare, en conclusion aux investigations du comité d'enquête, que l'origine de ces trois obus reste inconnue (15).

La même année, un autre essai d'insurrection s'ébauche alors que les divisions militaires ayant participé aux manœuvres de Roṭba se dispersent. Les protagonistes de cette nouvelle tentative, la 15e brigade de fantassins basée aux environs de Abou Ġrayb, à une dizaine de kilomètres de la capitale, se concertent afin d'étudier l'alternative d'un mouvement dirigé contre le gouvernement.

L'évidence des contestations et des divergences au sein de l'Organisation des officiers libres, mise en lumière par les reports sans cesse renouvelés de la date d'une offensive militaire contre le gouvernement n'étant plus à démontrer, il reste manifeste que la colère croît avec la tension née des conflits au sein du Comité et qui ne manque pas de se répercuter sur l'intégralité de l'Organisation. Cet état de tension atteint rapidement son paroxysme et, dès lors, la perspective de la création d'un autre Comité suprême fait son chemin parmi les officiers libres saturés de l'atmosphère de mésentente qui règne et déçus par les multiples mobilisations tant physiques que morales infructueuses.

En janvier 1958, un nouveau Comité suprême, indépendant du premier, se constitue avec des officiers subalternes auxquels, bientôt se joignent quelques officiers du Comité suprême initial. La première concertation se tient chez le commandant Kāmil Al Šamā' et confie la direction de ce comité à ʿAbd Al Wahāb Al Šawāf.

Bien que de moindre impact, ce comité regroupe néanmoins Rifʿat Al Ḥāǧ Sirī, NoʿMān Māhir Al Kanʿānī, Ḥasan Mouṣṭafā et ʿAbd Al Ġaynī Al Rāwī. A peine constitué, il élabore un plan et propose, pour prendre possession de la capitale (16), de saisir l'occasion du prochain passage d'une brigade militaire, la

15e brigade d'infanterie stationnée à Abou Ġrayb, sous le commandement du général Aḥmad Mouḥamad Yaḥyā.

L'adjoint du chef de brigade — ʿAbd Al Ġaynī Al Rāwī — en accord avec quelques officiers de ce nouveau comité, fixe la date de l'opération : la nuit du 11 au 12 mai 1958.

Le choix de cette date, signifiée au Comité suprême des officiers libres (17), entraîne alors une pluralité de réactions.

• ʿAbd Al Karīm Kassem s'engage à fournir son appui, bien que n'envisageant pas la possibilité du succès d'un tel plan, faute d'effectifs militaires suffisants pour réaliser l'occupation de la capitale.

• Nāǧī Ṭālib, Miḥsin Ḥousayn Al Ḥabīb et Riǧab ʿAbd Al Maǧīd n'encouragent pas cette action suicidaire et tentent d'en dissuader ʿAbd Al Ġaynī Al Rāwī mais, devant un tel entêtement, ils se voient contraints d'accorder leur appui (18).

• Moḥy Al Dīn ʿAbd Al Ḥamīd s'oppose, lui, fermement à ce mouvement et presse le Comité suprême d'enrayer le processus (19).

La nuit du 11 au 12 mai en fait sera calme, puisque, la 15e Brigade ne fera pas halte à Bagdad, l'état-major ayant prévu de bivouaquer à Falouǧa et Ramādī. L'action de ʿAbd Al Ġaynī est donc suspendue, faute de bataillon (20).

Cette tentative de coup de force reste, jusqu'à celle du 14 juillet 1958, la plus ample car y participent, entre autres, cent-quatorze officiers libres. A cette occasion, sept manifestes sont rédigés et conservés chez le lieutenant-colonel NoʿMān Māhir Al Kanʿānī, attendant d'être lus à la radio après l'investissement de celle-ci (21).

Les caractéristiques communes à ces manifestes peuvent se résumer ainsi :

— Leur lecture, à la radio de Bagdad et au nom du roi Fayṣal II, leur confère un caractère plus réformateur que révolutionnaire, tout en prévoyant l'éviction du Premier ministre et l'exil du régent.

— La volonté de sortir du pacte de Bagdad et de suivre une politique neutraliste est affirmée.

— L'annonce de la constitution d'un Conseil de la révolution par le transfert de tous les membres du Comité suprême et l'adhésion des chefs de divisions et du chef d'état-major — poste devant revenir de droit à ʿAbd Al Karīm Kassem — est prévue.

— La formation du Conseil des ministres au sein du Front

de l'union nationale, avec pour Premier ministre et chef du Conseil de la révolution ʿAbd Al Wahāb Al Šawāf, est envisagée.

— La stabilisation de la situation politique par l'exil du roi et l'annonce de l'instauration de la république (22) sont les deux points forts du programme.

— La composition prévue du cabinet ministériel aurait compris les personnes suivantes :

- colonel ʿAbd Al Wahāb Al Šāwaf : Premier ministre,
- général Naǧib Al Robayʿī,
- Kāmil Al Ǧadirǧī,
- Ḥousayn Ǧamīl,
- Mouḥamad Mahdī Kouba,
- Faʿiq Al Sāmarāʿī,
- Fouʿād Al Rikābī,
- ʿAbd Al Ǧabār Al Ǧomard.

Un nouveau projet de commémoration à l'école d'état-major — celui du 25e anniversaire de la fondation de cette institution — le 29 mai 1958, marque une nouvelle tentative de putsch. De nouveaux plans s'élaborent encore une fois. On prévoit le mouvement de quelques chars d'assaut de Abou Ġrayb vers la capitale et ses points stratégiques, tandis que le reste des forces mobilisées par les officiers libres doit investir l'École d'état-major et procéder à l'arrestation du roi, de son oncle et du premier ministre avant d'annoncer la « révolution » à la radio et d'obtenir l'approbation du Comité suprême.

Le seul point délicat du plan concerne l'heure tardive à laquelle doit se dérouler cette manifestation commémorative, ce qui implique que les mouvements des tanks se fassent le soir, avec tous les problèmes de circulation qui peuvent surgir dans la capitale et ainsi mettre en péril le secret de cette offensive.

ʿAbd Al Ġanī Al Rāwī suggère un autre plan utilisant les dix mitraillettes subtilisées au camp de Baṣra pour une « action-éclair » contre le régent et le Premier ministre et facilitant l'arrestation du roi lors de cette cérémonie. Les détails ultérieurs de ce plan restent identiques à ceux des tentatives antérieures : investir le plus rapidement possible les points stratégiques de la capitale puis annoncer l'instauration d'un nouveau régime.

Les officiers devront une fois encore renoncer à leurs deux plans, leurs buts n'ayant plus de raison d'être : ʿAbd Al Ilāh et Nouri Al Saīd devant se rendre à l'étranger, la célébration de cet anniversaire est reportée à une date ultérieure (23).

En juin 1958, les préparatifs de la cérémonie prévue initialement le 29 mai 1958 sont annoncés. Le colonel ʿAbd Al Ġanī Al Rāwī relance son projet et en fait part au colonel ʿAbd Al Laṭīf Al Darağī, qui ne l'encourage pas. Par ailleurs, un autre plan s'échafaude avec en lice la 19ᵉ brigade — sous la direction du général ʿAbd Al Karīm Kassem — et la 20ᵉ brigade de la base de Manṣour devant se diriger vers Ğalolā' pour des manœuvres nocturnes. Ce projet, qui prévoit la rencontre de ces deux brigades dans la capitale (24) avant l'aube, la prise de possession de la ville et l'annonce de la révolution, est très vite connu de la quasi-totalité des officiers et même de l'armée. ʿAbd Al Karīm Kassem annule ce projet car l'action centrale et fondamentale (25), trop mise en évidence, met en péril toute la révolution tentative.

Cette annulation de dernière heure aura un côté plutôt positif, car elle conduira Kassem, Aref et ʿAbd Al Laṭīf Al Darağī à travailler dès lors dans le secret (26).

II. La révolution du 14 juillet 1958

La 20ᵉ brigade fait route de l'Irak vers la Jordanie, sur ordre du gouvernement, pour prendre la relève de la Brigade déjà en place et remplir une mission d'observation aux dépens de la présidence de la république libanaise.

En effet, Kamil Šamʿoun — président libanais — envisage d'amender la Constitution de son pays afin de prolonger son mandat présidentiel malgré l'opposition manifeste qui se déchaîne contre lui, dans un contexte proche de la guerre civile. Alors que l'opposition gouvernementale libanaise reçoit l'aide militaire de la République Arabe Unie, par l'entremise de la Syrie, le gouvernement du pays, bien que membre du « plan Eisenhower », ne bénéficie encore d'aucun secours de la part des États-Unis. Aussi l'Irak, en tant que membre du pacte de Bagdad et de l'Union hachémite, et en accord avec la ligne de politique colonialiste, décide de soutenir le Liban par déplacement de la 20ᵉ brigade.

Les officiers libres saisissent l'occasion pour mettre au point une action révolutionnaire en Irak. ʿAbd Al Karīm Kassem et ʿAbd Al Salām Aref voient enfin une possibilité d'unir leurs effectifs regroupés au sein de la 3ᵉ division — les premiers dans la 19ᵉ brigade, les derniers au sein d'un bataillon de la 20ᵉ brigade (cf. organigramme, p. 10 et 283). Afin de pouvoir mener à bien l'occupation prévue de la capitale, Kassem et Aref s'assurent de la participation de la cellule Al Ḫaliya Al Waṣīṭa à leur action.

Le gouvernement délivre l'ordre de mouvement, auquel le chef d'état-major a attribué le nom codé de Ṣaḥrā' (« Mouvement du désert ») le 3 juillet 1958 (27).

Un premier report dans le temps fixe le départ de la 20e brigade au 7 juillet 1958, afin de terminer la procédure de ravitaillement, puis à la nuit du 13 au 14 juillet 1958 (28).

L'effervescence croît de jour en jour parmi les membres de la cellule Al Ḫaliya Al Waṣīṭa ; ʿAbd Al Salām Aref s'affaire à Bagdad pour les préparatifs de ce putsch. Le jeudi 10 juillet 1958, une réunion présidée par ʿAbd Al Salām Aref, à laquelle participent les commandants Mouḥamad Maǧīd, Ibrāhīm Ǧāsim, Ǧāsim Al ʿAzāwī et ʿAbd Al Stār Al Laṭīf — chez qui se tient ce conseil — révèle les détails du plan de ce coup de force (29) mais les membres du Comité suprême sont tenus à l'écart de l'action et donc de ces préparatifs.

Cependant, ayant eu connaissance du prochain passage de la 20e brigade à Bagdad, ils se concertent pour étudier la situation et se persuadent de la nécessité de saisir l'occasion.

De leur côté, ʿAbd Al Karīm Kassem et ʿAbd Al Salām Aref font preuve du plus profond hermétisme et, avec ʿAbd Al Laṭif Al Darāǧī, prêtent serment de garder secret ces préparatifs ; ils tentent même de faire obstruction à la prochaine réunion du Comité suprême (30), réunions auxquelles ils n'assistent plus depuis mai 1958.

Le Comité suprême soupçonne la fomentation de quelque mouvement pour le 14 juillet et quatre de ses membres décident de contacter ʿAbd Al Karīm Kassem afin d'être rassérénés sur les projets en cours. ʿAbd Al Karīm Kassem, pressentant cette décision, les devance en dépêchant ʿAbd Al Laṭīf Al Darāǧī, avec pour mission de dissiper tout doute ou suspicion de préparatifs militaires et révolutionnaires.

Cet envoyé confirme que la 20e brigade effectuera une traversée normale de la capitale pour se diriger vers Falouǧa ainsi que prévu, mais que son éventuel retour vers Bagdad en vue de l'occupation de la ville restait possible. Les officiers libres se déclarent hostiles à ce genre d'action et préfèrent une action directe et soudaine, message dont ʿAbd Al Laṭīf Al Darāǧī donne l'assurance de la transmission à ʿAbd Al Karīm Kassem, par ruse afin de tromper ses interlocuteurs qui ne sont toutefois pas dupes (31).

Du Comité suprême, peu d'officiers connaissent la date retenue pour le coup de force militaire (32).

D'autres officiers vont très vite venir grossir les effectifs des « insurgés » et soutenir le mouvement, le matin de la révolution, dès la lecture du premier manifeste à la radio (33).

Des officiers jordaniens, parmi lesquels certains des officiers libres, sont avertis, de façon officieuse, par le sous-lieutenant Mouḥamad Ḥousayn Šalāl, dépêché par Kassem et Aref, de la date de la révolution arrêtée au 13 juillet. Leur aide et leur disponibilité sont dès lors requises en soutien à la révolution, dès la lecture du premier manifeste (34).

Occupation de Bagdad

Alors que Nouri Al Saïd revient d'un voyage en Grande-Bretagne, le 12 juillet 1958, la décision subite d'ordonner le mouvement de la 20e brigade vers Bagdad tombe le 13 juillet (35). Le chef de la 3e division — le général Al Dāġistānī — assiste au départ des militaires et, comme le veut la tradition, adresse ses vœux au général Aḥmad Ḥaqī.

Dès lors le plan institué par Kassem et Aref doit se mettre en branle : capture du général Al Dāġistānī par la 19e brigade, protection des arrières de la 20e brigade ainsi que l'assistance à celle-ci, en cas de besoin, par le détachement d'un bataillon de cette Brigade.

La 20e brigade, qui imprime le premier mouvement conduisant à la mise en application du plan révolutionnaire, se constitue, ainsi que les autres brigades de trois bataillons totalisant 5 000 hommes dont le chef — le général Aḥmad Ḥaqī — est un sympathisant de l'Organisation des officiers libres :

— 1er bataillon commandé par le colonel ʿAbd Al Laṭīf Al Darāǧī.

— 2e bataillon sous la direction du colonel Yāsīn Mouḥamad Raʿouf, qui n'adhère pas à l'Organisation.

— 3e bataillon avec à sa tête le colonel ʿAbd Al Salām Aref.

La 20e brigade doit donc se déplacer de Ǧalolā' vers la Jordanie, avec toutefois une halte dans la capitale. ʿAbd Al Karīm Kassem et ʿAbd Al Salām Aref saisissent cette occasion pour mystifier le général Aḥmad Ḥaqī de telle sorte qu'il ait toutes les raisons de croire que ce mouvement militaire se réalise dans des conditions tout à fait ordinaires. Aussi, lorsque s'ébranle le convoi de tête de la 20e brigade conduit par Aḥmad Ḥaqī, les trois autres bataillons suivent-ils avec lenteur.

L'avance bientôt acquise par le convoi de tête fait qu'il traverse Bagdad et campe à Falouǧa, alors que les trois autres bataillons ne se situent qu'à Ḫān Banī Saʿad, soit à encore une dizaine de kilomètres de la capitale, ʿAbd Al Karīm Kassem prétextant un regroupement nécessaire pour effectuer la traversée de la capitale.

Le général Aḥmad Ḥaqī, toujours en liaison radio avec les « retardataires », une fois rassurée décide de bivouaquer dans l'attente de l'arrivée des trois bataillons au matin du 14 juillet 1958. Le 14 juillet 1958, les trois bataillons occupent la capitale irakienne.

Ḫān Banī Saʿad atteint, ʿAbd Al Salām Aref prévient le colonel Yāsīn Mouḥamad Raʿouf de l'action entreprise et de la nécessité de pouvoir compter sur sa coopération. Devant le refus du colonel à se soumettre, Aref le fait arrêter et remplacer par le colonel ʿĀdil Ǧalāl (36).

Dès lors, l'action se précipite. Aref approvisionne les bataillons en munitions — munitions stockées par Aref avant la révolution (37) — et ceux-ci se dirigent alors, séparément, vers Bagdad pour prendre position aux points prévus par Ḳassem et Aref.

La 19e brigade, avec l'aide de Aḥmad Al Ǧanābī, se saisit immédiatement de Ġāzī Al Dāġistānī et se substitue au centre de commandement de la 3e division dès lors paralysé (38).

Aref et son bataillon se dirigent vers la capitale, plus précisément vers les quartiers de Karḫ, avant de se scinder pour prendre possession de plusieurs points d'intérêt militaire : le palais de Riḥāb — par la 1re compagnie, la villa de Nouri Al Said — par la 2e compagnie — et les bâtiments de la radio — par la 3e compagnie — pour pouvoir y lire le premier manifeste de la révolution.

Du côté de la 20e brigade, le 1er bataillon, celui du colonel ʿAbd Al Laṭīf Al Darāǧī, a pour mission l'occupation du ministère de la Défense et des bâtiments des communications (poste, téléphone) tandis que le 2e bataillon, commandé par le colonel ʿĀdil Ǧalāl, investit l'administration du Palais royal (Al Bilāṭ) et se dispose à soutenir, en tant que renforts, les autres bataillons (39). Le 3e bataillon, celui de ʿAbd Al Salām Aref, a entre autres pour objectif d'occuper la villa de Nouri Al Saīd, Riḥāb et la radio, alors que les officiers libres de la cellule Al Ḫaliya Al Waṣıṭa se préparent à soutenir les forces armées et à les diriger vers les points à frapper.

Les investissements les plus cruciaux sont alors, sans nul doute, ceux du camp militaire de Rašīd à Bagdad et du ministère de la Défense ainsi que celui du Palais royal de Riḥāb.

L'occupation du camp militaire de Rašīd

Si l'occupation du camp militaire de Rašīd s'avère fondamentale, elle n'en demeure pas moins la plus périlleuse puisque de celle-ci doit dépendre la réussite de la révolution.

La mainmise sur ce camp signifie en effet la détention du contrôle de la presque quasi-totalité des forces armées de Bagdad et, pour le chef d'état-major — Rafiq Aref — un personnage éminent du système monarchique, l'anéantissement des espoirs d'une contre-offensive révolutionnaire.

Ce plan, résultat d'un travail de concertation entre ʿAbd Al Salām Aref et la cellule Al Ḫaliya Al Waṣīṭa, sera définitivement retenu et devra être mis en action le 10 juillet 1958. Les responsables de la mise en application des directives seront les commandants Ğāsim Alʿ Azāwī, Ibrāhīm Ğāsim Al Tikrītī et bien entendu ʿAbd Al Stār ʿAbd Al Laṭīf, chez qui cette réunion se tient (40).

L'arrivée de munitions, au matin du 14 juillet — plus précisément vers quatre heures —, donne le signal du début de l'offensive ayant pour but la mise aux arrêts de Rafiq Aref (41) par le commandant Ğāsim Alʿ Azāwī et les sous-lieutenants Aḥmad Abou Ğibin et Alaa Al Ğanābī, ainsi que la neutralisation de la garde de l'état-major. Une cellule attend déjà le futur prisonnier.

Les préparatifs se poursuivent avec l'instauration d'une surveillance accrue à la porte principale du camp afin de filtrer les mouvements d'entrée et de sortie des militaires, les officiers libres ayant seuls le droit de passage et tout autre militaire étant renvoyé sur-le-champ dans ses foyers.

Un des officiers libres, tentant de faire le point de la situation, improvise alors un discours à l'attention de la brigade blindée basée dans le camp de Rašīd, afin de lui expliquer le sens de cette révolution et de lui demander son soutien dans le cadre de cette luttre contre le colonialisme. Le résultat ne se fait pas attendre : très vite quelques tanks sortent du camp et se dirigent vers le directorat de la Police de Bagdad en vue de l'anéantir alors que d'autres s'acheminent vers l'ambassade des États-Unis pour la protéger contre d'éventuelles manifestations populaires et bien entendu pour que Nouri Al Saīd ne puisse venir y chercher refuge (42).

L'atteinte de ce premier objectif sera un motif d'encouragement pour les insurgés, compte tenu de sa proximité avec le palais de Riḥāb.

L'occupation du ministère de la Défense

A l'aube du 14 juillet 1958, la 20e brigade s'achemine donc vers la capitale, chacun de ses bataillons se dirige vers un but préalablement déterminé.

Le 1er bataillon, commandé par le colonel ʿAbd Al Laṭīf Al

Darāǧī, avance avec calme et discipline dans la rue Rašīd, en direction des immeubles du ministère de la Défense. L'ordre qui est donné de s'arrêter et d'investir les bureaux, afin d'en assurer l'occupation, ne rencontre aucune résistance et le plan d'action se déroule comme prévu : blocage de l'entrée du ministère, dispersion des « dissidents » dans tous les bureaux et désignation de gardes dans chaque pièce.

Si à l'intérieur des bâtiments du ministère s'infiltrent les forces révolutionnaires, officiers et soldats s'attachent à l'extérieur à assurer la protection de cette action en instaurant une surveillance stricte des allées et venues. Cette occupation s'accomplit dans des conditions idéales : inexistence de résistance, minutie, précision et promptitude. Il aura fallu moins d'une demi-heure au 1er bataillon pour neutraliser le ministère de la Défense (43).

La capitale sort de son sommeil, sans qu'aucune ombre révolutionnaire ne soit venue la troubler : quoi de plus naturel que ce stationnement de camions militaires et de soldats devant le ministère de la Défense (44) ?

L'occupation de l'administration du palais royal

Simultanément à l'action-éclair menée dans les bureaux du ministère de la Défense, le 2e bataillon de la 20e brigade atteint les quartiers de Al Kasra, où se situent l'administration du Palais royal Al Bilāṭ. Les effectifs présents, ce 14 juillet, dans le palais de Al Bilāṭ se résument à une compagnie de cavalerie et à une compagnie d'infanterie, en faction à la porte principale du palais.

La lecture à la radio du premier manifeste de la révolution surprend l'officier de garde de Al Bilāṭ, qui en informe sur-le-champ le commandant du bataillon, alors que palais de Riḥāb où ʿAbd Al Ilāh surpris par les « insurgés » refuse toute contre-offensive ainsi que nous le verrons ultérieurement.

L'officier de garde du palais de Al Bilāṭ reçoit l'ordre de ne tenter aucune action. Peu après, les chefs des deux compagnies — infanterie et cavalerie — atteignent le palais de Al Bilāṭ et entrent en concertation avec l'officier de garde, dans l'attente de nouveaux ordres du palais de Al Riḥāb.

Bientôt l'annonce de l'apparition de deux chars d'assaut et d'une compagnie d'infanterie à la porte principale du Palais ainsi que leur stationnement devant celle-ci suscitent la stupéfaction parmi la population, d'autant plus qu'ils ouvrent le feu contre le palais. Cette information retransmise au palais Al Riḥāb, n'a pour réponse que la réitération de l'ordre précédent, ne pas riposter, et les gardes de la porte principale n'ont plus qu'à se regrouper dans la salle de garde du Palais pour éviter les coups de feu, avant de devoir se disperser devant l'augmentation des tirs des « insurgés ».

La 20e brigade prend possession du palais, de ses bureaux, des points de garde, des armes et des munitions ; les officiers du palais sont en état d'arrestation (45).

La population, à l'écoute de la lecture du premier manifeste, commence à manifester son soutien aux officiers libres et scande des slogans à l'attention du Palais en appelant à la rédition aux forces de la révolution.

L'occupation du domicile de Nouri Al Saīd

Le 3e bataillon de la 20e brigade, celui d'Aref, atteint également la capitale par les quartiers de Al Karḫ et poste des militaires sur tous les ponts afin de régulariser les mouvements d'un côté à l'autre de Bagdad. Seuls les civils bénéficient encore de la libre-circulation, afin de maintenir ouverte, pour ʿAbd Al Salām Aref, la voie vers les trois points stratégiques de cette partie de la ville. Les compagnies du bataillon de ʿAbd Al Salām Aref se dispersent de leur côté dans Al Karḫ. L'insurrection prend corps.

ʿAbd Al Salām Aref donne alors l'ordre au commandant Bahǧat Saīd — chef de compagnie — d'investir la villa de Nouri Al Saīd et de se saisir du Premier ministre. Dans cette opération, Waṣfī Ṭāhir sert de guide à la compagnie. En tant que garde du corps et donc responsable de la vie du Premier ministre, ne connaît-il pas mieux que quiconque la villa de ce dernier (46) ?

Mais, ce matin-là, vers cinq heures et quart, Nouri Al Saīd a déjà fui en pyjama, alerté par la boulangère qui le sert quotidiennement (47) : l'opération est un échec. La compagnie cerne pourtant la demeure ministérielle, l'un des points stratégiques et essentiels est atteint.

A cette version, s'oppose une autre variante d'après laquelle Nouri Al Saīd aurait pressenti, longtemps à l'avance, l'occupation de son domicile ce qui lui aurait dicté sa décision de fuir.

L'historien Maǧīd Khadourī dévolue à Waṣfī Ṭāhir l'honneur d'avoir été le premier à pénétrer dans la demeure de Nouri Al Saīd où il rencontra la servante — une bédouine — qu'il mit au courant de la situation. C'est alors seulement qu'elle aurait prévenu Nouri Al Saīd afin qu'il puisse s'enfuir. Cet historien insiste lourdement sur les fortes probabilités pesant sur la véracité de sa version : Waṣfī Ṭāhir n'est-il pas après tout le fidèle garde du corps du Premier ministre ? (48)

Cette version, bien que plausible, pèche cependant par certains côtés.

En effet, si Waṣfī Ṭāhir occupe bien les fonctions de garde du corps, n'en a-t-il pas moins réaffirmé à l'Organisation des officiers libres son soutien et son aide lors du meurtre de Nouri Al Saīd ? Plus tard, ne décharge-t-il pas, d'ailleurs, le chargeur de sa mitraillette sur la dépouille du Premier ministre ?

Alors que les forces révolutionnaires investissent sa demeure, Nouri Al Saīd s'embarque, armé de son revolver, sur un bateau afin de traverser le fleuve qui traverse la capitale et rejoindre les quartiers de Al Riṣāfa (49), mais brusquement il change de direction et se dirige vers le domicile de son ami, le docteur Ṣāliḥ Mahdī Al Baṣām, dans le quartier de Karādat Maryam, non loin de son propre domicile. C'est à partir de cette villa qu'il va fuir, caché dans la voiture de Mourtaẓā Al Baṣām, le frère de Ṣāliḥ Mahdī Al Baṣām, qui l'accompagne. Ils s'acheminent rapidement et prudemment vers le quartier de Al Kāẓmiya où Nouri Al Saīd sait pouvoir compter sur l'aide de son ami Maḥmoud Al Sarabādī, qui l'héberge pour la nuit, la dernière nuit avant que ne se déchaînent contre lui les vagues de haine et de violence.

L'attaque du palais de Riḥāb et le sort réservé à la famille royale

Les événements relatifs à l'investissement du palais de Riḥab et au sort réservé à la famille royale ainsi qu'à sa domesticité ne peuvent être révélés que sur la base unique des documents rédigés par le lieutenant Fāliḥ Ḥanẓal, témoin lors des événements tragiques de cette matinée du 14 juillet 1958.

Cet officier fidèle, qui sert depuis deux années au sein de la brigade de la garde royale, connaît personnellement le roi et son oncle et décrit, dans ses mémoires, des faits empreints de violence, d'êtres qui perdent le contrôle d'eux-mêmes et se laissent envahir par des désirs d'assouvissement de vengeance.

Les écrits de ce témoin, encore vivant, détaillent cette matinée sanglante du 14 juillet, tournant décisif dans l'histoire de l'Irak. Certains écrivains baasistes ont bien tenté de jeter dans l'oubli ces documents, mais faute d'autres versions ou de preuve contrant ces dires, le récit de Fāliḥ Ḥanẓal subsiste et s'affirme plus que jamais car empreint de logique et de rationalisme.

Nos sources personnelles, à base d'interviews et de rencontres, convergent d'ailleurs dans le sens de ces révélations, que ce soit en ce qui concerne l'action des révolutionnaires militaires ou civils ou au niveau de sort de la famille royale et de sa domesticité.

Ce matin-là, avant six heures du matin, les nouvelles de la révolution arrivent au palais : Fāliḥ Ḥanẓal téléphone de la rue Rašīd, où le 1er bataillon de la 20e brigade s'était posté peu avant pour annoncer l'occupation de la capitale par la 20e brigade, ce que les officiers du palais refusent d'admettre, le retard de la compagnie devant investir le Palais royal leur permettant encore de réfuter cette version et de conserver espoir.

Devant ce mur d'obstination, le lieutenant Fālih Ḥanẓal prévient le chef de bataillon de la Garde royale — le colonel Ṭāha Al Bāmarnī — qui prête un peu plus d'attention à son récit, bien que le confrontant avec celui d'un capitaine de la Garde d'honneur royale — le capitaine ʿAbd Al Raḥmān Aḥmad Ṣāliḥ —, qui le matin même a pu traverser sans encombre la ville, infirmant ainsi les dires de Fāliḥ Ḥanẓal.

Devant ce dernier refus de la vérité et ceux qui y succèdent, Fāliḥ Ḥanẓan s'adresse directement à ʿAbd Al Ilāh qui lui demande enfin d'approfondir ses explications, ayant eu écho des coups de feu tirés contre la villa du Premier ministre.

A six heures juste ce 14 juillet 1958, une compagnie, sous la direction du commandant Mondḏir Salīm (50) atteint le palais — Annexe VI — distant du camp de Wašāš d'un kilomètre seulement, où jusque-là la situation est restée normale (voir Annexes IV-V) (51).

La compagnie prend aussitôt position sur l'aile gauche du camp de Wašāš, presque face au palais, avant de se répartir en direction des anciens palais royaux désaffectés, sur une distance approximative de un kilomètre.

Six camions militaires, suivis bientôt par deux jeeps et quatre autres camions militaires, avec artillerie légère pour certains d'entre eux, se joignent aux forces déjà en place — voir Annexe VI.

Une quarantaine de soldats armés sont disposés du côté droit du palais, sur le chemin qui sépare le palais de ʿAbd Al Ǧabar de celui de Riḥāb. Devant la porte principale, le capitaine Monḏir Salīm attend derrière sa mitrailleuse « Berin », en compagnie des forces révolutionnaires affectées à la garde de l'aile gauche du palais. Aucun soldat fidèle au roi à proximité — voir Annexe IV —, la voie reste libre d'autant plus que sur le pont de Ḫir, aucun contrôle n'est instauré, le chemin restant ouvert à toute éventuelle arrivée de la Garde royale. Arrivée de renforts ou fuite seront d'autant plus facilitées que les terrains à proximité, en friches, cachent un chemin qui conduit à l'aérodrome civil. Monḏir Salīm y détache rapidement une dizaine de soldats (52).

Devant la force et les effectifs de la Garde royale, cette compagnie n'aurait pu résister longtemps, d'autant plus que cette réduction d'effectifs ne lui permettait d'encercler qu'un huitième de la périphérie du palais et des jardins environnants. Cette compagnie apparaît donc dans une position plus que suicidaire, de par sa dispersion géographique d'abord, puis de par ses effectifs quantitativement faibles.

Une demi-heure plus tard, à 6 heures trente exactement, la mitrailleuse « Berin » entre en action : une rafale, puis deux, qui font voler en éclats les vitres des fenêtres du premier étage du palais. La troisième rafale, aussi brève que les précédentes, détruit la fenêtre de la chambre de ʿAbd Al Ilāh (53). La garde du palais, surprise par le bruit, se regroupe et attend des ordres que seul ʿAbd Al Ilāh peut donner. Faute de réaction de la part du régent, la garde reprend son poste sous le tir nourri des insurgés.

Dès les premières rafales de mitrailleuse, le régent contacte téléphoniquement Ṭāha Al Bāmarnī afin que ce dernier se rende au palais dont les couloirs connaissent maintenant l'effervescence et la peur : le roi et le régent, en pyjama, circulent afin d'apaiser les femmes — la sœur de ʿAbd Al Ilāh, sa mère, la princesse Hiyām, femme du régent.

La famille royale est immédiatement évacuée des pièces donnant sur le boulevard ; les femmes se regroupent chez la mère du régent — la reine Nafisa —, au rez-de-chaussée du palais (54).

Ṭāha Al Bāmarnī — chef de brigade de la Garde royale — contacte par téléphone les officiers du palais de Riḥāb afin que tous les soldats soient tenus en alerte et s'arment au dépôt de munitions, en vue d'une éventuelle action défensive tandis que le régent tente vainement de joindre Rafīq Aref — déjà prisonnier des officiers libres — les lignes téléphoniques ont été coupées. Bientôt les attaquants tirent sur les murs du palais mais il semble que leurs munitions soient comptées car ils cessent rapidement (55).

A l'intérieur, le garde de la porte principale du palais regroupe ses hommes dans la salle de garde dans l'attente de directives qui ne viennent pas.

Le chef de brigade de la Garde royale, dès son arrivée au palais, rencontre le régent et lui décrit la situation hors du palais. Les révolutionnaires n'ont à leur diposition que des forces réduites, bien moins nombreuses que celles du palais, mais Nouri Al Saīd ne peut plus être contacté par téléphone — et, selon lui, la probabilité de l'attaque de sa villa s'affirme —, pas plus que le ministère de la défense : toutes les lignes téléphoniques ont été sabotées.

Le régent demande alors à Ṭaha Al Bāmarnī de maintenir l'état d'alerte et de tenter de parlementer avec le chef des officiers libres, tandis que la radio diffuse le texte du premier manifeste de la révolution annonçant la chute du système monarchique, l'instauration de la république, l'extermination de la famille royale et appelle le peuple à aider la révolution. Cette annonce radiophonique sème quelque peu la panique parmi les femmes du palais, de plus en plus isolé du monde extérieur.

La défense tente de s'organiser, le général ʿAbd Al Laṭīf Al Maẓāyafī — responsable de la protection et de la sécurité stratégique de Bagdad — contacté par téléphone, propose l'utilisation de toutes les forces de police de la capitale pour assurer l'ordre dans la capitale, car ignorant tout de la situation réelle au palais et du mouvement révolutionnaire.

Alors que Ṭāha Al Bāmarnī tente de parlementer avec les forces révolutionnaires, la nouvelle de l'attaque du domicile d'un ex-Premier ministre, ainsi que celle de l'ambassade de Grande-Bretagne tombent au palais tandis que la population se répand dans les rues. La femme de l'ex-Premier ministre tente par téléphone d'avertir la famille royale pour lui conseiller de fuir (56) le danger qui s'annonce, d'autant plus qu'une fraction sans cesse croissante de la population commence à s'armer en se munissant d'armes à feu, pierres, masses, couteaux, ciseaux (57).

Le chef de la brigade de la Garde royale passe alors ses hommes en revue et leur ordonne de garder leur sang-froid mais de se tenir prêt à toute action et, s'adressant au capitaine ʿAbd Al Raḥmān Mouḥamad Ṣāliḥ, requiert qu'il prenne contact avec un des chefs des révolutionnaires afin qu'il se rende au palais pour négocier.

La non riposte de la garde royale aux tirs des officiers libres permettra en fait à ces derniers de s'approvisionner en munitions au camp de Wašāš (58), où depuis quelques jours, des officiers des 19ᵉ et 20ᵉ brigades effectuent un stage militaire. Bien qu'ayant été prévenus de la date de l'insurrection, ils n'agissent pas et la situation reste normale.

Le capitaine ʿAbd Al Stār Al ʿObousī — responsable de ce stage — qui n'appartient pas à l'Organisation des officiers libres ne prendra connaissance de l'action menée par les officiers libres qu'au matin du 14 juillet. Avant de se rendre au camp de Wašāš, il décide de vérifier les forces en présence, aux abords du palais de Riḥāb. Au vu de la faiblesse des effectifs attaquants, il réunit les officiers et les soldats du stage dans le dessein de soutenir les officiers libres. Un discours invite les militaires à offrir leur aide à la compagnie qui assiège le palais (59), appel auquel vont répondre les militaires. Dès lors, ʿAbd Al Stār Al ʿObousī rassemble alors toutes les armes et munitions du dépôt, prenant la responsabilité de cette réquisition, et décide de les donner aux insurgés. Il gardera pour lui un bazouka de 106 mm et des munitions déjà préparées de longue date par lui-même (60).

Le camp de Wašāš reçoit cet appel et se mobilise afin de soutenir les officiers libres (61). Les camions réquisitionnés acheminent les troupes vers le palais qui sera atteint en moins de cinq minutes.

Le bazouka prend position à proximité de la mitrailleuse « Berin », devant la porte principale du palais et les tirs reprennent. Devant le silence, ordonné par le régent, de la Garde royale, le moral et l'audace croissent chez les officiers libres (62) tandis que la Garde royale doit quitter ses postes pour se retrancher dans la salle de garde, à l'abri des tirs.

Quelques officiers libres avancent maintenant en direction du palais, camouflés derrière les arbres du jardin. Ce sera le capitaine ʿAbd Al Stār AlʿObousī qui tirera le premier obus. Celui-ci explosera au premier étage du palais, suivi bientôt par un deuxième puis troisième qui détruiront la porte principale du palais ainsi que la salle de garde. C'est alors que l'incendie se déclare (63), dans le palais autour duquel s'amasse une foule de plus en plus dense. Tandis que les renforts continuent d'affluer du camp de Wašāš en faveur des insurgés, le colonel Ṭāha Al Bāmarnī attend toujours au Palais le retour du capitaine ʿAbd Al Raḥmān Mouḥamad Ṣāliḥ, dépêché auprès des officiers libres pour tenter de parlementer.

Pendant ce temps, des officiers libres interceptent le général ʿAbd Al Laṭīf Al Maẓāyafī alors qu'il quitte son domicile afin de mobiliser la police, en vue de défendre le palais et la ville. Il est aussitôt mis en état d'arrestation et détenu au ministère de la Défense. Le pouvoir commence à changer de mains, l'insurrection devient révolution tandis que s'enflamme le Palais. Aucune action de lutte contre l'incendie n'est tentée. Le régent, accompagné de son garde du corps, se dirige vers le coffre-fort de sa chambre au premier étage du palais, lui aussi en proie aux flammes, puis redescend au rez-de-chaussée où il retrouve le colonel Al Bāmarnī qui confirme l'intensification de l'attaque et l'impossibilité d'entamer des pourparlers (64) avec les forces insurgées.

Ordre est donné, par le régent, de dépêcher deux officiers pour inspecter les alentours du palais et des jardins, réitérant ses ordres de non-riposte.

Ṯābit Younis accepte cette mission mais dès son apparition à la porte du palais, les officiers libres lui signifient que le régent et le roi doivent se rendre.

Alors qu'il tente d'approcher les révolutionnaires, ceux-ci

effectuent des tirs d'intimidation. La route de la négociation est coupée.

L'officier persévère et essaie de les mystifier en leur assurant que ni le roi, ni le régent ne séjournent actuellement au palais et offre qu'un de leur officiers accepte de l'accompagner au palais pour étudier les conditions de libération des femmes et des enfants (65).

Les officiers libres refusent cette proposition et reprennent les tirs contre le palais.

Ṯābit Younis rapporte ce message au palais et suggère la riposte, que le régent s'obstine à refuser. Il ne veut pas d'effusion de sang, espérant encore la concertation paisible qui lui permettrait de quitter le pays en tout sécurité (66).

ʿAbd Al Ilāh insiste pour que le capitaine Ṯābit Younis transmette ce message aux officiers libres et tandis que ce dernier parlemente, une fois encore, le régent rejoint sa famille dans une des caves du palais.

D'après les dires des officiers appartenant au cercle des proches du roi, parmi lesquels certains gardes du corps, l'attitude du jeune roi reflète l'impuissance, l'étonnement à l'écoute de la radio qui proclame les nouvelles révolutionnaires. Quelque part, le monde s'effondre pour un homme.

Devant cette atmosphère générale teintée de peur et presque de panique, ʿAbd Al Ilāh s'efforce d'apaiser les esprits. Un chauffeur propose son aide pour aider les habitants du palais à fuir vers la frontière jordanienne mais le régent décline cette offre et requiert du roi qu'il rédige le texte de son abdication et le conserve précieusement (67).

La famille royale, qui quitte alors la cave pour se réfugier dans les cuisines du palais, à proximité des jardins de l'aile gauche du bâtiment (68) — voir Annexe VI —, est bientôt rejointe par le personnel du palais guettant et espérant le retour de Ṯābit Younis, dépêché auprès des officiers libres.

Ce dernier, à son retour, confirme l'impossibilité de rencontrer qui que ce soit qui accepte seulement l'idée d'une négociation. La résolution des officiers libres est clairement affirmée : le roi ainsi que le régent doivent se rendre.

Les officiers de garde au palais, peu après le retour de Ṯābit Younis, pénètrent à l'intérieur et décrivent ce qui se passe à l'extérieur : mouvements civils, augmentation des forces armées, arrivée des tanks, coups de feu contre le palais, tirs de bazouka.

Le régent, attentif à ces descriptions peu encourageantes mais réalistes des faits, se résoud à annoncer son intention de capituler et pose cependant une condition à l'abdication du roi : la promesse des officiers libres que la famille royale pourra quitter l'Irak en toute sécurité et dans l'impunité, à charge pour elle de donner son assurance de ne jamais revenir dans ce pays (65).

Des officiers du palais vont porter ce message aux officiers libres qui détachent deux d'entre eux pour se rendre au palais et obtenir confirmation de cette communication. ʿAbd Al Ilāh sollicite la protection des femmes et des enfants et les fortifie dans l'idée de l'abdication du roi, à la condition que l'autorisation de leur départ pour l'étranger puisse être garantie. Le régent insiste pour que ces deux officiers transmettent ce message à leurs collègues (70).

Ṭāha Al Bāmarnī ordonne alors aux forces du palais de déposer toutes les armes dans une pièce. Instructions suivies (71). ʿAbd Al Ilāh s'efforce à nouveau de calmer les esprits et assure aux membres de la famille royale que lui seul, en tant que responsable du système gouvernemental, risque de subir des représailles et c'est en fonction de cette éventualité qu'il adjure le roi de signer son abdication et de s'expatrier (72).

Le capitaine Ṯābit Younis, ainsi que le colonel Ṭāha Al Bāmarnī, réitèrent les ordres de non-résistance et vérifient que tout est prêt pour la capitulation (73). Ṯābit Younis s'adresse alors aux forces révolutionnaires et leur demande de respecter la vie et la sécurité des femmes et enfants.

Peu avant huit heures du matin, les portes de la cuisine s'ouvrent. Le roi, puis le régent agitant un mouchoir blanc apparaissent. Derrière eux, la reine-mère, abritant son fils sous le Livre saint, suivie de la princesse ʿĀbdiya, puis de la princesse Hiyām, les serviteurs et Ṯābit Younis quittent le palais (74).

Le petit groupe s'avance avec calme vers les révolutionnaires, traverse les jardins du palais les mains en l'air.

Au même moment, le colonel ʿAbd Al Stār Sabiʿ AlʿObousī pénètre par l'arrière du bâtiment dans le palais qu'il traverse pour venir prendre position derrière les prisonniers, mitraillette au poing. Soudain, il ouvre le feu, balayant tous les membres de la famille royale, de droite à gauche.

Rompant le silence pesant, il a vidé ainsi le chargeur de son arme : vingt-huit balles. ʿAbd Al Ilāh atteint à la tête, meurt sur le coup, Fayṣal II atteint au cou et à la tête meurt, ainsi que la reine Nafīsa touchée mortellement au dos et la princesse ʿĀbdiya, la sœur du régent.

En ouvrant le feu, ʿAbd Al Stār Sabiʿ AlʿObousī a libéré les sentiments de violence de chacun jusque-là dominés avec difficulté. Dès lors, les tirs fusent de partout, balayant les dernières hésitations.

Seule la princesse Hiyām, blessée à la cuisse, réussira en se traînant à fuir ce charnier et a gardé ainsi la vie sauve. Ṯābit

Younis, atteint au poumon, n'aura pas cette chance et mourra durant son transport à l'hôpital.

Les tirs se prolongent, les militaires s'acharnent sur les cadavres, libérant la violence, le cynisme et le désir de vengeance si longtemps réprimés (75).

Tandis que la princesse Ḥiyām, avec le secours d'un soldat, se terre dans la salle de garde du palais, d'où elle sera dirigée vers l'hôpital (76). Les officiers libres envoient un camion débâché, jadis utilisé à des fins domestiques, pour ramasser les dépouilles.

La foule, difficilement contenue par les militaires, envahit les jardins du palais et assiste au spectacle du chargement sur le camion des dépouilles de la famille royale (77). Le camion se dirige ensuite vers l'entrée du palais où deux militaires vont se charger d'extirper du camion les corps du roi et du régent qu'ils disposent dans une jeep gardée par deux officiers.

Le camion s'achemine alors vers le service des autopsies de l'hôpital civil où les corps seront examinés avant d'être enterrés dans un cimetière proche de l'hôpital (78).

Si le camion a pu se dégager de la foule dense, la jeep connaît des difficultés à se frayer un chemin. Sur un parcours limité à trois kilomètres, le léger véhicule avance lentement, ralenti par une foule sans cesse plus dense qui n'hésite pas à prendre d'assaut la jeep et à s'acharner sur les corps. Les officiers, devant l'impossibilité de se dégager de la foule houleuse, arrêtent leur véhicule et l'un des officiers remet le corps du régent aux manifestants qui le réclament.

L'assaut autour de la jeep se relâche (79) tandis que le corps du régent gît sur le sol au milieu des crachats, des coups de pieds ou de bâtons pleuvent sans discontinuer.

S'éloignant du lieu où s'exprime tant d'acharnement à détruire, tant de violence et de bestialité, la jeep se détache emportant le corps de Fayṣal II.

Dès lors, la foule en proie à une folie vengeresse et blasphématoire dévêt la dépouille et traîne le corps dénudé au bout de deux cordes, l'une placée autour du cou et l'autre autour de la poitrine. Bientôt ce cortège funeste atteindra le quartier de Karḫ, à proximité du pont Maʿmoun, où le corps est hissé une première fois à un balcon de l'hôtel Karḫ où il fait l'objet d'une série de mutilations sauvages de la part d'une foule qui se dispute la dépouille (80).

Moins d'une demi-heure après, le cadavre est redescendu et traîné dans les rues. La foule se dirige vers Riṣāfa, débouche sur la rue de Rašīd, puis s'arrête devant le ministère de la Défense : nouvelle pendaison du corps à un bâtiment ancien (81), une vieille femme fournissant la corde pour hisser ʿAbd Al

Ilāh (82). Pendaison symbolique puisqu'à cet endroit furent pendus, sur ordre de ʿAbd Al Ilāh, les quatre colonels responsables en 1941 du mouvement de Rašīdʿ Alī Al Gaylānī (83). Le corps à nouveau décroché, sera traîné jusqu'au soir dans les rues de la capitale, puis arrosé d'essence et brûlé. Les restes en seront jetés dans le Tigre (84).

Pendant ces durs moments, la jeep où repose le corps de Fayṣal II se dirige incognito vers le ministère de la Défense afin que les officiers libres puissent constater le décès du roi. Ils ordonnent que la dépouille mortelle soit conduite à l'hôpital militaire du camp de Rašīd où la mort doit être constatée officiellement. Le soir, un enterrement secret, dans les jardins de l'hôpital militaire (85) met un terme au système monarchique.

Certains auteurs ne retiennent pas cette version des événements et penchent pour la suivante : Fayṣal II n'aurait été que gravement blessé lors de la fusillade dans les jardins du palais et aurait été conduit à l'hôpital royal, où ʿAbd Al Karīm Kassem aurait ordonné que les plus grands soins lui soient donnés. Il y serait mort des suites de ses blessures (86). Cette version aurait pu être plausible si ʿAbd Al Karīm Kassem avait atteint Bagdad avant dix heures et demie, ce qui ne fut nullement le cas.

Le général ʿAbd Al Karīm Kassem n'arrivera en fait dans la capitale qu'après dix heures et demie, soit plusieurs heures après la capitulation et ses suites sanglantes au palais de Riḥāb. En vérité, ʿAbd Al Karīm Kassem, ʿAbd Al Salām Aref et ʿAbd Al Laṭīf Al Darāǧī avaient décidé cet assassinat lors de la réunion du 11 juillet 1958 (87). Il est fort probable que ceux-ci n'avaient pas prévu que les conditions de cet assassinat allaient être aussi bestiales, si l'on veut parler à leur décharge.

Le sort réservé à Nouri Al Saīd

Ainsi que nous l'avons vu précédemment, le premier ministre, à l'annonce de l'approche des forces révolutionnaires, avait quitté précipitamment sa villa pour se réfugier chez l'un de ses proches jusqu'au matin du 15 juillet. Pour les officiers libres, le fait de n'avoir pu arrêter Nouri Al Saīd reste un problème réel. Ne déclarent-ils pas à ce sujet : « Tant que Nouri Al Saīd sera en vie, nous ne connaîtrons pas le repos » (88) ?

Aussi, dans la soirée du 14 juillet, le gouvernement révolutionnaire édicte un manifeste appelant la population à capturer Nouri Al Saīd, mort ou vif, avec une récompense de dix mille dinars irakiens à la clef (89).

Le 15 juillet, Nouri Al Saīd, faisant montre d'imprudence

décide de traverser Bagdad pour se réfugier chez le Cheikh Mouḥamad ʿOraybī, dans le quartier de Al Bāb Al Šarqī (90). Affublé d'un ʿAbāya et toujours accompagné de l'épouse de Maḥmoud Al Srabādī, ainsi que d'une servante, il commet l'erreur de s'arrêter chez Hāšam Ǧafar, dont le fil s'empresse d'alerter au ministère de la Défense ʿAbd Al Karīm Kassem qui détache des militaires dirigés par le lieutenant-colonel Waṣfī Ṭāhir, garde du corps de Nouri Al Saīd (91).

Le Premier ministre, prévoyant, quitte cet abri peu sûr et ainsi que prévu se rend chez Mouḥamad ʿOraybī mais jouant de malchance, il est identifié par un marchand auprès duquel il s'était arrêté pour demander l'adresse de son ami. Une foule compacte cerne alors le petit groupe rassemblé autour de Nouri Al Saīd qui sort son arme et tire. Au cours de l'échange de coups de feu qui éclate, Nouri Al Saīd est désarmé par un officier qui utilise l'arme de celui-ci pour l'exécuter (92). Personne ne réclame la récompense promise par le gouvernement révolutionnaire.

Certains auteurs substituent à cette version celle d'un suicide, se référant aux paroles de Nouri Al Saīd qui affirmait ne pas craindre d'avoir, un jour à accomplir un geste suicidaire en cas de situation inextricable et d'impossibilité de fuite.

Compte tenu de la très forte personnalité de Nouri Al Saīd, il paraît peu probable qu'il se soit fait désarmer puis tuer avec sa propre arme. C'est du moins ce que mes convictions personnelles me poussent à croire et ainsi que l'écrit Gabriel Marcel : « La conviction vient toujours clore une enquête ; il n'y a pas de conviction là où aucune enquête n'est concevable (93) ». Le suicide du Premier ministre, se sentant définitivement perdu, paraît la version la plus probante (94). Au cours de la fusillade, la femme de Al Srabādī est touchée mortellement tandis que la servante a pu prendre la fuite juste avant que n'arrivent des militaires dirigés par le lieutenant-colonel Waṣfī Ṭāhir. Découvrant la dépouille du Premier ministre, le lieutenant-colonel décharge quelques balles de sa mitraillette sur le corps inanimé (95).

Le cadavre, acheminé au ministère de la Défense où il repose jusqu'au soir, sera enterré au cimetière de Bāb Al Moʿaẓam (96), après que ʿAbd Al Karīm Kassem et les ministres du nouveau gouvernement aient constaté la mort de l'ex-Premier ministre, celui que certains se plaisent à décrire comme le « bouc émissaire des malheurs du peuple ».

> « Et soudainement, une révolution illuminée éclate en Égypte reflétant l'adresse des plans et les vues lointaines orientées vers le futur, ainsi que l'absence d'effusion de sang, à l'inverse des autres révolutions (97). »

Cette citation de ʿAbd Al Karīm Frḥān, sur la révolution égyptienne, traduit la pensée quasi-unanime des membres du Comité suprême.

En effet, lors des diverses réunions préparatives au coup de force en Irak, ni la mort du roi, ni celle du régent, ni celle du Premier ministre, ne sont évoquées. L'idée maîtresse restait l'éloignement du régent et du Premier ministre de la scène politique, tout en sauvegardant la monarchie. Ces idées évoluèrent ensuite vers un procès du régent et du Premier ministre, et l'exil du roi contraint à abdiquer, plan qui retiendra un temps l'attention de ʿAbd Al Karīm Kassem, qui pensait pouvoir contraindre le roi à affirmer publiquement à la télévision son appui à la révolution (98).

A l'aube de l'année 1958, ʿAbd Al Karīm Kassem, lors d'une prise de contact avec le Parti communiste irakien, annonce sa décision de mettre un terme à la monarchie irakienne, au profit de l'instauration d'une république afin d'éviter à l'Irak, selon ses propres paroles, d'avoir à supporter deux révolutions (99).

Malgré ce revirement de position, ʿAbd Al Karīm Kassem, n'a pas encore formulé clairement son intention de tuer le roi. Bien que diverses tentatives meurtrières, mais infructueuses, se multiplient, cette décision n'appartient qu'au domaine théorique.

Il faudra attendre en fait le 11 juillet 1958 pour que soit décidé de façon précise et explicite du sort des trois sommités gouvernementales irakiennes. Ce 11 juillet 1958, ʿAbd Al Karīm Kassem, ʿAbd Al Salām Aref et Al Darāğī se réunissent, et lors de cette rencontre, sous l'insistante impulsion d'Aref, Kassem se trouve contraint d'accepter l'idée de supprimer les trois grands de la monarchie irakienne. Proposition soutenue par le message de Rašīd Mouṭlak, dépêché par ʿAbd Al Karīm Kassem afin de rencontrer Kāmil Al Ğadirğī alors emprisonné : les idées de ce dernier, chef du parti Al Waṭanī Al Dimoqrāṭī, convergent avec celles de ʿAbd Al Salām Aref (100).

Si la décision de tuer ces trois personnalités retient la majorité des suffrages, il n'en demeure pas moins que les moyens à utiliser restent elliptiques : jugement puis exécution, assassinat ? Malgré l'appel radiophonique de ʿAbd Al Salām Aref à la population irakienne, lors de la révolution, pour un rassemblement au palais de Riḥāb afin d'y capturer le roi ainsi que le régent, le moyen choisi pour exécuter ceux-ci ainsi que le Premier ministre n'a pas encore été clairement formulé.

Si la nécessité de supprimer les représentants gouvernementaux de la monarchie irakienne, reflets du colonialisme britannique, pouvait s'imposer, il paraît en contrepartie difficile d'expliquer ce déferlement de haine, de violence, de bestialité qui va s'abattre sur des êtres acculés à s'en remettre et faire confiance à leurs puissants et nombreux interlocuteurs. Violences généralisées non seulement aux membres de la famille royale, mais également à la domesticité de celle-ci.

Violences dont l'impact et la monstruosité sont accrus par la passivité rencontrée au palais qui a toujours voulu nier l'existence évidente de l'Organisation des officiers libres, bien que le régime monarchique ait pris conscience de sa faiblesse et de son impuissance à faire face aux situations dramatiques que traversait le pays.

Il est clair que le régent avait pris conscience des fortes possibilités d'un mouvement révolutionnaire, mais il n'avait pu imaginer un tel déferlement de brutalités, s'appuyant sans doute sur une comparaison avec la situation révolutionnaire, puis post-révolutionnaire en Égypte.

Conscient des pénibles moments que traversait l'Irak, ʿAbd Al Ilāh se préparait en fait à affronter un mouvement de colère populaire et à quitter son pays, ce qui explique son refus réitéré de riposter et d'utiliser la Garde royale à des fins de défense, en un moment où les forces révolutionnaires ne bénéficiaient encore que d'effectifs limités durant la première heure de l'offensive contre le palais de Riḥāb. Après l'assaut du 14 juillet, l'inventaire des armes et des munitions confirme qu'aucun coup de feu émanant du palais n'a été tiré (101).

Cette vague de violence semble donc d'autant moins compréhensible que le régent, devant l'impossibilité de dialoguer avec les forces révolutionnaires, avait accepté la capitulation et confirmé son intention de quitter le pays et de n'y jamais revenir.

Un long passé empreint du poids de la tutelle colonialiste, le mécontentement croissant du peuple, les ambitions personnelles n'excusent en rien le déroulement sanglant des événements du 14 juillet. Pourquoi s'être acharné ainsi sur une famille entière, psychologiquement diminuée, devant une foule en délire ? Pourquoi s'être attaqué aussi aux femmes et aux enfants et avoir exterminé aussi la domesticité ?

De tels gestes restent difficilement compréhensibles et explicables, d'autant plus qu'ils ont pour cadre un pays — arabe — où ces gestes de violence deviendront vite courants dans l'avenir. Pourquoi tant de frénésie meurtrière, ce 14 juillet 1958 ?

Le capitaine ʿAbd Al Stār AlʿObousī tente d'expliquer ainsi son acte, à l'origine de la tuerie du palais de Riḥāb : alors que la famille royale le précède, la réminiscence du mouvement de 1941 et celle de l'exécution des quatre colonels le conduisent à tirer afin d'éviter que cette situation antérieure ne se renouvelle (103).

Cette version s'avère d'autant moins vraisemblable qu'il agit alors impulsivement, ce qu'il reconnaît d'ailleurs, plusieurs années après la révolution, lorsqu'il déclare avoir agi inconsciemment, sous l'emprise de l'enthousiasme de la foule (102).

Cela se confirme, d'ailleurs, par le mode de vie que ʿAbd Al Stār AlʿObousī adopte après la révolution : il vit retiré de la vie publique et militaire, sans retraite, tel un reclus. Une lutte intérieure semble l'avoir secoué sans répit depuis, puisqu'il se suicidera en 1969 avec son propre revolver (104).

Cette tuerie du palais de Riḥāb fut donc un acte collectif spontané et non prémédité. Ceci explique, en partie, le déchaînement puis l'escalade de la violence et des brutalités qui iront jusqu'à la profanation et au blasphème.

La violence de cette foule, le 14 juillet, peut s'expliquer comme étant une des caractéristiques psycohistoriques de la société irakienne, caractéristique issue de son histoire. Une société soumise, à maintes reprises, à un pouvoir violent dans un passé très lointain ou plus récent ; violence qui imprègne toujours l'Irak contemporain.

Cette population, soumise à la violence durant des siècles l'utilise à son tour à l'encontre du gouvernement. Une répétitivité des périodes de frénésie, au cours du temps, avec l'alternance dans la distribution des rôles entre violents et victimes.

La violence n'appelant que la violence, aucune solution pacifique ne peut être apportée actuellement à cet état persistant dans les pays arabes, qui s'habituent et semblent s'accommoder d'un tel état de fait où toute idée de démocratie reste tenue à l'écart.

Le premier manifeste de la révolution

Ce premier manifeste prononcé par le colonel ʿAbd Al Salām Aref à la radio de Bagdad, dans la matinée du 14 juillet 1958, succède à l'investissement des locaux de la radio sans que les armes aient eu à se faire entendre.

Cette prise de possession des locaux s'effectue à six heures du matin, dès l'arrivée des employés qui permet à ʿAbd Al Salām Aref de pénétrer dans les bureaux et de disposer du matériel pour faire sa première annonce en lisant le premier manifeste de la révolution.

Aref installe ensuite ses quartiers dans le bâtiment de la Jeunesse musulmane pour y faire ses interventions radiophoniques, suivre les opérations militaires et y donner ses directives.

Ce premier manifeste, lu par ʿAbd Al Salām Aref et répété de nombreuses fois, ne diffère pas ou peu d'une lecture à l'autre :

seules quelques adjonctions ou modifications, au fil des appels téléphoniques et de l'évolution de la situation viennent s'ajouter sans modifier pour autant l'esprit général du texte élaboré.

Le contenu de ce premier manifeste peut se résumer ainsi :

— Promesse de bonheur, avec un appel à dieu et à la fidélité de l'armée irakienne pour le peuple ; épuration du pays d'une classe vile imposée par le colonialisme, afin de gouverner le pays et de disposer de la nation et de ses droits.

— Création de l'armée de la Nation pour la Nation : l'armée tentant un mouvement révolutionnaire, il faut l'appuyer dans son action et attaquer le palais de Riḥāb, ainsi que la villa de Nouri Al Saïd. La victoire ne sera totale que maintenue envers et contre tous les plans du colonialisme et de ses adeptes.

Chacun doit dénoncer les traîtres et les tentatives de résistance.

— Affirmation de l'espoir de l'union de l'armée et du peuple irakien du nord au sud, de l'ouest à l'est de l'Irak pour exterminer ses criminels et libérer la nation de leurs effets destructeurs et délétères.

— Lancement d'un appel au peuple à garder sang-froid et contrôle de soi-même et à lutter contre le désordre et l'anarchie.

— Annonce d'une prestation de serment des officiers libres qui sacrifient leur vie et leurs biens pour la nation afin que le gouvernement né du peuple fonctionne avec l'aide du peuple, cela grâce à l'instauration de la république qui œuvrera à une unité irakienne entre Kurdes, Arabes et Turcomans et à l'établissement de relations fraternelles avec les pays arabes et islamiques et permettra à l'Irak de s'engager sur la voie d'une présence à l'Organisation des Nations unies.

Ce nouveau gouvernement respecte tous les pactes et traités, exceptés ceux édictés par les puissances colonialistes.

Le nouveau gouvernement annonce la naissance de « la République d'Irak » dont le pouvoir provisoire est confié à un Conseil de souveraineté, qui se substitue au rôle du président de la république, jusqu'à ce qu'un référendum national ait élu un président.

L'aide divine est elle aussi implorée pour la réalisation de ce programme.

La signature de ce premier manifeste, daté à Bagdad le 14 juillet 1958 (106) est celle du « chef général des Forces armées par intérim ».

Si le fond du texte reste empreint de force et de détermination, la forme reste stochastique (inexactitudes grammaticales, maladresses dans l'utilisation d'expressions arabes, malheureusement inexplicables pour le lecteur français, mais qui n'influent nullement sur le fond du texte).

Ce premier manifeste révèle des idées qui entrent dans une ligne de conduite radicale ne serait-ce que par la chute de la royauté, l'annonce d'une république, la délégation de pouvoir au Conseil de la souveraineté. Il est à noter que l'emprise des courants nationalistes/régionaux semble négligeable ; quant au nationalisme arabe, il n'en est guère fait état dans le manifeste, pas plus que n'est précisée la position du nouveau système politique vis-à-vis du pacte de Bagdad, point tout aussi fondamental que celui de l'instauration du Conseil de souveraineté. Ne doit-on pas voir dans cette réserve, la méfiance du nouveau gouvernement quant à d'éventuelles ingérences dans sa politique de la part des pays du Pacte ?

Tout comme lors de la prestation de serment rédigée par ʿAbd Al Karīm Fraḥān à l'attention des membres du Comité suprême de l'Organisation des officiers libres, la religion s'impose avec l'appel à l'aide divine qui est clairement exprimé.

La dévolution de la rédaction de ce manifeste est source de polémique : qui de ʿAbd Al Karīm Kassem ou de ʿAbd Al Salām Aref en est l'auteur ?

Une première version tend à faire paraître ʿAbd Al Salām Aref comme l'unique et incontesté rédacteur de ce premier manifeste. Celui-ci ne déclare-t-il pas d'ailleurs, après le coup d'État de février 1963, alors qu'il occupe la présidence de la République après la chute du gouvernement de Kassem, être à l'origine du texte lu et radiodiffusé le 14 juillet 1958 (107) ? Ou ne doit-on encore voir là que la satisfaction d'ambitions personnelles à être le symbole vivant de parternité révolutionnaire ?

Plus tard d'ailleurs, ʿAbd Al Salām Aref ajoute que ʿAbd Al Karīm Kassem ignorait tout du manifeste, ainsi que de la composition du cabinet ministériel (108), ce dernier se contentant de faire acte de présence et d'obéir aux ordres que Aref lui donnait. Le peuple irakien et certains journalistes s'inclinent devant l'insistante répétition de cette affirmation par ʿAbd Al Salām Aref, à seule fin d'estomper le souvenir de Kassem, toujours présent dans l'esprit du peuple après le mouvement du 8 février 1963.

Un examen approfondi du texte de ce manifeste révèle que son auteur ne peut être que ʿAbd Al Karīm Kassem :

— Ce texte est empreint d'une structure, et sa rédaction se caractérise par le calme et la sérénité qui s'en dégagent ; points de caractère opposés à ceux de Aref plutôt tendu, nerveux et impulsif dans ses actions, comme au niveau de ses prises de décisions. Seules les adjonctions de quelques phrases, au fil de l'évolution des événements, émane bien de ʿAbd Al Salām Aref (109).

— Ce texte possède, par ailleurs, l'empreinte du courant idéologique nationaliste régional auquel ʿAbd Al Karīm Kassem adhère, par opposition au courant nationaliste/arabiste de ʿAbd Al Salām Aref.

Outre ces deux traits caractéristiques du texte du premier manifeste de la révolution, les témoignages d'officiers libres, parmi lesquels celui du lieutenant-colonel Waṣfī Ṭāhir, lors du procès de ʿAbd Al Salām Aref, sous le « régime de Kassem », confirment que l'auteur présumé de l'intégralité de cet écrit n'est autre que le général Kassem, la tâche de Aref se limitant à sa diffusion à la radio de Bagdad (110).

Version d'ailleurs corroborée par la déclaration d'un membre du Comité suprême de l'Organisation des officiers libres, le colonel Moḥy Al DīnʿAbd Al Ḥamīd, qui révèle que Kassem lui aurait, un mois avant la révolution, fait lire l'ébauche du manifeste afin d'entendre son opinion. Selon ce colonel, le texte lu le 14 juillet à la radio correspond à celui qu'il vit alors (111).

Cette polémique, basée sur l'ambition personnelle d'avoir la prérogative de la paternité d'une nouvelle ère politique, prend ainsi fin.

La situation des autres troupes militaires vis-à-vis de la révolution

Immédiatement après la réussite de la révolution et le contrôle par l'armée révolutionnaire de la capitale, la position des autres divisions de l'armée irakienne, basées en Irak et éloignées de Bagdad — par exemple : basées au sud de l'Irak à Diwāniya, ou à l'étranger, comme en Jordanie —, se marque par une pluralité de réactions parfois antagonistes et inconciliables.

Certaines divisions s'acharnent même à contrer la révolution, au moment même où le premier manifeste est diffusé par la radio, en contrariant tout ordre de mouvements sur le territoire ou stratégies supposées servir la révolution (112).

La 1re division peut, à ce titre, être citée en exemple. Son chef, le général ʿOmar ʿAlī, héros de la guerre de Palestine en 1948, ordonne en effet à ses brigades basées à Diwāniya de se tenir prêtes à un éventuel écrasement de ce mouvement révolutionnaire et à un possible déplacement vers Bagdad pour libérer la ville.

Ne prend-il pas contact avec les cheikhs des tribus du Sud irakien afin de requérir leur aide lors d'une possible contre-offensive ? Ne téléphone-t-il pas à d'autres brigades — notamment à celle de Nāǧī Ṭālib — afin qu'elles se joignent à sa division et viennent ainsi grossir ses effectifs ?

Nonobstant ces actions allant à l'encontre de l'action révolutionnaire des officiers libres, ʿAbd Al Karīm Kassem tente d'entrer en contact avec le général ʿOmar Alī pour lui faire embrasser la cause révolutionnaire.

ʿAbd Al Salām Aref, présent lors de cette tentative, réagit avec la violence qui le caractérise et somme ʿOmar Alī de se rendre, le menaçant de lui réserver le sort de ʿAbd Al Ilāh, s'il n'obtempère pas (113). Devant de tels arguments et ayant eu connaissance de la fin sanglante du Premier ministre, le général ʿOmarʿAlī capitule avec sa division alors que des manifestations paysannes dirigées contre ses brigades soulèvent cette région (114).

Outre cette tentative de contre-offensive révolutionnaire par la 1re division, la 2e division basée à Kirkouk commandée par le général ʿAbd Al Wahāb Šākir reçoit l'ordre de son chef de se diriger sur Bagdad pour écraser le mouvement insurrectionnel. Les officiers libres, relativement nombreux dans cette division, contrent cet ordre et ruinent les plans du général ʿAbd Al Wahāb Šākir, sauvant ainsi le mouvement sur la capitale.

Dans l'hypothèse où ces deux contre-offensives auraient été couronnées des succès, la révolution se serait alors retrouvée enserrée entre les puissantes mâchoires d'un étau (115). Outre le danger que représentaient ces deux tentatives de contre offensive, le plan de sécurité de Bagdad aurait lui aussi pu ruiner cette action révolutionnaire, mais les événements ont joué en faveur de la révolution.

Ces plans de sécurité, étudiés par Rafīq Aref, chef d'état-major — prévoient que les brigades armées basées au sud de la capitale, sous la direction de son frère, doivent se diriger vers Bagdad pour lancer le mouvement contre-révolutionnaire. Le 14 juillet au matin, alors que la radio diffuse le premier manifeste, le frère de Rafīq Aref, persuadé que la source de cette déclaration radiodiffusée est étrangère et que, de surcroît, l'information diffusée est apocryphe, ne réagit pas (116).

L'absence de toute réaction de ces forces de sécurité permettra aux forces révolutionnaires de conserver le contrôle des points stratégiques de Bagdad.

Si ces actions contre-révolutionnaires n'aboutissent pas, d'autres mouvements s'organisent, à l'écoute du premier manifeste, en soutien à la révolution.

La 4e division encercle ainsi la base militaire de Ḥabāniya — base quasi anglo-saxonne — et paralyse donc les effectifs de celle-ci, annihilant tout risque de riposte à l'encontre de la révolution. Après la révolution, le colonel Moḥy Al DīnĀbd Al Ḥamīd aura la direction de la 4e division (117). Au sein de la 2e division basée à Kirkouk, les officiers libres se mobilisent sous la direction du lieutenant-colonel Ṣabīḥ ʿAlī Ġālib afin de prendre le contrôle de leur division. Le lieutenant-colonel contacte alors par téléphone le général Ḫalīl Saīd — chef d'un bataillon de la 3e brigade basée à Arbīl — qui lui apprend que les officiers libres contrôlent déjà la 3e brigade et se mettent à la disposition de la révolution. Le maire de Arbīl, Ḫalid Al Naqšabandī, également contacté, apporte son appui à la révolution. il siègera peu après au Conseil de souveraineté.

Dépourvus de directives, les officiers libres s'activent en fait au mieux de leurs possibilités pour soutenir l'action qui porte les leurs au pouvoir (118).

Malgré la multiplication des actions de soutien à la révolution, le général ʿAbd Al Wahāb Šakīr ordonne à la 4e brigade, alors sous la responsabilité du colonel ʿAbd Al ʿAzīz Al ʿOkaylī de se tenir prête à toute intervention dès l'annonce d'un quelconque mouvement révolutionnaire pour y faire obstruction. Il enjoint également le 2e batailon de sa 3e brigade à intervenir afin d'investir Kirkouk.

Ce qui reste surprenant dans ces tentatives de contre-offensive demeure l'action du colonel ʿAbd AlʿAzīz AlʿOkaylī, appartenant à l'Organisation des officiers libres mais suivant pourtant les directives anti-révolutionnaires de ʿAbd Al Wahāb Šākir qui, faute d'ordres de la part du gouvernement de la révolution, considère le pouvoir royal comme toujours légitime, et agit donc en conséquence afin d'assurer la protection de la monarchie (119).

Tous ces dangers s'effacent lorsque le lieutenant-colonel Ṣabīḥ ʿAlī Ġālib demande à ʿAbd Al Salām Aref d'intervenir en adressant un télégramme ordonnant la mise en retraite de ʿAbd Al Wahāb Šākir. Tard dans la soirée du 14 juillet, le message arrive à Kirkouk réclamant la présence à Bagdad du général ʿAbd Al Wahāb Šākir.

Si la situation des brigades basées sur le sol irakien se règle assez rapidement et d'une manière bénéfique pour la révolution, l'armée irakienne stationnée à l'étranger connaît d'autres difficultés car tout en soutenant la révolution, elles doivent faire preuve de diplomatie et de tact vis-à-vis des puissances étrangères concernées afin de ne pas envenimer leur situation. C'est en particulier le cas des unités militaires basées en Jordanie et relevées par la 20e brigade de Aḥmad Ḥāqī.

Le 13 juillet, ces forces militaires sur le sol étranger prennent connaissance, par l'entremise d'un sous-lieutenant dépêché par les officiers libres, de la date de la révolution et de la demande expresse de s'apprêter à épauler le gouvernement de la révolution (120).

Les officiers libres de cette brigade se concertent au cours de réunions dirigées par le lieutenant-colonel ʿAbd Al Karīm Frḥān, membre du Comité suprême de l'Organisation des officiers libres.

Le plan devant aboutir au contrôle de cette brigade émane d'ailleurs de ce lieutenant-colonel (121).

S'étant concertés après l'écoute du premier manifeste de la révolution, les officiers libres de cette brigade, isolée de l'action révolutionnaire directe, optent pour l'obéissance et le respect des ordres émanant du nouveau gouvernement irakien aux dépens de ceux du gouvernement jordanien auxquels ils devaient se soumettre.

Peu après, le retour de cette division vers l'Irak se décide, d'autant plus laborieusement que le gouvernement jordanien — il ne faut pas oublier que le roi Ḥousayn est le cousin de Fayṣal II — bénéficie de la coopération des attachés militaires de l'ambassade d'Irak à Aman — en poste grâce au gouvernement irakien des années 1956 — pour contenir cette division et disposer de celle-ci en tant que force d'opposition à la révolution irakienne.

La crainte d'une telle coopération entre attachés militaires irakiens et gouvernement jordanien pousse les officiers libres à diriger la brigade sur la frontière irakienne après avoir saboté toutes les lignes téléphoniques entre la brigade et Aman (122).

Au cours de la soirée du 14 juillet, la radio diffuse un message à l'attention des officiers basés en Jordanie, leur enjoignant de retourner au point dit « H3 », tout en ayant soin d'assurer la sécurité de la brigade lors de ce déplacement.

Dès le 15 juillet à cinq heures du matin, la brigade s'ébranle. L'arrivée le 16 juillet à midi de cette brigade au point « H3 » déclenche, chez les soldats et les officiers des brigades de la 4e division un accueil enthousiaste (122).

La tentative de contre-offensive révolutionnaire jordanienne s'avère dès lors un échec, cette brigade ne dépendant plus du gouvernement jordanien (124).

La position des pays arabes vis-à-vis de la révolution

La révolution irakienne du 14 juillet 1958 prolonge une longue série de révolutions : le mouvement des officiers libres du 23 juillet

1953 en Égypte, le coup d'État militaire de mars 1954 en Syrie, l'éclatement de la révolution algérienne en novembre 1954 et enfin la naissance de la République Arabe Unie en février 1958. Elle s'insère dans le mouvement de libération des pays arabes en lutte contre l'impérialisme.

A ce sujet, Faraḥat ʿAbās, président du Front de libération nationale algérien déclare que les événements irakiens du 14 juillet 1958 furent un souffle d'espoir et d'encouragement tel que son impact peut être comparé à celui qu'aurait été l'envoi au F.L.N. de renforts d'une vingtaine de divisions de chars d'assaut (125).

La majorité des pays arabes s'est réjouie de cette révolution irakienne car elle a su vaincre et faire chavirer le système monarchique irakien et la politique colonialiste britannique de son Premier ministre ; l'Irak étant devenu une ruche pour la politique colonialiste se dressant contre tous mouvements de libération arabe.

Cette révolution irakienne reçoit l'appui moral, sinon militaire, des pays arabes, notamment de la République Arabe Unie.

D'ailleurs, trois heures après la fin des actions révolutionnaires, le Conseil de souveraineté irakien adresse un télégramme au Zaʿīm égyptien par lequel le gouvernement reconnaît la R.A.U., politique déjà en contradiction avec celle de Nouri Al Saīd (126). A ce message, la R.A.U. répond par la reconnaissance du nouveau gouvernement irakien.

Alors que l'annonce de la révolution irakienne se propage dans le monde, Ǧamal ʿAbd Al Nasser est en visite officielle en Yougoslavie. Il interrompt sa visite, se rend en secret à Moscou afin d'y rencontrer, les 17 et 18 juillet, Kroutchtchef pour discuter de la position de l'Union soviétique à l'égard de cette révolution et d'évaluer les éventuelles possibilités d'aide russe à l'Irak en cas de réactions des pays occidentaux (127).

Ǧamal ʿAbd Al Nasser obtient l'aide escomptée de l'Union soviétique qui organise des manœuvres sur la frontière bulgaro-turque, signe incontestable de sa prise de position, en faveur du mouvement de Bagdad (127).

L'Union soviétique refuse cependant l'envoi d'un ultimatum aux pays occidentaux, la situation irakienne étant jugée différente par Kroutchtchef de celle de Suez en 1956.

Le seul signe de prise de position retenu est : les manœuvres militaires (128).

Certaines sources affirment cependant que Kroutchtchef aurait rassuré ʿAbd Al Nasser en lui affirmant que les volontaires soviétiques étaient tenus en état d'alerte dans les aérodromes, dans l'éventualité de la nécessité d'une intervention soviétique (129).

Ǧamal ʿAbd Al Nasser se rend ensuite à Damas où il annonce

officiellement sa visite en Union soviétique (130). Le Zaʿīm (Ǧamal ʿAbd Al Nasser) signifie alors que la R.A.U. considère chaque agression contre le gouvernement irakien comme une agression personnelle et se mobilisera en conséquence afin de fournir à l'Irak le soutien nécessaire en respect du pacte de coopération entre pays arabes (131).

Le gouvernement irakien dépêche Fā'iq Al Sāmarā'ī au Caire,, avec pour mission d'y rencontrer le maréchal ʿAbd Al Ḥakim ʿĀmir, alors chef des armées d'Égypte et vice-président de la République. L'envoyé irakien demande des armes pour défendre la révolution, celles-ci faisant actuellement gravement défaut au nouveau gouvernement, face au stationnement des forces armées américaines à Beyrouth et britanniques en Jordanie. Le gouvernement égyptien satisfait cette requête et un bateau chargé d'armes britanniques est affrété avec pour objectif le port de Al Lāḏiquiya en Syrie (132), pays qui apporte également son obole au gouvernement de la révolution avec la fourniture d'une escadrille d'avions militaires M.I.G. et d'un bataillon aéroporté à la base de Ḥabāniya (132).

A son retour d'Union soviétique, ʿAbd Al Nasser rencontre, le 18 juillet à Damas, une délégation irakienne — avec à sa tête ʿAbd Al Salām Aref accompagné de Mouḥamad Ṣidīq Šanšal, Mouḥamad Ḥadīd et ʿAbd Al Ǧabār Al Ǧomard — dépêchée par le nouveau gouvernement irakien.

Cette délégation reçoit à son arrivée dans la capitale syrienne un accueil enthousiaste marqué par des manifestations de soutien à la révolution (134).

De cette entrevue ressortent plusieurs points :

- l'accord de coopération entre les deux pays, en respect de l'application du pacte pan-arabe, afin de s'opposer à toute agression émanant des pays capitalistes dirigée contre l'Irak ;
- l'accélération des démarches de coopération économique et culturelle entre ces deux pays ;
- l'étude des affaires primordiales des deux pays (135).

De telles décisions encouragent le gouvernement irakien qui voit ainsi se rompre son isolement face à l'éventualité d'une agression des pays du pacte de Bagdad ou de la Jordanie.

La prise de position de la R.A.U., tant matérielle que morale, marque alors un tournant décisif dans la politique des pays arabes car si la royauté du Yémen offre également son appui à l'Irak, les autres pays arabes refusent la reconnaissance du nouveau gouvernement et considèrent avec méfiance et réticence la révolution irakienne.

Certains d'entre eux, comme le Liban, la Jordanie et l'Arabie Saoudite, maintiendront une politique allant à l'encontre des intérêts de la révolution irakienne. De telles situations s'expliquent aisément du fait que le gouvernement libanais bénéficia, grâce à l'intervention de Nouri Al Saīd, de l'aide irakienne alors que se déchaînaient des mouvements populaires contre le président Šamʿoun et, en ce qui concerne la Jordanie, membre de l'Union hachémite, celle-ci applique une ligne de conduite politique colonialiste, une politique jordanienne se rapprochant de l'ancienne ligne politique irakienne, compte tenu des liens familiaux unissant les rois Ḥousayn et Fayṣal II.

Les pays arabes tentent donc de se maintenir sur leurs réserves et de conserver une attitude d'observateurs vis-à-vis de la scène politique irakienne. Cette situation changera avec l'appel du ministre des Affaires étrangères irakien — ʿAbd Al Ǧabʿār Al Ǧomard — à tous les ambassadeurs étrangers à Bagdad, ainsi que par l'évocation de la nécessité d'une coopération entre pays arabes au nom du nationalisme arabe.

Cet appel, qui se conclut par l'insistant besoin du gouvernement irakien d'être reconnu par les pays arabes, est bien reçu et les réponses affirmatives ne tardent pas à parvenir. Le maintien des relations diplomatiques entre pays arabes sera l'une des conséquences de cet appel (136).

La situation internationale vis-à-vis de la révolution irakienne

La diversité des réactions des pays envers la révolution irakienne marque, sans aucun doute, l'impact de cette action révolutionnaire sur la politique de l'ensemble de ces pays.

L'Union soviétique reconnaît le nouveau gouvernement irakien, vingt-quatre heures seulement après l'éclatement de la révolution. Aussitôt après cette déclaration, des manifestations populaires se multiplient en Union soviétique, condamnant la politique des États-Unis et le stationnement de leurs forces militaires au Liban (137).

Le président soviétique adresse des messages aux présidents américain, français et indien, ainsi qu'au Premier ministre britannique leur signifiant que l'entrée des forces armées impérialistes au Liban et en Jordanie risquait fort de déboucher sur une situation grave et de créer quelques réactions incontrôlables, ainsi que l'escalade sans fin des représailles.

L'Union soviétique demande donc le retrait des forces armées du Liban et de Jordanie et propose une réunion avec les chefs d'État de ces quatre pays afin d'étudier l'éventualité d'une solution pacifique aux problèmes du Moyen-Orient (138).

Le 20 juillet 1958, l'Union soviétique lance une mise en garde aux gouvernements de ces pays contre toute ingérence dans la vie politique irakienne et somme l'Allemagne de l'Ouest, l'Italie et Israël de refuser de servir de bases militaires en vue d'une éventuelle contre-offensive en Irak (139).

La *Pravda*, porte-parole du gouvernement soviétique, condamne violemment la politique américaine et plus précisément l'envoi de renforts au Liban : signe manifeste de l'étude des possibilités d'une éventuelle agression de l'Irak. La *Pravda* riposte à ce stationnement de renforts militaires américains en menaçant les États-Unis d'un débarquement de volontaires des pays socialistes au Moyen-Orient, si les États-Unis ne mettent pas un terme à leur politique impérialiste (140). Une escadre de MIG et d'avions militaires de transports soviétiques atterrit le 19 juillet 1958 à Damas (141).

Si l'Union soviétique appuie l'Irak et son nouveau gouvernement, les pays du pacte de Bagdad se révèlent avoir une toute autre réaction. Le 14 juillet 1958, l'éclatement de la révolution irakienne annule la réunion des présidents des pays adhérents au pacte de Bagdad, dont les membres font unanimement connaître leur position résolument hostile au mouvement (142).

Le gouvernement turc argumente également en ce sens et proclame que les aventuriers de ce mouvement veulent et visent par ce coup d'État la destruction du pacte de Bagdad, unique source de paix pour le Moyen-Orient (143). Il ajoute, par ailleurs, que la réalisation de ce coup d'État, précisément le jour où doit se tenir la réunion des pays du pacte de Bagdad, est une provocation et dénote que ce mouvement révolutionnaire s'oppose aux concepts du Pacte.

Le ministre des Affaires étrangères turc, lors de la conférence de presse du 18 juillet, déclare à ce sujet reconnaître pour président de l'Union hachémite le roi Houṣayn et pour gouvernement légitime celui de la Jordanie.

A ces réactions, l'ambassadeur de Jordanie à Ankara — ʿAbd Al Maǧīd Ḥaydar — confirme et réitère la demande d'aide militaire formulée par le roi Houṣayn aux États-Unis afin d'écraser la nouvelle politique irakienne (144).

Courant 1958, après avoir mis en garde l'Irak, la Turquie effectue des mouvements de troupes vers la frontière turco/irakienne. Devant cette action aux possibles retentissements mondiaux, les États-Unis conseillent au Premier ministre turc, Adnan Menderes, la raison et la modération (145), alors que le ministre turc de la Défense se préparait également *manu militari* à s'ingérer dans la politique irakienne, sans requérir a priori l'accord du Conseil national turc ; action tempérée puis contrée par les États-Unis (146).

Ces contre-offensives du gouvernement turc sont mises à jour lors du jugement de Adnan Menderes, jugement qui succède au coup d'État du 27 mai 1960 en Turquie, et qui fait ressortir alors le rôle primordial qu'aurait pu jouer la Turquie dans la nouvelle politique irakienne et dans les pays du Moyen-Orient, remettant quasiment en jeu l'équilibre pacifique fragile de cette région du monde.

L'Iran adhère à ces démonstrations de désapprobation envers l'action révolutionnaire et l'instauration d'un nouveau gouvernement basé sur des institutions républicaines, en regroupant des mercenaires européens ayant pour objectifs la réalisation d'attentats, d'assassinats, ... sur le sol irakien. Le shah d'Iran annonce un deuil national de huit jours en mémoire des disparus de la famille royale (147).

En Israël, Ben Gourion évoque avec insistance l'influence que ressent la sécurité d'Israël en contrecoup de la révolution irakienne et sa décision de faire appel à l'Occident pour l'obtention de renforts en armements lourds (148).

La Grande-Bretagne et les États-Unis expriment de concert, clairement et de façon patente, leurs opinions en envoyant leurs militaires respectivement en Jordanie et au Liban (149). Cette révolution irakienne sert en fait la Grande-Bretagne et les États-Unis, dans leurs stratégies colonisatrices d'envergure politique et militaire ayant pour desseins de « ramper » vers l'Irak et de mettre un terme à la révolution ainsi qu'à tous les mouvements de révolte dans ce pays.

Les capitales occidentales dépeignent cette révolution de façon pessimiste et annoncent le déferlement d'une vague de peur sur l'Occident, s'appesantissant sur les effusions de sang dans la capitale irakienne et sur le danger mondial que représente un tel coup d'État.

Des journaux révèlent que de cette action révolutionnaire ne ressortent que des conséquences graves déstabilisant cette partie du monde, que face à cet état de fait les pays occidentaux se trouvent confrontés à une situation inextricable, risquée et périlleuse, sans précédent face à la chute de la monarchie irakienne et à celle des puissances occidentales jadis imposées à l'Irak.

De telles déclarations ne manquent pas de dévoiler « les humiliations ressenties par les colonisateurs lors des guerres d'indépendance ». Devant les possibilités et les choix d'une entrée militaire de l'Occident en Irak, les pays occidentaux hésitent face aux contingences défavorables d'une telle action, comparativement à une position d'attente et d'observation (150).

Aux États-Unis, les échos de la révolution irakienne retentissent au Congrès américain, où l'Irak en tant que membre et pays signataire du pacte de Bagdad est apprécié et estimé comme une carte maîtresse dans cette zone arabe (151).

Le Comité des relations étrangères au Congrès américain convoque, le 22 juillet, les responsables de la C.I.A. afin d'être informé des raisons pour lesquelles les États-Unis ne furent pas avertis des préparatifs d'un coup d'État en Irak. Après de longues délibérations, ce Comité déclare n'avoir pu deviner, ni pressentir et encore moins prévenir ce coup d'État avant qu'il n'éclate (152).

Une question vient d'ores et déjà à l'esprit : les puissances occidentales capitalistes ont-elles eu connaissance du mouvement en préparation en Irak ?

Certaines sources avancent la soudaineté et l'imprévisibilité de cette révolution qui bouleversa et stupéfia le monde (153). Les hautes instances policières britanniques corroborent cette version d'une révolution déconcertante et insoupçonnable (154).

Par opposition à ces sources plus ou moins officielles, s'opposent d'autres réactions qui reflètent les fortes présomptions et les pressentiments d'une possible action révolutionnaire en Irak (155).

En effet, un document révèle que le directorat international politique aurait deviné les préparatifs d'un mouvement dans le Moyen-Orient, un mouvement fixé pour la deuxième quinzaine du mois de juillet 1958 et influençant la situation politique générale de cette région du monde.

Le ministère des Affaires étrangères de l'Union arabe hachémite — entre l'Irak et la Jordanie — n'adresse-t-il pas, le 13 juillet, un télégramme à Bagdad reflétant l'opinion dominant alors la situation politique des milieux locaux et internationaux et évoquant la possibilité, le 24 juillet, d'un mouvement au Moyen-Orient, un mouvement influençant la situation politique au Liban et au cœur duquel se situe l'Irak (156) ?

Il est quasiment impossible d'interpréter ces deux thèses qui s'opposent, faute de pouvoir avoir accès à certains documents sur lesquels pèse une interdiction légale variable d'un pays à l'autre.

Aussi, nous n'avons pu nous référer qu'aux sources livrées au public et suivre nos convictions personnelles tout en ayant soin de restreindre l'influence de celles-ci lors de l'évaluation des possibilités de connaissance par les pays occidentaux des préparatifs du mouvement révolutionnaire en Irak.

Si certains documents ne peuvent être étudiés, divers journaux d'origine et de tendance politiques diverses et parfois même opposées ont alors abordé la question du mouvement révolutionnaire irakien, ainsi que celle de la normalisation du nouveau gouvernement.

La France, d'après le reflet des articles du magazine *L'Express* parus à cette époque, eu égard aux récents événements survenus en Irak, se trouve alors confrontée à ce que le magazine considère comme la première grande épreuve de politique étrangère du général de Gaulle (157).

Le chef d'État français, dans ses Mémoires, déclare à ce titre avoir envoyé, afin de marquer la présence française lors de cet événement, un croiseur, le *De Grasse*, devant Beyrouth, alors que les Britanniques et les Américains débarquaient leurs forces en Jordanie et au Liban (158).

Cette réaction fait suite à l'intervention des États-Unis et de la Grande-Bretagne au Moyen-Orient, tenant à l'écart la France de leurs décisions, contrairement aux termes et stipulations de l'accord survenu entre Monsieur Macmillan — Premier ministre britannique —, Monsieur Foster Dulles — secrétaire d'État des États-Unis — et le général de Gaulle qui établissent et scellent la solidarité d'action de ces trois pays du Moyen-Orient.

Si le chef d'État français réagit vivement, son ministre des Affaires étrangères — Monsieur Couve de Murville — se félicite, pour sa part, de la décision américaine qui évite à la France de faire une « bêtise » (159).

Le journal *Le Monde* ne tente pas tant d'établir le bien-fondé des réactions des chefs d'État, ni de celles des pays qu'ils représentent face à ce « remou mondial » que d'essayer de mettre en relief les avantages de l'action américaine au Liban à l'encontre de l'Irak et de sa révolution. Le même quotidien considère cette action comme une pression d'intimidation ayant pour objectifs le rétablissement de l'ordre public et la légalité constitutionnelle en Irak (160).

Tous ces articles ne font pas apparaître de façon claire et tranchante la réaction du gouvernement français face à cette révolution aux conséquences politiques mondiales ; la France semble marquer ses distances par rapport à cette question, bien qu'étant physiquement présente dans la région concernée.

L'étude des réactions des pays les plus concernés par cette révolution, également puissances mondiales incontestées, nous conduit à insister sur le fait que cette action révolutionnaire irakienne témoigne d'une indépendance indéniable vis-à-vis des pays avoisinants ou même des pays colonialistes et de la potentialité d'un mouvement secret né dans l'armée.

La réalisation de cette révolution échoit dans son intégralité à l'Irak seul, sans aucune ingérence militaire ou politique extérieure.

III. Le nouveau système politique

Le conseil de souveraineté

Après le succès de la révolution, les membres du Comité suprême de l'Organisation des officiers libres ont à élaborer un Conseil révolutionnaire, ainsi que cette recherche l'a précédemment fait ressortir.

Aussi, et à ce titre, le Comité suprême se réunit deux fois avant la révolution :

— La première fois, le 1er juillet 1958, chez le colonel ʿAbd Al Wahāb Al Šawāf afin de composer un comité d'officiers libres responsables du choix des membres qui siègeront au futur gouvernement. La pluralité et la multiplicité des noms avancés ne manquent pas de faire éclater des conflits au sein du Comité suprême. Aussi, après avoir été prolongée, la réunion du 1er juillet prend fin sans qu'aucune décision n'ait pu retenir la majorité et encore moins l'unanimité des voix.

— La seconde réunion dont la date est fixée au cours de celle du 1er juillet, devait se tenir chez ʿAbd Al Karīm Kassem, le 4 juillet. Mais ʿAbd Al Karīm Kassem et ʿAbd Al Salām Aref s'y opposent tenant à éloigner le Comité suprême des décisions relatives à la constitution du 1er cabinet ministériel. C'est donc le trio : ʿAbd Al Karīm Kassem/ʿAbd Al Salām Aref/Al Darāğī qui compose ce 1er cabinet. Dès lors l'idée de ʿAbd Al Karīm Kassem d'imposer un Conseil de souveraineté en substitution au Conseil de commandement de la révolution fait son chemin (161).

A ces deux réunions succède celle du 11 juillet, plus élitiste car constituée des seuls Kassem, Aref, Al Darāğī. De cette réunion sort la décision de mettre fin aux jours du roi et le rejet définitif du Conseil de commandement de la révolution, au profit du Conseil de souveraineté constitué de trois membres désignés à l'unanimité par ce triumvirat :

- le général Mouḥamad Nağīb Al Robayī, chef du Conseil, un musulman sunnite et également un ami personnel de ʿAbd Al Karīm Kassem ;

• le colonel Ḫālid Al Naqšabandī, un proche de ʿAbd Al Salām Aref, sunnite issu d'une riche famille kurde ;

• Mahdī Kouba, un chiʿite (162) et également chef du parti Al Istiqlāl.

Si la forme de ce conseil reçoit l'approbation des trois électeurs, il convient de souligner que ʿAbd Al Karīm Kassem avait initialement avancé la candidature de Nāǧī Ṭālib aux dépens de celle de Mahdī Kouba ; cela pour trois raisons majeures : Nāǧī Ṭālib est chiʿite, membre du Comité suprême de l'Organisation des officiers libres et de surcroît militaire.

En avançant le nom de Nāǧī Ṭālib, ʿAbd Al Karīm Kassem entend teinter par une note militariste ce Conseil de souveraineté qui peut ainsi se substituer au Conseil de commandement de la Révolution et donner satisfaction aux membres du Comité suprême.

Deux mois avant la révolution, ʿAbd Al Karīm Kassem contacte donc Nāǧī Ṭālib et lui propose ce poste, au sein du Conseil de souveraineté ; ce dernier décline l'offre : les officiers libres ne sont-ils pas déjà tombés d'accord pour l'instauration d'un Conseil de commandement de la révolution (163) ?

Le choix des membres de ce Conseil de souveraineté s'établit à nouveau sur des critères d'amitié et de relations personnelles vis-à-vis de ʿAbd Al Karīm Kassem ou de ʿAbd Al Salām Aref. Les trois élus représentent la quasi-totalité des strates de la société irakienne, tant au niveau du nationalisme entre Kurdes et Arabes, que religieux entre chiʿites et sunnites.

Cet argument semble satisfaire les membres du Comité suprême et calme les controverses.

Si Karem, Aref et Al Darāǧī bénéficient de la prérogative du choix des élus, Kassem et Aref mettent également à profit l'âge très avancé de ceux-ci pour leur faire subir leur propre ascendant politique.

Cette même réunion du 11 juillet voit la nomination, aux postes les plus importants de ce cabinet de nombreux militaires, parmi lesquels le général ʿAbd Al Karīm Kassem nommé Premier ministre et ministre de la Défense, Al Darāǧī ayant refusé cette charge (164) et le colonel ʿAbd Al Salām Aref nommé ministre de l'Intérieur.

Le conseil de souveraineté apparaît donc comme un organe émanant de ʿAbd Al Karīm Kassem, en vue de créer une nouvelle formation politique ayant pour objectif majeur la mise en place d'un gouvernement se substituant à la monarchie, et une recherche d'une structure constitutionnelle et démocratique.

Devant des lacunes considérables, tant dans les domaines

du droit que de l'expérience politique, les officiers libres se trouvent acculés à une unique solution : observer, étudier et analyser les politiques et les systèmes politiques et gouvernementaux des autres pays ayant eu à faire face à un coup d'État renversant une monarchie.

L'idée de Conseil de commandement naît à l'issue de cette période d'observation, d'étude et d'analyse du système politique de l'Égypte après la révolution de 1952.

La composition de ce Conseil de commandement est le reflet de celle du Comité suprême. Il ne s'agirait donc que du glissement des élus d'un comité vers un conseil représentant les pouvoirs législatif et exécutif durant cette période de transition à durée indéterminée.

Ce Conseil de commandement de la révolution n'est qu'une première étape à laquelle succède celle de l'élection d'un cabinet ministériel alliant tous les représentants des partis politiques civils, formant jadis l'opposition, puis celle d'un Conseil national regroupant toutes les forces politiques du pays exception faite de celles liées au colonialisme.

Cette dernière élection dissout le Conseil de commandement de la révolution, dont les membres se trouvent devant l'alternative soit de demeurer dans l'armée — loin de la scène politique —, soit de quitter l'armée au profit de la politique (165).

Cette structuration du nouveau système politique irakien n'est, en fait, qu'un pur produit de l'imagination des membres du Comité suprême de l'Organisation des officiers libres car il est notoire que, dans les pays arabes, à chaque coup d'État succède une dictature.

Il est pourtant regrettable que ce projet n'ait pas vu le jour et que ʿAbd Al Karīm Kassem, ʿAbd Al Salām Aref et Al Darāǧī aient agi isolément après la révolution, ce qui a entraîné un choix constitutionnel tout autre que celui des membres du Comité suprême de l'Organisation des officiers libres.

Kassem rompt ce rêve chimérique et conclut en imposant l'idée d'un Conseil de souveraineté conformément au système régissant le Soudan, ce qui lui permet de conserver le contrôle de la situation politique.

Ce choix est une raison supplémentaire à l'origine de la prolongation du conflit entre les officiers libres car cette formation politique constitutionnelle émane de ʿAbd Al Karīm Kassem seul et non de l'ensemble des officiers libres.

D'ailleurs, quelques semaines après la révolution, de nombreux officiers libres insistent auprès de Kassem sur la nécessité de fonder un Conseil de commandement de la révolution mais celui-ci s'obstine dans son refus. A cette solution, il préfère la distribution, aux membres du Comité suprême, de postes hiérarchiques influents afin de calmer leur ressentiment (166).

ʿAbd Al Karīm Kassem réaffirme son intention d'instaurer un Conseil de souveraineté en tant que système politique légitime, bien que ce conseil n'ait qu'un rôle superficiel : les décisions émanant progressivement et graduellement de Kassem seul. La constitution de ce conseil subsiste sous sa forme initiale jusqu'en mai 1959, date de la démission de Mahdī Kouba, suivie de peu par le décès, le 27 novembre 1961, de Ḫālid Al Naqšabandī. Leur remplacement étant devenu nécessaire, le décembre 1960, ʿAbd Al Maǧīd Kamouna et Rašīd Aref prennent leur place, Naǧīb Al Robayʿi conservent la direction du conseil (167).

Le 1er cabinet ministériel

Ainsi que cette recherche l'a précédemment fait ressortir, parmi les buts des officiers libres figure celui de la constitution d'un ministère alliant, durant cette période transitoire, tous les partis politiques y compris les chefs de l'opposition du régime monarchique.

Les officiers libres se disposent et s'apprêtent donc à cette transposition entre le système monarchique et celui d'une démocratie au suffrage universel (168). Antérieurement à la révolution, de nombreuses propositions affluent pour les futurs postes ministériels à pourvoir, mais aucune décision définitive n'est retenue (169).

A la même époque, courant 1958, ʿAbd Al Karīm Kassem contacte, par le biais de Rašīd Mouṭlak, les partis Al Waṭanī Al Dīmoqrāṭī et Al Istiqlāl afin de considérer leurs attitudes vis-à-vis de la révolution, contacts qui seront étudiés plus loin dans cet ouvrage.

Ces prises de contact, ayant pour point de départ la cellule de Kāmil Al Darāǧī dans la prison de Bagdad, mettent en lice Kāmil Al Darāǧī, Mouḥamad Ḥadīd, Mouḥamad Maḥdī Kouba et Mouḥamad Ṣidīq Šanšal. Leur décision reste sans appel : appuyer la révolution lorsqu'elle éclate et obtenir une participation au gouvernement, au même titre que les officiers libres (170).

La vision et le point de vue de Kamil Al Darāǧī, en ce qui concerne le premier cabinet ministériel, constituent une acceptation de l'emprise militaire dans la constitution de ce cabinet jusqu'à ce que les situations politique et sociale se tempèrent et se consolident, auquel cas le pouvoir reviendrait alors aux mains des civils.

Les officiers libres ne semblent pas apprécier, ni partager

cette opinion et s'obstinent afin que la participation des partis politiques au gouvernement soit acquise, le refus impératif de cette requête risquant de différer l'action révolutionnaire.

Devant un tel ultimatum, Kāmil Al Darāǧī et Mouḥamad Mahdī Kouba se voient contraints de se résigner. La volonté des officiers libres de légitimer ce premier cabinet ministériel, en y imposant des personnalités politiques notoires opposées à la monarchie, est manifeste, ce qui explique en partie le refus de Kāmil Al Darāǧī, signifié à ʿAbd Al Karīm Kassem qui lui propose le poste de Premier ministre dans ce premier cabinet, signe de protestation devant l'orientation civile que prend la constitution du cabinet dès sa création (171).

ʿAbd Al Karīm Kassem occupe donc le poste de Premier ministre, ce qui conserve à ce cabinet une certaine identité militaire.

Devant leur inexpérience dans les domaines économique et politique et les risques, lors de l'éclatement de la révolution, de problèmes économiques — blocus économique de l'Occident et gel des comptes dans les banques occidentales — les officiers libres se voient contraints de se rapprocher du parti Al Waṭanī Al Dīmoqrāṭī, dont les spécialistes ne manquent pas de les rassurer en réaffirmant leur soutien et leur aide dans les domaines économiques durant les six premiers mois qui suivront la révolution, période la plus difficile à traverser pour l'économie d'un pays.

Afin de satisfaire l'insistance des officiers libres pour que le parti Al Waṭanī Al Dīmoqrāṭī figure dans la composition gouvernementale, Mouḥamad Ḥadīd consent, après la révolution, à supporter la charge de ministre des Finances qui lui est offerte par ʿAbd Al Karīm Kassem. En avril 1958, Kassem déclare à propos de cet ami, dont il a fait la connaissance deux ans avant la révolution, qu'il a étudié longuement et élaboré avec lui un programme financier pour l'accomplissement du gouvernement de la révolution (172).

Conformément aux propositions initiales de Kāmil Al Ǧadirǧī, qui souhaite un gouvernement militaire, les postes les plus influents reviennent aux militaires, exception faite pour quelques-uns qui réclament des connaissances et une culture techniques spécifiques que seuls des civils semblent posséder.

Le premier Cabinet ministériel du gouvernement de la révolution se présente donc ainsi :

— général ʿAbd Al Karīm Kassem : Premier ministre et ministre de la Défense,

— colonel ʿAbd Al Salām Aref : vice-Premier ministre et ministre de l'Intérieur.

Un historien irakien, le docteur Fāḍil Ḥousayn, affirme suite à une interview avec Al Ǧādirǧī, que ce dernier aurait eu connaissance avant la révolution du document récapitulant la constitution du premier cabinet ministériel et qu'il y figurait le nom de Fā'iq Al Sāmarā'ī pour le ministère de l'Intérieur, mais que devant les insistances de ʿAbd Al Salām Aref, ʿAbd Al Karīm Kassem lui aurait concédé ce siège (173).

— Colonel Nāǧī Ṭālib : ministre des Affaires sociales,

Cette composition n'exclut en rien les partis politiques qui assurent leur représentation avec :

— Mouḥamad Ḥadīd : ministre des Finances, du Parti Al Waṭanī Al Dīmoqrāṭī,

— Ḥoudayb Al Ḥāǧ Ḥamoud : ministre de l'Agriculture, également du Parti Al Waṭanī Al Dīmoqrāṭī,

— Mouḥamad Ṣidīq Šanšal : ministre de l'Orientation nationale, représentant le Parti Al Istiqlāl,

— Fouʿād Al Rikābī : ministre de la Reconstruction, chef du Parti Baas arabe socialiste.

Un accord survenu entre le parti Baas arabe socialiste et les officiers libres, avant la révolution, prévoit la détention par ce parti de deux portefeuilles ministériels, il n'en obtiendra en fait qu'un seul (174). Nos sentiments personnels nous poussent à croire que ce revirement de position des officiers libres provient du fait que ce parti ne jouit que d'un poids encore très limité et restreint dans la politique du pays, comparativement au parti Al Waṭanī Al Dīmoqrāṭī.

Les autres postes ministériels reviennent à des relations personnelles des officiers libres du Comité suprême. Le rôle prépondérant des relations amicales et familiales réapparaît à cette occasion :

— Moustafāʿ Alī : ministre de la Justice, après proposition de ʿAbd Al Karīm Kassem, dont il est un proche ami de la famille,

— Nāǧīʿ Omar : ministre de l'Éducation, dont la candidature fut avancée par ʿAbd Al Salām Aref, dont il est l'ami,

— Mouḥamad Ṣāliḥ Maḥmoud : un médecin et ancien militaire en retraite, nommé au poste de ministre de la Santé sur le conseil du colonel ʿAbd Al Laṭīf Al Darāǧī, de la même famille.

Les autres ministres relèvent des propositions des autres membres du Comité suprême de l'Organisation des officiers libres :

— Ibrāhim Kouba : proposé par le colonel ʿAbd Al Wahāb Al Amīn, pour le poste de ministre de l'Économie,

— ʿAbd Al Ǧabār Al Ǧomard : ministre des Affaires étrangères,

— Bābā ʿAlī Al Šayḫ Maḥmoud Al Ḥafīd : ministre des Communications. Il obtient ce poste grâce à l'appui des membres du Comité suprême de l'Organisation des officiers libres. Il n'est autre que le fils du célèbre cheikh Maḥmoud de Soulaymāniya, le héros de la résistance kurde (175).

La lecture de la répartition des postes ministériels fait apparaître la non-représentation du Parti communiste irakien dans ce 1er cabinet ministériel, bien qu'il adhère alors, avec les partis Bass arabe socialiste, Al Waṭanī Al Dīmoqrāṭī et Al Istiqlāl, au Front de l'Union nationale et entretienne avec ʿAbd Al Karīm Kassem des relations personnelles.

Pourquoi cette omission évidente dans la composition du gouvernement ?

Il paraît manifeste que les officiers libres craignent, en imposant un membre communiste à un poste ministériel, que les pays capitalistes occidentaux, ainsi que les pays du pacte de Bagdad n'acceptent ce gouvernement trop teinté de communisme et que des représailles de ces mêmes pays soient déclenchées contre cette nouvelle base communiste au Moyen-Orient.

Les officiers libres font donc montre de prudence en évitant d'ajdoindre volontairement et consciemment aux éventuels et impromptus problèmes de la révolution, ceux de la participation de ministres communistes, ne serait-ce même que d'un seul, dans ce premier cabinet. Aussi l'acceptation de la nomination de Ibrāhīm Kouba au ministère de l'Économie, pour les officiers libres, doit être interprétée comme un acte de conciliation envers le Parti communiste. Ibrāhīm Kouba n'est-il pas après tout un marxiste indépendant ?

Cette nomination lénifie et rassénère d'ailleurs le Parti communiste et semble, à notre avis, marquer le début d'une éventuelle coopération entre ce parti et le gouvernement.

Bien que des civils occupent des postes ministériels, ce premier cabinet n'en demeure pas moins un cabinet militaire. N'y voit-on pas aux postes les plus influents et les plus en vue des militaires ?

Outre cet argument, le fait que les décisions politiques de ce cabinet émanent de Kassem et Aref ainsi que des militaires du gouvernement corrobore ce sentiment.

De plus, l'évidence du rôle moindre des « ministres civils » dans la vie politique, économique, sociale, intérieure, financière, ... du pays n'est plus à démontrer.

Outre cette ségrégation, ce cabinet se caractérise par un manque certain d'affinités entre ses membres.

A vouloir réunir les représentants de différents partis politiques civils, aux idées parfois divergentes, d'appartenances politiques diverses, de strates sociales différentes, de religions nuancées, ce cabinet perd son homogénéité et son harmonie.

Cette carence est la cause de la faiblesse, pour ne pas dire inexistance d'un plan sur lequel s'appuyer. Faute de pouvoir se regrouper autour d'un programme commun, l'unité des membres civils du cabinet claudique, ce qui avantage la poussée du contrôle militaire dans ce cabinet. Un cabinet militaire aurait sans doute pallié ce problème d'unité idéelle, car aucune lutte de partis politiques ne se serait alors réveillée.

De plus, faire de ce cabinet un cabinet militaire avec des idées plus radicales, comme celles de ʿAbd Al Karīm Kassem, par contraste avec celles du parti Al Istiqlāl (pro-conservateur) ou même celles du Parti Baas arabe socialiste aux concepts, à l'imagination et aux mots d'ordre empreints de mystère, aurait propulsé ce gouvernement dans la sphère politique irakienne au lieu de le laisser s'asphyxier par des situations conflictuelles.

ʿAbd Al Karīm Kassem devine que seul le parti Al Waṭanī Al Dīmoqrāṭī, de par ses idées réformistes, peut lui apporter cette énergie, tout comme le Parti communiste qu'il soutient. Au sein de ce cabinet, ʿAbd Al Karīm Kassem apparaît comme la seule espérance de radicalisme. De lui seul peuvent émaner des changements considérables et spectaculaires malgré ses lacunes idéologiques, techniques et sa carence de programme. ʿAbd Al Karīm Kassem fait fonction de soupape de sécurité dans ce cabinet, entre les représentants du parti radical Al Waṭanī Al Dīmoqrāṭī et les partis conservateurs ou pro-conservateurs, comme Al Istiqlāl ou le Parti Baas arabe socialiste, ou des militaires réactionnaires comme ʿAbd Al Salām Aref qui allient l'islam et l'arabisme/nationalisme.

Un cabinet qui semble avoir été constitué au gré des inclinations des officiers libres à satisfaire tous les partis politiques, ainsi que l'ancienne opposition du système monarchique.

Ce choix de ministres, cependant, porte sur des personnalités civiles notoires qui bénéficient d'une certaine popularité et qui, de par leur présence, légitiment ce premier cabinet ministériel en le favorisant de leur réputation et renommée. Ces personnalités sont en quelque sorte l'impact de marque du cabinet auprès des partis politiques, ainsi que de la population.

L'étude de la constitution de ce cabinet démontre que ce gouvernement regroupe uniquement des membres des partis réformistes traditionnels de l'ancienne opposition, sans aucune ombre de radicalisme, exception faite pour le Parti Al Waṭanī al Dīmoqrāṭī, compte tenu de l'absence remarqué du Parti communiste irakien. Il ne faut donc pas attendre de ce Cabinet des réformes révolutionnaires, la modération sera sa voie, le Parti communiste n'étant pas présent pour tenir en éveil le gouvernement et entamer des discussions plus profondément radicales.

Ainsi que cette étude l'a précédemment montré, les relations d'amitié ou de famille jouent un rôle non négligeable dans la politique et l'action suivie par les officiers libres, ayant parfois des conséquences fâcheuses, compte tenu de l'incapacité et l'inadaptation de certains de ses « protégés » devant leurs responsabilités.

Si les relations amicales et familiales trouvent leur importance lors de la constitution du gouvernement, les ambitions personnelles s'y développent : chaque parti représenté dans ce gouvernement entend faire prévaloir ses droits, au risque d'atomiser le Front de l'union nationale, auquel ils appartiennent. Aucun accord ne se conclut, car chaque ministre s'attache à préserver les biens acquis par son parti et œuvre à l'accroissement et à l'expansion de ceux-ci.

De tristes relents du système monarchique émanent de ce cabinet : ne sommes-nous pas en présence des mêmes partis politiques traditionnels et immués de l'ancienne opposition monarchique ? Seule la position de ceux-ci par rapport au gouvernement diffère maintenant : ils sont passés de l'opposition à la majorité gouvernementale.

Le maintien et la monotonie née de la présence de ces partis et de leurs représentants dans la vie politique irakienne n'inspirent pas un sentiment de changement profond dans la politique de ce pays.

Malgré le manque d'unité et d'entente, des conflits personnels, la disparité des classes, des origines et des religions au sein de ce cabinet ; des réformes naissent, telle celle de l'agriculture, des décisions politiques sont prises comme la séparation d'avec l'Union hachémite et la position de neutralité positive décidée avant la révolution et émanant des officiers libres du Comité suprême.

Ne bénéficiant ni de condition, ni de soutien favorable à l'instauration de réformes radicales, ce premier Cabinet ministériel devra non seulement faire face aux éventuelles réactions émanant de l'étranger, mais également s'imposer dans un pays marqué par les cicatrices profondes du colonialisme.

Proclamation de la constitution provisoire de la république

Une révolution n'abroge pas automatiquement la constitution du gouvernement précédent ; cette analyse relève de la volonté et de la décision du nouveau système gouvernemental. Cette abrogation pouvant porter sur tout ou partie de l'ancienne constitution (176).

Aussi, ʿAbd Al Karīm Kassem et le nouveau gouvernement, comme premier acte politique, annulent la constitution adaptée au système monarchique dont il ne subsiste que les quelques phrases qui, de par leur contenu, ne s'opposent pas à la structure du nouveau régime.

Dès le 20 juillet 1958, soit une semaine après la révolution, le gouvernement de Kassem s'attache à élaborer le texte de la nouvelle constitution provisoire. A cet effet, Mouḥamad Ṣidīq Šanšal et Mouḥamad Ḥadīd — tous deux ministres — requièrent Ḥousayn Ğamīl, un avocat de grande notoriété, pour rédiger une première ébauche de la constitution provisoire qui doit insister sur deux points importants :

— l'Irak est un élément de la Nation arabe,

— les Arabes et les Kurdes sont partenaires au sein de l'Irak (177).

La création d'un comité devant délibérer sur la nouvelle constitution s'avère dès lors indispensable. A la tête de celui-ci s'impose, de par ses aptitudes techniques spécifiques, Ḥousayn Ğamīl, avec comme collaborateurs Ḥousayn Moḥy Al Dīn et ʿAbd Al Amīr Al ʿIgaylī (178).

Ce comité prend modèle sur la constitution provisoire égyptienne du 1er février 1953, qui suit la révolution de 1952, ainsi que sur celle qui lui succède le 23 juin 1956, car la concordance et la quasi-similitude des situations politiques de ce pays et de l'Irak, après les coups d'État, font naître des besoins identiques dans ces deux pays.

Seuls les textes de ces deux constitutions servent de base pour l'établissement de la constitution irakienne (179), que ce comité mène à bien en deux jours.

L'ébauche présentée par Mouḥamad Ṣidīq Šanšal lors du conseil des ministres est adoptée dans son intégralité, avec toutefois deux ajouts :

- l'islam est religion d'État *(article 4)*,
- la force militaire de la république d'Irak est bien de la nation. Son devoir consiste à protéger la souveraineté du pays et de ses territoires *(article 17)*.

Le 27 juillet 1957, ʿAbd Al Karīm Kassem proclame officiellement la constitution et introduit celle-ci comme suit : la précédente constitution adaptée au système monarchique conférait aux membres de la famille royale des prérogatives considérables et fortifiait les buts colonialistes dans le pays et les classes gouvernantes. Elle s'opposait ainsi au bien du peuple. La révolution déracine à présent ce mal né de la monarchie et nous permet d'entamer une ère nouvelle qui doit se distinguer de ce passé néfaste et injuste, distinction symbolisée par l'abrogation de sa constitution et la révolution du 14 juillet.

Cette révolution impose l'adoption d'une constitution provisoire fixant les règles de la nouvelle politique jusqu'à légitimation d'une constitution choisie par référendum national.

ʿAbd Al Karīm Kassem fait suivre cette introduction par la lecture du texte de la nouvelle constitution, lecture donnée par ʿAbd Al Salām Aref (Annexe VIII) (180).

Cette constitution porte la date du neuvième mois de Moḥaram 1378 de l'hégire — 27 juillet 1958 — et est signée par le Conseil de souveraineté.

Bien que cette constitution insiste largement sur l'importance de la démocratie, le Conseil des ministres détient simultanément les pouvoirs exécutif et législatif, contrairement aux principes démocratiques qui s'appuient sur la séparation de ces deux pouvoirs. Il est probable qu'au cours de cette période de transition post-révolutionnaire, la détention de ces deux pouvoirs par un conseil unique se soit avérée une nécessité.

Contrairement à ce que laisse supposer le texte de cette constitution, le Conseil de souveraineté ne détient pas un pouvoir considérable; celui-ci se limite, en fait, à la ratification des travaux et des décisions législatives du Conseil des ministres ainsi qu'aux tâches formalistes du président de la République.

Un autre conseil dont la fonction consiste à seconder le Conseil des ministres et ainsi à affaiblir l'emprise de celui-ci sur le gouvernement, s'établit. L'équilibre entre le Conseil des ministres et le Conseil de souveraineté s'obtient également par délégation de pouvoirs et par remise d'obligations spécifiques au Conseil de souveraineté.

Cette constitution assure la protection de la pérennité du poste de Premier ministre. Il apparaît dès lors, et de façon évidente, que le Premier ministre ait toutes libertés de choix quant à ses ministres. Par ailleurs, la dépendance du Conseil de souveraineté du Conseil des ministres fait obstacle au contrôle que le Conseil de souveraineté est supposé établir vis-à-vis du Conseil des ministres.

La seule présence des membres du Conseil de souveraineté à toutes les réunions du Conseil des ministres s'oppose déjà à l'esprit de l'article 21 de la constitution : l'indépendance n'est-elle pas condition fondamentale pour juger de l'adoption ou non d'une décision ?

Les ratifications du Conseil de souveraineté s'effectuent au cours des réunions mêmes du Conseil des ministres : toute indépendance de discussions, de dialogues et d'opinions s'évanouit déjà (181).

Toutes les propositions ministérielles ne recueillent pas l'approbation de ʿAbd Al Karīm Kassem, des discussions s'engagent parfois, bien que Kassem inspire la crainte et qu'il sache profiter de celle-ci pour imposer ses décisions comme il le fera, notamment, le 30 septembre 1958, ainsi que nous le verrons plus loin.

Le droit de veto utilisé à maintes reprises a pu parfois paraître exagéré dans un pays nouvellement doté d'une constitution démocratique.

L'inutilité de l'Article 2 de cette constitution — l'Irak est un élément de la nation arabe — apparaît surtout lorsque l'on apprécie l'évidente et forte poussée du nationalisme arabe de Gamal Abd Al Nasser.

Il faut souligner, par ailleurs, une omission importante qui apparaît dans le texte de cette constitution : aucun amendement n'est, en effet, prévu à cette constitution (182).

SYNTHÈSE

Faute de plan défini et précis, les tentatives de mouvements qui précèdent la révolution du 14 juillet 1958 ne peuvent être considérées comme des tentatives de révolution, mais plutôt comme des ébauches de plans d'assassinat individuels dont l'éclatement ne dépend en grande partie que des sommités gouvernementales (Fayṣal II, ʿAbd Al Ilāh, Nouri Al Saīd).

Ne ressort-il pas en effet de la précédente démonstration qu'à chaque événement social ou militaire (festival, inauguration, anniversaire, ...) où sont présentes les sommités gouvernementales, une tentative d'assassinat est projetée ?

Outre ce fait, il apparaît que si ces ébauches de révolution se décident au sein de l'Organisation des officiers libres, peu d'entre eux semblent informés de la date de celles-ci. Citons à titre d'exemple, la révolution du 14 juillet 1958, dont la date ne fut connue que par trois des membres de cette Organisation.

Cela explique en partie, la fragilité de ces tentatives dans lesquelles les facteurs de chance, de hasard et d'imprévu jouent un rôle considérable notamment dans le plan militaire révolutionnaire.

La révolution irakienne diffère en ce sens de celle d'Égypte (23 juillet 1952) où tous les officiers libres égyptiens ont connaissance de la date de la révolution et peuvent ainsi se mobiliser pour soutenir cette action. Le 14 juillet 1958, en Irak, les officiers libres apprennent l'éclatement de la révolution par la radio : leur aide à ce mouvement ne pourra donc être aussi efficace qu'elle aurait du l'être. Faut-il voir là la méfiance des dirigeants révolutionnaires ?

Si la révolution s'appuie sur des bases fragiles et peu ou mal structurées, le premier cabinet ministériel qui y succède possède les mêmes carences telles que faiblesse de structure ou rapidité d'élaboration trop grande. De plus, si ce cabinet se veut représentatif de tous les partis de l'opposition monarchique, tous n'y figurent pas et en particulier le Parti communiste irakien et les liens d'amitié y font office de laisser-passer au détriment des capacités intellectuelles.

Où rechercher la cause de cette faiblesse sinon dans le fait que ce cabinet reste sous la coupe des militaires, des militaires qui occupent les sièges ministériels les plus influents et qui affrontent là leur première expérience politique avec des moyens intellectuels souvent peu en rapport avec leurs fonctions. Un cabinet est formé autour de l'idée d'une « collaboration de tous les partis politiques » tant au sein du gouverment que du pays. Cette collaboration dut-elle s'épanouir aux dépens d'une politique de réformes nécessaire et attendue.

La constitution de ce cabinet explique donc les secousses et les conflits qui succèdent à la révolution et auxquels ce premier cabinet ne peut apporter de solution.

Une période transitoire en fait difficile à assumer et qui se caractérise par sa faiblesse, son manque d'autorité, son indécision, son manque d'imagination, un manque d'imagination qui touche même la création du Conseil de souveraineté, idée empruntée au gouvernement soudanais par ʿAbd Al Karīm Kassem, tout comme celle d'un Conseil de commandement de la révolution a été calquée sur l'Égypte. Fallait-il n'avoir que peu d'imagination pour construire un nouveau régime politique sur l'exemple des deux uniques systèmes républicains du monde arabe succédant à des coups d'État : l'Égypte et le Soudan, l'exemple de la république syrienne n'étant pas considéré alors, par l'Irak, comme recevable.

Secoué par les événements, ce nouveau régime ne manquera pas de se disloquer face aux divergences qui opposent progressivement courants et personnalités politiques, sans qu'aucun plan (politique, économique, social, ...) pour le futur ne puisse rapprocher les éléments qui s'affrontent.

SYNTHÈSE DE LA PREMIÈRE PARTIE

Lorsque l'on étudie ce gouvernement sous ces deux aspects fondamentaux, que se soit sa tendance politique ou sa forme étatique, ceux-ci démontrent alors que la réussite du nouveau système politique est bien aléatoire.

En effet, faute d'une tendance politique définie qui serve de ligne de conduite au gouvernement, les tensions au sein de celui-ci (dont les trois principales sommités, Kassem Aref et Al Darağī, elles-mêmes se trouvent en contradiction) prennent une importance telle que ce gouvernement, déjà en butte aux divergences d'ambitions qui scindent l'Organisation des officiers libres (dont trois de ses membres furent à la tête de la révolution du 14 juillet 1958) ne peut exercer son pouvoir.

Si dans un but d'unification des partis politiques, Kassem fond les partis politiques de l'ancienne opposition monarchique dans ce premier cabinet ministériel, son objectif loin d'être atteint tourne à son désavantage car il multiplie ainsi les divergences politiques en mettant en présence des groupes politiques dont le seul point commun fut et reste leur participation à l'opposition monarchique. Chaque parti politique, dès lors, s'engage dans une course silencieuse aux privilèges afin de consolider sa position dans le pouvoir. Cette ambition s'appuie sur le conflit qui met en lice Kassem et Aref et qui nourrit la course au pouvoir.

Du fait de son inexpérience politique, Kassem ne peut ni canaliser, ni freiner ces contradictions, ce qui est d'autant plus difficile que la forme étatique que retient le chef d'état (Conseil de souveraineté) ne semble alors pas le meilleur moyen de gouverner. Ce choix (le premier de ce genre en Irak) qui ne paraît pas opportun, reste dicté par une volonté unique (celle de Kassem qui domine celles de Aref et Al Darağī) qui a nommé les membres de ce conseil. Elaboré par une seule personnalité, ce conseil n'est qu'un jouet qui sert à la domination du seul chef d'Etat, ce qui se trouve confirmé par le fait que Kassem refuse l'idée d'un Conseil de commandement de la Révolution qui ne présente pas les mêmes avantages que celui d'un Conseil de souveraineté.

Pays voisin de l'Irak, la Syrie n'influencera Kassem que pour l'élaboration technique du coup d'Etat mais ne l'inspirera guère quant à l'après-révolution. Après chaque coup d'Etat, la Syrie n'instaure en fait aucun système politique réel.

Compte tenu des diverses tensions qui se développent au sein du gouvernement (tant dans l'Organisation des officiers libres que dans les partis politiques), il apparaît indéniable que la carence d'unité idéologique et politique nuit à l'instauration d'un gouvernement bénéfique au pays dans cette période de transition.

De plus, l'autorité militaire à la tête du pays, faute de se plier aux exigences d'une situation pour le moins houleuse, tente d'imposer un dirigisme quasi-dictatorial qui aggrave une situation de conflits. Si l'on a pu escompter sur la force que représente un gouvernement pro-militaire pour faire respecter l'ordre, dans le cas présent cette force n'a été que nuisible au premier cabinet ministériel.

NOTES

(1) Maktabat Ḥousayn al Nourī, *Tawrat 14 Tamouz* (« La révolution du 14 juillet »), Damas, 2e édition, 1958, p. 82.

(2) ʿAbd al Karīm Frḥān, *La révolution du 14 juillet en Irak*, p. 41.

(3) *Al Ǧamhouriya*, Quotidien, n° 8 du 25 juillet 1958, Bagdad.

(4) *Al Zamān*, Quotidien, Bagdad, 9 décembre 1956.

(5) ʿAbd al Karīm Frḥān, *La révolution du 14 juillet en Irak*, p. 61.

(6) *Les développements et courants politiques intérieurs en Irak 1953-1958*, p. 307.

(7) Al Zoubaydī, *La révolution du 14 juillet 1958 en Irak*, p. 182.

(8) ʿAbd al Karīm Frḥān, *La révolution du 14 juillet en Irak*, p. 61.

(9) Source personnelle, Nasir al Din al Našašibī, *Ḥafnat Rimāl* (« Une poignée de sable »), Edition Dār Al Mowʿīd Lil Ṭibāʿa Wa Al Našr, Beyrouth, 1965, p. 292.

(10) Ṣabīḥ ʿAlī Ġālib, *L'histoire de la révolution du 14 juillet*, p. 53.

(11) *Ibid.*, pp. 53-54.

(12) Source personnelle, Al Zoubaydī, *La révolution du 14 juillet 1958 en Irak*, p. 184.

(13) Ṣabīḥ ʿAlī Ġālib, *L'histoire de la révolution du 14 juillet*, p. 56.

(14) *Les secrets de l'assassinat de la famille royale en Irak*, p. 71.

(15) *Ibid.*, p. 17.

(16) Al Zoubaydī, *La révolution du 14 juillet 1958 en Irak*, p. 185.

(17) *Ibid.*, p. 185.

(18) *Ibid.*, p. 186.

(19) *Ibid.*, p. 186.

(20) *Ibid.*, p. 186.

(21) *Ibid.*, p. 187.

(22) *Ibid.*, p. 187.

(23) ʿAbd Al Ġanī Al Rawī, *Modakarat ʿAbd Al Ġanī Al Rawī* (« Les souvenirs de ʿAbd Al Ġanī Al Rawī »), journal Al Manār, Quotidien, n° 3398 du 26 mai 1966, Bagdad.

(24) *Les jugements du tribunal supérieur spécial*, Volume 5, p. 435.

(25) *Al Manār*, Quotidien, n° 3400 du 28 mai 1966, Bagdad.

(26) *Ibid.*

(27) Ṣabīḥ ʿAlī Ġālib, *L'histoire de la révolution du 14 juillet*, p. 76.

(28) *Ibid.*, p. 76.

(29) *Ibid.*, p. 69.

(30) Al Zoubaydī, *La révolution du 14 juillet 1958 en Irak*, p. 196.

(31) *Ibid.*, p. 199.

(32) Seuls les officiers suivants ont connaissance de la date du coup de force militaire :

- le général ʿAbd Al Karīm Kassem dont la tâche se résume par ces mots : assurer les renforts.
- le colonel ʿAbd Al Salām Aref, responsable de l'exécution et de la cohésion des ordres à Bagdad.
- le colonel ʿAbd Al Laṭīf Al Darāǧī, responsable lui aussi de l'exécution des ordres à Bagdad.
- le colonel ʿĀdil Ǧalāl, même responsabilité.
- le général Aḥmad Ṣāliḥ Al ʿAbdī, avec pour tâche de soutenir l'action de ʿAbd Al Karīm Kassem.
- le capitaine Kāsim Al Ǧanābī : occupation et contrôle du pont de Ba ʿQouba pour isoler Bagdad.
- le commandant Ǧāsim Al ʿAzāwī : occupation et contrôle du camp militaire de Rašīd.
- le lieutenant-colonel Waṣfī Ṭāhir : guider la 20e brigade de Ḫān Banī Sa ʿAd à Bagdad.
- le commandant Ibrāhīm Ǧāsim Al Tikrītī : guider la 20e brigade dans la capitale.
- le commandant Ibrāhīm ʿAbās : guider la 20e brigade dans la capitale.
- le colonel ʿAbd Al Raḥmām Aref ; responsable des communications et du soutien aux forces militaires à Bagdad.

(33) Ṣabīḥ ʿAlī Ġālib, *L'histoire de la révolution du 14 juillet*, pp. 70-71.

(34) *Rapport des renseignements militaires sur la situation de l'armée révolutionnaire en Jordanie*, ʿAbd Al Karīm Frḥān, *La révolution du 14 juillet en Irak*, p. 74.

(35) Pierre Rossi, *L'Irak des révoltes*, Le Seuil, Paris, 1962, p. 244.

(36) Ṣabīḥ ʿAlī Ġālib, *L'histoire de la révolution du 14 juillet*, p. 78.

(37) *Les jugements du tribunal supérieur spécial*, Volume 5, p. 204.

(38) ʿAbd Al Karīm Al Ǧida, *Ṭawrat Al Zaʿīm Al Monqiḏ* (« La révolution du chef-sauveur »), Editions Maṭba ʿAt Al Borhan, Bagdad, 1960, pp. 67-68.

(39) Ṣabīḥ ʿAlī Ġālib, *L'histoire de la révolution du 14 juillet*, p. 78.

(40) Al Zoubaydī, *La révolution du 14 juillet 1958 en Irak*, p. 205.

(41) *Ibid.*, p. 205.

(42) Mousā Ṣabrī, *Moḥabir Ṣaḥafi Warā ʿAḥdāṯ ʿAšrat Ṯawrāt* (« Un journaliste des évènements des dix révolutions »), Editions Dār Al Ma ʿĀrif, Le Caire, 1970, pp. 106-107.

(43) *Les secrets de l'assassinat de la famille royale en Irak*, p. 93.

(44) *Ibid.*, p. 94.

(45) *Ibid.*, p. 14-15.

(46) Ḫalīl Kana, *Al ʿIrāq Amsoho Wa Ġadoho* (« L'Irak, son passé son futur »), Editions Dār Al Rayḥānī Lil Ṭibāʿa, Beyrouth, 1re édition, 1966, p. 306.

(47) Nāǧi Šawkat, *Sirat Wa Ḏikrayāt Ṯamanīn ʿĀman 1894-1974 »* (« Biographie et mémoire de 80 années 1894-1974 »), Editions Dār Al Kitāb Al Ǧadīd, Beyrouth, 2e édition, 1975, p. 617.

(48) *L'Irak républicaine*, p. 87.

(49) Al Zoubaydī, *La révolution du 14 juillet 1958 en Irak*, p. 214.

(50) *Ibid.*, p. 206.

(51) *Les secrets de l'assassinat de la famille royale en Irak*, p. 98.

(52) *Ibid.*, p. 100.

(53) *Ibid.*, p. 100.

(54) *Ibid.*, p. 103.

(55) *Ibid.*, pp. 102-103.

(56) *Ibid.*, p. 106.

(57) *L'Irak des révoltes*, p. 246.

(58) Al Zoubaydī, *La révolution du 14 juillet 1958 en Irak*, p. 207.

(59) *Les secrets de l'assassinat de la famille royale en Irak*, p. 109.

(60) Ṣabīḥ ʿAlī Ġālib, *L'histoire de la révolution du 14 juillet*, p. 82.

(61) *Les secrets de l'assassinat de la famille royale en Irak*, p. 110.

(62) *Ibid.*, p. 161.

(63) Al Zoubaydī, *La révolution du 14 juillet 1958 en Irak*, p. 208.

(64) *Ibid.*, 208-209.

(65) Ṭalib Moštāo, *Awrāq Ayamī 1900-1958* (« Les pages de mes journées 1900-1958 »), Editions Dār Al Ṭali ʿA, Beyrouth, 1re édition, 1968, Volume 1, p. 575.

(66) *Les secrets de l'assassinat de la famille royale en Irak*, p. 119.

(67) *Ibid.*, p. 120

(68) *Ibid.*, p. 122.

(69) *Ibid.*, p. 124.

(70) *Ibid.*, p. 124.
(71) *Ibid.*, pp. 125-126.
(72) *Ibid.*, p. 126.
(73) *Ibid.*, p. 127.
(74) *Ibid.*, p. 128.
(75) *Ibid.*, pp. 129-130.
(76) *Ibid.*, p. 130.

- Uriel DANN dans son ouvrage « Iraq under qassem », page 30, soutient la version que la princesse HIYĀM s'était rendue au premier étage du palais pour y retirer un ʿAbāya (voile) alors que la famille royale sortait des cuisines pour se rendre aux forces révolutionnaires. Selon cet auteur, la princesse se trouvait toujours dans le palais durant la fusillade, ce qui expliquerait qu'elle soit encore en vie. Pierre ROSSI, à la page 246 de son livre, L'Irak des révoltes, soutient cette version bien que tous les documents récents infirment cette possibilité.

(77) *Ibid.*, p. 131.
(78) *Ibid.*, p. 132.
(79) *Ibid.*, p. 133.
(80) *Ibid.*, p. 134.
(81) *Ibid.*, p. 136.
(82) Source personnelle.
(83) *L'Irak des révoltes*, p. 246.
(84) *Les secrets de l'assassinat de la famille royale en Irak*, p. 136.
(85) *Ibid.*, p. 137.
(86) MĀLIK SAYF, *Tağrobtī Ma ʿA Al Hizb Al Šiyouʿī »* (« Mon expérience avec le Parti Communiste »), Editions Fou ʿĀd Karam, Beyrouth, 1974, p. 211.
(87) AL ZOUBAYDĪ, *La révolution du 14 juillet 1958 en Irak*, p. 211.
(88) *L'Irak des révoltes*, p. 247.
(89) *« Al Wqā 'iʿ Al ʿIrāqiya »*, Quotidien, Bagdad, n° 1 du 23 juillet 1958, p. 13.
Al Ğamhouriya, Quotidien, Bagdad, n° 42 du 3 septembre 1958.
(90) *L'Irak des révoltes*, p. 248.
(91) AL ZOUBAYDĪ, *La révolution du 14 juillet 1958 en Irak*, p. 215.
(92) *Ibid.*, p. 215.
(93) Gabriel MARCEL, *Présence et immortalité. Journal Métaphysique 1938-1943 et autres textes*, Editions Flammarion, Paris, 1959, p. 186.
(94) MAĞĪD ḤADOURĪ, *ʿArab Moʿ Āsroun* (« Des Arabes contemporains »), Editions Aldār Al Motaḍida Lil Našr, Beyrouth, 1973, p. 84.
Lord BIRDWOOD, *Nuri as said, a study in arab leadership*, Cassel, 1959, pp. 267-268.
Philippe RONDOT, *L'Irak*, Editions Presses Universitaires de France, 1re Edition, 1979, Paris, p. 33.
(95) AL ZOUBAYDĪ, *La révolution du 14 juillet en Irak*, p. 215.

(96) ʿAbd Allah Al Šītī, *Mo ʿǦizat Al ʿIrāq* (« Le miracle d'Irak »), Editions Dār Al Ayām, Damas, 1958, p. 50.
(97) ʿAbd Al Karīm Frḥān, *La révolution du 14 juillet en Irak*, p. 40.
(98) Al Zoubaydī, *La révolution du 14 juilllet 1958 en Irak*, p. 83.
(99) *Tariq Al Ša ʿab »*, Quotidien.
(100) *Les développements et courants politiques intérieurs en Irak 1953-1958*, p. 298.
(101) *Les secrets de l'assassinat de la famille royale en Irak*, p. 138.
(102) Al Zoubaydī, *La révolution du 14 juillet 1958 en Irak*, p. 210.
(103) *Les secrets de l'assassinat de la famille royale en Irak*, p. 136.
(104) *Ibid.*, pp. 136-137.
(105) Herbert Marcus, *Falsafat Al Nafi* (« La philosophie de la négation »), Traduit en arabe par Moǧāḥid ʿAbd Al Monʿ Im Moǧāḥid, Editions Dār Al Adāb, Beyrouth, 1971, pp. 5-6.
(106) Le directorat de la radio et de la télévision irakiennes *Les registres de la radio de Bagdad*, Bagdad, 1958.
(107) *Al Ḥayāt*, Quotidien, Beyrouth, 17 février 1963.
(108) Mouhamad Bāqir Sārī, *« Al ʿIraq Al Ṯāʿ R »* (« L'Irak révolutionnaire »), Editions Dār Al Kitab Al ʿArabi, Beyrouth, sans date, pp. 15-16.
(109) *Al Ǧamhouriya*, Quotidien, Bagdad, n° 3 du 20 juillet 1958.
(110) *Les jugements du tribunal supérieur spécial*, Volume 5, p. 268.
(111) Al Zoubaydī, *La révolution du 14 juillet 1958 en Irak* ; p. 223.
(112) *L'Irak son passé, son futur*, p. 307.
(113) Al Zoubaydī, *La révolution du 14 juillet 1958 en Irak*, p. 227.
(114) Zakī Ḥayrī, *Molaḥza Awaliya Ḥawl Al Iṣlāḥ Al Zira ʿĪ* (« Notes sur la réforme agraire »), Editions Maṭba ʿAt Al Ša ʿb, Bagdad, 1974, p. 4.
(115) Al Zoubaydī, *La révolution du 14 juillet 1958 en Irak*, p. 227.
(116) *L'Irak son passé, son futur*, p. 307.
(117) Al Zoubaydī, *La révolution du 14 juillet 1958 en Irak*, p. 228.
(118) Ġalib, *La révolution du 14 juillet et l'histoire des officiers libres*, p. 87.
(119) *Ibid.*, p. 90.
(120) Ministère de la Défense, *Rapport sur les enseignements militaires de la situation du 14 juillet.*
(121) Interview de ʿAbd Al Karīm Frḥān.
Al Zoubaydī, *La révolution du 14 juillet 1958 en Irak*, p. 224.
(122) *Al Ǧamhouriya*, Quotidien, Bagdad n° 20 du 8 août 1958.
(123) *Ibid.*
(124) Al Zoubaydī, *La révolution du 14 juillet 1958 en Irak*, p. 226.
(125) Mouḥamad ʿOda, *Ṯawrāt Al ʿIrāq* (« La révolution irakienne »), Editions Dār Al Nadīm, Le Caire, 1958, p. 57.

(126) *L'Irak du 14 juillet*, Editions Maṭba 'at Al Nagăḥ, Bagdad, 1959, p. 26.

(127) Georges KERK, *Al Siyasa Al 'Arabiya al Mo 'Asira* (« La politique arabe contemporaine »), Editions al Dār Al Qawmiya Lil Našr, Le Caire, sans date, p. 151.

(128) *Nasser et le monde*, pp. 189-191.

(129) Walter LAKOUR, *Al Itiḥad Al Sovietī Wa Al Šarq Al Awṣaṭ* (« L'Union soviétique et le Moyen-Orient »), Editions al Maktab Al Tiğārī Lil Al Ṭibā 'A, Beyrouth, 1959, p. 347.

(130) *Nasser et le monde*, p. 192.

(131) *Al Zamān*, Quotidien, Bagdad, n° 91, 92 du 17 juillet 1958.

(132) *Al Ahrām*, Quotidien, Le Caire, du 28 mars 1959.

(133) AL ZOUBAYDĪ, *La révolution du 14 juillet 1958 en Irak*, p. 237.

(134) *Al Zamān*, Quotidien, Bagdad, n° 6294 du 20 juillet 1958.

(135) *Al Ğamhouriya*, Bagdad, 30 juillet 1958.

(136) AL ZOUBAYDĪ, *La révolution du 14 juillet 1958 en Irak*, p. 238.

(137) *Al Ğamhouriya*, Bagdad, 18 juillet 1958.

(138) Un groupe d'écrivains soviétiques, *Al Siyāsa Al Al Ḫārğiya Al Soviatiya Bayn 'āmay 1955-1965* (« La politique étrangère soviétique entre 1955-1965 »), Traduit en arabe par ḪAYRĪ ḤAMĀD, Editions Dār Al Kitāb Al 'Arabī, Le Caire, 1968, p. 133.

(139) *Ibid.*, p. 186.

(140) *L'Union soviétique et le Moyen-Orient*, p. 347.

(141) *Al Ğamhouriya*, Bagdad, 20 juillet 1958.

(142) AḤMĀD NOURI AL NI 'AYMĪ, « *Al Siyāsa Al Ḫariğiya Al Torkiya Ba 'd Al Ḥarb Al 'Alamiya Al Ṯāniya* (« La politique étrangère turque après la 2ᵉ Guerre mondiale »), Editions Dār Al Ḥoriya, Bagdad, 1975, p. 259.

(143) AL ZOUBAYDI, *La révolution du 14 juillet 1958 en Irak*, p. 240.

(144) *Ibid.*, p. 241.

(145) *Al Ğamhouriya*, 30 juillet 1958.

(146) *La politique étrangère turque après la 2ᵉ Guerre mondiale*, p. 262.

(147) AL ZOUBAYDĪ, *La révolution du 14 juillet 1958 en Irak*, p. 242.

(148) *Al Zaman*, Bagdad n° 6291, 17 juillet 1958.

(149) Charles DE GAULLE, *Mémoires d'espoir, 1958-1962*, Editions Librairie Plon, Paris, 1970, p. 221.

(150) MOUHAMAD 'ODA, « *Tawrāt Al 'Irżaq* » (« La révolution irakienne »), Édition Dār Al Nadīm, Le Caire, sans date, p. 3.

(151) *Al Zamān*, Bagdad, n° 6291, 17 juillet 1958.

TAWFĪQ AL YOUZBAKĪ, *Dirāsāt Fī al WaṬan Al 'Arabī, Al Ḥarkāt Wa Al Siyasiya* (« Etudes dans le monde arabe, les mouvements révolutionnaires et politiques »), Editions Dār Al Kitāb Lil Ṭiba 'a, Mouṣil, 1974, Tome 2, p. 127.

(152) Andrew TULLY, CIA, *The inside story*, Editions William Morro and Company, Third Printing, p. 75.

(153) AL ZOUBAYDĪ, *La révolution du 14 juillet 1958 en Irak*, pp. 141-142.

(154) CIA, *The inside story*, p. 75.

(155) AL SIWIDĪ, *Modakaratī Fī Niṣf Qarn Min Tārīḥ Al 'Irāq* (« Mes mémoires d'un demi-siècle d'histoire irakienne »), Editions Dār Al Kitaba Al 'Arabī, 1re édition, Beyrouth, 1969, pp. 598-590.

(156) Documents du ministère de la Défense, *Télégramme du ministère de l'union arabe de Aman, de 1917-1959*, Dossiers des télégrammes entrant.

(157) *L'Express*, Paris, n° 371, 17 juillet 1959, p. 4.

(158) *Mémoires d'espoir*, p. 221.

(159) *L'Express*, Paris, n° 371, 17 juillet 1959, p. 4.

(160) *Le Monde*, Paris, n° 4193, 17 juillet 1958, p. 2.

(161) Philippe RONDOT, *L'Irak*, Presses Universitaires de France, Editions Que sais-je, Paris, 1979, p. 35.

(162) *Ibid.*, pp. 33-34.

(163) AL ZOUBAYDĪ, *La révolution du 14 juillet 1958 en Irak*, p. 261.

(164) *Ibid.*, p. 261.

(165) ṢABIḤ 'ALI ĠĀLIB, *La révolution du 14 juillet*, p. 100.

(166) *Ibid.*, pp. 100-101.

(167) *L'Irak d'aujourd'hui*, p. 142.

(168) ṢABIḤ 'ALI ĠĀLIB, *La révolution du 14 juillet*, p. 28.

(169) AL ZOUBAYDĪ, *La révolution du 14 juillet 1958 en Irak*, p. 258.

(170) Sources personnelles.

(171) AL ZOUBAYDĪ, *La révolution du 14 juillet 1958 en Irak*, p. 259.

(172) *Al Zamān*, Bagdad, n° 6823, 27 avril 1960.

(173) FADIL HOUSAYN, « *Isoqout Al Nizam Al Malaki Fī Al 'Iraq* » (« La chute du système royal en Irak »), Dār Al Hana Lil Ṭibā'A, Le Caire, 1974, p. 82.

(174) Le bureau culturel national, *Les congrès nationaux régionaux du Parti Baas*, Bagdad, 1976, p. 15.

(175) AL ZOUBAYDĪ, *La révolution du 14 juillet 1958 en Irak*, pp. 261-262.

L'Irak d'aujourd'hui, pp. 142-143.

Irak under Qassem, p. 40.

(176) MONDIR AL ŠĀWĪ, « *Al Qānoun al Distourī Al 'Irāqī* » (« La loi constitutionnelle irakienne »), 2e édition, Bagdad, 1966, p. 149.

(177) *Ibid.*, p. 152

(178) *Al Ǧamhouriya*, Bagdad, 25 juillet 1958.

(179) AL ZOUBAYDĪ, *La révolution du 14 juillet 1958 en Irak*, p. 254.

(180) *Al Waqa 'I' Al 'Iraqiya*, Bagdad, n° 2, 28 juillet 1958.

(181) *La loi constitutionnelle irakienne*, pp. 162-163.

(182) AL ZOUBAYDĪ, *La révolution du 14 juillet 1958 en Irak*, pp. 256-258.

DEUXIÈME PARTIE

LES PARTIS POLITIQUES ET LE NOUVEAU RÉGIME (KASSEM ENTRE LE COMMUNISME ET LE NATIONALISME ARABE)

PREMIER CHAPITRE

KASSEM : SA VIE ET SA PENSÉE POLITIQUE

Après avoir étudié entre autres la révolution du 14 juillet 1958 et l'Organisation des officiers libres, il paraît maintenant opportun de considérer ʿAbd Al Karīm Kassem, en tant qu'homme et d'évoquer, même sommairement sa vie, sa personnalité, sa participation à différentes actions militaires, son amitié pour Aref et enfin sa pensée politique, ceci afin de compléter la vision de l'évolution politique irakienne avant, pendant et après la révolution.

Kassem est considéré comme étant le fruit d'une génération intermédiaire de militaires arabes, génération transitoire constituée essentiellement de combattants des maquis, d'intellectuels primaires ou de culture arabe, de petits commerçants et de fellahs ruinés mais influencés par la civilisation occidentale. Par conséquent, il est sociologiquement, sinon politiquement, plus proche des masses que cette génération de militaires instruits depuis l'indépendance dans des écoles d'officers ou de techniciens avec une forte arabisation et des stages dans des pays étrangers (d'ailleurs essentiellement socialistes). Une génération transitoire qui s'appuiera sur l'expérience d'une armée irakienne comptant des personnalités comme Bakir Ṣodqī et Rašid Ali Al Gaylanī, qui subira l'influence des concepts politiques des partis de l'opposition, qui s'éveillera à l'attrait du pouvoir et marquera déjà une évolution sociologique militaire malgré le peu de profondeur de sa culture.

Les quelques voyages à l'étranger effectués par ces militaires sculpteront en eux un esprit patriotique et nationaliste qui ira progressant face à leur prise de conscience de l'état de sous-développement dans lequel se trouve l'Irak.

Les voyages et les séjours à l'étranger de Kassem n'influenceront guère son mode de compréhension des systèmes gouvernementaux et politiques des pays visités. Selon lui, le colonialisme seul apparaît comme la cause du sous-développement de l'Irak. Dès lors, il envisagera de mettre un terme à l'emprise colonialiste par un changement radical du système politique alors en vigueur. Si Kassem ressent ainsi la situation, son programme manquera de structure et de clarté, car ses sentiments domineront et masqueront trop souvent sa logique.

Kassem ne sera pas le seul à évoquer ainsi le colonialisme. D'autres officiers partageront ses idées et c'est ainsi que sur cette base se créera, d'ailleurs, l'Organisation des officiers libres, qui aura pour principale motivation la lutte contre le colonialisme.

Malgré une culture limitée, mais grâce à des idées progressives (radicalisme), Åbd Al Karīm Kassem et tous les militaires des pays sous-développés symbolisent l'avant-garde de la population.

Kassem est, d'ailleurs, considéré comme étant le stéréotype du militaire arabe au pouvoir dans les années 50 au même titre que Nasser.

I. La vie de Kassem

Åbd Al Karīm Kassem voit le jour dans les faubourgs de Al Mahdiya, dans les quartiers de Qanbar ʿAlī à Bagdad, le 21 novembre 1914. La notoriété de ses origines plus que modestes n'est plus à démontrer : né d'un père musulman sunnite — Kassem Mouḥamad Al Bakir Al Zoubaydī, de la tribu de Zoubayd Qaḥṭānit — et d'une mère chiʿite : Kayfiya Ḥasan Al Yaʿqoubī, de la tribu adnanite de Tamīm.

De cette union naît trois garçons, dont ʿAbd Al Karīm Kassem est le benjamin, Ḥāmid l'aîné et ʿAbd Al Laṭīf le cadet, ainsi que deux filles (1).

L'enfance de Kassem a pour cadre un milieu dur où une vie active, laborieuse et studieuse occupe la majeure partie de son temps. A l'âge de sept ans, la mauvaise situation financière de son père, menuisier, l'oblige à un premier déménagement qui le conduit de Bagdad vers Ṣouwayra.

Dans cette petite ville inconnue pour ʿAbd Al Karīm Kassem, l'oncle paternel — Ali Mouḥamad Al Bakir Al Zoubaydī, un officier de l'armée ottomane — accueille la famille. Le père de

Kassem se reconvertit au travail de la terre et contribue à la mise en valeur d'un terrain que possède son frère (2).

En 1921, l'entrée de ʿAbd Al Karīm Kassem à l'école primaire de Ṣouwayra marque le début de ses études scolaires. Jusqu'en 1926, il y suit des cours, puis lorsque son père repart pour la capitale, dans le quartier de Qanbarʿ Alī, où il travaillera comme grainetier (3), il reprend à l'école Al Riṣamafa des études primaires interrompues, qu'il termine en 1927. L'adolescent entre ensuite au lycée.

Bien qu'écolier, puis lycéen, ʿAbd Al Karīm Kassem participe à la vie de la famille et aide activement son père, que ce soit dans l'agriculture à Ṣouwayra, ou dans la graineterie à Bagdad.

L'image de Kassem allant pieds nus, quelle que soit la saison, n'est pas une image de propagande, mais reflète bien la situation économique de sa famille. Cette misère le poursuiva d'ailleurs jusqu'à son entrée à la faculté militaire.

Après 1927, ʿAbd Al Karīm Kassem poursuit d'excellentes études au lycée Al Ṯānwiya Al Markaziya, études interrompues durant sa quatrième année par la maladie. Cette perturbation le retarde sensiblement, sans pour autant le mettre dans une situation telle qu'il ne réussisse pas à la deuxième session du baccalauréat littéraire, qui lui vaut les « honneurs du jury » (4).

De cette période, il reste de Kassem l'image d'un lycéen calme, patient, posé, réservé, préférant et recherchant la solitude durant ses moments de loisirs. Les portraits faits de lui le dépeignent comme simplement et même pauvrement vêtu, le visage toujours triste ou mélancolique, très maigre, la silhouette fragile (5).

Après ses succès au baccalauréat, il recherche et obtient un poste d'instituteur à l'école de Al Šāmiya dans la ville de Dīwāniya, au sud de l'Irak. Il y enseignera de 1931 à 1932, bien que ses aptitudes pédagogiques ne correspondent pas à celles qu'exigent un tel poste.

Un de ses élèves, Hodayb Al Ḥāğ Ḥomoud — qui sera plus tard l'un des ministres du premier cabinet — déclare à ce propos que Kassem possède toutes les aptitudes à enseigner la langue anglaise, mais qu'il préfère la solitude aux contacts, contrairement à tous ses collègues, qu'il n'établit aucune relation dans Al Šāmiya, malgré des rencontres avec ses collègues lors des réunions du cheikh du village (6).

Vers la fin du premier semestre de 1932, alors que l'armée appelle à des recrutements d'officiers et ouvre, à cet effet, les portes des bureaux d'inscription dans les facultés militaires, ʿAbd Al Karīm Kassem requiert le conseil de Mouṣṭafā ʿAlī, un ami de la famille, sur son entrée éventuelle dans une école militaire.

Malgré la désapprobation de ce proche, le 15 septembre 1932, Kassem présente un dossier d'inscription à la faculté militaire, il en sort le 14 avril 1934 avec le grade de sous-lieutenant (7).

Ces études militaires ne changent pas fondamentalement Kassem de cette solitude profonde dans laquelle il se complaît, restreignant le cercle de ses relations amicales (8) et se tenant quelque peu éloigné de la vie bruyante, active et agitée des militaires qui l'entourent, ce qui fait naître inéluctablement de la part de ses collègues des plaisanteries de caserne. Alors qu'il est officier subalterne, ses collègues l'affublent du sobriquet : « père du génie » (9).

Après cette période moralement difficile, il est admis le 24 janvier 1940 à l'École d'État-Major où il accomplit des études qui prennent fin le 11 décembre 1941, avec la mention : « honorable ».

A ces études, succède un stage de pratique militaire sur terrain montagneux, puis un cours d'anglais, qui lui vaut également un prix. Du 3 octobre 1950 au 22 décembre de la même année, il accomplit en Grande-Bretagne, un stage pour officier (10) puis, le 6 janvier 1959 il obtient le grade de Liwā' (général) et le 6 janvier 1963 celui de Farīq.

Même au gouvernement, ʿAbd Al Karīm Kassem respecte les règles de l'avancement et n'essaie pas de tirer avantage de sa position pour réussir plus rapidement, contrairement à bien des pratiques de personnalités militaires au pouvoir, que ce soit dans le passé ou le présent.

Sa participation aux actions militaires

'Abd Al Karīm Kassem participe au mouvement de Al Forāt Al Awṣaṭ, au sud de Bagdad, du 11 mai au 21 juillet 1935, ainsi d'ailleurs qu'au mouvement de Rašīd'Ālī Al Gaylānī. Du 3 septembre 1945 au 20 octobre de la même année, il prend part à la guerre contre les Kurdes, au nord de l'Irak.

La guerre de Palestine requiert également sa présence du 5 mai 1948 au 11 juillet 1949 (11), il reçoit à cette occasion les remerciements du chef des Forces armées irakiennes en Jordanie pour l'attaque des forces israéliennes dans la ville de Ra's Al Tar, le 13 juin 1948, pour la résistance qu'il montre devant l'ennemi, lors de la prise et l'occupation des terres spoliées par les Israéliens, ainsi que pour la prise d'armes ennemies.

Ses déplacements à l'étranger

Kassem se rendra en Grande-Bretagne en 1947 pour des raisons de santé (opération chirurgicale) puis une seconde fois en septembre 1950 pour y effectuer un stage militaire durant lequel il obtient un rapport honorable de l'école anglaise d'officiers. Il connaîtra également la Turquie où il se rendra, en avril 1955, en tant que membre de la mission militaire irakienne invitée à la présentation des manœuvres militaires turques (12).

Ses décorations

'Abd Al Karīm Kassem apparaît comme un officier méticuleux, scrupuleux et consciencieux ; à ce titre, il est l'un des officiers les plus décorés d'Irak (13).

Sa personnalité

'Abd Al Karīm Kassem reflète la bonté, le pacifisme, le calme, l'amabilité, l'intégrité et la fidélité envers ses amis bien que le nombre de ceux-ci soit limité en raison de sa profonde réserve et de son caractère sceptique quant à la nature humaine (14). Son silence et sa réserve vont de pair ; il est dépeint comme « secret et silencieux sauf dans ses discours qui peuvent égaler en durée ceux de Fidel Castro » (15).

Une vie d'ascèse s'ajoute également à ce tableau. « Il ne boit pas d'alcool, ni ne fume. Sa chambre sise au ministère de la Défense ne mesure que deux mètres sur trois mètres et n'est meublée que de fournitures militaires » (16).

Son domicile, dans le quartier de Al'Ilwiya à Bagdad, est une maisonnette très simple qui ne se distingue en rien de celle d'un petit fonctionnaire, ou d'un ouvrier. Il y élut domicile avant la révolution de 1958 et y vivra jusqu'à sa mort. Pour ses déplacements, 'Abd Al Karīm Kassem, n'ayant pas de véhicule personnel, utilise ceux de l'armée.

Son intégrité fait qu'il n'a jamais cherché à utiliser sa position au sein du gouvernement pour imposer, de quelque manière que ce soit, un membre de sa famille. Entre le Kassem d'avant la révolution et celui qui va être au pouvoir, il n'y a pas de distinction ; il demeure égal à lui-même dans son humilité.

C'est un militaire acharné à la défense et au respect de son pays, qui ne connaît que peu de repos : dormir trois heures par nuit lui suffit (17). Sa situation de célibataire lui permet de vivre aisément de sa solde, aussi distribue-t-il le superflu de ses finances aux veuves, aux mères éplorées, aux nécessiteux (18).

S'il fut à la tête du pays et du gouvernement, il n'a jamais été propriétaire de quoi que ce soit en Irak, ou à l'étranger : ni maison, ni terre, ni véhicule personnel, ni même d'un compte bancaire (19).

Si sa confiance en lui est profonde, celle qu'il manifeste à l'égard de son entourage l'est beaucoup moins. Ce qui le conduit à prendre seul ses décisions mûries dans la solitude, qui en font un « joker imprévisible » (20). Sa prise de conscience de la mauvaise et difficile situation que traverse l'Irak, les problèmes politiques et les solutions à leur apporter sont, à mon avis, à l'origine de ce silence dont s'entoure Kassem.

Ne décide-t-il pas en effet, alors qu'il est officier d'agir afin de règler la situation politique du pays ? Ne déclare-t-il pas également : « Quand j'ai eu terminé mes études à la faculté militaire, j'ai constaté et compris que la situation irakienne allait de mal en pis et j'ai alors pris la décision, depuis ce temps-là, de modifier complètement cette situation » (21) ?

La surprise que provoque cette déclaration est quasiment nulle car ʿAbd Al Karīm Kassem, depuis son enfance mi-urbaine, mi-campagnarde, puis son adolescence en tant que petit instituteur de campagne l'ont formé à voir la situation réelle de l'Irak avec ses contrastes violents entre les villes confortables et aisées et les campagnes misérables, aux conditions de vie pénible. Contrastes accrus par ses voyages à l'étranger, qui accroissent encore l'abîme entre la situation irakienne (politique, sociale, santé, scientifique, agricole,...) et celle des pays visités : la Grande-Bretagne et la Turquie.

Comme la majorité des militaires du Tiers-Monde, ʿAbd Al Karīm Kassem ne bénéficie que d'une culture très limitée et à ce titre ne peut être considéré comme un chef révolutionnaire intellectuel malgré une culture générale acquise durant des études accomplies au lycée, puis à la faculté militaire, mais qui ne lui permet pas de définir une orientation politique déterminée. Ses lectures : quelques livres sur le marxisme et sur des thèmes nationaux généraux, ne l'aident pas à trouver sa voie, une voie politique précise et limitée.

Si dans le domaine politique il se cherche, dans le domaine militaire il montre des attitudes strictes, empreintes de dogmatisme et de déterminisme.

Une influence de l'environnement militaire qui annihile toute possibilité ou chance de souplesse d'esprit et d'adaptation aux situations et marque de son empreinte la ligne de conduite politique des officiers. Cela explique et justifie en partie le fait que ʿAbd Al Karīm Kassem se refuse à ce que ses idées soient le centre d'intérêt ou de critiques, ce point très précis, ainsi que la confiance presque démesurée qu'il montre envers son jugement, seront deux des causes fondamentales qui œuvrent à l'éclatement des problèmes entre officiers du Comité suprême, durant l'ère pré/post-révolutionnaire ; sa ténacité et son obstination favorisent également sa rupture avec Aref.

S'il se montre strict, ses qualités de cœur lui permettent de pardonner aisément, même à ses assassins, ainsi que nous le verrons plus tard dans cette étude. Ne libère-t-il pas des prisonniers et parmi eux ceux qui le jugeront plus tard et exigeront son exécution ?

Son amitié avec ʿAbd Al Salām Aref

Les liens amicaux qu'entretiennent ʿAbd Al Karīm Kassem et ʿAbd Al Salām Aref remontent à l'année 1938, alors que Kassem professe à la faculté militaire et que Aref y reçoit l'enseignement militaire (22).

Au terme de ses études, ʿAbd Al Salām Aref quitte la faculté, et par conséquent ʿAbd Al Karīm Kassem, mais cette brève interruption dans leurs relations, d'une durée d'environ un an, prend fin avec leurs retrouvailles au sud de l'Irak. Il paraît indéniable qu'il ait réfléchi à cette époque précise à des problèmes tels que la difficile et précaire situation misérable de l'armée nationale ainsi que la prépondérance de l'émergence de l'armée dans une « action de sauvetage des affaires politiques du pays » (23).

Une nouvelle séparation conduit ʿAbd Al Karīm Kassem à Ǧalolā et ʿAbd Al Salām Aref à Naṣriya, au sud de l'Irak (24). En 1947, le déplacement de Aref à Kirkouk le met à nouveau en présence de Kassem, alors chef de bataillon ; ʿAbd Al Salām Aref occupant le poste d'adjoint au chef de bataillon.

Alors que la guerre de Palestine éclate, en mars 1948, la mobilisation de Kassem et Aref les réunit dans deux villes palestiniennes voisines : Ǧanīn, la base de Aref et Kafr Kassem celle de ʿAbd Al Karīm Kassem. Cette contiguïté facilite la fréquence de leurs rencontres, au cours desquelles cette « triste comédie guerrière dont les gouvernants arabes sont les seules victimes » a sûrement été évoquée (25).

Avec la fin de la guerre de Palestine, s'amorce le retour des troupes armées irakiennes vers l'Irak. ʿAbd Al Salām Aref, de retour dans la capitale irakienne, sur ordre militaire, part successivement pour Mouṣil puis Kirkouk. Alors que le général Nouri Al Dīn Maḥmoud occupe le grade de Chef d'État-Major (précédent Rafīq Aref à ce poste), la nomination de ʿAbd Al

Salām Aref au Quartier général militaire de Bagdad lui confère des responsabilités en maints postes influents.

Ses contacts avec ʿAbd Al Karīm Kassem s'approfondissent et il n'hésite pas à lui rendre d'éventuels services (26).

1952 voit le transfert de Kassem et Aref à la direction des manœuvres militaires où ils se côtoient jusqu'en 1954, alors que la mutation de Kassem à la tête de la 19e Brigade et celle d'Aref à la tête d'un bataillon de cette brigade (28) les élèvent dans la hiérarchie politique.

Au terme de cette même année, ʿAbd Al Salām Aref part pour un stage en Allemagne de l'Ouest, stage qui se termine en 1956 avec son retour à la tête de son bataillon dans la 19e Brigade, en Jordanie, qui à la fin de l'année 1956 regagne la frontière irako-jodanienne. Peu après, des contacts entre officiers syriens — dont le chef d'État-Major syrien, ʿAfīf Al Barzī — et ʿAbd Al Karīm Kassem accompagné de ʿAbd Al Salām Aref s'établissent. Après ces contacts, Kassem et Aref retournent à Ǧalolā'.

Outre ces rencontres entre les deux militaires, il ne faut pas perdre de vue que l'entrée de ʿAbd Al Salām Aref au Comité suprême de l'Organisation des officiers libres relève de la volonté de ʿAbd Al Karīm Kassem d'imposer ce militaire, qui lui prouve sa reconnaissance en lui montrant une fidélité profonde.

Ne l'assiste-t-il pas dans toutes les réunions du Comité suprême ? N'appuie-t-il pas Kassem à la candidature de Chef du Comité suprême ? (28)

Sentiment et fidélité contrebalancés par les sentiments fraternels que ressent Kassem à l'égard de Aref avec lequel il s'entretient souvent des affaires secrètes qui se posent à lui, et de longues discussions privées s'élaborent entre eux, relations amicales facilitées par leur appartenance à la même troupe qui influent également sur leurs situations et opinions lors des réunions du Comité suprême (30). Cette profonde amitié, née avant la révolution, traverse sereinement l'époque sanglante et y survivra encore quelques temps avant que ne se déclare le conflit qui opposera violemment ceux-ci jusqu'à la mort de ʿAbd Al Karīm Kassem.

Il reste incontestable, cependant, que cette amitié, la plus profonde et sincère que connaît ʿAbd Al Karīm Kassem dans sa vie, car aucun être avant Aref n'a mérité de Kassem une telle confiance, marque le Zaʿīm dont les traits de caractère ainsi que la personnalité s'opposent à ceux de ʿAbd Al Salām Aref.

Les influences sociale et politique aux origines de la pensée politique de Kassem

Le cadre socio-géographique — le quartier de Qanbarʿ Alī dans les faubourgs de Al Mahdiya à Bagdad — dans lequel prend place l'enfance de ʿAbd Al Karīm Kassem imprègne fortement son caractère. Un quartier multicolore, aux strates sociales diverses, parfois antagonistes, tant au niveau de l'appartenance religieuse : chiʿite, sunnite, chrétien, juif, qu'ethnique : arabe, kurde, turcoman.

Ces diverses origines confrontées dans ce quartier de la capitale s'amalgament, parviennent à construire une vie commune dans laquelle les différences d'appartenance semblent exclues, leurs intégrations au quartier étouffant, toute particularité et incompatibilité.

Le climat, qui résulte de ce mélange hétéroclite de pensées et de croyances, se caractérise par une ouverture d'esprit très large à toutes les idées religieuses, politiques ou autres, qui libère ʿAbd Al Karīm Kassem de l'emprise originelle.

Si tel est le cadre dans lequel s'écoule l'enfance de Kassem, Aref, au contraire, se trouve enserré et confiné dans un quartier à tendance monopoliste : sunnite et arabe.

Outre l'environnement aux multiples colorations dans lequel ʿAbd Al Karīm Kassem est plongé dès sa plus tendre enfance, le milieu familial religieux — sunnite et chiʿite — persiste dans l'affaiblissement de ces barrières religieuses qui auraient pu se dresser devant Kassem.

En raison de l'étendue quelque peu restreinte de sa culture, tant au niveau des courants politiques irakiens qu'étrangers, ʿAbd Al Karīm Kassem subit donc l'influence directe des courants politiques régionaux irakiens qui s'imposent autour de lui, représentés par les partis politiques traditionnels réformistes. A cette influence, se joint celle de ses lectures, sans grande profondeur, offrant une certaine similitude avec celle de Ǧamal ʿAbd Al Nasser, le Zaʿīm égyptien. Ses lectures lui permettent cependant d'acquérir des idées générales.

Bien que ses études en ce domaine restent sommaires au niveau des buts, et des méthodes, les idées et principes marxistes font l'admiration de ʿAbd Al Karīm Kassem, ce qui explique en partie l'inclination de Kassem à soutenir le parti communiste irakien, ainsi que les relations qu'il entretient avec celui-ci.

Les contacts de ʿAbd Al Karīm Kassem avec le Parti communiste durant cette ère pré puis post-révolutionnaire confirment l'influence marquante de ses lectures relatives au marxisme ; tout comme celle, antérieure, du nationalisme arabe avec son adhésion, en 1935, à l'organisation Al Ḍobāṭ Al Qawmiyīn, alors dirigé par le colonel Ṣalāh Al Dīn Al Ṣabāġ.

Une évolution intellectuelle le conduit, par la suite, vers le nationalisme régional tout comme son cousin Mouḥamad ʿAlī Al Ǧawād, qui participe d'ailleurs au coup d'État de Bakir Ṣodqi en 1936. Ce coup d'État, à caractère réformiste régional, reflète avant tout la souffrance d'un peuple, celui de l'Irak, et prolonge la ligne politique de Mouṣṭafā Kémal Ataturk considérée comme un courant moderne influencé par l'occident.

Bien que n'adhérant pas au courant nationaliste arabe nazi, ʿAbd Al Karīm Kassem appuie le mouvement de Rašīd ʿAlī Al Gaylānī lorsque celui-ci éclate car l'essence de ce mouvement reste l'opposition au colonialisme. Le coup d'État de Bakir Ṣodqī, le mouvement de Rašid ʿAli Al Gaylānī et ses lectures orientent la pensée politique de ʿAbd Al Karīm Kassem vers les courants réformistes, exclusifs de toute influence régionaliste résultat de son expérience arabiste avec le parti Ǧamʿiyat Al Ḍobāṭ.

Une ère de recherche théorique politique caractérise alors l'existence de Kassem qui cherche la voie qui le conduira à la solution des problèmes économiques, politiques, sociaux, industriels, agricoles, ... irakiens.

L'impact de ces problèmes s'accroît brutalement avec le voyage de ʿAbd Al Karīm Kassem en Grande-Bretagne et les possibilités de comparaisons qui s'offrent et s'imposent alors à lui.

Ces comparaisons mettent en lice la Grande-Bretagne, la Turquie et l'Irak. Kassem décide de se vouer à l'étude des motifs de ces différences et s'isole. Il s'échappe de sa retraite pour entreprendre de nouer des contacts avec des personnalités ou des partis politiques. Son dessein d'atteindre à la modification de l'actualité irakienne pénètre et imprègne son ambition personnelle.

Son enfance, ses origines sociales, ses souffrances, sa participation à différentes guerres, toutes ces épreuves ainsi que ses lectures et ses idées réformistes sculptent un être simple qui conserve cette simplicité durant toute son existence et tout au long de son ascension dans la hiérarchie militaire, puis politique au sein du gouvernement.

Cette tendance marxiste conduit certains écrivains ou historiens — et même des officiers libres comme Ṭāhir Yaḥyā (31) — à alléguer que ʿAbd Al Karīm Kassem est communiste depuis l'année 1956 ; certains avancent même que Krouchtchev, lors de son voyage en Egypte, à Aswan, en 1964, aurait confirmé l'appartenance de Kassem au Parti communiste irakien vers 1954, soit quatre ans avant la révolution (32).

Faute de pouvoir déterminer l'origine des informations de Ṭāhir Yaḥyā, ni confirmer ou infirmer la véracité des paroles de Krouchtchev, le doute plane quant à son adhésion au Parti communiste irakien.

Si l'on peut douter de son adhésion, ses contacts constants avec certains membres du Parti communiste ne peuvent être niés, d'autant plus que sa proximité spirituelle avec les idées de ce parti (idées empreintes de radicalisme et de réformisme), du socialisme, du parti Al Waṭanī Al Dīmoqrāṭī et de son journal Al Ahālī relève du domaine de la certitude.

Les tendances nationalistes arabes restent atténuées dans la pensée politique de Kassem, où seules les réformes internes à l'Irak occupent une place prépondérante.

Le journal du parti Al Waṭanī Al Dīmoqrāṭī : Al Ahālī possède également un ascendant profond sur ʿAbd Al Karīm Kassem qui, déjà avant la révolution, en est un lecteur assidu.

Après la révolution de 1958, ne déclare-t-il pas à Kāmil Al Ǧādirǧī — chef du parti Al Waṭanī Al Dīmoqrāṭī — qu'il se considère comme l'élève du groupe de rédaction de Al Ahālī ?

La position très politisée de ce journal, durant les années 30, se caractérise par un cetain socialisme avec, prendant cette période de sous-développement irakien une orientation vers les courants politiques de la gauche extrémiste, considérés alors comme pernicieux.

Connaissant l'influence de ce journal sur ʿAbd Al Karīm Kassem et sur ses idées politiques, il n'est pas surprenant de voir ce dernier, dans les années 50, se tourner vers le Parti communiste irakien qui assume, à cette même époque, des idées socialistes déjà élaborées et structurées.

L'évidence de cet ascendant socialiste reste insuffisant pour affirmer que ʿAbd Al Karīm Kassem ait appartenu au Parti communiste irakien ou à quelque autre parti que ce soit. Malgré cette influence sensible et indéniable sur les idées de ʿAbd Al Karīm Kassem, celui-ci ne possède pas de tendance politique très claire et évidente ; de plus son caractère réservé n'aide en rien à faire la lumière sur ses idées qui laissent même ses proches dans l'expectative.

Kamāl Naẓmī, un ami de Kassem et un membre du Comité central du Parti communiste irakien, déclare pourtant : je suis un proche de Kassem depuis 1953, nous sommes liés par une véritable amitié ; je sais qu'il n'appartient à aucune tendance politique, je connais son indépendance à l'égard de quelque parti politique que ce soit (33).

La pensée politique de Kassem et son ampleur font de lui le fils spirituel de tous les partis politiques irakiens opposés à la monarchie.

L'imagination qu'il déploie quant aux changements reste fortement teintée de radicalisme du fait de sa proximité spirituelle, plus notable avec des partis radicaux comme Al Waṭanī Al Dīmoqrāṭī, qu'avec tout autre parti ou tendance politique.

Outre ses lectures, sa vie personnelle offre toutes les caractéristiques nécessaires pour le conduire à se forger une pensée politique socialiste : sa vie misérable, ses déménagements, son exode vers la campagne, sa vision nouvelle et comparative des cadres et conditions de vie rurale et urbaine, ses déplacements à l'étranger, ses aperçus de nouveaux mondes et de nouveaux modes de vie participent à l'éveil politique de ʿAbd Al Karīm Kassem.

La synthèse de ces divers éléments favorisent sa prise de conscience de la misère des classes paysannes, des problèmes économiques ; dès lors ʿAbd Al Karīm Kassem s'attache à résoudre ces questions brûlantes afin d'extraire l'Irak, son pays, de cet état latent de sous-développement tant dans les secteurs économiques, sociaux, que politiques, de santé, d'agriculture, de politique pétrolière, industrielle, ...

Cette prise de conscience amorce un recul net de sa tendance nationaliste arabe au profit de la mise en application de ses théories de lutte conte la pauvreté.

Cet éloignement sensible vis-à-vis du courant nationaliste arabe, devenu pas trop chimérique par rapport à la situation réelle du pays, ne signifie en rien qu'il renie ce courant ainsi que se complaisent à l'affirmer certains dont Noʿmān Māhir Al Kanʿānī — secrétaire de Kassem et reponsable des relations avec la presse. Noʿmān Māhir Al Kanʿānī avance en effet que ʿAbd Al Karīm Kassem ressentait de la haine pour le nationalisme arabe en raison de l'assassinat de son cousin, le Général Mouḥamad ʿAlī Ǧawād — chef des forces militaires aériennes — et de Bakir Ṣodqī par les nationalistes arabes de Mouṣil. Al Kanʿānī ajoute, d'ailleurs, que le massacre de Mouṣil en mars 1959, ordonné par Kassem après le mouvement de Šawaf, en fournit la preuve (34).

Ces allégations relèvent du domaine de l'imaginaire et peuvent être aisément démontées : cet accusateur n'est-il pas originaire de Mouṣil ?

N'est-il pas connu pour sa forte conscience et son attachement aux origines géographiques ? N'est-il pas nationaliste arabe ? Tout semble vouloir disculper ʿAbd Al Karīm Kassem d'un tel acharnement et ressentissement envers les nationalistes arabes car s'il marque ses distances envers ce courant d'idées, il n'en conserve pas moins des relations avec ʿAbd Al Salām Aref ou Naǧīb Al Robayʿī par exemple.

Si plus tard, un conflit éclate entre ʿAbd Al Karīm Kassem

et ʿAbd Al Salām Aref, celui-ci ne trouve pas ses origines et ses fondements dans les différends d'ordre idéologique qui opposent les deux militaires (Kassem : réformiste et Aref : nationaliste arabe), mais plutôt dans les ambitions de la course au pouvoir, certes ce désaccord politique a joué un rôle, dans le conflit, en contribuant à accroître les différends idéologiques entre Kassem et Aref. Si les discours de ʿAbd Al Karīm Kassem laissent parfois transparaître des détails ou des traits nationalistes arabes, ils n'en sont pas empreints de l'extrémisme parfois poussé jusqu'au racisme que ʿAbd Al Salām Aref arbore.

Les différences de caractères des deux militaires transparaissent à nouveau dans leurs conduites politiques : ʿAbd Al Karīm Kassem reste réservé et modéré, donc plus à même d'objectivité que ʿAbd Al Salām Aref empressé et vif, qui ne lutte que pour l'unité arabe, sans doute en raison de la profonde empreinte de son origine irakienne.

En tant que réformiste, ʿAbd Al Karīm Kassem s'attaque à toutes les causes du sous-développement de l'Irak à la fin de ces cinq premières décennies du XXᵉ siècle tels les domaines de l'économie, de la santé et de l'hygiène, du culturel, ou du social.

Si Kassem adopte des tendances politiques quelque peu différentes de celles de ses collègues et des officiers libres, il n'en conserve pas moins avec eux un trait commun : il reste un croyant tout comme la majorité des officiers et des fils de la société traditionnelle.

Le développement de la pensée générale de Kassem s'accomplit grâce à l'expérience politique qu'il acquiert, tout en conservant cependant des principes presque identiques du début de ce que l'on peut appeler sa carrière politique, jusqu'au terme de celle-ci.

NOTES

(1) Le Ministère de l'Orientation Nationale, *Dalīl Al Ǧamhouriya Al 'Iraqiya li Sanat 1960* (« Le guide de la république d'Irak pour l'année 1960 »), Éditions Maṭbaʿat Al Tamadon, Bagdad, 1961, p. 216.

- Bernard Vernier, *l'Irak d'aujourd'hui*, p. 148.
- *La révolution du chef sauveur*, p. 5.
- Mouḥamad ʿAbd Al Karīm Al Ṣafār, *Abd Al Karīm Kassem Al Baṭal Al Ṯā'ir (« 'Abd Al Karīm Kassem Al, le héros révolutionnaire »)*, Éditions Maktabat al Ṯawra al Firkriya, Bagdad, 1961, p. 27.
- Mouḥamad 'Abd Al Karīm Al Safar *'Abd Al Karīm Kassem Kamā 'Ariftaho Fī Šaḫsiyataho Wa Za 'Āmataho* (« ʿAbd Al Karīm Kassem comme je le connais au travers de sa personnalité et de son commandement »), Éditions Maktabat al ṫawra al firkriya, Bagdad, 2e édition 1959, p. 2.

(2) Interview de Ḥāmid Kassem, le frère de ʿAbd Al Karīm Kassem, à Bagdad, en juin 1979.

(3) *Ibid.*.

(4) *La révolution du chef sauveur*, p. 5. *'Abd Al Karīm Kassem, le héros révolutionnaire*, p. 27.

(5) Ṭālib Mištāq, *Awraāq Ayāmī 1900-1958* (« Les pages de mes journées 1900-1958 »), Éditions Dar al Ṭaliå, Beyrouth, sans date, Volume 1, p. 568. *Al Moṣawir*, Magazine hebdomadaire, Le Caire, 3 ocotbre 1958.

(6) Al Zoubaydī, *La révolution du 14 juillet 1958 en Irak*, p. 377.

(7) *Ibid.*, p. 377.

(8) Aḥmad Fawzī, *Qoṣat 'Abd Al Karīm Kassem Kāmila* (« L'histoire complète de ʿAbd Al Karīm Kassem »), Éditions Šarika al Åribiya Lil Ṭibāå Wa Al Našr, Le Caire, 1963, p. 71.

(9) Maḥmoud Al Dora, *Kassem Kamā 'raftoha* (« Kassem comme je l'ai connu »), Magazine Al Aṣad, Hebdomadaire, Beyrouth, N° 451, 4 octobre 1959.

(10) *Le guide de la République d'Irak pour l'année 1960*, p. 317.

(11) *Ibid.*, p. 316. *La révolution du chef sauveur*, p. 7.

(12) *Le guide de la République d'Irak pour l'année 1960*, p. 317.

(13) Faliḥ Al Šawī, *Za 'ịm Molham Wa Qā'Id'Azīm* » (« Un chef éclairé et un grand dirigeant »), Dār al Yaqẓa Al Årabiya Lil Ṭibāå, Bagdad, 1962, p. 17.

Kassem est sans nul doute l'un des officiers les plus décorés d'Irak. Il reçut entre autres :

- en août 1935, la médaille militaire pour son action lors de la guerre de Al Forāt Al Awṣaṭ.
- en novembre 1945, la médaille d'honneur des actes de courage et de dévouement.
  Le chef de la division de Kassem écrit à ce propos sur cet officier qu'il possède de nombreuses valeurs traditionnelles respectables : hospitalité, respect de ses supérieurs, une culture générale correcte et ajoute qu'il sera, dans le futur, un officier irakien parmi les meilleurs.

- le 9 septembre 1951, la Croix de guerre et du mérite.
- le 30 avril 1953, la médaille des « Deux Rivières », la plus haute distinction militaire irakienne.
- en 1954, la médaille de sauvetage.
- le 29 avril 1957, la médaille de la police.

La révolution du chef sauveur, p. 7.

(14) *Une poignée de sable*, p. 285.

AL ZOUBAYDĪ, *La révolution du 14 juillet 1958 en Irak*, p. 397.

(15) *L'Irak d'aujourdhui*, p. 149.

(16) *Ibid.*, p. 149.

(17) *Ibid.*, p. 149.

(18) Sources personnelles.

(19) AL ZOUBAYDĪ, *La révolution du 14 juillet 1958 en Irak*, p. 397.

(20) *L'Irak d'aujourd'hui*, p. 150.

(21) *Al Ǧamhouriya*, journal quotidien, Bagdad, 2 juillet 1958.

(22) *Une poignée de sable*, pp. 288-289.

(23) ʿABD AL SALĀM AREF, *Mémoires*, p. 17.

(24) *Une poignée de sable*, p. 403.

(25) AL ZOUBAYDĪ, *La révolution du 14 juillet 1958 en Irak*, p. 403.

(26) *Une poignée de sable*, p. 290 ;

(27) *Ibid.*, p. 290.

(28) *Les jugements du tribunal supérieur spécial*, volume 5, p. 237.

(29) *Ibid.*, pp. 237-241.

(30) *Kassem comme je l'ai connu*, Al Aḥad, Hebdomadaire, Beyrouth, N° 451, 4 octobre 1959.

(31) *Une poignée de sable*, p. 296.

(32) *Les secrets de l'assassinat de la famille royale en Irak*, p. 70.

(33) AL ZOUBAYDI, *La révolution du 14 juillet 1958 en Irak*, p. 388.

(34) *Ibid.*, p. 399.

PENSÉES POLITIQUES ET LEUR POSITION VIS-À-VIS DE LA RÉVOLUTION

[illegible]

DEUXIÈME CHAPITRE

LES PARTIS POLITIQUES ET LEUR POSITION VIS-A-VIS DE LA RÉVOLUTION

Les partis politiques

Les développements politiques qui jalonnent la période qui sépare le premier Cabinet ministériel du second puis des suivants, l'isolement de ʿAbd Al Karīm Kassem pour et dans le pouvoir, contribuent à créer un malaise politique qui éclate alors.

Afin de mieux appréhender le premier puis deuxième cabinets et ceux qui suivront, l'orientation du système politique vers la gauche et son éloignement de l'arabisme, une étude, même schématique, des principaux partis politiques irakiens issus de l'ère pré-révolutionnaire, et qui survivent à la secousse du 14 juillet 1958, s'impose donc.

Les partis politiques irakiens

L'émergence des partis politiques en Orient n'est que toute récente : elle ne remonte qu'au début de ce siècle, alors que les Turcs pressent le Sultan d'appliquer la constitution de 1876 (1).

Cette tardive naissance du Moyen-Orient au monde des partis politiques n'est en fait que le résultat d'un sous-développement profond et généralisé (tant dans la culture, que dans le champ économique), de l'absence de toute conscience politique nationale et de classes, ainsi que de la domination religieuse islamique — système totalitaire inhibant et annihilant toute création idéologique, frein à toute initiative politique — qui, dans le cas présent, ralentit l'émergence des partis empreints d'idées nationalistes, libérales ou de gauche.

En Irak, il faut remonter au début du XXe siècle pour remarquer l'apparition de partis politiques : les deux premiers de l'époque ottomane furent Al'Had et Ḥoras Al Waṭan (2).

Deux partis éphémères engloutis avec l'avènement de la Première Guerre mondiale, l'empreinte britannique en Irak et l'intronisation de Fayṣal I.

L'imposition de Fayṣal I à la tête du pays réveille chez les hommes politiques la nécessité de créer des partis bien que le roi rejette cette perspective qui facilite l'atomisation du pays, comme en témoigne le triste sort de la Syrie (3).

Pour répondre à ce besoin, quelques hommes politiques irakiens fondent deux organisations alors secrètes : Al Waṭanī et Ǧam'It Al Nahḍa Al'Īrāqiya aux programmes quasi analogues et qui entendent se situer dans l'opposition gouvernementale. Le 2 juillet 1922, le gouvernement irakien publie une loi autorisant la création de partis politiques en Irak (4). Ainsi débute la vie politique irakienne avec, en août de la même année, l'officialisation des partis Al Waṭanī et Ǧam'It Al Nahḍa Al 'Īrāqiya.

En août 1924, face à ces deux partis d'opposition — si l'on peut déjà les nommer ainsi, compte tenu de la position toute modérée qu'ils montrent vis-à-vis du colonialisme — les mandataires du colonialisme fondent le parti Al Ḥor Al 'Īrāqī, dans le dessein de soutenir le gouvernement et la politique britannique (5). S'ensuit alors une floraison de partis politiques : Al 'Oma qui voit le jour en 1924 (6), Al Taqadom (parti gouvernemental) créé le 26 juillet 1925, Al Ša'Ab en 1925, Al 'Ahd en 1930, Al 'Aḫā'al Waṭanī le 25 novembre 1930 (7), etc.

Faute de programmes et de structures internes, ces partis politiques ne subsisteront pas jusqu'à la révolution du 14 juillet 1958 : leur objectif temporaire, appuyer ou s'opposer au gouvernement, ne leur en laisse pas les moyens.

Ces premières expériences marquent le passage vers des partis s'organisant autour de programmes précis et déjà mieux définis (indépendance, réformes sociales, ...).

Le premier de ces groupes à bénéficier d'un programme sera Al Ahālī. Les modifications rythmées par l'histoire, les événements et le temps, font que ce parti substituera au nom de « Al Ahālī » celui de Al Waṭanī Al Dīmoqrāṭī.

A l'origine, en 1931, cette organisation fut créée par quelques intellectuels diplômés en économie ou en sciences politiques des facultés américaines ou européennes et dont les idées avaient subi l'influence du libéralisme, du socialisme, de la démocratie et des concepts de gauche (8). Ils publient, en 1932, un journal sous le titre de : « Al Ahālī ». Ce journal a un impact sur un grand nombre de lecteurs (9) dont ʿAbd Al Karīm Kassem qui subit successivement l'ascendant du groupe Al Ahālī, puis Al Waṭanī Al Dīmoqrāṭī. Le gouvernement interdit le 8 octobre 1932 la publication de ce journal (10).

L'activité de ce groupe s'éteint en 1937 avec, entre autres, l'exil à l'étranger, en août 1937, de Kāmil Al Ǧādirǧī — un des membres chef de file de Al Ahālī. L'activité du groupe est momentanément suspendue (11) et reprend grâce à la fondation, par Kāmil Al Ǧadirǧī, du parti Al Waṭanī Al Dīmoqrāṭī.

Le parti communiste

Les vrais débuts du Parti communiste irakien remontent à 1932, avec la création par un chrétien appartenant au courant de la communauté chaldéenne — Yousif Salmān, dit Fahad — de la première cellule communiste à Nāṣriya, au sud de l'Irak.

Nāṣriya, où Yousif Salman (Fahad) s'installe loin de ses origines. Il n'y a rien de très surprenant à ce qu'il choisisse ce cadre pour y fonder cette cellule communiste car cette ville, comme les autres villes et villages du sud de l'Irak, se caractérise par une grande misère. Ce milieu empreint de souffrances et de privations demeure le meilleur climat psychologique et social qui puisse fournir à un groupe communiste force et adhérents. Le sud connaît le sous-développement et le féodalisme ce qui transforme les paysans en véritables esclaves. Outre ces conditions sociales, l'appartenance à un courant religieux chiʿite favorise encore l'écrasement de cette région par le pouvoir de Bagdad alors sunnite.

L'origine chrétienne de Fahad le motive encore plus à la création de cette cellule : il représente autant la minorité chrétienne écrasée par le pouvoir du contrôle islamique que toutes les autres minorités rejetées. Dès lors, la base du Parti communiste irakien regroupe les minorités religieuses comme les chrétiens, les juifs, les sabéens, ... et les chiʿites pourtant majoritaires en nombre mais qui connaissent les persécutions du pouvoir sunnite. A ces minorités s'ajoutent également celle des nationalistes, comme les Kurdes, les Turcomans.

A ces groupes politico-religieux se joignent quelques ouvriers des usines de glace de Nāṣriya et du port de Baṣra. Ceux-ci ne constituent pas la majorité dans ce parti, car en Irak, comme dans tous les pays sous-développés, la classe ouvrière s'avère très faible et, dans le cas présent, la domination de la religion islamique reste d'une grande emprise sur les idées communistes de cette classe ainsi que sur celles de la paysannerie.

Le Parti communiste s'étoffe cependant grâce à l'adhésion d'intellectuels, de la petite-bourgeoise des grandes villes, comme Bagdad et Baṣra, qui constituent autant de minorités religieuses ou nationalistes. Cette « classe de privilégiés » (étudiants, instituteurs, avocats, professeurs, fonctionnaires, etc.) forme dès lors le noyau principal du parti.

1934, voit le développement de la cellule de Fahad à Nāṣriya et la multiplication des cellules des autres villes irakiennes.

L'activité du parti prend de l'importance durant le coup d'état de Bakir Ṣodqī, en appuyant ce mouvement (12). Après l'assassinat de Bakir Ṣodqī, le gouvernement s'acharne sur le Parti communiste et ceci plus particulièrement durant la Seconde Guerre mondiale (13). Ces persécutions se prolongent et vont s'amplifiant jusqu'au 14 juillet 1958. Au sein du parti, en 1948, ont lieu des exécutions entre autres celle de Fahad, ainsi que plusieurs emprisonnements. Malgré les coups portés par le gouvernement, le parti reste présent parmi les étudiants et les ouvriers. L'activité du P.C.I. prend de l'ampleur dans les villes où la masse ouvrière est plus concentrée.

Parallèlement, un grand nombre d'intellectuels et de fonctionnaires rejoignent le parti, grossissant ses effectifs, et constituent déjà une majorité au sein du Parti communiste irakien.

Ce parti persévère dans sa lutte contre le régime royal jusqu'en 1957, année de création et de son adhésion au Front de l'union nationale constitué des partis Al Waṭanī Al Dīmoqrāṭī, Baas arabe socialiste et Al Istiqlāl qui soutiendront la révolution du 14 juillet 1958.

Le Parti communiste irakien établit alors des contacts avec l'Organisation des officiers libres et s'immisce progressivement dans l'armée. Outre son soutien à la révolution, en tant que membre du Front de l'union nationale, ce parti sert et soutient également ʿAbd Al Karīm Kassem durant la période post-révolutionnaire, comme nous le ferons ressortir ultérieurement.

Le parti Al Istiqlāl

C'est un parti nationaliste arabe fondé durant les années trente et qui soutient le mouvement « national socialiste » de Rašīd ʿĀlī Al Gaylānī (14).

Sa création est autorisée par le gouvernement, le 2 avril 1946, il ne porte pas encore alors le nom de Al Istiqlāl.

L'origine sociale de ses membres en fait un parti de bourgeois nationaliste arabe bagdalien composé de commerçants, propriétaires, féodaux, avocats, grands fonctionnaires, cadres d'administration et quelques cheikhs de tribus.

L'année 1951 est témoin de la collaboration qui naît entre Al Istiqlāl et Al Waṭanī Al Dīmoqrāṭī.

1954 voit la proposition de créer un front unissant ces deux partis en une seule et unique organisation : Al Mo'Tamar Al Waṭanī (« La conférence Nationale »), un projet qui essuie le refus du ministère de l'Intérieur, mais qui survit jusqu'en 1957, année de la fondation du Front de l'union nationale.

Outre cette tentative d'union avec Al Waṭanī Al Dīmoqrāṭī, depuis 1953, ce parti contacte des officiers libres par le biais de son chef-adjoint Fa'Iq Al Samāra'Ī et de Mouḥamad Ṣidīq Šanšal, à qui nous devons la rédaction du premier manifeste de la révolution, dont le texte ne diffère que de peu de celui de ʿAbd Al Karīm Kassem et que ʿAbd Al Salām Aref lira à la radio irakienne le matin du 14 juillet 1958 (15).

Des contacts plus intenses s'établissent en 1958 entre ce parti (Mouḥamad Ṣidīq Šanšal), et l'Organisation des officiers libres (RiğabʿAbd Al Mağīd, secrétaire de l'Organisation des officiers libres) afin que Mouḥamad Sidīq Šanšal se rende au Caire pour y rencontrer ǦamalʿAbd Al Nasser et soit informé de la position de la République Arabe Unie vis-à-vis de la révolution irakienne (16).

Ces contacts avec l'Organisation des officiers libres, l'adhésion de Al Istiqlāl au Front de l'Union nationale placent alors ce parti dans une situation favorable pour offrir son soutien et son appui à la révolution, une aide qui se poursuivra d'ailleurs jusqu'à l'éclatement du conflit Kassem/Aref, que nous étudions un peu plus loin.

Le Parti Al Waṭanī Al Dīmoqrāṭī

Le parti Al Waṭanī Al Dīmoqrāṭī est la résurgence du groupe Al Ahālī, pour lequel Kāmil Al Ǧādirğī, Ḥousayn Ǧamīl et leurs camarades requièrent du ministère de l'Intérieur, le 5 mars 1946, la reconnaissance et l'officialisation, d'ailleurs admises le 2 avril de la même année.

Ce parti croit en une réforme générale de la vie politique, économique, sociale... vers un système libéral et démocratique qui prône l'égalité sociale et économique. Les idées politiques de ce parti subissent l'influence du courant socialiste et démocratique ainsi que celle des pays soviétiques. Les fondateurs de ce parti sont des intellectuels démocrates irakiens aux origines bourgeoises (avocats, enseignants, ...). Al Waṭanī Al Dīmoqrāṭī connaît une grande popularité parmi les étudiants et la bourgeoisie libérale.

Alors que ce parti est membre du Front de l'union nationale, il établit ses premiers contacts avec l'Organisation des officiers libres. Contacts empreints de la plus grande prudence de la part de Kāmil Al Ǧādirǧī qui, face à cette collaboration, garde en mémoire le douloureux souvenir de sa coopération, en 1936, avec les militaires du mouvement de Bakir Ṣodqī.

Surmontant ces pénibles relents du passé, des contacts s'établissent avec ʿAbd Al Karīm Kassem (17).

Le rôle de ce parti dans l'action révolutionnaire du 14 juillet 1958, ainsi d'ailleurs que celui de tous les partis du Front de l'union nationale, reste limité à un plan général toujours en concordance avec les caractéristiques de son activité et de son programme politique imprécis, vaste et général. Cette participation et l'appui de ce parti à la révolution lui valent, en signe de reconnaissance, deux sièges ministériels. Devant l'obtention de ces deux portefeuilles ministériels, Al Waṭanī Al Dīmoqrāṭī ne peut qu'assurer ʿAbd Al Karīm Kassem de son appui, ce qu'il ne manque pas de faire aux côtés du Parti communiste irakien.

Le Parti Baas arabe socialiste

Sous un certain angle, la venue en Irak d'enseignants ainsi que d'étudiants syriens et libanais peut être considérée comme marquant l'intrusion des idées baasistes en Irak. Ce transfert d'idées conduit rapidement, en 1947, à la formation de la première cellule baasiste en Irak (18). Jusqu'en 1951, les chefs de cette organisation seront des Arabes non irakiens, mais, après leur retour définitif dans leur pays, le commandement est assuré par le groupe constitué autour de Fou'Ād Al Rikābī et Faḫrī Qadourī. L'année 1953 voit la création d'un commandement régional avec à sa tête Fou'Ād Al Rikābī (19).

Déjà ce parti s'immisce dans le milieu estudiantin et y gagne quelques adhésions grâce à l'activité qu'il déploie, alors, dans ce milieu avec la publication de cahiers (20). Les étudiants forment la base du Parti Baas au côté de la jeunesse influencée par les rêves d'unité arabe, ainsi que de quelques ouvriers et fonctionnaires, jeunes journalistes et petits bourgeois intéressés par une ascension rapide dans l'échelle sociale. Le leitmotiv de ce parti se résume en trois points : unité arabe, liberté et socialisme. Le reste du programme est peu précis, d'une imprécision qui touche également à la structure idéologique de ce parti résumée dans des buts politiques généraux et sentimentaux.

Des contacts s'établissent entre ce parti et quelques officiers libres sensibles à l'idée du nationalisme arabe, comme Aref et quelques autres tels les membres de Al Ḫaliya Al Waṣīṭa. Ces contacts amèneront le parti Baas a fournir son appui, le 14 juillet 1958, au mouvement des officiers libres, ainsi qu'au gouvernement de Kassem jusqu'à l'éclatement du conflit qui opposera ce dernier à Aref.

Les quatre partis politiques précédemment étudiés — Parti communiste irakien, Al Istiqlāl, Al Waṭanī Al Dīmoqrāṭī et Al Baas Al ʿArabī — forment l'opposition gouvernementale irakienne et leur importance dans la vie politique de l'Irak provient du fait qu'ils survivront à la secousse révolutionnaire du 14 juillet 1958 et qu'ils coexisteront au sein du nouveau gouvernement irakien.

Outre ces quatre partis d'opposition, des partis gouvernementaux sont créés pour assurer un équilibre gouvernemental sous le régime monarchique, parmi lesquels nous pouvons citer : Al Itiḥād Al Distourī (« L'union constitutionnelle »), Al 'Oma Al Ištirākī (« Le parti socialiste de la Nation »), Al Aḥrār (« Le parti des Libres »).

L'émergence de ces partis politiques revient de droit à des hommes politiques traditionnellement issus de la féodalité et de la bourgeoisie et qui soutiennent le gouvernement pro-colonialiste de Faysal II. L'activité politique d'ailleurs très limitée de ces partis s'estompe, puis cesse avant que n'éclate la révolution irakienne.

Le front de l'union nationale

L'année 1957 est marquée par une nouvelle expérience, celle d'un nouveau Front politique, expérience empreinte de plus de maturité puisque Nourī Al Saīd lance une campagne de lutte à l'encontre des partis d'opposition gouvernementale afin de faciliter la conclusion du pacte de Bagdad, signé en 1955. Des partis politiques soulèvent alors l'idée de l'utilité d'un Front afin de résister au gouvernement et de s'opposer à ses intentions. Ce sera d'abord le Parti communiste irakien qui se met en relation avec Al Baas Al ʿArabī, puis entame une politique de coopération/coordination avec Al Waṭanī Al Dīmoqrāṭī, ainsi qu'avec l'Istiqlāl. Les forces communistes proposent à Kāmil Al Ǧādirǧī — chef du parti Al Waṭanī Al Dīmoqrāṭī — de regrouper leurs forces au sein d'un front national.

La multitude de ces contacts permet au Parti communiste irakien, Al Waṭanī Al Dīmoqrāṭī, Al Istiqlāl et Al Baas Al

ʿArabī de retenir l'idée de création d'un Front qui s'opposera au Pacte de Bagdad en 1955, à la guerre de Suez en 1956 ainsi qu'à la politique irakienne appliquée alors.

Ces quatre partis rompent leur isolement en adhérant à ce front et accroissent ainsi leurs possibilités d'action au niveau politique. Ces partis se concertent afin de décider d'un commandement unique, d'orienter les manifestations dirigées contre le gouvernement monarchique et de coordonner l'action des partis.

Plusieurs rencontres sont organisées malgré les dangers encourus par ces partis politiques dont les réunions sont alors étroitement surveillées par ordre du gouvernement (21). Faisant preuve de persévérance dans leurs réunions, jusqu'au début de l'année 1957, ils parviennent à créer le Front de l'union nationale. La publication du premier manifeste de ce front, qui date du 9 mars 1957, explicite les motifs de création et les buts de ce front (22). Ce texte, particulièrement long, se caractérise par la maturité de son ton et sa clarté au niveau de l'explication politique. Ce manifeste aborde de façon générale toutes les questions contemporaines de politique intérieure ainsi que celles de politique étrangère.

Ses points forts se résument par :

- la mise en disgrâce du gouvernement de Nouri Al Saīd ainsi que la dissolution du Parlement ;
- le désengagement par rapport au pacte de Bagdad et le redressement de la politique irakienne dans la voie arabe de l'indépendance nationale ;
- la résistance aux tentatives d'ingérence des puissances coloniales dans les affaires intérieures irakiennes, ainsi que l'application d'une politique arabe indépendante basée sur la neutralité positive ;
- l'instauration de la liberté politique constitutionnelle pour les partis politiques ;
- l'abolition de la loi martiale, la libération des prisonniers politiques, ainsi que la réintégration, à leurs postes, des personnes ayant subi des persécutions ou des sanctions par rapport à leurs activités professionnelles, ceci en raison de leurs activités politiques.

Le fait de s'appuyer sur des desseins généraux dictés par la contingence ne permet, cependant, à ce front de requérir que des changements empreints d'hésitation qui ne portent pas de solutions efficaces aux problèmes internes à l'Irak. Les questions primordiales gravitent autour de la politique ainsi que des desseins nationaux, dont le plus crucial reste celui de la libération nationale, sur lequel les autres viennent se greffer.

Le domaine politique du Front de l'union nationale ne se limite pas uniquement aux questions internes à l'Irak, car il publie des manifestes ayant pour objet la situation politique passée et actuelle des pays arabes avec comme leitmotiv les idées nationalistes, les problèmes du colonialisme, les réformes. Ce Front parvient, de par la diversité des points abordés et son impact sur la population irakienne, à créer des branches dans plusieurs villes irakiennes (23).

Les partis Al Istiqlāl et Al Baas Al ʿArabī s'opposent à ce que le parti démocratique kurde dont nous parlerons plus loin s'insère dans le Front de l'union nationale, faisant ainsi preuve de ségrégation dans leur application du nationalisme arabe ; une attitude d'ailleurs révisée par la suite (24) sous l'influence du Parti communiste irakien et de Al Waṭanī Al Dīmoqrāṭī qui permettra au parti kurde de s'intégrer au Front.

La police politique toujours aussi vigilante, notamment après la publication de quelques tracts virulents émanant des partis de l'opposition, reste attentive à ce mouvement. La surprenante composition de ce front étonne le gouvernement, attitude d'observation, qui n'est d'ailleurs pas suivie de représailles gouvernementales, à l'égard d'un parti qui, bien loin de faire preuve d'inertie, contacte l'Organisation des officiers libres.

Ce sont ces relations menées par les partis et non par le Front, avec l'Organisation des officiers libres, et plus particulièrement avec ʿAbd Al Karīm Kassem, qui permettent aux partis du Front de l'union nationale d'avoir connaissance à temps de la date de la révolution irakienne qu'ils vont aussitôt soutenir. En signe de reconnaissance, ces partis — excepté le Parti communiste irakien — bénéficient de quelques sièges ministériels dans le premier cabinet du gouvernement de Kassem.

Ce nouveau gouvernement irakien a l'avantage d'être soutenu par tous les partis politiques du Front de l'union nationale jusqu'à l'éclatement du conflit qui opposera alors Kassem à Aref et qui entraînera un clivage en deux camps, les uns soutenant alors Kassem, les autres Aref. Cette rivalité entre personnalités politiques entraînera dans son élan les partis politiques constituant le Front, rompant ainsi toute cohésion entre les éléments composant ce front.

L'impact évident de ce conflit de personnalités entre Kassem et Aref sur la politique et le futur de l'Irak impose une étude approfondie d'une crise qui a retenti sur le front d'autant plus aisément qu'aucun point commun profond ne semble unir ces quatre partis, en dehors de l'idée « nationale » et sans doute l'ambition, le goût du pouvoir.

NOTES

(1) *L'Irak d'aujourd'hui*, p. 100.
(2) *Ibid.*, p. 101.
(3) ʿAbd al Amīr al ʿkām ; *Al Ḥaraka Al Waṭaniya Fī Al ʿIrāq 1920-1933* (« Le mouvement nationaliste en Irak 1920-1933 »), Al Naǧaf, 1976, p. 447.
(4) *Ibid.*, p. 448.
(5) *Ibid.*, p. 460.
(6) ʿAbd Al Razāq Al Ḥasanī, *Tārīḫ Al ʿIrāq Al Siyāsī* (« L'histoire politique de l'Irak »), Ṣayda, Liban, 1948, volume 3, p. 232.
(7) *Ibid.*, volume 3, p. 232.
(8) Mouhamad Anīs, *Ǧamāʿat Al Ahālī Wa Našʾat Al Yasār Al ʿIrāqī* (« Le groupe de Al Ahālī et la naissance de la gauche en Irak »), article paru dans le magazine Al Hilāl, mensuel, Le Caire, n° 1, janvier 1965.
(9) Riǧab Ḥarāz, *Al Šarq Al ʿArabī Fī Al Tārīḫ Al Ḥadīṯ Wa Al MoʿĀṣir* (« L'orient arabe dans l'histoire moderne et contemporaine), Le Caire, 1967, p. 483.
(10) *Malaf Al Waṯāʾiq Fī Bagdad* (« Le dossier des documents à Bagdad »), dossier n° D/4, 1932, p. 130.
(11) Fou'Ād Al Wakʿīl, *Ǧamāʿat Al Ahālī FīʿIrāq 1932-1937* (« Le groupe de Al Ahālī en Irak 1932-1937 »), Dār Al Rašīd Lil Našr, 2e édition, Bagdad, 1980, p. 430.
(12) *Le mouvement nationaliste en Irak 1920-1933*, p. 495.
(13) *Al Waqāʾiʿ Al ʿIrāqiya*, 20 août 1937.
(14) Mouhamad Mahdī Kouba, *Moḏakarātī Fī Ṣamīm Al Aḥdāṯ 1918-1958*, (« Mes mémoires au cœur des événements 1918-1958 »), Dār Al ṬalīʿA, Beyrouth, 1965, p. 113.
(15) Interview de Mouḥamad Ṣidīq Šanšal, 1er mars 1976 publié dans l'ouvrage de Al Zoubaydī, *La révolution du 14 juillet 1958 en Irak*, p. 69.
(16) Al Zoubaydī, *La révolution du 14 juillet 1958 en Irak*, p. 69.
(17) *Al Ṯaqāfa Al Ǧadīda*, mensuel, Bagdad, n° 4 juillet 1969, p. 17.
(18) Al Zoubaydī, *La révolution du 14 juillet 1958 en Irak*, p. 72.
(19) *Les développements et les courants politiques intérieurs en Irak 1953-1958*, p. 214.
(20) Document du ministère de la Défense, *Dossier de Bāsil Ismaʿīl Ḫalīl*, n° 28/57, courrier du 6 janvier 1957.
(21) *Itiḥād Al ŠaʿAb*, quotidien, Bagdad, n° 142, 27 juillet 1960.
(22) *Ibid.*
(23) *Ibid.*
(24) Al Zoubaydī, *La révolution du 14 juillet 1958 en Irak*, p. 111.

TROISIÈME CHAPITRE

LES CONFLITS ENTRE LES PARTIS

Dans les pays sous-développés, comme l'Irak, l'intérêt que représentent les partis politiques, qu'ils soient gouvernementaux ou d'opposition, attire tout particulièrement la classe intellectuelle. L'adhésion à ces partis ne se marque pas tant par l'adhésion à des idées que par la protection du bénéfice de certains privilèges, surtout dans le cas des partis gouvernementaux — notamment des régimes monarchiques — qui regroupent bourgeois et commerçants cultivés.

Face à des partis gouvernementaux unis pour la défense de leurs privilèges, l'opposition issue elle aussi d'une classe bourgeoise intellectuelle (qui a accès à la connaissance) se divise sur des orientations politiques : nationaliste arabe comme pour : Al Istiqlāl et le Parti Baas arabe socialiste ou marxiste, comme c'est le cas du Parti communiste irakien, libéral enfin comme pour Al Waṭanī Al Dīmoqrāṭī.

Si les partis de l'opposition prennent source, comme les partis gouvernementaux, dans la bourgeoisie, les premiers semblent regrouper ce que l'on peut appeler la bourgeoisie éclairée. On peut s'étonner que des partis essentiellement constitués de bourgeois s'attachent à assurer la défense des droits du prolétariat, mais il faut prendre conscience de la faiblesse, alors, de la classe ouvrière en Irak. Admettre la distance qui sépare les représentants de ces partis et leurs objectifs (au sein de la classe ouvrière) c'est admettre la distance qui sépare les problèmes des solutions qui leur sont offertes.

Constitués de personnalités issues de milieux variés (avocats, commerçants, enseignants, ...) ces partis ne manquent pas de connaître des tensions tant idéologiques que politiques. Des tensions qui persistent au sein du Front de l'union nationale dont le but essentiel ne concerne pas tant la solution des problèmes internes et externes des partis que le ralentissement des projets gouvernementaux.

Le Front de l'union nationale, ainsi que nous venons de le voir, de par le courant politique particulier à chaque parti qui le constitue, ne possède pas de structure interne coordonnée et puissante, cela en raison des nuances et parfois même des divergences qui existent dans/entre ces partis politiques, leurs membres, leurs desseins et leurs moyens.

L'accord qui scelle ces quatre partis en un front national n'est en fait que le désir de rompre leur isolement et leur faiblesse dans le domaine politique irakien, mais rien ne vient, au-delà, consolider cette coalition : ni structure, ni courant politique affirmé. Cet accord n'est en fait qu'un accord formel qui ne repose sur aucune entente politique de fond.

L'appui que fournissent ces partis à la révolution, lorsque celle-ci éclate, n'est dû qu'au fait que ce mouvement révolutionnaire va dans le sens de leur but primordial et commun : l'anéantissement du gouvernement monarchique pro-colonialiste.

Avec la constitution du premier cabinet ministériel, les partis politiques représentés à des postes ministériels — tels Al Waṭanī Al Dīmoqrāṭī, Al Istiqlāl, Al Baas Al ʿArabī — prennent goût à l'ivresse que procure le pouvoir. Dès lors, débute une lutte intestine au sein du gouvernement ayant pour but l'acquisition de nouveaux portefeuilles ministériels et l'accroissement de l'influence au sein du gouvernement.

Ce fait apparaît évident lorsque l'on constate que le gouvernement repose sur deux militaires, ʿAbd Al Karīm Kassem et ʿAbd Al Salām Aref, et que l'on remarque l'appui offert par les partis politiques du Front à ces deux sommités militaires.

En effet, ces partis n'hésitent pas, dans leur course au pouvoir, à offrir leur appui aux « dirigeants gouvernementaux » : quitte à creuser un fossé non seulement entre les deux leaders militaires mais aussi entre les partis eux-mêmes : Al Waṭanī Al Dīmoqrāṭī se rapproche de ʿAbd Al Karīm Kassem, alors que Al Baas Al ʿArabī et Al Istiqlāl s'orientent vers ʿAbd Al Salām Aref, qui fait montre d'une « idéologie » nationaliste manifestement poussée à l'extrême, pour ne pas dire teintée de racisme, et un soutien évident à l'unité arabe, symbolisée par la République Arabe Unie, cela d'autant plus facilement que ses relations d'amitié avec ces deux partis politiques l'aident en ce sens.

Le soutien de Al Baas Al ʿArabī atteint des sommets inespérés pour Aref. Tous ses discours ne sont-ils pas reproduits dans le journal du parti *Al Baas Al ʿArabī* tout comme son portrait, alors que ceux de Kassem y brillent par leur absence ?

Cela ne signifie en rien que le Premier ministre connaisse l'isolement ; les partis Al Waṭanī Al Dīmoqrāṭī et le Parti communiste irakien fournissent, en effet, à Kassem leur soutien et leur appui : le premier comme étant « idéologiquement » proche de ʿAbd Al Karīm Kassem, le second parce que Kassem entretient des relations amicales avec certains de ses membres, appui datant d'ailleurs de la première heure de la révolution et confirmé par le télégramme adressé à Kassem le 14 juillet au matin (1).

Cette division qui s'opère progressivement, mais qui ne peut encore être considérée comme une scission au sein du Front, étant posée, il apparaît évident que ce découpage politico-militaire s'avère un atout majeur pour les partis politiques qui désirent imposer avec ingéniosité au gouvernement irakien leur influence, leur « idéologie », leurs desseins, leurs « politiques » car seuls des militaires peuvent, en cas de conflit gouvernemental, faire émerger des partis politiques.

Ce phénomène paraît d'ailleurs de pratique courante dans le pays du Tiers-Monde dirigé par des militaires.

Le conflit au sein du Front de l'union nationale se déclare en même temps que celui qui oppose Kassem et Aref au niveau du pouvoir, et suit un chemin parallèle, se disloquant lui aussi en deux blocs : celui soutenant ʿAbd Al Karīm Kassem et celui appuyant ʿAbd Al Salām Aref, initialement divergents, puis plus tard totalement antagonistes.

Cette crise au sein du front modifie en fait la carte géopolitique irakienne de l'époque de Kassem.

Avant de procéder à l'étude du conflit qui divise le Front de l'union nationale, il convient préalablement de se pencher sur celui qui oppose Kassem et Aref, ce conflit étant à l'origine de la crise politique.

Le conflit Kassem-Aref

Il faut souligner tout d'abord que ce conflit n'a pas un caractère empreint de soudaineté mais qu'il puise progressivement et discrètement ses sources dans le passé personnel et politique des deux personnalités militaires.

En effet, des heurts antérieurs déjà à la révolution et résultant de la disparité des caractères, des idées, des cultures mis brutalement en présence, pour ne pas dire confrontés, dans l'Organisation des officiers libres, vont aller s'amplifiant après le 14 juillet 1958 qui marque le début de la crise ouverte entre les deux hommes. Il apparaît dès lors clairement que la carence d'entente idéologique et politique au sein du Comité suprême de l'Organisation des officiers libres, va ouvrir la voie au développement de divergences personnelles, de désaccords, d'écarts politiques, déjà causes de mouvements houleux au sein de l'Organisation des officiers libres.

Le succès de la révolution irakienne de 1958, couronné par le renversement de gouvernement se caractérise également par le déchirement de l'union Kassem-Aref face au conflit interne qui secoue le Comité suprême, dans lequel ils avaient réussi à constituer un « noyau » puis un « triumvirat » ainsi que nous l'avons vu précédemment.

Avec le succès de la révolution et l'ouverture sur les accès aux postes gouvernementaux, les ambitions personnelles sont mises à jour. Chacun de ces deux militaires revendique la paternité révolutionnaire : ʿAbd Al Karīm Kassem en tant que fondateur de l'Organisation des officiers libres à Ǧalolā' et chef du Comité suprême, instigateur d'un plan révolutionnaire, « protecteur » de Aref lors de son entrée — coup de force politique — dans l'Organisation des officiers libres et chef du nouveau gouvernement révolutionnaire ; ʿAbd Al Salām Aref en tant que responsable de l'organisation des opérations révolutionnaires militaires dans la capitale irakienne.

Outre ces divergences mises à jour dès le lendemain de la révolution, les différences politiques qui dressent ces deux militaires l'un contre l'autre se révèlent dès lors de façon plus évidente. Kassem est nationaliste régional réformiste et plus radical que Aref qui se caractérise par son adhésion à un courant de pensée nationaliste arabe extrémiste avec influence religieuse islamique. Toutes ces divergences, tenues en sommeil par le souvenir de leur amitié personnelle se réveillent soudain et progressent d'autant plus aisément qu'aucune ligne idéologique clairement définie ne limite, ne guide, n'unie l'Organisation des officiers libres.

L'impact de la politique nassériste sur ʿAbd Al Salām Aref reste un fait irréfutable qui contribue également à creuser le fossé entre Kassem et Aref. L'adhésion de ce dernier au courant nationaliste arabe est d'autant plus étroite qu'il voue un véritable culte à Ǧamal ʿAbd Al Nasser, qui l'impressionne énormément. Porté par la vague nationaliste arabe, déjà très populaire depuis la politique menée par Nasser, ʿAbd Al Salām Aref tente d'évincer ʿAbd Al Karīm Kassem du pouvoir afin de se faire valoir et de se substituer ainsi à Kassem à la tête du gouvernement pour y imposer ses desseins nationalistes arabes, dont l'acte primordial serait une union immédiate avec la République Arabe Unie.

Afin de mieux appréhender « l'idéologie » de Aref et ainsi mieux comprendre les mécanismes qui le poussent à « atomiser » le Front de l'union nationale, il convient d'étudier, même sommairement, la formation de ses idées au travers des grandes étapes de sa vie : son enfance, son adolescence, son milieu familial et social, sa pensée politique et les origines de celle-ci.

ʿAbd Al Salām Aref voit le jour le 21 mars 1921 dans le faubourg du Souq Ḥamāda, dans le quartier de Karḫ, un des plus populaires et des plus pauvres de la capitale irakienne. Ce quartier connaît une forte concentration de musulmans sunnites, d'origine arabe pour la majorité.

Ce contexte particulier façonne ʿAbd Al Salām Aref et le conduit vers un dogmatisme communautaire ainsi que vers un racisme aux dépens des non-arabes, qui restreignent singulièrement son horizon intellectuel.

Ses origines sont modestes. Son père, Mouḥamad Aref Al Ǧomaylī, originaire de la tribu de Al Ǧomayla, exerce la profession de mercier. En 1920, déjà, cette famille s'oppose au colonialisme britannique en participant à un mouvement de type nationaliste (2).

Les études de ʿAbd Al Salām Aref le mènent de l'école primaire au lycée du quartier de Al Karḫ à Bagdad, et sont couronnées par son succès au baccalauréat, en 1938. Désormais, les portes de la faculté militaire sont ouvertes à Aref qui en sortira en 1941 avec le grade de sous-lieutenant. Il n'a pas encore 20 ans.

Sa vie politique active commence, en mai 1941, avec sa participation au mouvement de Rašīd ʿĀlī Al Gaylānī, mouvement grandement influencé par un courant nationaliste arabe proche de l'Allemagne nazie.

Après l'échec de ce mouvement, Aref est nommé responsable de la garde de la prison du camp militaire de Rašīd, prison alors peuplée des prisonniers du mouvement de 1941. ʿAbd Al Salām Aref procure de l'aide aux prisonniers, leur facilite des entrevues avec leurs familles, et transmet leur courrier (3).

La découverte par le gouvernement des pratiques de Aref lui vaut son transfert à Baṣra, dans le service des renseignements militaires jusqu'en 1944, d'où il est dirigé vers Naṣriya, toujours au sud de l'Irak, en tant qu'instructeur militaire à la faculté pour une durée de un an. Il sera ensuite transféré à Kirkouk, au nord de l'Irak, puis, en 1948, en Palestine alors que la guerre y sévit (4).

Sa première rencontre avec ʿAbd Al Karīm Kassem remonte à 1938, mais d'autres rencontres ont lieu au fil des multiples transferts de l'un ou l'autre de ces militaires jusqu'à ce que la guerre de Palestine les réunissent. En 1948, alors qu'une longue amitié les unit déjà. Le fait qu'Aref se trouve en poste à Ǧanīn en Palestine et Kassem à Kafr Kassem, non loin de là sert encore plus leurs rencontres.

A la fin de la guerre de Palestine, Aref sera transféré vers la capitale irakienne, puis Mouṣil, Kirkouk, et de nouveau Bagdad et son Quartier général militaire (5). Un nouveau transfert le conduit de 1952 à 1954 au centre de manœuvres militaires où il retrouve Kassem qui vient d'être nommé au poste de chef de la 19e Brigade tandis que lui-même est nommé à la tête d'un bataillon de cette même brigade, ce qui les rapprochent davantage (6).

Cette même année, Aref part pour l'Allemagne de l'Ouest où il suit un stage qui se termine avec son retour, en 1956, dans la capitale irakienne. Accompagné de ʿAbd Al Karīm Kassem, il repart cette fois-ci pour la Jordanie.

Outre ces contacts quasi permanents avec Kassem, Aref doit, comme nous l'avons vu, le privilège de son entrée aussi bien dans l'Organisation des officiers libres que dans le Comité Suprême de cette organisation à ʿAbd Al Karīm Kassem, qui sera à son tour « appuyé » par son « ami » lors de sa candidature au poste de chef de comité (7).

Cette étude très schématique de la vie et de la progression de ʿAbd Al Salām Aref dans l'échelle hiérarchique militaire puis politique fait apparaître que son extraction d'un milieu plein de rigueur est à l'origine de ses problèmes psychologiques. Aref apparaît en effet, comme renfermé, d'un caractère difficile en partie responsable des problèmes de relations, qui s'établiront entre lui-même, Kassem et les officiers libres au lendemain du 14 juillet 1958.

Son origine sunnite arabe marque profondément ʿAbd Al Salām Aref comme l'illustre cette confidence qu'il accorde, le 13 juillet au soir, à un officier libre de ses proches : « Demain, c'est la révolution. Devant elle : trois ennemis qu'il faut extirper : les chrétiens, les musulmans chiʿites et les Kurdes (8). »

Cette déclaration, un exemple pourtant parmi les plus concis, reflète clairement l'emprise du milieu social de Aref sur son caractère et sur sa pensée, l'hégémonie religieuse et raciste de ses origines sociales qui eut un retentissement certain sur lui.

Ce climat dogmatique éveilla en ʿAbd Al Salām Aref, le militaire, l'ambition qui lui fournit l'énergie et les stimulis nécessaires pour lui permettre de se démarquer de son milieu d'origine.

Les récits se rapportant à ʿAbd Al Salām Aref le dépeignent comme un être anxieux mais spontané, au caractère empreint d'une certaine juvénilité et parfois de rancune et d'agressivité qui transparaissent dans ses paroles peu diplomates et parsemées de termes exprimant la violence. Un exemple de la rancune qui l'habite : après qu'une divergence l'ait opposé à Riğab ʿAbd Al Mağīd, secrétaire général du Comité suprême de l'Organisation des officiers libres, ʿAbd Al Salām Aref agit de telle sorte que le secrétaire général du Comité suprême ne puisse être nommé au poste ministériel que lui réservait ʿAbd Al Karīm Kassem.

Compte tenu du caractère emporté et violent dont fait preuve ʿAbd Al Salām Aref, les dangers et les risques de la détention du portefeuille ministériel de l'Intérieur par un tel caractère ne peuvent alors manquer d'apparaître.

Dès l'issue victorieuse de la révolution assurée, Aref travaille à se faire prévaloir aux dépens de Kassem et multiplie ses visites dans les bases militaires ainsi que dans les villes irakiennes, prononçant des discours destinés à influencer les foules en sa faveur. Pour ce faire, il se présente comme le père de la révolution et le seul responsable des décisions et des actes qui ont permis la victoire du mouvement (9).

Les agissements de ʿAbd Al Salām Aref troublent et importunent ʿAbd Al Karīm Kassem qui, malgré tout, ne marque aucune réaction brutale, préférant œuvrer prudemment à l'affaiblissement de la position de Aref au sein du gouvernement.

Kassem ne semble d'ailleurs pas le seul à subir les conséquences de l'attitude de Aref. En effet, Mouḥamad Ṣidīq Šanšal, ministre de l'Orientation nationale, se serait entretenu avec Kassem des visites de Aref dans diverses villes et bases militaires irakiennes, ainsi que du contenu de ses discours à tout propos, qui contrarient l'action du gouvernement. C'est dans le but de mettre fin à ces agissements que Mouḥamad Ṣidīq Šanšal requiert du Premier ministre qu'il intervienne auprès de Aref afin de lui conseiller la modération dans ses propos. A cette requête, ʿAbd Al Karīm Kassem avait répondu : « Laisse-le lui-même passer autour de son cou la corde qui le pendra (10). »

Outre le caractère violent et emporté dont fait preuve ʿAbd Al Salām Aref, l'irresponsabilité qui imprègne ses discours l'isole de nombreux officiers libres qui, pourtant, partagent avec Aref des idées nationalistes arabes.

De par sa conduite, ʿAbd Al Salām Aref va se trouver bientôt en butte à deux fronts : celui de Kassem et celui formé par quelques membres de l'Organisation des officiers libres et plus précisément du Comité suprême. Bien que certains d'entre eux soient en désaccord avec la politique du Premier ministre, ils se déclarent hostiles à celle de Aref, en raison surtout de la nature de son caractère.

Habile, ʿAbd Al Karīm Kassem met à profit ce mécontentement des officiers libres pour écarter progressivement Aref du pouvoir. La première destitution de ʿAbd Al Salām Aref, le 11 septembre 1958, porte sur son poste de chef-adjoint des forces armées irakiennes. Kassem invoque alors le respect de la hiérarchie militaire : ce principe se trouve bafoué par le fait qu'un simple colonel, Aref, puisse commander des officiers supérieurs dans la hiérarchie militaire.

Cette destitution suit un discours du ministre de l'Intérieur à l'attention des soldats du camp militaire de Baqouba et dans lequel Aref se déclare le porte-parole du Conseil de commandement de la Révolution, alors que ce conseil n'a jamais été constitué, compte tenu de l'opposition que marquait ʿAbd Al Karīm Kassem à l'encontre de cette initiative.

Kassem considère donc cette déclaration de ʿAbd Al Salām Aref comme exprimant le désir de son auteur de le mettre en disgrâce au niveau de l'armée afin de gagner à sa cause des membres du Comité suprême de l'Organisation des officiers libres, qui défendaient alors la création du Conseil de commandement de la Révolution (11).

Le journal *Al Ǧamhouriya*, organe politique du parti Al Baas Al ʿArabī, soutient ʿAbd Al Salām Aref de façon notoire et sans aucune possibilité d'équivoque et publie, à cet effet, en première page les textes intégraux de tous ses discours dans les bases militaires et les villes irakiennes, ainsi que son portrait et celui de FouʿĀd Al Rikābī, chef de Al Baas Al ʿArabī, tandis que les portraits de Kassem se font rares.

Dès lors, devant l'évidence des intentions de ʿAbd Al Salām Aref à vouloir s'approprier le pouvoir, Kassem réagit de façon à ce que Aref soit limité à une position politique subalterne d'autant plus que ce dernier va fournir à Kassem de plus en plus de motifs de doute et de méfiance.

Aref n'hésite pas, lors de sa rencontre avec Ǧamal ʿAbd Al Nasser à Damas, le 18 juillet 1958, à aborder le problème de l'unité arabe et à proposer l'union de l'Irak à la République Arabe Unie, requête dont Kassem n'a pas connaissance, et que Nasser repousse momentanément, conseillant à Aref la patience. Lors de cette visite, ʿAbd Al Salām Aref n'hésitera pas dans un discours, à se présenter comme le héros de la révolution, tout en se gardant d'évoquer Kassem (12). Dès lors les « hostilités » sont ouvertes entre les deux chefs.

L'événement qui va décider ʿAbd Al Karīm Kassem à évincer progressivement Aref du pouvoir reste sans nul doute l'envoi par ce dernier d'un télégramme à Nasser, par l'entremise du Consul égyptien en Irak, le 18 juillet 1958, affirmant l'intention de ʿAbd Al Salām Aref de proclamer l'unité arabe entre l'Irak et la République Arabe Unie et précisant que toute tentative d'opposition de la part de ʿAbd Al Karīm Kassem signifierait l'éviction de ce dernier du pouvoir (13).

Le Premier ministre irakien n'a connaissance de ce télégramme et de son contenu que deux mois après son envoi. Celui-ci sera d'ailleurs utilisé à des fins de « propagande anti-Aref » auprès de quelques ministres, dont Mouḥamad Ṣidīq Šanšal, et auprès des chefs de troupes militaires qui n'apprécient pas l'attitude sournoise de ʿAbd Al Salām Aref (14).

Certains historiens émettent l'hypothèse d'une date postérieure pour la rédaction de ce télégramme et s'appuient, pour l'élaboration de cette théorie, sur l'inutilité de l'envoi d'un télégramme le 16 juillet 1958, veille de l'entrevue de Aref avec ʿAbd Al Nasser. Ces mêmes historiens évoquent la possibilité de la rédaction de ce message par le Consul égyptien à Bagdad, un consul qui souhaitait que des relations quelque peu tendues s'établissent entre l'Irak et la République Arabe Unie (15).

En fait cette hypothèse peut être aisément réfutée. A la lecture du télégramme, le style apparemment empreint de déraison désigne bien son auteur. Quant à l'utilité de l'envoi de ce télégramme précisément le 18 juillet 1958, alors que Aref s'entretiendra avec ʿAbd Al Nasser le 19 juillet, ne se peut-il que ʿAbd Al Salām Aref ait voulu avertir, avant l'entrevue, Ǧamal ʿAbd Al Nasser du but de sa visite, bien que ce dernier prêche une unité construite dans la réflexion, sur des bases solides et inébranlables, afin d'éviter des rebondissements désastreux de longue portée, l'amertume et une contre-réaction devant tout projet d'unité face à un échec dû à trop de précipitation (16) ?

Il nous semble également intéressant d'émettre l'hypothèse suivante quant à l'utilité de ce télégramme : Aref n'aurait-il pas voulu préserver le secret de sa requête — l'unité arabe avec la République Arabe Unie — en adressant ce message avant même de rencontrer le Zaʿīm égyptien avec la délégation irakienne, dont Mouḥamad Ṣidīq Šanšal fait partie, et qui pourrait s'opposer à une union immédiate avec la République arabe unie ?

Quant au motif du Consul égyptien de vouloir créer un différend entre l'Irak et la R.A.U., cela parait relever de l'allégation puisque Nasser soutient la révolution irakienne et la politique de Kassem. La politique nationaliste régionale de ce dernier qui n'a pas encore été percée à jour, ne laisse au diplomate égyptien aucune prise pour faire naître un quelconque problème entre les deux pays.

Il faut donc se résigner à admettre que la rédaction de ce télégramme échoie bien à ʿAbd Al Salām Aref, dont l'intention était double : l'unité avec la République Arabe Unie et l'évincement de ʿAbd Al Karīm Kassem du pouvoir.

Ce geste, dicté par l'ambition et le désir de suprématie,

devait placer Aref, soutenu par Ǧamal ʿAbd Al Nasser favorable à cette « unité arabe élargie », dans une position d'avant-garde favorable qui lui permettrait d'imposer sa volonté à Kassem qu'il pourrait contraindre à lui concéder des responsabilités supplémentaires au sein du gouvernement.

Le zèle et la persévérance que déploie ʿAbd Al Salām Aref pour réaliser une union rapide avec la République Arabe Unie sont les raisons qui conduisent les officiers libres à leur décision d'évincer progressivement Aref du pouvoir, compte tenu de l'insistance, pour ne pas dire de l'obstination, dont il fait preuve au niveau de la réalisation de ce projet. Informé par les officiers libres, ʿAbd Al Karīm Kassem prend alors conscience du danger que représente Aref (17).

Outre ce début d'hostilité ouverte envers Kassem, Aref s'enfonce dans un conflit qui l'oppose à « l'aile gauche » des officiers libres et des forces civiles irakiennes, d'autant plus qu'il prononce des allocutions, lors de son périple dans diverses villes d'Irak, où son aveuglement et son inconscience frisent l'irresponsabilité.

Cette politique poursuivie par ʿAbd Al Salām Aref divise les partis politiques du Front de l'union nationale : Aref servant de tête de file à certains partis suivant une politique nationaliste arabe et favorables à une union immédiate avec la R.A.U., alors que les autres prônent la constitution d'une union fédérale (18).

Ces provocations au niveau de la politique interne ou extérieure à l'Irak, menées par le « fougueux » Aref, accompagnent les premiers jours de la République. Témoin son évocation du mouvement de Mousadaq, en Iran, qui défie le gouvernement iranien alors que celui-ci reconnaît le jour même le nouveau régime irakien (19).

Outre cette attaque dirigée contre l'étranger, Aref devient de plus en plus virulent dans ses discours rythmés par le leitmotiv nassérien et dans lesquels il s'attribue un rôle prépondérant. Il justifie l'absence de référence à Kassem par le fait que la révolution émane de la Nation et non de Kassem (20).

De par ses discours, « le héros de la révolution », tel qu'Aref se présente, s'évertue à gagner à sa cause les soldats pour les manipuler et les dresser contre le Premier ministre.

Face à ces agissements, ʿAbd Al Karīm Kassem s'organise afin d'évincer progressivement et méthodiquement Aref du pouvoir et entame une politique d'isolement qui tend à déplacer des proches — officiers de l'armée irakienne — d'Aref de leurs positions influentes dans l'administration ou dans l'armée vers des postes subalternes ou extérieurs à l'Irak, alors que ʿAbd Al

Salām Aref montre toujours autant d'activité et de dynamisme dans sa tournée de propagande.

Les postes ainsi vacants sont aussitôt « comblés » par des officiers soutenant Kassem, d'autant plus aisément que le Premier ministre, en tant que chef général des forces armées irakiennes n'a à référer de ses actions à qui que ce soit.

Le 11 septembre 1958, ʿAbd Al Karīm Kassem démet ʿAbd Al Salām Aref de ses fonctions de chef-adjoint des forces armées irakiennes, invoquant alors le non-respect de la hiérarchie militaire (21), ainsi que nous l'avons vu précédemment.

Peu à peu, Aref est privé de ses responsabilités : celles du ministère de l'Intérieur lui sont retirées le 30 septembre de la même année et il est nommé ambassadeur à Bonn, nomination qu'il refuse d'ailleurs et qu'il fait suivre de sa démission intégrale de toutes les responsabilités qui lui échoient encore, y compris celle d'officier de l'armée irakienne (22). Ces mesures obtiennent le soutien de la plupart des officiers libres.

ʿAbd Al Karīm Kassem démontre son intelligence par la tactique qu'il emploie afin d'étouffer les réactions à la notification de la destitution de Aref et l'éloignement de celui-ci à Bonn : celle-ci a lieu, sciemment, au moment même où le Premier ministre annonce la loi portant sur la réforme agraire : une victoire cruciale pour le gouvernement de la révolution, une décision que la population irakienne accueille avec joie.

Aref paraît bien isolé d'autant plus que de très lourdes accusations portent sur ses mœurs, en particulier à propos de son homosexualité. Il s'agit, dans un pays arabe de présomptions graves, même si infondées, car elles entâchent alors durablement la dignité d'une personnalité au pouvoir. La fin de l'année s'annonce sombre pour Aref qui, le 9 décembre 1958, est présenté devant le tribunal militaire supérieur spécial pour répondre à l'accusation de traîtrise. Le 27 décembre de la même année débute le procès public d'ʿAbd Al Salām Aref contre lequel l'accusation retient les motifs suivants :

— non-référence à ʿAbd Al Karīm Kassem dans les discours prononcés, après la révolution, dans diverses villes d'Irak ;

— attirance manifeste vers les groupes et forces nationalistes arabes irakiens, appel à l'union immédiate avec la République Arabe Unie ;

— préparation d'un coup d'État dirigé contre ʿAbd Al Karīm Kassem ; Kassem accorde au tribunal, pour ce motif, le droit de citer des accusations qui guideraient le jugement en sa faveur ;

— tentative d'assassinat sur la personne de Kassem. Accusation avancée par le tribunal, suivant le conseil du Premier ministre (cf. point 3 de l'accusation) (23).

A l'écoute des motifs d'accusation succède celle des témoins ; les points suivants sont mis à jour :

— Aref ne doit son « adhésion » à l'Organisation des officiers libres qu'à ʿAbd Al Karīm Kassem contrant les officiers libres réticents,

— La révolution est l'œuvre de Kassem, Aref ne fournit ni conseil, ni avis, mais obéit aux directives fournies par le plan de Kassem : occupation de la capitale, lecture à la radio de Bagdad du premier manifeste de la révolution,

— L'attirance de Aref vers un groupe politique nationaliste arabe, après la révolution, contrarie la décision des officiers libres de conserver la neutralité dans l'orientation politique.

Le journal *Al Ğamhouriya*, organe politique du Parti Al Baas Al ʿArabī, réfute cette accusation et soutient Aref, le défenseur de la cause nationaliste arabe. Le journal publie le portrait de l'accusé en première page, et plus discrètement un petit portrait du Premier Ministre.

— Les discours de Aref ne font jamais référence au chef d'état, bien qu'il doive à celui-ci son entrée dans l'Organisation des officiers libres. Par ailleurs, Aref met en place une politique tendant à gagner à sa cause d'autres personnalités politiques ou militaires, malgré les conseils avisés d'officiers libres honnêtes et fidèles.
Aref ne prête point l'oreille à ces conseils et sa conduite et ses discours multiplient les difficultés tant à l'intérieur qu'à l'extérieur de l'Irak, ce qui conduit Kassem à destituer Aref de son poste de vice-chef des forces armées ainsi que de toutes les autres fonctions dont il était investi et à le nommer au poste d'ambassadeur à Bonn.

— Le refus d'ʿAbd Al Salām Aref devant ce départ pour l'Allemagne de l'Ouest, malgré les insistances des fidèles de Kassem.
Le Premier ministre requiert alors un entretien, dans son bureau, avec Aref. Kassem, alors affairé à chercher des documents, aperçoit *in extremis* Aref brandir son revolver. Réussissant à le maîtriser, il le questionne sur ses intentions et s'entend répondre « Je ne veux pas te tuer, je veux me suicider. » A cette réplique inattendue, ʿAbd Al

Karīm Kassem rétorque : « Pourquoi ne pas te suicider chez toi ? »

Ainsi que nous l'avons vu précédemment, il sera nommé à un poste de diplomate en Allemagne. Peu de temps après, ʿAbd Al Karīm Kassem reçoit un télégramme dans lequel Aref l'informe de son désir de revenir en Irak. Bien que le Premier ministre ait répondu par la négative, Aref quitte Bonn deux jours plus tard, dans la nuit du 3 au 4 novembre 1958, et atterrit incognito à Bagdad, le 4 novembre au matin pour se rendre directement en taxi à son domicile ; il n'a contacté personne.

Peu de temps avant retour, des rumeurs courent dans les rues de la capitale irakienne selon lesquelles le 5 novembre, la capitale sera le théâtre d'événements politiques importants.

ʿAbd Al Karīm Kassem informé de ce retour impromptu convoque Aref afin de connaître les motifs de cette conduite déraisonnable et met Aref aux arrêts, décision annoncée par la radio et appuyée par une manifestation (24).

Le procès de l'ex-colonel Aref se prolonge pendant deux mois et, le 5 février 1959, le jugement tombe : mort par pendaison et bannissement des forces armées. Un jugement que Kassem peut, de droit, commuer (25).

Le procès de ʿAbd Al Salām Aref marque le début d'une période active d'épuration dirigée contre les nationalistes arabes au sein du premier cabinet ministériel. Un « assainissement » qui s'est amorcé peu avant dans la douceur et sans grands éclats, avec la destitution d'Aref la rétrogression de Fou'ād Al Rikābī du ministère de la Reconstruction à un poste de ministre d'État, l'éloignement de Ǧābar ʿOmar, un nationaliste arabe — alors ministre de l'Education.

Dès lors, Kassem se tourne vers « la gauche politique » et se garde des partis nationalistes arabes. Le parti Al Waṭanī Al Dīmoqrāṭī acquiert ainsi deux nouveaux portefeuilles ministériels « délaissés », soit quatre au total :

— le ministère de la Reconstruction revient à Mouḥamad Ḥadīd, déjà nommé précédemment aux Finances ;

— le ministère de l'Education revient par intérim à Ḥoudayb Al Ḥāǧ Ḥomoud.

Ce tournant décisif amorcé par ʿAbd Al Karīm Kassem peut être considéré comme la préface de son ouverture, plus tard, vers les courants marxistes et vers une gauche plus radicale, tel le Parti communiste irakien et de l'épuration des conservateurs indésirables au sein de l'Organisation des officiers libres infiltrés dans le gouvernement.

Cette action à l'encontre du mouvement nationaliste arabe débute alors par l'isolement de personnalités reconnues comme ayant un fort impact en milieu nationaliste arabe. Ces mesures épuratoires incluent même Rašīd'Alī Al Gaylānī, symbole vivant du nationalisme arabe d'obédience nazie et d'un mouvement patriotique qui s'opposa, en son temps, au colonialisme britannique.

Kassem, faisant montre de courage tout au long de cette période d'arrestations, requiert que Rašīd'Alī Al Gaylānī, qui revient alors d'Iran où il s'était exilé de 1941 — à l'issue du mouvement dont il fut le « leader » — jusqu'à 1958, soit jugé pour fomentation d'un coup de force en collaboration avec 'Abd Al Salām Aref, contre le Premier ministre (26).

Le 9 décembre 1958, le chef d'accusation retient les motifs suivants : la police politique a eu connaissance des préparatifs d'une conspiration dirigée contre la République et de l'existence de dangers menaçant Kassem. Afin de confondre les coupables, cette même police politique procède à l'infiltration d'espions parmi les groupes équivoques, suspects, donc celui de Rašīd'Ālī Al Gaylānī et simule les préparatifs d'un coup d'Etat. Le résultat est concluant : la police politique découvre et confisque des armes et des fonds (27), et procède à l'arrestation des suspects.

L'enquête et l'audition auprès des témoins révèlent la culpabilité des suspects, qui s'étaient concertés pour remettre le pouvoir à Rašīd'Ālī Al Gaylānī en cas de réussite de leur mouvement, sans que ce dernier en soit d'ailleurs informé. La culpabilité de Rašīd'Ālī Al Gaylānī ne pouvant être prouvée, il devra être relaxé (28). Le 10 décembre de la même année, les peines sont communiquées : libération de Rašīd'Ālī Al Gaylānī, pendaison pour les autres accusés (29).

Dès le lendemain, un revirement de position des condamnés fait évoluer les verdicts : une confession rédigée affirme que Rašīd'Ālī Al Gaylānī avait connaissance de la conspiration, qu'il aurait manifesté à maintes reprises son mécontentement vis-à-vis de la politique de Kassem, qu'il aurait même contacté des chefs de tribus ainsi que des personnalités de l'opposition du régime monarchique précédent et des étrangers (R.A.U.) afin d'obtenir des fonds et des armes pour « éloigner » Kassem du pouvoir (30).

Cette confession conduit à nouveau Rašīd'Ālī Al Gaylānī devant le tribunal militaire supérieur spécial et l'approfondissement de l'enquête ainsi que des témoignages démontrent que Rašīd'Ālī Al Gaylānī aurait bien émis des critiques à l'encontre de Kassem et de son gouvernement.

A la révision du jugement succède, le 17 décembre, un nouveau verdict condamnant Gaylānī lui aussi à la peine de mort (31), jugement qui attend, comme celui des autres condamnés, la ratification du Premier ministre. Plusieurs mois après, les accusés sont libérés.

Ce conflit qui dresse les deux militaires — Kassem/Aref — l'un contre l'autre ponctue sans ambiguïté le conflit qui naît au sein du Front de l'union nationale, dont la structure hétérogène contribue grandement à la dissociation de ses partis. Des partis tellement disparates qu'aucun rapprochement ni même parallèle, ne peut être établi entre leurs « idéologies », leurs méthodes et moyens de travail, ni leurs desseins.

Le procès d'ʿAbd Al Salām Aref, son jugement, celui de Rašīdʿ Ālī Al Gaylānī et sa condamnation sont autant de coups de semonce subtils lancés par le gouvernement. Malgré ces soubresauts de révolte, durant les quatre, cinq premiers mois qui succèdent à la révolution irakienne, le Front de l'union nationale maintient son soutien au gouvernement, négligeant les différends qui le meurtrissent (32).

Le conflit encore à l'état latent, entre les partis membres de ce Front, s'épanouit dès lors que la discorde entre Kassem et Aref s'approfondit, atteignant un stade tel que le point de non-retour est atteint au niveau des relations entre les deux hommes.

Ce conflit qui divise au sein du Front les partis « de gauche » des partis nationalistes arabes, naît du désaccord politique quant à la procédure à mettre en œuvre pour réaliser l'unité arabe.

La fidélité du Parti communiste irakien et son soutien de Kassem ne sont par contre ni dictés par cette opposition ni par le conflit qui se dessine entre les partis. Ce soutien ne date-t-il pas, en effet, du jour même de la révolution comme en atteste un télégramme de félicitations adressé à Kassem, le 14 juillet 1958 au matin ? Un télégramme explicite qui réaffirme à Kassem, sans ambiguïté, l'appui du Parti communiste irakien à la révolution, la mise à disposition de toutes les capacités du parti en faveur de la réussite des réformes devenues nécessaires ; télégramme qui précise également que le Comité central du Parti communiste irakien tient ses forces à la disposition de Kassem pour la protection et la défense de la république d'Irak (33).

D'ailleurs, peu après la révolution irakienne, le Parti communiste présente au Premier ministre un rapport, véritable embryon de programme politique, qui incite Kassem à se désolidariser du pacte de Bagdad, à établir des contacts avec la République Arabe Unie — en vue d'une union fédérale —, à maintenir de bonnes relations avec l'Union soviétique, à constituer une milice civile ayant pour responsabilité la défense de la révolution, à assujettir les compagnies pétrolières, les banques et les administrations économiques alors sous l'emprise colonialiste, ainsi que la radio et autres media. Ces conseils prouvent au *Zaʿīm* (Kassem) le sérieux et la profondeur de la fidélité du Parti communiste irakien, auquel le Premier ministre accorde sa confiance.

Alors que le Parti communiste réaffirme son dévouement et son loyalisme de la première heure au chef d'Etat, le parti Al Waṭanī Al Dīmoqrāṭī oriente ses efforts et tout le poids politique de son organisation vers Kassem, poussé par son orientation gauchisante radicale et réformiste. Le Parti Baas arabe socialiste uni aux forces nationalistes arabes rassemblent ses « troupes », son énergie afin de porter ʿAbd Al Salām Aref vers la conclusion prompte de l'unité arabe avec la R.A.U. tout en le laissant dériver, porté par la vague nationaliste arabe nassériste qui déferle alors sur la nation arabe. Aussi comprend-on aisément pourquoi Al Baas voit dans la signature d'un accord militaire entre la R.A.U. de Nasser et l'Irak d'Aref, le 19 juillet 1958, une lueur d'espoir de voir enfin se réaliser l'unité arabe. Le soutien du Parti Baas arabe socialiste se concrétise, entre autres, par la présence du chef du parti, Fou'ād Al Rikābī, lors de tous les voyages et allocutions de Aref.

L'escalade conflictuelle entre les deux courants (nationaliste arabe et communiste) s'aggrave pour éclater le 5 août 1958 en une démonstration publique : une manifestation communiste dans les rues de la capitale, que des banderolles appelant à « l'amitié avec l'Union soviétique et à l'union fédérale » sillonnent les rues. Il apparaît que les thèmes des slogans scandés, ainsi que ceux inscrits sur les banderolles sont plus empreints d'objectivité et d'opportunité que les idées nationalistes arabes prenant appui sur une unité arabe par trop précipitée.

Malgré cette escalade de l'opposition au sein du Front de l'union nationale, les partis n'ont pas encore rompu toutes relations entre eux. Si le front subit de douloureux tiraillements, il n'en est pas pour autant anéanti. Une tentative de conciliation va d'ailleurs le démontrer. A l'origine de cette première ébauche : le Parti Baas arabe socialiste avec sa publication d'un manifeste, à la fin du mois d'août 1958, appelant les partis politiques du Front à la modération dans leurs propos ainsi qu'à la coopération afin d'assurer la protection de la révolution (34).

Il faut se garder d'une vision étriquée qui fasse apparaître le Parti Baas comme faisant amende honorable en adoucissant les angles du conflit qui secoue le front ; car si le Baas arabe socialiste adopte une telle attitude conciliatrice, c'est qu'il craint qu'avec l'atomisation du Front de l'union nationale, le Parti communiste irakien et Al Waṭanī Al Dīmoqrāṭī n'essaiment, étouffant par la même le Baas. Cette politique de médiation n'est en fait qu'un moyen de protéger sa propre existence dans le champ politique irakien.

Outre cette « bataille de rues » entre le Parti communiste et Al Baas, couve celle moins évidente qui oppose les partis Al Waṭanī Al Dīmoqrāṭī et Istiqlāl, avec pour arène le Conseil ministériel et où l'enjeu n'est autre que l'extension du champ d'exercice de la puissance politique.

Avec le temps, s'accroît sensiblement le conflit entre les cinq partis constituant le Front. Le 3 septembre, le Parti communiste irakien dénonce avec virulence l'inopportunité de la situation irakienne quant à la proposition, d'unité arabe, qu'il qualifie d'illogique et faite aux dépens de la primauté des réformes internes.

Le manifeste du Parti communiste appelle à une union fédérale, proscrivant l'idée d'unité arabe, invective contre la R.A.U. et défend le régime de Kassem. Cette cassure par le Parti communiste ravive les feux conflictuels en l'opposant aux partis favorables à l'unité arabe laquelle, selon le Parti communiste irakien, poserait trop de problèmes économiques à l'Irak et aux minorités irakiennes en leur donnant des motifs d'inquiétude sur leur futur précaire au sein de cette unité arabe et mobiliserait des richesses qui pourraient résoudre en priorité les problèmes internes à l'Irak (35).

Ces attaques dardent d'autant plus le front et accroissent la tension que ce manifeste paraît alors qu'à lieu une réunion entre les partis du front qui sont à la recherche d'une plate-forme politique. De cette rencontre sort la signature, début novembre 1958, d'un pacte commun aux cinq partis. Ce pacte aura à subir la véritable tempête levée par le manifeste du Parti communiste irakien et qui dresse les partis les uns contre les autres.

Le 5 novembre 1958, la publication d'un rapport considéré comme une véritable accusation publique d'infidélité de quelques ministres nationalistes arabes envers la révolution et le général Kassem, incite ce dernier à s'arc-bouter sur le Parti communiste irakien et Al Waṭanī Al Dīmoqrāṭī, qui posent comme condition que des postes à responsabilité leur soient confiés (36).

La publication de ce texte ne manque pas, bien entendu, de provoquer certains remous au sein du Front de l'union nationale, notamment en raison de l'intention du Parti communiste irakien de s'allier au gouvernement et qui plus est au chef de l'Etat. Ce manifeste marque, sans nul doute et sans équivoque possible, l'atteinte du point de non-retour dans ce conflit qui oppose les partis du Front de l'union nationale, ainsi que le point culminant des controverses au sein de ce front dont il ne subsiste désormais quasiment rien, en dehors de la dénomination.

Tentative de résurrection du front de l'union nationale

L'état perpétuel de tension dans lequel l'Irak est plongée depuis que le conflit qui oppose les officiers libres entre eux après la révolution et essentiellement Kassem à Aref, puis celui entre partis politiques alliés au sein du Front de l'Union nationale et qui naît seulement quelques mois après la révolution, entraîne des conséquences graves pour le pays.

Conscients du danger, les « partenaires politiques » du Front de l'Union nationale tentent à maintes reprises de redonner vie à leur front. Une première tentative, au début du mois de novembre 1958, aboutit à la naissance d'un pacte reposant sur l'homogénéité d'exigences entre les partis concernés :

— l'Irak, élément de la nation arabe, s'efforcera d'établir, dans le futur, avec la République Arabe Unie des relations plus profondes afin d'aboutir à l'unité arabe ;

— l'application par le Front de la constitution provisoire, en ce qui concerne les droits nationaux des Kurdes (un point qui reste nettement entaché d'imprécision et d'hermétisme) ;

— l'union des efforts pour obtenir la liberté économique et politique de l'Irak ;

— la confirmation du soutien et de l'appui des partis politiques du Front à la révolution et à la république ;

— la création d'une vie démocratique saine débouchant sur la liberté claire du travail politique (37).

De cette brève énumération des principes des partis politiques du front ressortent cependant l'imprécision, le manque de clarté au niveau des fins et des moyens, bien que l'idée à l'origine d'une tentative de regroupement de l'activité des cinq partis du front doive être saluée.

En effet, sur le point le plus contesté par les partis, l'unité avec la R.A.U., le manque indéniable de netteté dans les développements de ce concept laisse la voie libre à toute extrapolation quant à la forme constitutionnelle de cette unité. Cette liberté d'interprétation sera vite l'origine du désaccord qui ne manque pas de s'élever à nouveau entre les cinq partis constituant le Front.

Malgré cette nouvelle discorde, cette tentative de résurrection d'une unité politique possède cependant un côté positif : celui d'affirmer l'existence des partis politiques après la révolution, dans un pays qui traverse une période de permutation politique marquée par la paralysie de l'activité politique des partis irakiens.

L'installation et l'approfondissement du conflit dans le Front de l'Union nationale conduisent en 1960 les partis politiques nationalistes arabes à se désolidariser du mouvement pour constituer un autre front : Al Ǧabha Al Qawmiya (« Le front nationaliste », sous-entendu arabe). Cette nouvelle formation élimine aussitôt le parti Al Waṭanī Al Dīmoqrātī ainsi que le Parti communiste irakien, alors que ce dernier s'engage le 10 novembre 1958 dans un pacte de coopération avec le Parti démocratique kurde (38).

Persévérant après cet échec de réunification, une seconde tentative voit le jour, au soir du 27 janvier 1959, alors qu'un « festival » réunit les cinq partis du front sur la place de Kašāfa à Bagdad. Une démarche formelle : le représentant de chaque parti y donne lecture d'un discours remémorant la fraternité qui lie ces partis et appelant au soutien et à l'appui à la révolution ainsi qu'à la république (39). Cette réunion est clôturée par la confirmation de la volonté des partis de préserver l'unité nationale dans le pays.

La suite des événements favorisera en fait le Parti communiste irakien avec en particulier l'éloignement des forces nationalistes arabes qui soutiennent ʿAbd Al Salām Aref, lors du procès et l'arrestation de ce dernier, la tension des relations Kassem/Aref qui se calquent sur une opposition Irak/R.A.U., ainsi que l'orientation du régime de ʿAbd Al Karīm Kassem vers la gauche politique.

Le 2e cabinet ministériel de Kassem

La distance que prend Kassem envers la politique nationaliste arabe et le tournant qu'il amorce vers la gauche ne manquent pas de provoquer le mécontentement des ministres nationalistes arabes du 1er cabinet ministériel et ce d'autant plus fortement que le Parti communiste irakien conserve toute liberté de publication de ses tracts et journaux alors que les autres partis connaissent et subissent plus ou moins le contrôle gouvernemental.

Des protestations s'élèvent bientôt du camp des nationalistes arabes qui présentent alors à Kassem un ensemble de requêtes :

— liberté pour *tous* les partis du Front de l'union nationale quant à l'expression politique ;

— fixation de la politique intérieure et étrangère du gouvernement ;

— formulation et analyse de la situation du gouvernement irakien à l'égard des autres gouvernements arabes et notamment de la République Arabe Unie ;

— remise au Conseil ministériel du droit d'étude et de décision du dilemne : unité arabe ou union fédérale avec la R.A.U.

Devant le peu d'intérêt que Kassem porte à ces sollicitations, les ministres nationalistes arabes présentent leur démission le 5 février 1959 :

— Nāǧī Ṭālib quitte le ministère des Affaires sociales,

— ʿAbd Al Ǧabār Al Ǧomard renonce au ministère des Affaires étrangères,

— BābāʿAlī Al Šayḫ Maḥmoud abandonne son poste de ministre des Communications,

— Mouḥamad Ṣāliḥ Maḥmoud démissionne du ministère de la Santé.

et le lendemain :

— Mouḥamad Ṣidīq Šanšal quitte le ministère de l'Orientation nationale.

— Fouʿād Al Rikābī renonce à son poste de Ministre d'Etat.

Ces deux derniers tentent d'entraîner avec eux, dans ce mouvement, les ministres rattachés au parti Al Waṭanī Al Dīmoqrāṭī qui, prétextant leur soutien à la révolution ainsi qu'à la politique du Zaʿīm, refusent de se démettre de leurs fonctions. A ces désaffections ministérielles s'ajoute encore celle de Mouḥamad Mahdī Kouba, alors membre du Conseil de souveraineté qui, en tant que chef du parti Al Istiqlāl, entend ainsi marquer son soutien envers les « ministres dissidents ».

Le 7 février 1959, ʿAbd Al Karīm Kassem proclame la composition d'un 2e cabinet ministériel, dans lequel les ministres de gauche ont toujours bonne place et où les postes vacants sont confiés à des membres du parti Al Waṭanī Al Dīmoqrāṭī ou à des indépendants partageant et soutenant les idées politiques de ce parti.

Ce mouvement de démission, recueillant l'unanimité des ministres nationalistes arabes, voulait acculer Kassem à accepter un compromis. Ce sera en fait « un faux pas » de la part des démissionnaires et qui ne profitera en fait qu'à Kassem. Ces désaffections ministérielles lui fournissent, en effet, l'occasion de combler les postes désormais vacants par la mise en poste de personnalités progressistes et de gauche, épurant ainsi les ministères des « nationalistes arabes réactionnaires qui suivent le sillon de Aref ».

Les promus de ce deuxième cabinet ministériel sont :

— aux Affaires étrangères : Hāšim Ǧawād, un professeur diplômé de l'université américaine de Beyrouth,

— aux Finances : Ṭalʿat Al Šaybānī,

— à l'Orientation nationale : Ḥousayn Ǧamīl, qui présentera sa démission à Kassem le 15 février, car jugé par la gauche politique irakienne comme ayant des inclinations trop à droite,

— à l'Orientation nationale : Fou'ād ʿĀref, un Kurde qui succède à Ḥousayn Ǧamīl, après avoir été Ministre d'Etat,

— aux Travaux publics et aux Communications : le Kurde Ḥasan Al Ṭalabānī,

— à la Santé : Mouḥamad Šawāf,

— à l'Education nationale et à l'Enseignement : Moḥy Al Dīn (40).

Les motifs qui conduisent certains ministres du premier Cabinet à démissionner ne trouvent pas leur origine seulement dans le fait que le Zaʿīm ne suive pas le courant nationaliste arabe ou se trouve quelque peu éloigné de Nasser au niveau politique. D'autres causes existent, en effet parmi lesquelles les tensions entre les ministres nationalistes arabes et Kassem, nées des ambitions personnelles la plupart du temps.

Si de côté-là les ambitions furent déjouées, celles des officiers libres, comme Al Šawāf, se trouveront par contre renforcées par cette poussée de la gauche dans le mouvement.

Al Šawāf résume assez bien cette ambition d'un officier qui, éloigné de la capitale au profit d'une autre ville moins importante, Mouṣil, et donc rejeté à un plan moindre, se morfond et enrage de ne pouvoir réaliser ses ambitions. Une seule échappatoire s'offre à lui pour porter atteinte au gouvernement par un mouvement : agir sous couvert du nationalisme arabe.

Le mouvement de Al Šawāf

L'origine de ʿAbd Al Wahāb Al Šawāf, principal protagoniste de ce mouvement, est à la clé de son itinéraire politique. Il est en effet courant de constater que les officiers les plus influents de l'armée irakienne sont originaires de Mouṣil, au nord de l'Irak. C'est le cas de Rifʿat Al Ḥāğ Sirī, Noʿmān Māhir Al Kanʿānī, Naḍom Al Ṭabaqğalī, Ṣabīḥ ʿAlī Ġālib et ʿAbd Al Wahāb Al Šawāf, qui tous sont issus de cette ville qui voue d'ailleurs un véritable culte aux militaires.

De par leur éloignement et l'isolement géographique dans lequel ils se trouvent, les officiers de l'Organisation des officiers libres de Mouṣil ressentent encore plus profondément le renvoi, « l'exil » de Aref, sur lequel ils avaient concentré tous leur espoir de nationalistes arabes, quant à leur participation ou entrée au/dans le gouvernement.

Outre cet isolement dont ils sont victimes, la structure sociale de cette ville reste un élément à ne pas négliger. Mouṣil se présente en fait comme étant un amalgame de tribus arabes dont chaque membre marque la fidélité à sa tribu et une appartenance profonde à sa nationalité. De plus, à cette appartenance sociale vient se greffer celle de la religion : Mouṣil est une ville musulmane sunnite.

Dans un tel milieu profondément empreint d'un dogmatisme qui renferme cette société et l'isole encore davantage, accentuant par la même idée d'appartenance à un groupe, le climat qui naît alors ne peut être que favorable et propice à la naissance d'un mouvement armé. Dès lors, cette ville tente de rivaliser avec la capitale et bientôt une rivalité ouverte s'engage (41).

Le procès d'ʿAbd Al Salām Aref est la clef qui ouvre les possibilités d'un mouvement dirigé contre Kassem qui, à l'origine, réunit Rifʿat Al Ḥāğ Sirī, Naḍom Al Ṭabqğalī, ʿAbd Al ʿAzīz Al ʿOkaylī et ʿAbd Al Wahāb Al Šawāf, qui prend rapidement la direction du mouvement militaire.

Un tel dessein était né dans l'esprit des officiers depuis longtemps. Dès le second jour de la révolution, apparaît l'idée d'un putsch destiné à éloigner Kassem et Aref du pouvoir. Parmi les mécontents, se trouvent ceux qui ont été éloignés du groupe ayant décidé de la révolution du 14 juillet 1958 —

essentiellement Kassem et Aref — ainsi que ceux qui protestent contre la non-création du Conseil de commandement de la révolution.

Non content de diriger des officiers insoumis et de se caractériser par une ambition non des moindres, Al Šawāf s'estime par ailleurs plus apte à gouverner le pays que l'actuel gouvernement, qu'il soit représenté par Kassem ou Aref. N'a-t-il pas déjà prouvé ses capacités révolutionnaires avant la révolution du 14 juillet 1958 (42) ?

Si le procès d'Aref ouvre des perspectives de rébellion, ce sont surtout l'amertume et le dépit qui semblent pousser Al Šawāf à soulever les officiers de Mouṣil. En effet, en raison de divergences personnelles opposant Al Šawāf à Aref, le premier se verra déposséder de son poste de gouverneur militaire général — responsable de la sécurité militaire du pays — pour un poste moindre à Mouṣil, celui de gouverneur de la ville. Aref ayant obtenu de Kassem cette régression de nomination (43), il deviendra l'ennemi irréductible.

Les premiers contacts entre officiers libres de Mouṣil mettent en rapport Rifʿat Al Ḥāğ Sirī — qui étaient avant la révolution en désaccord avec Kassem —, Nāḍom Al Ṭabaqğalī, ʿAbd Al ʿAziz Al ʿOkayalī et Mouḥamad Sabiʿ. ʿAbd Al Waḥab Al Šawaf s'empresse d'y ajouter son adhésion à laquelle celles de ʿAbd Al Salām Aref, ʿAbd Al Razaq et NoʿMān Al Kanʿānī, ainsi que celle de Ḫalīl Ibrāhīm viennent se joindre, bientôt auréolées de l'assentiment d'autres officiers aux principes nationalistes arabes (44).

Le général Nāḍom Al Ṭabaqğalī doit annoncer la révolte au nord d'Irak, tandis que ʿAbd Al Wahāb Al Šawāf assure dans Mouṣil son appui à ce mouvement. L'ensemble des dispositions retenues en vue de l'exécution de ce mouvement prévoient simultanément que les officiers acquis à ce projet, et en poste dans la capitale irakienne ou dans d'autres villes, soutiennent le mouvement annoncé par Nāḍom Al Ṭabaqğalī et cela dans les limites de leur rayon d'action.

Ce plan révolutionnaire doit se poursuivre par la capture du Zaʿīm, sa démission, puis son exil et, en cas de non-adhésion à la décision révolutionnaire, par sa mort. L'occupation de la radio de Bagdad et du centre des communications par un bataillon de blindés doit, sous la direction d'officiers, succéder à l'arrestation de Kassem et signifier aux autres groupes appuyant le mouvement, que le moment est venu d'agir (45).

Des contacts sont établis avec les chefs des partis nationalistes arabes afin qu'à l'écoute de la nouvelle du mouvement, leurs adhérents organisent des manifestations pour soutenir cette « rébellion » dans les rues des villes irakiennes (46). Certains, comme Nağīb Al Robayʿī — chef du Conseil de Souveraineté — informé du dessein révolutionnaire dirigé contre Kassem y adhère sans demander plus de précisions (47), car l'objectif primordial de ce mouvement reste avant tout la disgrâce de ʿAbd Al Karīm Kassem qui ouvrira ainsi la voie à la réalisation de multiples ambitions personnelles. Il adhère donc à ce mouvement tout comme il adhérera plus tard, fin 1959, à la tentative d'assassinat contre Kassem dont il sera question plus loin.

Le mouvement de Mouṣil, dirigé par ʿAbd Al Wahāb Al Šawāf, prévoit aussi la constitution d'un nouveau cabinet ministériel, avec au poste suprême de Premier ministre et de ministre de la Défense ainsi qu'à la direction du Conseil de souveraineté, le colonel ʿAbd Al Wahāb Al Šawāf, les autres portefeuilles ministériels se répartissant parmi les protagonistes du mouvement (48). La création du Conseil de commandement de la Révolution s'inscrit dans ce plan ainsi d'ailleurs que le maintien à leurs postes des chefs de troupes militaires.

Des contacts s'établissent alors secrètement avec ʿAbd Al Salām Aref toujours emprisonné (49). Si le niveau révolutionnaire semble opératoire et son avenir organisé au plan gouvernemental, ce mouvement temporise et escompte sur un fait qui provoque son déclenchement et qui se présentera sous la forme du « Colloque de la paix » organisé à Mouṣil par décision gouvernementale.

Cette manifestation qui doit réunir entre autres de nombreux représentants étrangers sous la direction des « Partisans de la paix », connut un climat de travail politique tendu, du fait des pénibles conditions dans lesquelles elle s'exerçait (50). Le gouvernement facilite la participation des Bagdadiens à ce colloque en instaurant un tarif préférentiel (demi-tarif) sur la ligne de chemin de fer Bagdad-Mouṣil (51), ce qui explique le nombre considérable de participants qui arrivent dans la ville vers laquelle les missions étrangères se dirigent aussi, véhiculées par le « Train de la paix » (52).

Dès lors, le colonel Al Šawāf trouve que sont réunies là toutes les conditions pour l'explosion de son mouvement. Le Parti communiste irakien qui le pressent, intervient auprès de Kassem afin que ce dernier épure la 5e brigade que son dirigeant, le colonel Al Šawāf (53), veut mobiliser et faire intervenir contre le « Colloque de la paix ».

Refusant d'admettre que la corruption puisse sévir dans cette brigade, et faisant confiance à Al Šawāf qu'il considère comme son ami personnel, Kassem décide d'ignorer le conseil donné par le Parti communiste.

Peu après, ʿAbd Al Wahāb Al Šawāf, peut-être en proie aux remords, quitte Mouṣil pour la capitale et y rencontre le Zaʿīm

(Kassem). Devant la requête d'annulation du Festival de la Paix qu'il formule, Kassem oppose son veto, tout en rassurant son interlocuteur : aucun incident n'aura lieu à Mouṣil. En signe d'amitié, le chef d'Etat offre à Al Šawāf un portrait ainsi dédicacé : « A mon noble frère ʿAbd Al Wahāb Al Šawāf » (54). Le chef du mouvement réitère sa visite au Premier ministre, ainsi que sa demande d'annulation du festival. Demande toujours suivie du refus du Zaʿīm. La dernière tentative de Al Šawāf pour déjouer ce mouvement se situe le 2 mars 1959 : il téléphone de Mouṣil aux Services des Renseignements militaires de la capitale afin d'obtenir Kassem et requérir l'annulation du colloque (55).

ʿAbd Al Karīm Kassem s'obstine et confirme le maintien de cette manifestation pacifique le 6 mars, en précisant à l'attention de « son ami et noble frère » qu'il est tenu pour responsable, en tant que gouverneur militaire de Mouṣil, du bon déroulement de ce colloque (56), une tâche et des responsabilités ordinaires compte tenu de son poste.

Une importante manifestation pour la paix dans le monde marque, le 6 mars 1959, le début du Colloque de la Paix, qui se poursuit jusqu'au 7 mars avec diverses autres manifestations.

L'effectif des participants au meeting se chiffre entre 150 000 (57) et 250 000 personnes (58).

La population de Mouṣil et les forces nationalistes arabes se mobilisent alors et organisent des contre-manifestations dont le nombre des participants va croissant. Des mitraillettes apparaissent, des coups de feu en direction des Partisans de la Paix éclatent, provoquant ainsi le départ précipité et prématuré de certains d'entre eux en direction de la capitale irakienne, dans le courant de la soirée du 7 mars (59).

Le colonel Al Šawāf, dans la nuit du 7 au 8 mars, procède à l'arrestation des officiers qui s'opposent à son mouvement et met en œuvre le dispositif d'occupation de la ville, négligeant, bien entendu, son devoir de protection du lieu qui incombe à sa charge de gouverneur militaire (60). Les événements se précipitent avec l'annonce à la radio locale du mouvement révolutionnaire et du premier manifeste du mouvement. Le texte de cette proclamation présente ce mouvement comme une révolution qui doit corriger l'écart que fait Kassem, par rapport aux principes de la révolution du 14 juillet 1958, et qui édifiera un nouveau système politique devant redonner espoir à la foule et remettre l'Irak sur la voie du nationalisme arabe. Un manifeste rédigé dans un langage commun à tous les manifestes révolutionnaires destiné inéluctablement à mobiliser la « masse ».

L'annonce du mouvement par le colonel ʿAbd Al Wahāb Al Šawāf, à la radio locale, suprend quelque peu ses compagnons, qui n'ont eu connaissance de cette nouvelle que par la radio de Bagdad, et qui pourtant lui offrent leur soutien. Surpris par cette proclamation à la radio, certains officiers ne soutiennent pas le mouvement, comme par exemple le général Nāḍom Al Ṭabaqǧalī, chef de la 2ᵉ division à Kirkouk.

Le mouvement de Al Šawāf — également nommé mouvement de Mouṣil — se caractérise donc par une certaine improvisation. Ni les forces civiles, ni les partis politiques n'en sont instruits et la nouvelle les touchera seulement au début de l'après-midi du 8 mars, par l'intermédiaire de la radio de Bagdad.

Ce même 8 mars, Kassem assiste dans la capitale à une manifestation féminine mondiale. Informé des événements qui se déroulent à Mouṣil, le Premier ministre refuse d'opposer la violence à la violence et préfère envisager un règlement pacifique à cette révolte. Il contacte téléphoniquement le colonel Al Šawāf, toujours à Mouṣil, et l'enjoint de faire cesser cette « rébellion ». Un refus sec et tranchant marque la réponse du colonel (61).

La radio et la télévision retransmettent le soir même le texte d'un manifeste qui, d'une part, annonce la mise à la retraite du colonel ʿAbd Al Wahāb Al Šawāf, et d'autre part, promet une récompense de dix mille dinars pour la capture du colonel mort ou vif (62).

A cette proclamation succède l'ordre à l'aviation militaire de bombarder le camp militaire dans lequel Al Šawāf est localisé. Blessé lors de cette opération, il sera tué par l'infirmier Tāha Moḫtār au cours de son hospitalisation (63).

Le gouvernement de Kassem écrase ensuite totalement ce mouvement, assisté du Parti communiste irakien dont l'action semble avoir été d'ailleurs des plus décisives puisque les communistes utiliseront la violence pour répondre à celle des nationalistes arabes, soutenant le colonel Al Šawāf. De plus, la milice « Al Moqāwama Al Šabīya » (« Résistance populaire ») à forte majorité communiste, ne se livre-t-elle pas, dans les rues, à des combats contre les forces civiles armées soutenant le mouvement de Al Šawāf ? Ce soutien à l'armée régulière irakienne s'est avéré particulièrement efficace (64). Si cette milice a eu le rôle qui lui est attribué, il ne faut, certes, pas pour autant admettre qu'elle fut elle seule à l'origine de l'écrasement du mouvement de Mouṣil. Car si ses membres sont à majorité communiste, c'est au Parti communiste irakien que Kassem doit l'anéantissement de cette révolte à Mouṣil.

En effet, ce parti à l'annonce du mouvement délègue de nombreux membres dans les villes et villages qui entourent Mouṣil, avec pour objectif investir la ville et y réduire à néant le mouvement qui la secoue et qui est largement soutenu par les habitants de la ville. Aux communistes revient donc le devoir de briser ce mouvement (65).

L'organe officiel du Parti communiste irakien, *Itiḥād Al Šaʿab*, rédige d'ailleurs ses articles en ce sens, en appelant à la résistance contre Al Šawāf et son mouvement pour la protection du régime de Kassem (66).

Outre les communistes, les Kurdes irakiens œuvrent également contre ce mouvement. De par son caractère raciste et dès les premiers jours, ce mouvement, issu d'un nationalisme arabe extrémiste, conduit à la perte de plusieurs Kurdes.

Cette contre-offensive au mouvement de Mouṣil regroupe, dans les environs de Mouṣil, environ cinq mille personnes armées, qui se mettent à la disposition du chef de l'État. Mille d'entre elles investiront la ville pour prendre part au combat qui les dresse contre les habitants de Mouṣil.

L'aide des combattants kurdes, au côté de la milice et de l'armée régulière, se poursuit durant les combats et même se prolonge au-delà dans le but d'épurer la ville et ce jusqu'à ce que le gouverneur militaire général irakien requiert leur départ (67) : la ville retrouve alors son calme.

Ces événements, comme ceux d'ailleurs qui entourent le mouvement de Kirkouk dont nous allons parler plus loin, sont dépeints comme étant la manifestation de la violence sanglante et de l'inhumanité de l'intervention des communistes.

Ces appréciations, qui peuvent être jugées sévères, trouvent leur explication dans le fait qu'elles ont été formulées sous des régimes politiques postérieurs à celui de Kassem, que ce soit celui d'ʿAbd Al Salām Aref, de ʿAbd Al Raḥmān Aref ou sous le régime baasiste.

Les divers régimes, gouvernements et politiques marquent de leurs empreintes les auteurs, qui ne peuvent échapper consciemment ou inconsciemment à la perspective nationaliste arabe que ces gouvernements imposent et dont l'un des buts est d'anéantir le Parti communiste irakien afin d'éviter toute possibilité de réveil de ce parti dont on craint la résurgence.

La tâche de ces « historiens » sera donc d'attenter à la réputation des communistes afin de « vacciner » la population contre ce fléau. Pourtant, l'étude attentive de ces événements prouve que les communistes ne furent pas les seuls à participer à l'écrasement du mouvement de Mouṣil, en effet aussi bien les Kurdes que l'armée régulière y prirent part. Fait étonnant, les griefs retenus contre les communistes ne semblent pas être retenus à l'encontre des autres partisans de Kassem.

Il faut noter que les événements de Mouṣil se dérouleront dans un contexte bien particulier puisqu'ils ont lieu à l'époque où, pour la première fois, le gouvernement et des journaux officiels reconnaissent le Parti communiste irakien. Devant une telle situation, le parti ne peut se dérober à l'aide qu'est en droit d'attendre de lui le gouvernement de Kassem dans ce conflit qui l'oppose aux nationalistes arabes, conflit qui vise, entre autres, les communistes qui entendent défendre leurs principes et leur idéologie en prenant part à l'écrasement du mouvement de Al Šawāf.

Le procès des participants au mouvement de Al Šawāf

L'anéantissement du mouvement conduit par le colonel ʿAbd Al Wahāb Al Šawāf marque le début d'une campagne gouvernementale d'arrestations qui touche plus particulièrement les officiers et les civils acquis aux idées nationalistes arabes. Soixante-quinze officiers et civils seront ainsi présentés devant le tribunal militaire supérieur spécial (68).

Aux longs et minutieux procès succèdent les jugements : trente accusés condamnés à la peine de mort, dont le général Nāḏom Al Ṭabaqğalī et le colonel Rifʿat Al Hāğ Sirī, vingt-sept peines de condamnation au bagne à perpétuité et dix-huit acquittements dont celui de ʿAbd Al ʿAzīz Al ʿOkaylī (69).

Les exécutions capitales ont lieu en trois fois entre le 5 avril et le 20 septembre 1959 (70) et touchent vingt-trois des condamnés car sept peines sont commuées en emprisonnement à vie (71).

L'orientation de Kassem vers la gauche irakienne

L'aide du Parti communiste irakien tant durant la révolution qu'après — notamment durant le mouvement de Al Šawāf à Mouṣil — a sans nul doute marqué le chef d'État irakien qui amorce une nette transmutation vers la gauche, qui attend son avènement, une orientation d'autant plus aisée que l'épuration gouvernementale des forces nationalistes arabes la libère de toute inclination politique antérieure.

Si ce tournant politique décisif marque l'élimination de personnalités nationalistes arabes éminentes au sein du gouvernement et dans l'armée (telles Aref et Al Šawāf, ...) il ne faut pas oublier que cette politique n'atteint pas en profondeur le mouvement nationaliste arabe, qui survit.

Cette ouverture amorcée par Kassem vers la gauche politique le conduit tout naturellement à consentir, le 1er avril 1959, à ce que le Parti communiste irakien fonde un autre quotidien, *Al Insānīya* (« L'humanité ») qui s'ajoute à l'*Itiḥad Al Ša'Ab*, organe de propagande du parti (72) et ratifie, le 25 mars 1959, l'accord avec l'Union soviétique autorisant les syndicats à constituer, le 3 avril, un « comité de liaison » afin qu'une coordination s'établisse entre leur action et celle des autres « institutions démocratiques » (73).

Libre de toute entrave nationaliste arabe, Kassem se tourne vers la nation kurde qu'il invite, le 6 avril, à se regrouper autour de son chef, Mousṭafā Al Barzānī (74).

Afin de compenser le désastre du festival des « Partisans de la Paix » à Mouṣil, causé par le mouvement de Al Šawāf, le chef de l'État autorise la tenue d'une autre réunion à Bagdad, le 10 avril, réunion plus importante que la précédente et qui accueille les missions de tous les mouvements de paix du monde (75).

Le 14 avril marque le summum de cette semaine de concertation par des défilés dans la capitale irakienne (76) qui se terminent le 18 par une manifestation d'environ un million de personnes.

Outre l'intérêt qu'il porte aux Kurdes et à la question des minorités nationalistes irakiennes, Kassem se penche également vers les autres minorités et notamment vers les minorités religieuses comme en témoigne l'inauguration d'une église nestorienne dans la capitale.

Ce mois d'avril 1959 connaît également une cascade de décisions gouvernementales comme la distribution d'armes le 10 avril, par le chef d'État-Major, la présence de Kassem le 15 avril, au premier Congrès des paysans irakiens, la publication du budget qui accorde une large part aux affaires sociales, à l'éducation nationale et à l'hygiène (77).

Il semble que le mouvement de Al Šawāf ait marqué le virage politique qu'amorce le gouvernement de Kassem en coupant le cordon ombilical qui le liait encore, bien que très faiblement, aux nationalistes arabes. De plus, ce mouvement contribue à l'étouffement du Front de l'union nationale en favorisant la recrudescence de l'aide du Parti communiste irakien au gouvernement (par le biais de ses journaux, ses effectifs humains, ...), disloquant ainsi le front par l'aggravation du déséquilibre des forces représentées (Parti Communiste/forces nationalistes arabes). Dès lors, le gouvernement et les communistes tentent de faire entendre raison aux nationalistes arabes (78).

Devant l'explosion du Front de l'union nationale, le Parti communiste tente d'en regrouper les divers éléments afin en quelque sorte de le ressusciter.

Faut-il voir dans cette intention un acte politique désintéressé ou la volonté de refondre ce front afin d'y imposer ses vues et de bénéficier de son impact pour contrôler la vie politique irakienne ? Le journal *Itiḥād Al Šaʿ Ab* présente, le 22 juillet, un article qui invite les autres partis à se « reconstituer en front ».

Al Waṭanī Al Dīmoqrāṭī répond à cet appel, bien que des divergences ressurgissent dans cet effort commun — Kāmil Al Ǧādirǧī refusant, en effet, quelques conditions de cette réunification.

Le Parti communiste insiste et marque sa volonté de redonner vie à un front, dont la constitution reposerait sur les points suivants :

— Le Front unit trois partis politiques : le Parti communiste irakien, Al Waṭanī Al Dīmoqrāṭī et le parti de Partes (Parti démocratique kurde) ainsi que des démocrates indépendants, et des nationalistes arabes « honnêtes et intègres » par rapport à la république et au zaʿīm (Kassem). Ce nouveau front, outre quelques rares nationalistes arabes faisant preuve d'honnêteté et d'intégrité, ne compte pas de force nationaliste arabe.

— L'annonce claire et publique par le front du commencement du travail politique et la demande au gouvernement d'une autorisation d'officialisation du parti.

— Le front regroupe également des organisations sociales populaires (syndicats, comités, ...) pour aider le front dans son action de représentation de la masse du peuple.

— Les partis politiques du front bénéficient d'un droit de veto et de débat (79).

Bien que ce projet ait échoué, du fait des tiraillements internes à chaque parti, le Parti communiste persiste dans son idée de faire revivre le front et finit par y parvenir, non sans mal, aidé en cela par l'aile gauche du parti Al Waṭanī Al Dīmoqrāṭī, ainsi que par celle du parti démocratique kurde.

La ligne politique générale de ce nouveau front porte sur les points suivants :

— soutien à la république et aux forces progressistes ;
— coopération avec d'autres pays arabes pour la lutte contre le colonialisme ;
— foi en la « neutralité positive » et la fraternité entre Arabes et Kurdes ;
— application des principes démocratiques en Irak ;
— liberté de travail politique (80).

Le programme présenté à Kassem est accueilli par une certaine indifférence. Faut-il voir là le refus de s'engager plus à gauche avec le Parti communiste irakien, alors que Kassem affiche déjà une position clairement teintée des principes et buts politiques chers aux partis irakiens de gauche ?

Cela pourrait, en effet, se confirmer car le chef de l'État irakien déclare à maintes reprises se situer au-dessus de toute tendance et de tout courant politique. D'autres déclarations appuient cette théorie : « Il faut créer un équilibre entre la droite et la gauche » (1959), « La nation adhère au parti du zaʿīm » (81).

Si Kassem n'adhère à aucun parti politique, il n'en montre pas moins une certaine inclination envers la gauche irakienne, tout en réaffirmant néanmoins sa conviction en la nécessité du multipartisme. L'atmosphère de cette époque (1959) ne se prête cependant guère à une mise en application de telles idées, car les troubles survenus dans le pays, depuis la révolution et jusqu'à ce milieu d'année 1959, laissent présager une évolution croissante du conflit politique dans le pays, si l'officialisation des partis est reconnue.

Si la période que traverse alors le gouvernement de Kassem se caractérise par le calme, le fait qu'elle succède à une période de troubles sanglants pousse Kassem à observer la plus grande prudence et à refuser de lancer le pays dans de nouvelles joutes politiques.

Afin d'entretenir ce calme politique apparent, ʿAbd Al Karīm Kassem invite, dans un de ses discours, les partis politiques à geler leur activité afin que l'Irak traverse dans la paix cette période de transition politique.

Il précise également que le 6 janvier (1960), un festival sera organisé pour célébrer la fête de l'armée et la publication d'une loi portant sur l'autorisation de l'activité politique des partis irakiens (82).

Plus tard, lors d'un discours commémorant le premier anniversaire de la révolution du 14 juillet 1958, Kassem déclare que la période de transition politique touche bientôt à sa fin et que les affaires du pays vont reprendre leur cours normal (83).

Si le parti Al Waṭanī Al Dīmoqrāṭī s'est plié aux exigences du gel provisoire de toute activité politique requise par le chef d'État, il n'en est pas de même pour le Parti communiste qui, par le biais de son journal *Itiḥād Al Ša'Ab,* attaque Al Waṭanī Al Dīmoqrāṭī pour s'être conformé aux ordres de Kassem et presse certains de ses membres de quitter le parti pour en créer un autre plus actif.

Peu nombreux seront ceux qui prêteront l'oreille aux conseils du Parti communiste. Al Waṭanī Al Dīmoqrāṭī maintient en état de paralysie son activité jusqu'en février 1960, date à laquelle Kassem autorise à nouveau toute activité politique.

Après « le dégel politique », le Parti communiste se lance, en octobre 1962, dans une nouvelle tentative de création d'un front — malgré déjà plusieurs échecs — avec Al Waṭanī Al Dīmoqrāṭī et Al Waṭanī Al Taqadomī (« Parti nationaliste progressiste »). Un nouvel échec s'ajoute à une liste déjà longue (84).

Si le Front de l'union nationale se trouve étouffé au lendemain de la révolution du 14 juillet 1958, les événements qui succèdent à cette période démontrent que le mouvement de Mouṣil l'a définitivement enterré. Jamais, durant le régime de Kassem, les partis nationalistes arabes ne referont surface au sein du front ni même au niveau de la vie politique irakienne.

Si, comme nous l'avons évoqué précédemment, le Parti communiste soutient la révolution dès le 14 juillet 1958 et publie aussitôt un manifeste qui clame que « toutes les forces du Parti communiste irakien se vouent au soutien des protagonistes de la révolution, à la défense de la république, ainsi qu'à la protection de la gloire de la nation irakienne » (85), ce parti invite les révolutionnaires à la clémence vis-à-vis des prisonniers politiques et requiert pour les exilés et les « déchus de la nationalité irakienne » la possibilité de leur retour en Irak, ainsi que l'abrogation des peines de mort par contumace (86) et prône aussi la création de milices pour la défense de la révolution et de la république, ainsi que pour le soutien de l'armée régulière dans son action contre les fervents monarchistes (87).

La milice Al Moqāwama Al Šabīya (« Résistance populaire ») devra son existence au contenu de cet appel.

Si la clandestinité du travail politique peut anéantir un parti classique, elle a une toute autre influence sur le Parti communiste qu'elle consolide et auquel elle transmet cette force et cette résistance nécessaires et qui font qu'il peut imposer son contrôle, un contrôle quasi intégral, sur l'organisation de la milice et sur les forces civiles instituées après la révolution.

Outre ce contrôle, le Parti communiste impose également son droit de regard sur l'organisation féministe irakienne, « Rābiṭat Al Mar'a » (« Union des femmes »), sur celle des « Partisans de la paix » et au niveau des syndicats d'ouvriers, de paysans, d'instituteurs, d'ingénieurs ou de médecins. L'emprise de ce parti, l'assise et le pouvoir dont il bénéficie lui permettent d'exercer une activité politique énergique et publique (88).

Cet ascendant lui confère une indéniable supériorité sur les autres partis politiques émules et plus particulièrement au niveau des organisations nationalistes arabes en conflit avec le Parti communiste et qui entretiennent avec ce dernier des tensions constantes. Le mouvement de Al Šawāf, qui demeure à ce titre révélateur du caractère de ces tensions, porte le conflit Parti communiste irakien/partis nationalistes arabes au faîte de l'antagonisme.

Si le Parti communiste connaît certaines divergences à ce niveau, il s'efforce d'établir avec Kassem des rapports plus fructueux et pacifiques.

Ne rédige-t-il pas, le 26 juillet 1958, à l'attention du chef de l'État un rapport qui prône la liquidation du directorat de la Sécurité nationale auquel il attribue le rôle de traître vis-à-vis des mouvements politiques progressistes irakiens, ainsi que l'épuration gouvernementale des indésirables reconnus comme non loyaux et malhonnêtes ?

Le Parti communiste réitère sa requête dans un nouveau rapport daté du 27 juillet de la même année et dont le fond demeure quasi identique à celui de la veille. Il aborde cependant le problème des médias et requiert à cet effet que ceux-ci soient placés sous la tutelle d'une personnalité révolutionnaire intègre et vouée à la révolution.

Le fait que ce nouveau manifeste réaffirme au zaʿīm l'appui du Parti communiste irakien (89) est bien la preuve que le Parti communiste entend maintenir des contacts personnels avec Kassem. A cet effet, Rašīd Moṭlaq et plusieurs autres membres du comité central et du bureau politique du parti seront délégués au ministère de la Défense pour y rencontrer le chef de l'État (90).

Cette politique qu'entretient le Parti communiste irakien lui permet de conquérir des postes dont l'influence et l'importance stratégique ne sont plus à démontrer, comme la Direction générale de la radio nationale détenue par Salīm Al Faḫrī, et également de faire paraître son quotidien, *Itiḥād Al Šaʿab*, dont le directeur est ʿĀmir ʿAbd Allah, de façon plus régulière à partir du 25 janvier 1959 (91).

Après l'écrasement du mouvement de Al Šawāf à Mouṣil,

en mars 1959, le Parti communiste prend soudain conscience du rôle considérable qu'il peut obtenir de son action à l'encontre de cette rébellion. Il considère alors venue l'heure d'imposer son parti dans la composition du gouvernement au niveau du conseil ministériel, sentiment qui s'accroît encore après la crise qui oppose ʿAbd Al Karīm Kassem et les partis nationalistes arabes.

Le 28 avril, un manifeste du comité central du Parti communiste annonce que pour soutenir la révolution, la république et le gouvernement, l'État doit s'aider des bases populaires consolidées.

Afin de permettre d'atteindre ces objectifs, le parti offre sa participation aux responsabilités gouvernementales, aux côtés des autres partis politiques déjà représentés au gouvernement. Ce manifeste précise le désintéressement du parti au profit de l'accentuation de la nécessité de protection de la révolution et de la république, faisant apparaître le Parti communiste irakien comme étant une force progressiste révolutionnaire (92).

Ce manifeste reçoit bien entendu l'appui du journal du parti, *Itiḥād Al Šaʿab* qui publie des éditoriaux allant dans le sens du manifeste (93), jouant par là à la perfection son rôle de courroie de transmission.

A ce texte succède, le 1er mai, à l'occasion de la Fête du travail, une manifestation organisée par le Parti communiste irakien en tête de laquelle défilent les chefs du parti qui scandent des slogans en faveur de la participation du parti au gouvernement (94).

Le 9 juillet de la même année voit la parution d'un nouveau manifeste du Parti communiste qui y revendique sa représentation au gouvernement comme étant une nécessité impérieuse, le gouvernement devant refléter toutes les forces progressistes révolutionnaires irakiennes et assurer la protection de la continuité démocratique, la défense des droits ouvriers, paysans et défavorisés au sein de la révolution et de la république irakiennes.

Ce manifeste insiste également sur la confiance que le Parti communiste manifeste à l'égard du gouvernement patriotique et progressiste, comme le prouve encore la volonté du parti à prendre sa part de responsabilité à la direction du pays. Un gouvernement progressiste où le chef d'État accorde aux forces progressistes la liberté de participation dans le gouvernement afin de servir la patrie (95) semble être la solution.

Les modifications de la composition du cabinet ministériel, qui ont lieu le 13 juillet, confèrent au Parti communiste quelques postes au sein du troisième cabinet ministériel nouvellement constitué.

Si Kassem cède quant à la participation des communistes

au gouvernement, il n'en demeure pas moins que les postes accordés ne le seront pas directement à des membres du Parti communiste irakien, mais bien à des membres d'autres organisations communistes, comme les « Partisans de la paix » sous contrôle du Parti communiste irakien.

Le choix de ʿAbd Al Karīm Kassem porte cette fois-ci sur des intellectuels marxistes parmi lesquels :

- Nazīha Al Dolaymī, une femme docteur en médecine, qui préside également l'Association pour la défense des droits de la femme irakienne, une organisation communiste (96). Elle est nommée au ministère des Municipalités et est ainsi la première femme du Proche-Orient à occuper de telles fonctions (97).
- ʿAwnī Yousif : au ministère des Travaux publics et de l'Habitat. C'est un Kurde, avocat au tribunal de Kirkouk, un marxiste membre du Parti démocratique kurde.
- Fayṣal Al Sāmir : au ministère de l'Orientation nationale. C'est un docteur en histoire, un marxiste membre de l'organisation des « Partisans de la paix ».
- ʿAbd Al Laṭīf Al Šawaf : au ministère du Commerce. Également marxiste.

Cette prise de position en faveur des marxistes au niveau du pouvoir représente l'apogée de la coopération entre Kassem et le Parti communiste irakien, un rapprochement qu'aucun autre président arabe n'a osé accomplir, et ce bien que Kassem conserve certains côtés traditionalistes, en particulier au niveau de la religion.

Malgré cette ouverture de Kassem en direction du Parti communiste irakien et des communistes, ses sentiments de prudence se devinent. Le chef de l'État s'attache à observer les communistes et le P.C.I. afin de protéger son « règne » de toutes critiques.

Le gouvernement de Kassem connaît en effet quelques points faibles comme la « milice de la résistance populaire » créée pour assurer la sécurité civile du gouvernement et qui, parfois, utilise sa force et les moyens mis à sa disposition pour sévir contre certains irakiens, sans preuve aucune. Devant les protestations du peuple irakien, Kassem réagit le 27 juin 1959 dans le but de limiter l'activité de cette milice. Il la somme de déposer ses armes aux bureaux de police les plus proches (98). Si par le passé, le gouvernement de Kassem avait déjà dû faire face à de tels problèmes, il ne tient pas à ce que l'entrée des communistes au gouvernement accroisse ceux-ci.

Outre la protection de son régime au niveau de l'intérieur, Kassem s'ingénie à donner une bonne image de son gouvernement à l'étranger, surtout après le mouvement de Al Šawāf et alors que des campagnes radiophoniques étrangères (Égypte, Syrie, Jordanie) visent son régime en raison des exécutions qui succédèrent au mouvement de Mouṣil, accusent le système politique irakien de tendance communiste et dépeignent l'Irak comme un pays où, en raison du fléau communiste, « le sang de la nation coule dans les rues ».

La délicate position du gouvernement de Kassem tant dans le pays qu'à l'étranger explique l'attention que le chef d'État apporte à l'établissement de ses relations avec le Parti communiste irakien. Le *zaʿīm* est conscient de l'impact de l'appui communiste, ainsi que de la fidélité de ce parti envers son régime. Il souhaite conserver de bonnes relations avec le P.C.I. et se garde de créer un état de crise, de tensions avec ce parti politique d'un soutien indéniable ; une crise, des tensions qui transporteraient le P.C.I. dans l'opposition et avec lui tout le courant communiste.

Si Kassem se garde de provoquer le P.C.I. et de le faire glisser dans l'opposition gouvernementale, il est conscient également de la nécessité de ne pas laisser deviner l'influence, l'ascendant, le poids dont ce parti bénéficie afin d'éviter que fort de cet ascendant le Parti communiste ne décide de rentrer en campagne contre Kassem et son régime.

Aussi, si Kassem introduit des communistes dans son troisième cabinet ministériel, il n'en garde pas moins les yeux grands ouverts sur leurs responsabilités et leurs manquements. Cette escalade de l'ascendant et de la puissance du P.C.I. ne manque pas de renforcer ce parti dans l'idée qu'il peut imposer ses vues au gouvernement.

L'état de tension le plus sérieux entre le chef d'état irakien et ce parti politique prend source avec les « événements de Kirkouk ». Compte tenu de l'importance de cet épisode historique, du fait qu'il marque la première opposition Kassem/P.C.I., il semble opportun de lui réserver une étude quelque peu approfondie.

Les événements de Kirkouk

Ceux-ci prennent leur origine avec la commémoration du 1er anniversaire de la révolution du 14 juillet 1958. Peu avant cette célébration, le journal *Itiḥād Al Šaʿab*, organe de propagande du Parti communiste, entreprend une campagne d'attaques ouvertes contre l'activité réactionnaire de quelques groupes ennemis de la révolution.

Si le 14 juillet 1959, 10 ʿāšourā', marque le 1er anniversaire de la révolution il est également celui de la mort de Al Ḥousayn. Aussi, à cette occasion, de nombreuses manifestations religieuses se préparent dans les villes irakiennes.

De son côté le Parti communiste, prudent et prévoyant, met en garde ses membres contre d'éventuelles et probables manifestations contre le gouvernement, contre la révolution et plus particulièrement contre les communistes. Un appel leur est donc lancé afin d'opposer une résistance à ces luttes, quitte à utiliser la violence (99).

Pour célébrer comme il se doit le 1er anniversaire de la révolution, le P.C.I. organise des manifestations. Parallèlement, des forces nationalistes arabes, en grand nombre, se préparent pour ces célébrations religieuses et politiques, certains manifestes contre le régime politique de Kassem sont lus par des nationalistes arabes.

Dans certaines villes, des collisions entre communistes et autres groupes politiques ont lieu. Les lieux touchés par ces heurts se situent géographiquement dans le centre et le sud irakiens, comme à Al Misayb, Dīwānīya, Al Ḥay, ... L'escalade de ces confrontations, plus ou moins violentes à leur origine, conduit même dans certains cas à la mort de plusieurs participants aux manifestations. Les heurts les plus marquants ont pour cadre géographique la ville de Kirkouk et les échos de ces luttes retentissent jusque dans des pays étrangers et marquent profondément l'Irak.

Le Parti communiste organise en ce 14 juillet 1959 une manifestation pour célébrer l'anniversaire de la révolution, commémoration précédée par quelques frictions entre communistes et turcomans, majoritaires à Kirkouk. Cette ville connaît en effet quelques distensions entre la forte présence turcomane et la faible représentation du Parti communiste irakien dans ce milieu, d'où des relations peu suivies entre ces deux groupes humains (100).

Ce milieu psychologique et les relations nouvelles favorisent les hésitations des turcomans vis-à-vis du P.C.I. qui ne fait guère preuve de diplomatie avec cette minorité irakienne (pourtant en majorité à Kirkouk), à très forte conscience nationaliste, qui se sent prisonnière et étouffée d'autant plus qu'attaquée par le Parti communiste, peu avant ce 14 juillet 1959, dans un article de « Itiḥād Al Šaʿab » qui vise avec virulence tout particulièrement le nationaliste ottoman et qualifie celui-ci de

« traîtrise à la solde de la Turquie, ainsi que de réactionnariat » (101).

De plus les habitants de Kirkouk gardent en souvenir le relent des événements qui eurent pour siège la ville de Mouṣil. Aussi les manifestations communistes sèment-elles déjà la crainte chez les habitants de la ville. Le milieu turcoman se mobilise contre l'organisation d'un festival, dans leur ville, par les communistes. Le climat psychologique est chargé de méfiance, de crainte, de haine à l'encontre des communistes, bien que ceux-ci s'attachent à conserver à leur manifestation un caractère des plus pacifiques. A cet effet, le général Dāwoud Salmān Al Ğanābī — chef de la 1re division militaire — de tendance politique communiste, s'efforce d'assurer sa protection au festival et à la manifestation du parti politique (102).

Les Turcomans interprètent cette manifestation comme étant dirigée à leur encontre et se pressent d'organiser, le 14 juillet après-midi, une manifestation importante contre les communistes. Les habitants de Kirkouk — des Turcomans — réclament la dissolution de la manifestation, la mort des communistes qu'ils qualifient de traîtres. Face à de telles attaques, les communistes ne peuvent manquer de riposter (103) et des heurts, avec des morts du côté du Parti communiste, débutent et se poursuivent jusqu'au lendemain.

En signe de représailles, les communistes s'attaquent aux magasins, aux habitations. Le triste bilan de ce sanglant affrontement sera le suivant : soixante-neuf tués du côté des habitants de Kirkouk (104), auxquels s'ajouteront vols, et actes de vandalisme à l'encontre des magasins ou des habitations privées.

A la suite de ces événements le Parti communiste irakien rédige à l'attention de Kassem un rapport relatant les faits survenus à Kirkouk et accuse les responsables de la manifestation qui s'opposa à celle du Parti communiste. Ce rapport invite le chef d'État à condamner ces opposants après enquêtes sur les dirigeants et initiateurs de ce mouvement de contre-manifestation afin de les faire passer en jugement et leur infliger une peine en proportion de leurs actes et intentions (105).

De son côté *Itiḥād Al Šaʿab* mène une campagne condamnant violemment les Turcomans et leurs alliés dans cette contre-manifestation et soutient que la violence dont ont fait preuve les communistes s'avérait indispensable afin d'écraser le mouvement réactionnaire à Kirkouk (106). Cet écrit, qui marque la volonté de se disculper par rapport aux communistes, sur des actes dont les rebondissements sur le plan national ainsi qu'étranger dessinent l'importance, devient une erreur de tactique politique de la part de ce parti, dès lors qu'il ne condamne pas également cette opération de violence à l'origine de laquelle apparaissent quelques communistes.

Si le Parti communiste irakien s'attache à critiquer et accuser les Turcomans, il n'émet à son adresse aucune critique, jusqu'à la condamnation du mouvement par le chef de l'État lui-même. Cette condamnation, érigée en termes virulents, fut prononcée par Kassem dans l'église de Mār Yousif à Bagdad, le 19 juillet 1959 :

> « Je condamne violemment ce qui a eu lieu, il y a quelques jours à Kirkouk et dans d'autres villes encore. Il faut dès maintenant anéantir chaque groupe qui adopte une ligne de conduite politique anarchique et violente issue de son appartenance raciale et dirigée contre la nation. Je vais sévir contre tous les responsables de ces agressions (107). »

Kassem, lors d'une conférence de presse, le 29 juillet 1959, aborde à nouveau ce sujet et, d'une façon indirecte, annonce que la responsabilité de ces démonstrations de violence incombe aux communistes :

> « J'ai en ma possession quelques photographies prises durant ces événements. Elles sont autant de preuves accablantes pour certains groupes politiques. Si, dans mon discours à Mār Yousif, je ne condamne pas ces événements, c'est afin d'éviter que notre honneur en soit terni aux yeux du monde (108). »

Aussitôt après ce discours, le comité central du Parti communiste tient une réunion élargie au cours de laquelle plusieurs décisions importantes sont prises. De cette réunion sortent entre autres des critiques sur la conduite de quelques éléments communistes incontrôlés qui, par leurs actions, actes et faits, pensant défendre la république ont en fait semé la violence, la haine et la peur. A ces critiques s'adjoignent les condamnations du recours à la violence, au pillage et au vandalisme que le Parti communiste considère comme un grave manquement à la ligne révolutionnaire politique du parti (109), ainsi qu'aux principes marxistes.

Outre cette condamnation, le Parti communiste précise que de tels événements affaiblissent et mettent en péril les relations qui unissent actuellement le parti et le pouvoir progressiste et demande qu'à l'avenir une telle situation ne puisse se reproduire (110).

Cette « secousse » de Kirkouk, « tiédit » les échanges Kassem/Parti communiste, mais n'entache en rien la confiance du chef de l'État envers ce parti qui, à présent, demeure le seul à faire preuve de fidélité et de soutien à Kassem.

Kassem, cependant, s'organise afin que les éléments communistes incontrôlés soient arrêtés pour réduire à néant toutes possibilités de renouvellement de tels affrontements. Le journal *Itiḥād Al Šaʿab* subit également des représailles : méfiance, observation, restriction des ventes au sud de l'Irak, cœur du communisme irakien et foyer des paysans chiʿites. Le contrôle de la distribution du journal échoit au chef de la 1re troupe militaire, le général Saʿīd Ḥamīd Saʿīd Ḥousayn (111).

Le 10 août 1959, le tribunal militaire supérieur spécial se réunit pour juger les instigateurs des événements sanglants de Kirkouk. Quelques communistes ainsi que six officiers et deux cent cinquante militaires sont incarcérés en raison de leur participation au mouvement (112).

Parallèlement à ces représailles, le chef de l'État adopte une politique souple à l'égard du Parti communiste et de son journal, organe de propagande : *Itiḥād Al Šaʿab*, qui conservent toujours le privilège d'exercer leur activité politique publiquement.

Peu après ces événements — environ six mois plus tard —, le Premier ministre publie la loi sur l'officialisation des partis politiques irakiens et la constitution définitive de l'Irak, mesures annoncées par Kassem dans son discours du 14 juillet 1959.

Situation des partis nationalistes

Si le Parti communiste irakien occupe une place prépondérante sur la scène politique irakienne de cette époque, malgré ses errements passagers, les partis nationalistes arabes connaissent de leur côté quelques faiblesses.

Le premier coup porté à ces partis demeure, sans nul doute, la démission massive des ministres nationalistes arabes en février 1959, qui marque la fin de leur coopération avec le régime de ʿAbd Al Karīm Kassem et le début d'un travail qui conduit les partis nationalistes arabes sur la voie de l'entraide, de l'entente et de la solidarité, afin de coaliser leurs forces et leurs efforts. Dès lors, leur activité politique prend une nouvelle orientation : organisation de manifestations contre Kassem, préparation de la chute du système politique actuel et assassinat du chef d'État irakien.

Afin de mieux cerner les caractéristiques de ce mouvement, il convient de brosser le tableau exhaustif des partis concernés, au moins les plus influents.

Al Istiqlāl

C'est sans doute le parti nationaliste arabe le plus important qui participe au premier cabinet ministériel. Le conflit qui l'oppose au Zaʿīm naît d'un point de divergence portant sur la question politique fondamentale : l'union fédérale avec la République Arabe Unie. A cette proposition, ce parti politique préfère celle d'une unité arabe intégrale. En février 1959, parmi les six démissions enregistrées dans le premier cabinet se remarque celle du politicien qui jadis introduisit Al Istiqlāl dans le gouvernement. Des démissions auxquelles succède également celle de Monsieur Moḥamad Mahdī Kouba, membre du conseil de souveraineté.

Outre cette démonstration de l'existence d'un désaccord avec le gouvernement, ce parti appuie le mouvement de Al Šawāf à Mouṣil, ce qui lui vaut de subir les représailles de la police et de nombreuses arrestations. A ces affrontements ouverts s'ajoute, le 26 mars 1959, la démission de Fa'iq Al Sāmarā'ī — chef du parti Al Istiqlāl — de son poste d'ambassadeur au Caire suivi de son exil politique volontaire, symbole ambivalent puisque en même temps : protestation envers Kassem et son régime politique et signe de soutien au mouvement de Al Šawāf (113).

Très vite, ce parti politique va œuvrer au renversement du régime de ʿAbd Al Karīm Kassem, en s'alliant en particulier à Fou'ād Al Rikābī — chef du Parti Baas arabe socialiste irakien — par l'entreprise de Moḥamad Ṣidīq Šanšal qui remet au Parti Baas des fonds destinés à organiser l'assassinat du chef de l'État (114).

Le premier rapprochement conduit, en 1961, Al Istiqlāl à constituer un front nationaliste arabe en collaboration avec d'autres partis politiques de même orientation politique : le Baas arabe socialiste, Ḥarakat al Qawmīyīn Al ʿArab (Le mouvement des nationalistes arabes).

Le but de ce front et son principal objectif demeurent le renversement de Kassem.

N'ayant pas de publication, même clandestine, durant toute la période révolutionnaire irakienne et faute de posséder une structure cellulaire, contrairement à d'autres partis politiques, la popularité pré-révolutionnaire de ce parti ne peut résister bien longtemps. Al Istiqlāl sombre dans l'isolement.

Ḥarakat Al Qawmīyīn Alʿ Arab

Les desseins idéologiques de cette organisation politique s'opposent à ceux de Kassem et de son régime, ainsi d'ailleurs qu'à ceux des communistes qui font l'objet précisément d'une campagne virulente portant sur l'activité de leur parti lors des événements de Al Šawāf à Mouṣil et de Kirkouk, cela par le biais du journal clandestin Al Waḥda (« L'unité »).

Ce journal porte les accusations suivantes :

— ce parti — le Parti communiste irakien — développe une activité politique qui va à l'encontre des principes nationalistes et de l'unité arabe ;

— le Parti communiste ne symbolise pas l'espoir d'un peuple arabe, par ailleurs c'est un parti « criminel ».

La question de l'unité arabe reste l'assise la plus importante de ce mouvement qui appuie sans limite la République Arabe Unie et Ǧamāl ʿAbd Al Nasser, reflétant indéniablement les concepts politiques nassériens quant au rapprochement avec la R.A.U. Ḥarakat Al Qawmīyīn Alʿ Arab est effectivement un parti nassériste. Les fondateurs de cette organisation ne sont-ils pas d'ailleurs égyptiens et délégués par le gouvernement de Ǧamāl ʿAbd Al Nasser ?

Plusieurs cahiers publiés par ce parti expliquent les idées nationalistes arabes du parti. Parallèlement à la parution d'Al Waḥda, un autre magazine, également clandestin et à parution irrégulière, Al Ḥoriya, paraît pour la première fois en janvier 1960. Servant d'organes de propagande à ce parti politique, ces publications appellent à l'unité arabe avec l'Égypte, sous la tutelle de Ǧamal ʿAbd Al Nasser afin de préserver l'unité contre une atomisation qui décentrerait le noyau des forces nationalistes arabes hors de l'Égypte (115). Cette organisation politique qui œuvre au renversement du gouvernement, du régime de Kassem et à l'anéantissement du Parti communiste irakien ainsi d'ailleurs que de toute la gauche irakienne, s'allie au Parti Al Istiqlāl et au Parti Baas arabe socialiste dans le cadre du Front nationaliste arabe, qui réunit les forces nationalistes arabes qui s'opposent à la politique menée par Kassem à la tête du pays. Un parti, Ḥarakat Al Qawmiyīn Al Arab va cependant renier son adhésion à ce Front en juillet 1961, juste après la crise qui met en lice l'Irak et le Koweit.

Ce problème de l'annexion du Koweit par l'Irak ne manque pas de créer une tension qui met en conflit les partis nationalistes arabes : certains soutiennent Kassem dans cette intention, interprétant celle-ci comme une volonté d'unification arabe alors que les autres partis nationalistes arabes — dont cette organisation — rejettent et décrient ce projet qui ne marque en aucun cas ce premier pas, tant attendu, vers l'unité arabe mais bien plutôt une agression caractérisée contre le Koweit, opinion également partagée par Nasser (116).

Al Rābiṭa Al Qawmīya

La création de cette organisation politique remonte au mois d'août 1959, avec pour but essentiel : « Une seule nation arabe, un seul État arabe. »

Il faut considérer Al Rābiṭa Al Qawmīya comme une organisation, et non un parti politique, qui appelle les autres organisations nationalistes arabes à unir leurs efforts en vue d'une opposition au système de Kassem et aux communistes irakiens. Comme Ḥarakat Al Qawmīyīn Al'Arab, cette organisation publie plusieurs cahiers qui explicitent les idées et les principes politiques de l'organisation, ainsi que l'origine de sa création (117), tout en attaquant 'Abd Al Karīm Kassem et son régime politique, contenu repris dans les tracts et le journal clandestin Al Raqīb (« l'observateur ») de cette organisation.

En fait, l'activité de Al Rābita Al Qawmīya se résume à la transmission de l'information par le biais d'écrits divers et n'a en aucun cas été marquée par l'utilisation de la violence (118).

Al Ḥizb Al 'Arabī Al Ištirākī

A l'origine, Al Ḥizb Al 'Arabī Al Ištirākī (Parti arabe socialiste), membre à part entière du parti Al Istiqlāl et ce jusqu'en 1960, année qui marque la scission du parti initial de quelques membres qui forment alors Al Ḥizb Al 'Arabī Al Ištirākī.

Ce parti base ses principes sur le nationalisme arabe, « un nationalisme humain et non agressif » (119), des principes qui s'opposent à ceux de Kassem et de son régime et qui invitent les autres partis ou organisations nationalistes arabes à s'unir pour liquider Kassem. En fait, ce parti n'exerce lui aussi qu'une activité de type rédactionnelle dirigée contre le régime du *za'īm*. A la tête de ce parti, se retrouvent 'Abd Al Razāq Šibīb, Fayṣal Al Wā'Ilī, Aḥmad Al Ḥaboubī et Mālik Al Ḥasan (120).

Le Baas arabe socialiste

C'est, sans nul doute, le parti nationaliste arabe le plus actif. Fondant ses principes sur la lutte armée et l'utilisation de la violence à l'encontre du régime en place, ce parti se trouve, d'une part être l'instigateur de plusieurs manifestations pacifiques et, de l'autre, se prépare à renverser dans la violence le régime Kassem.

L'activité de ce parti touche plus particulièrement les milieux estudiantins et ouvriers. Le Baas arabe socialiste est le promoteur du projet d'assassinat de Kassem. Cette tentative d'assassinat, qui eut lieu fin 1959 marque un tournant dans la politique de Kassem à l'égard des partis nationalistes arabes, qui déjà n'entretiennent avec Kassem que des relations espacées. Cette tentative d'assassinat marque également le début d'une campagne de liquidation du mouvement nationaliste arabe.

SYNTHÈSE

La structure politique qui charpente le régime de Kassem depuis son premier cabinet ministériel facilite le développement des conflits internes qui secouent ce gouvernement.

En effet, si en rapprochant dans un même gouvernement divers partis et forces politiques Kassem voulait s'allier toute l'opinion politique, il ne réussit qu'à nourrir les ambitions croissantes de chacun en les confrontant l'un à l'autre.

Un « panier de crabes » que la force militaire (en la personne de Kassem et, à un degré moindre, celle de Aref) tente malgré tout d'ordonner et dont les partis politiques savent tirer profit pour approcher le pouvoir.

Dès lors, forts d'avoir compris l'importance de cette force militaire dans le gouvernement, les partis politiques se rapprochent de ceux-ci. Ainsi Kassem se verra soutenu par les partis politiques de gauche et Aref par les partis nationalistes. Nous assistons dès lors à une scission au niveau des partis politiques qui n'est pas sans aggraver celle qui se profile entre Kassem et Aref.

Si l'opposition qui naît entre le chef de l'État et Aref prend sa source dans une divergence de vue politique, celle qui met en lice les partis politiques trouve sa force dans la course au pouvoir dont les militaires sont les atouts, les cartes maîtresse.

Ayant pris conscience de la faiblesse de leur structure, de leur force et de leur représentation au niveau de la population, les partis se tournent de plus en plus vers les militaires et placent en ceux-ci l'espoir d'un changement. Une nécessité qui, progressivement, prend la forme d'un coup d'État, une idée facilitée psychologiquement par le succès de la révolution du 14 juillet 1958.

Dès lors, partis et militaires fusionnent, s'appuyant les uns sur la force militaire, les autres sur le non-respect de l'idéologie de la révolution du 14 juillet 1958 pour motiver la nécessité d'un coup d'État.

Outre les tentatives de renversement du régime qui vont alors jalonner cette période, le gouvernement subit également les secousses des mouvements civils organisés par des partis nationalistes comme Al Baas ou Al Istiqlāl, ainsi que les soubressauts des manifestations et des grèves en particulier dans les lycées et les universités. Des mouvements de mécontentement qui ne représentent certes pas de danger imminent pour le régime, mais qui témoignent néanmoins d'une insatisfaction générale croissante à l'égard du gouvernement de Kassem et peuvent justifier dès lors, l'action des opposants.

NOTES

(1) *Itiḥād Al Šaʿab*, Bagdad, Quotidien, n° 147, 18 juillet 1959. *Itiḥād Al Šaʿab*, 17 juillet 1960.
(2) AREF, *Mémoires*, pp. 9-10.
(3) *Ibid.*, p. 15.
(4) *Ibid.*, pp. 18-19.
(5) *Une poignée de sable*, p. 290.
(6) *Ibid.*, p. 290.
(7) *Les jugements du tribunal supérieur spécial*, Volume 5, p. 245.
(8) AL ZOUBAYDĪ, *La révolution du 14 juillet 1958 en Irak*, p. 405.
(9) *Al Ǧamhourīya*, Bagdad, Quotidien, 20 juillet 1958.
(10) Interview de MOHAMAD ṢIDĪQ ŠANŠAL dans l'ouvrage de Al Zobaydī, *La révolution du 14 juillet 1958 en Irak*, p. 406.
(11) *Les jugements du tribunal supérieur spécial*, Volume 5, p. 407.
(12) *Al Ǧamhourīya*, Bagdad, Quotidien, 30 juillet 1958.
(13) *Itiḥād al Šaʿab*, Bagdad, Quotidien, n° 38, 11 mars 1959. MATBAʿAT AL NAǦĀḤ, *Irāq 14 Tamouz* (« L'Irak du 14 juillet »), Bagdad, 1959, pp. 17-18.
(14) *Les jugements du tribunal supérieur spécial*, Volume 5, p. 380.
(15) AL ZOUBAYDĪ, *La révolution du 14 juillet 1958 en Irak*, p. 416.
(16) *L'armée et le mouvement national*, p. 114.
(17) *Les jugements du tribunal supérieur spécial*, Volume 5, p. 243.
(18) Georges KERCK, *Al Siyāsa Al ʿArabiya Al MoʿĀṣira* (« La politique arabe contemporaine »), Al Dār Al Qawmīya Lil Ṭibāʿa Wa Al Našr, Le Caire, sans date, pp. 146-147.
(19) *Les jugements du tribunal supérieur spécial*, Volume 5, p. 259.
(20) AREF, *Mémoires*, p. 56.
(21) AL ZOUBAYDĪ, *La révolution du 14 juillet 1958 en Irak*, p. 419.
(22) *Al Waqāʾiʿ Al ʿIrāqīya*, Bagdad, Quotidien, 4 octobre 1958.
(23) *Les jugements du tribunal supérieur spécial*, Volume 5, pp. 470-471.
(24) *Ibid.*, p. 473.
(25) *Ibid.*, p. 475.
(26) *La politique arabe contemporaine*, p. 148.
(27) *Les jugements du tribunal supérieur spécial*, Volume 5, p. 61.
(28) *Ibid.*, p. 64.
(29) *Ibid.*, p. 65.
(30) *Ibid.*, p. 217.
(31) *Ibid.*, p. 221.
(32) *La lutte du Baas*, Volume 7, p. 47.
(33) *Itiḥād Al Šaʿab*, Bagdad, Quotidien, n° 147, 18 juillet 1959.
(34) *La lutte du Baas*, Volume 7, pp. 14-17.
(35) AL ZOUBAYDĪ, *La révolution du 14 juillet 1958 en Irak*, p. 455.

(36) *Ibid.*, pp. 458-463.
(37) *Ibid.*, pp. 458-465.
(38) Ğāsim Mohlos Al Mohāmī, *Modakarāt Al Ṭabaqğalī* (« Les mémoires de Ṭabaqğalī »), Al Maktaba Al'Asiriya, Beyrouth, sans date, pp. 441-445.
(39) Al Zoubaydī, *La révolution du 14 juillet 1958 en Irak*, p. 466.
(40) *L'Irak d'aujourd'hui*, pp. 155-156.
(41) *Ibid.*, p. 157.
(42) Al Zoubaydī, *La révolution du 14 juillet 1958 en Irak*, p. 430.
(43) *Ibid.*, p. 430.
(44) *Les mémoires de Ṭabaqğalī*, p. 305.
(45) *Dirāsāt 'Arabiya*, Mensuel, Beyrouth, n° 6, avril 1966, p. 54.
(46) Al Zoubaydī, *La révolution du 14 juillet 1958 en Irak*, p. 432.
(47) *Ibid.*, p. 432.
(48) Monīr Riziq, *Mo'Āmarat'Abd Al Nasser* (« La conspiration de 'Abd Al Nasser »), Dār Al Bilād Lil Ṣahāfa, Bagdad, 1959, p. 30.
(49) Aref, *Mémoires*, pp. 81-82.
(50) So'Ād Ḫayrī, *Tawrat 14 Tamouz* (« La révolution du 14 juillet », Dār Ibn Ḫaldoun, 1re édition, Beyrouth, 1981, p. 116.
(51) *L'Irak d'aujourd'hui*, p. 157.
L'Irak des révoltes, p. 266.
(52) *Itiḥād Al Ša'ab*, Bagdad, Quotidien, 5 mars 1959.
(53) Samīr 'Abd Al Karīm, *Aḍwā'Ālā Al Ḥaraka Al Šiyou 'Iya Fī Al 'Irāq* (« Lumières sur le mouvement communiste en Irak »), Dar Al Mirsad, Beyrouth, sans date, Volume 2, p. 65.
(54) *Ibid.*, p. 65.
(55) *Ibid.*, p. 66.
(56) *Ibid.*, p. 66.
(57) So'Ād Ḫayrī, *La révolution du 14 juillet*, p. 116.
(58) *L'Irak d'aujourd'hui*, p. 157.
(59) *L'Irak des révoltes*, p. 266.
(60) *Ibid.*, p. 266.
(61) *Lumières sur le mouvement communiste en Irak*, Volume 2, p. 721.
(62) *La conspiration de Abd Al Nasser*, p. 39.
(63) *Dirāsāt 'Arabiya*, n° 6, avril 1966, p. 47.
(64) *L'Irak d'aujourd'hui*, p. 113.
(65) *Lumières sur le mouvement communiste en Irak*, Volume 2, p. 74.
(66) *Ibid.*, p. 74.
(67) *La conspiration de Abd Al Nasser*, pp. 26-27.
(68) *Les jugements du tribunal supérieur spécial*, Volumes 12, 13, 14, 15, 16, 17, 18 et 19.
(69) Al Zoubaydī, *La révolution du 14 juillet 1958 en Irak*, pp. 445-446.
(70) *Les mémoires de Ṭabaqğalī*, pp. 272-274.

(71) *Manifeste n° 117*, publié par le gouverneur militaire général, le 19 septembre 1959.
(72) *L'Irak d'aujourd'hui*, p. 159.
(73) *Ibid.*, p. 159.
(74) *Ibid.*, p. 159.
(75) *Ibid.*, p. 160.
(76) SO'ĀD ḤAYRĪ, *La révolution du 14 juillet*, p. 117.
(77) *L'Irak d'aujourd'hui*, pp. 159-160.
(78) AL ZOUBAYDĪ, *La révolution du 14 juillet 1958 en Irak*, p. 480.
(79) *Ibid.*, pp. 471-472.
(80) *Itiḥād Al Ša'ab*, Quotidien, Bagdad, n° 131, 29 juin 1959, p. 5, p. 8.
(81) KASSEM, *Les principes de la révolution du 14 juillet*, Volumes 1, 2 et 3.
(82) *Ibid.*, Volume 2, pp. 12-14.
(83) *Ibid.*, pp. 12-14.
(84) AL ZOUBAYDĪ, *La révolution du 14 juillet 1958 en Irak*, p. 479.
(85) Le Parti communiste irakien, *Manifeste du Parti communiste irakien*, publié le 14 juillet 1958.
(86) *Ibid.*
(87) *Ibid.*
(88) AL ZOUBAYDĪ, *La révolution du 14 juillet 1958 en Irak*, p. 484.
(89) *Itiḥād Al Ša'ab*, Quotidien, Bagdad, n° 147, 18 juillet 1959.
(90) AL ZOUBAYDĪ, *La révolution du 14 juillet 1958 en Irak*, p. 485.
(91) *Ibid.*, p. 485.
(92) Le Comité Central du Parti communiste irakien, *Le manifeste du Parti communiste irakien à l'occasion du 1er mars 1959, Al Insaniya*, Quotidien, Bagdad, 7 mai 1959.
(93) *Itiḥād Al Ša'ab*, Quotidien, Bagdad, 29 avril 1959.
(94) Document du Directorat de la Sécurité Nationale, *Al Ḥaraka Al Šiyou'Iya Fī Al'Irāq 1948-1958* (« Le mouvement communiste en Irak 1948-1958 »), Bagdad, 1966, Volume 2, pp. 136-137.
(95) *Al Insānīya*, 14 juillet 1958.
(96) AL ZOUBAYDĪ, *La révolution du 14 juillet 1958 en Irak*, p. 487.
(97) *L'Irak d'aujourd'hui*, p. 116.
(98) *Ibid.*, p. 114.
(99) *Itiḥād Al Ša'ab*, n° 140, 9 juillet 1959.
(100) *Lumières sur le mouvement communiste en Irak*, Volume 2, p. 89.
(101) *Itiḥād Al Ša'ab*, 18 mars 1959.
(102) *Lumières sur le mouvement communiste en Irak*, Volume 2, p. 89.
(103) *Ibid.*, p. 120.
(104) *Itiḥad Al Ša'ab*, n° 163, 5 août 1959.

(105) *Lumières sur le mouvement communiste en Irak*, Volume 2, p. 121.

(106) *Itiḥād Al Šaʿab*, 20 juillet 1959 et 22 juillet 1959.

(107) *Les principes de la révolution du 14 juillet*, Volume 2, pp. 42-43.

(108) *Itiḥād Al Šaʿab*, 31 juillet 1959.

(109) *Ibid.*, 29 août 1959.

(110) *Ibid.*

(111) AL ZOUBAYDĪ, *La révolution du 14 juillet 1958 en Irak*, p. 490.

(112) *L'Irak d'aujourd'hui*, p. 169.

(113) INʿĀM AL ĞONDĪ, *Ilā 'Ayn Yasīr Al Šiyoʿīyoun Fī AlʿIrāq* (« Jusqu'où iront les communistes en Irak ?), DAR AL NAŠR ALʿARABIYA, Beyrouth, 1959, pp. 104-134.

(114) FOU ʿĀD AL RIKĀBĪ, *Al Ḥal Al Awḥad* (« La seule solution »), Éditions AL ŠARIKA ALʿARABIYA LIL ṬIBĀʿA WA AL NAŠR, Le Caire, 1963, p. 35.

(115) BĀSIL AL KOBAYSĪ, *Ḥarakat Al Qawmīn Al ʿArab* (« Le mouvement des nationalistes arabes »), DĀR AL ṬALĪʿA, Beyrouth, 1974, p. 79.

(116) *Manifeste des nationalistes arabes*, publié en juillet 1961, Bagdad.

(117) Le bureau politique de AL RĀBITA AL QAWMĪYA, *Korās Ḥawl Al Rābiṭa Al Qawmīya* (« Cahier sur AL RĀBITA AL QAWMĪYA, Bagdad, 25 avril 1960.

(118) AL ZOUBAYDĪ, *La révolution du 14 juillet 1958 en Irak*, p. 513.

(119) Le bureau culturel national du parti BAAS, *Al Aḥzāb Al Sīyāsīya Fī AlʿIrāq* (« Les partis politiques en Irak »), Bagdad, 1975, pp. 1-5.

(120) Le bureau culturel national du parti BAAS, *Al Ṭawra Al ʿArabīya* (« La révolution arabe »), Journal intérieur du Parti BAAS, Mensuel, Bagdad, n° 8, 1969, p. 61.

QUATRIÈME CHAPITRE

LA CRISE DU SYSTÈME (LE CONFLIT ENTRE KASSEM ET LES NATIONALISTES ARABES)

La tentative d'assassinat de Kassem par le Baas

Au lendemain de la révolution du 14 juillet 1958, l'appui moral et physique du Parti Baas arabe socialiste à la révolution et au régime de Kassem s'avère incontestable. D'ailleurs, en signe de reconnaissance, ʿAbd Al Karīm Kassem confie un poste à responsabilité du premier cabinet ministériel au chef de ce parti, Fou'ād Al Rikābī.

Dès lors le Parti Baas s'attache à imposer son parti tant au sein du cabinet ministériel qu'au niveau de la vie politique irakienne et met tout en œuvre afin que l'unité arabe avec la République Arabe Unie se concrétise.

Ce dernier point, essentiel pour Ḥizb Al Baas, conduit ce parti à se ranger au côté de la R.A.U. et des partis politiques nationalistes arabes, lorsque le conflit portant sur le problème d'une unité arabe et d'une union fédérale éclate et que Kassem se tourne vers le Parti communiste favorable à une union fédérale.

Dès lors, le tournant politique qu'amorce ʿAbd Al Karīm Kassem est interprété par le Baas arabe socialiste comme un écart sur le chemin de la révolution, de l'unité arabe, et comme l'abandon des buts originaires de la révolution du 14 juillet 1958. Les divergences de vue s'accroissent d'autant plus que le conflit Kassem/Aref alimente les controverses ainsi que les tensions.

L'épisode de Mouṣil marque le faîte de ce conflit. Dès lors, le parti Baas œuvre à la chute du régime en place, envisageant pour cela deux solutions : soit l'organisation d'un mouvement dirigé contre le gouvernement, soit l'assassinat du chef d'État, solution qui semble retenir plus particulièrement l'attention des baasistes.

Description tactique de l'assassinat

Depuis février 1959, des prises de contact s'établissent entre le lieutenant-colonel Rif'at Al Ḥāǧ Sirī et Fou'ād Al Rikābī, par l'entremise de Sobḥī ʿAbd Al Ḥamīd. De ces contacts émerge clairement l'intention d'assassiner Kassem ; Fou'ād Al Rikābī en accepte également le principe.

La direction régionale du Baas arabe socialiste irakien tient réunion pour étudier l'opération, qui reçoit l'approbation de la direction régionale du parti. Peu après cette concertation, deux jours plus tard exactement, Fāḍil Al Šaqra — membre du parti Baas — se porte volontaire. Le scénario qu'il met au point prévoit qu'un panier plein de grenades sera jeté sur la voiture de Kassem alors que celle-ci amorcera le virage de la rue Rašīd pour se diriger vers la place Taḥrīr de Bagdad, projet que rejettent Sobḥī ʿAbd Al Ḥamīd et quelques autres membres baasistes, arguant du manque de garantie d'un tel plan (1).

A posteriori, aucune autre proposition n'est avancée car le colonel ʿAbd Al Wahāb Al Šawāf stupéfait l'Irak avec son mouvement à Mouṣil, d'autant plus qu'il n'en a pas averti les partis nationalistes susceptibles de lui fournir un soutien (2).

Avec la chute de ce mouvement renaît l'idée de l'attentat contre Kassem.

Très vite, de nouveaux contacts s'établissent entre le parti Baas et d'autres partis nationalistes arabes afin de mener à bien le projet. Ḥizb Al Baas entre en relation avec Moḥamad Ṣidīq Šanšal, du parti Al Istiqlāl, qui embrasse cette idée et adhère à cette action en y contribuant financièrement (3).

Deux membres du Parti Baas — Ayād Saʿīd Ṯābit et Ḫālid Al Dolaymī — doivent établir un plan et procéder à la préparation de celui-ci. Ultérieurement, le Parti Baas choisit les exécutants de ce projet parmi lesquels on pouvait compter ʿAbd Al Wahāb Al Gorayrī, Ṣaddām Ḥousayn, Ḥātam Al ʿAzāwī, ʿAbd Al Karīm Al Šaḫlī, Aḥmad Tāha Al ʿAzouz, Sālim Al Zaybaq, Maysar Al Samarā'ī, ... (4).

Leur tâche comporte, entre autres, la fourniture et l'approvisionnement en armes et l'entraînement des protagonistes à l'extérieur de Bagdad, dans des provinces éloignées de la capitale, comme Al Ḥaṣwa (5). Le commandement régional du Baas se concerte à nouveau fin juillet 1959, et décide de fixer les grandes lignes d'un plan dans lequel l'appui de l'armée et celui d'une partie de la nation doivent être acquis.

Des contacts s'organisent avec le lieutenant-colonel Ṣāliḥ Mahdī ʿAmāš — de l'Organisation des officiers libres et également membre de Ḥizb Al Baas — et d'autres officiers tel le général Nagib Al Robayʿi, chef du Conseil de souveraineté, choisi pour assurer le contrôle de la situation lors de l'attentat. Ce dernier accepte de coopérer, à condition que, en cas de succès de l'opération et de la mise en place d'un gouvernement nationaliste arabe, l'annonce de l'unité arabe avec la République Arabe Unie ne soit pas faite immédiatement, mais qu'elle soit précédée par l'annonce de la constitution d'un Conseil de commandemant de la révolution et par celle d'un gouvernement nationaliste arabe coopérant largement avec la R.A.U. (6).

Le Parti Baas décide de précipiter l'attentat, de telle sorte qu'il ait lieu avant que ne soient exécutés les officiers supérieurs arrêtés pour leur participation au mouvement de Al Šawāf. Le chef d'État devance cependant cette intention et fait exécuter les prisonniers, le 20 septembre 1959.

Devant cette parade de ʿAbd Al Karīm Kassem, les chefs régionaux du Baas arabe socialiste fixent le jour de l'attentat au 7 octobre 1959. Le site choisi pour l'assassinat est la rue Rašīd, une rue que Kassem fréquente matin et soir pour se rendre de son domicile situé dans le quartier Al ʿIlwiya à son bureau, au ministère de la Défense (7).

Un appartement est loué par le Baas dans cette rue et les protagonistes de l'attentat s'y installent. Des observateurs baasistes se postent aux abords de la rue Rašīd afin de suivre l'acheminement du véhicule du chef de l'État et être ainsi à même de prendre toutes les dispositions nécessaires pour l'attentat.

Des mots de passe sont instaurés entre les observateurs afin de localiser le véhicule et préciser le sens de son déplacement. Ces codes sont aussitôt transmis par téléphone à l'appartement, rue Rašīd : « Ṣodqī » si le véhicule se dirige de Bāb Al Šarqī (Al ʿIlwīya) vers le ministère de la Défense, et « Maḥmoud » dans le cas contraire (8).

Ce 7 octobre 1959, date prévue de l'attentat qui doit avoir lieu dans la soirée, le Zaʿīm quitte le ministère de la Défense vers 18 h 30. Sa voiture se dirige vers Al Bāb Al Šarqī : Kassem est invité à une réception du consulat d'Allemagne Démocratique, à l'occasion de la fête nationale.

Aussitôt les observateurs baasistes postés aux alentours du Ministère de la Défense avertissent les conjurés, rue Rašīd, et leur demande de se tenir en alerte. Ceux-ci descendent dans la rue, mitraillettes dissimulées sous leurs vestes, et s'immobilisent sur les trottoirs de la rue Rašīd.

Lorsque le véhicule de Kassem arrive à leur hauteur, ʿAbd Al Wahāb Al Ġorayrī se précipite et ouvre le feu tuant sur le coup le chauffeur et blessant le garde du corps de Kassem — Kāssim Al Ǧanābī. Le véhicule s'immobilise. Les baasistes toujours sur les trottoirs, à leur tour, ouvrent le feu. Kassem tombe blessé sur la banquette arrière du véhicule. Du fait de la mort de son chauffeur, le véhicule amorce un timide et lent mouvement en arrière qui, ajouté à l'enraiement de certaines mitraillettes, fait que les conspirateurs se tirent les uns sur les autres. ʿAbd Al Wahāb Al Ġorayrī est ainsi tué par ses propres amis et Ṣaddām Ḥousayn, Samīr ʿAzīz Al Naǧim sont blessés. Ces derniers prennent la fuite dans un véhicule posté non loin, dans un autre quartier.

Aucun membre de ce commando, à aucun moment, n'a pris le soin, ni le temps de vérifier le décès de Kassem, malgré l'ordre de l'achever (9).

Juste après cette opération, Fou'ād Al Rikābī — chef du Parti Baas arabe socialiste irakien — contacte téléphoniquement le lieutenant-colonel Ṣāliḥ Mahdī ʿAmāš et lui fait part de la réussite de leur plan. Conformément à ce qui était prévu, les officiers baasistes doivent agir pour assurer le contrôle de la situation à Bagdad mais ils se heurtent au général Aḥmad Ṣāliḥ Al ʿAbdī — gouverneur militaire général d'Irak — qui s'oppose au mouvement des officiers baasistes contre le régime.

Proposition est alors faite au général Aḥmad Ṣāliḥ Al ʿAbdī de s'allier aux dissidents mais celui-ci menace les protagonistes du projet de renversement gouvernemental de dévoiler au chef d'État cette offre corruptrice et la traîtrise de certains officiers (10). A vingt heures trente, le général Aḥmad Ṣāliḥ Al ʿAbdī annonce à la radio et à la télévision de Bagdad, l'attentat qui a mis en danger la vie du Premier ministre irakien blessé, mais dont les jours ne sont plus en danger.

La loi martiale et le couvre-feu sont instaurés (11). Le commandement régional du Parti Baas arabe socialiste irakien condamne violemment cette tentative d'assassinat qui fut décidée en fait par Fou'ād Al Rikābī seul, sans aucune consultation du conseil de direction nationale syrien, mais précise que l'action des « camarades baasistes » durant l'opération, leur courage, leur attachement au parti forcent l'admiration.

Malgré l'expression de cette admiration, le commandement régional du Baas irakien réitère sa condamnation face à cette opération de violence, car ce parti condamne la méthode de l'assassinat politique et lui préfère une action révolutionnaire pour le renversement du régime de Kassem.

Pour le Parti Baas, la lutte populaire reste l'arme, l'outil de travail du parti ; une lutte qui peut parfois conduire à des actes de violence révolutionnaire ainsi qu'à des assassinats. Cette procédure, ce déroulement des faits suit « un cheminement normal car inévitable », mais l'assassinat individuel, tel celui qui vient d'être tenté, relève d'un procédé en contradiction avec la doctrine du parti (12).

L'un des rebondissements importants de cette affaire est constitué par l'exclusion, par la direction nationale du Baas à Damas, de Fou'ād Al Rikābī du Parti Baas arabe socialiste irakien en raison de sa désobéissance aux principes du parti et sa non-consultation de la direction nationale.

Les cinquante-sept protagonistes de cet attentat, appréhendés par la police en Irak, sont présentés devant le tribunal militaire supérieur spécial (13). Leur procès débute le 26 décembre 1959.

Les autres participants à cette action, tels Fou'ād Al Rikābī, Ṣaddām Ḥousayn, ʿAbd Al Karīm Al Šaḫlī, Hātam Ḥimdām Al ʿAzāwī, Maṯhat Ibrāhīm Ǧomʿa, ... ont pris la fuite vers la Syrie, à travers le désert, puis vers Le Caire. Le procès des cinquante-sept accusés se prolonge sur deux mois et les peines distribuées s'échelonnent : dix-sept condamnations à mort, dont onze par contumace, des peines de travaux forcés à perpétuité, des emprisonnements à durée variable et quelques non-lieux (14).

Les peines capitales, non validées par le chef de l'État, ne sont pas exécutées, sans doute afin d'atténuer cette image de dictateur, de criminel que certains journaux attribuent à ʿAbd Al Karīm Kassem après l'exécution des officiers ayant pris part au mouvement de Al Šawāf.

Si, d'une part, l'attitude du Zaʿīm laisse voir qu'il se refuse à faire éclater de nouveau des tensions, d'autre part, son caractère, tempère également cette faculté qu'il possède d'excuser les personnes auxquelles il se trouve confronté. Cela explique sans doute les peines de mort commuées en peines plus légères, après le mouvement de Al Šawāf ainsi que les grâces dont certains condamnés à mort, sous le régime de Faysal II, furent également les bénéficiaires.

En effet, si le tribunal militaire supérieur spécial jouit d'une certaine indépendance vis-à-vis du chef de l'État et du gouvernement, il n'en demeure pas moins que les jugements qu'il prononce doivent être validés par Kassem pour être exécutés.

Cet acte de rémission à l'égard des baasistes indique que

le Za'īm sous-estime les dangers réels que ce parti fait peser sur sa personne. Car si le Parti Baas appartient à ces partis politiques peu conséquents au niveau du nombre d'adhérents et n'ayant que peu d'ascendant sur la politique du pays, il n'en affiche pas moins une véritable volonté d'utiliser la violence pour arriver à ses fins.

Le chef d'État rassuré par le peu d'envergure numérique de ce parti, ainsi que par son inefficacité, compte tenu du contrôle policier dont il fait l'objet, accorde peu d'importance au danger qu'il pourrait représenter.

Par ailleurs, depuis la révolution du 14 juillet 1958 et jusqu'au début de l'année 1960, la popularité du chef d'état irakien ne cesse de suivre une courbe ascendante. Ses nombreuses réformes économiques, sociales, urbaines, ... dans un laps de temps relativement court et riche en événements politiques secouant le gouvernement et le pays, ainsi que sa personnalité, ont contribué à ce succès populaire, même s'il est relatif.

Tout cela explique sans doute, en partie, le fait que le Premier ministre ne signe pas les peines capitales de ces accusés et publie un manifeste le 31 mars 1960 qui abroge ces condamnations seulement trois heures avant leur exécution (15).

Cette tentative d'assassinat par le Baas arabe socialiste brise le dernier maillon des relations qui unissait le chef de l'État aux forces, partis et organisations nationales arabes irakiens. Une longue chaîne qui se brise successivement avec le conflit qui oppose Kassem à Aref, puis la démission des ministres nationalistes arabes, en février 1959, le mouvement de Al Šawāf à Mouṣil en mars 1959, les profondes divergences qui naissent entre la République Arabe Unie et l'Irak, puis les attaques virulentes de Nasser contre Kassem par le biais des médias, l'accroissement des effectifs de la gauche irakienne et la participation du Parti communiste au pouvoir, l'éloignement du courant nationaliste arabe de ce même pouvoir. Tous ces maillons brisés sont autant d'événements historiques qui ponctuent la séparation de 'Abd Al Karīm Kassem des partis politiques nationalistes arabes.

Dès lors débute une campagne gouvernementale dirigée par la police politique et qui consiste en la filature, l'observation et le contrôle des cadres nationalistes arabes. Une telle pression paralyse quasiment l'activité de ce mouvement qui se tapit dans la clandestinité, jusqu'à la mi-juin 1961.

Le 1er janvier 1960, la publication d'une loi de libéralisation de l'activité politique est promulguée par Kassem, qui tient ainsi les promesses faites le 14 juillet 1959. Cette loi favorise et officialise plus particulièrement les partis politiques de gauche alors que les partis nationalistes sont contraints à la clandestinité car jugés par le gouvernement, comme des forces destructrices.

Pour pouvoir agir à nouveau, ces partis forment le dessein de se coaliser en un front secret qui leur permettrait d'allier leurs forces et pallierait cette inertie involontaire.

Si cette loi sur l'officialisation des partis politiques favorise l'activité et les demandes de reconnaissance des partis de gauche, elle prononce la sentence de mort du mouvement nationaliste arabe en Irak, car cette loi ne hisse sur la scène politique que les partis de gauche.

Outre ce point crucial, cette loi va modifier durablement la carte géo-politique irakienne.

La loi d'officialisation des partis politiques irakiens

Cette loi, promulguée le premier jour de l'année 1960, définit les partis comme des « groupes à but politique » et fixe les modalités de reconnaissance, d'officialisation des partis politiques irakiens :

- les membres des partis politiques irakiens doivent avoir la nationalité irakienne,
- les membres des forces militaires, les magistrats et avocats, les diplomates, les élèves du primaire et les lycéens, ainsi que les chefs d'administration ne sont pas autorisés à avoir une activité politique,
- les partis politiques ne doivent compter aucun membre répondant aux critères mentionnés ci-dessus (16).

Ces conditions limitent et restreignent les possibilités de création des partis politiques d'une manière tout à fait anti-démocratique et confinent les citoyens dans leur liberté d'appartenance ou de choix d'adhésion à un quelconque parti politique. Cette loi diffère peu de celles promulguées antérieurement à la révolution du 14 juillet 1958, sous le régime monarchique.

Cependant, cette loi demeure la plus libérale dans l'histoire contemporaine de l'Irak. En effet, le régime monarchique, ainsi que les régimes politiques qui succèdent à celui de ʿAbd Al Karīm Kassem sont à l'origine de nombreuses restrictions et les libertés alors accordées aux partis politiques ne sont que relatives.

La loi qu'édicte Kassem prévoit qu'une demande d'officialisation soit présentée au ministère de l'Intérieur pour chaque création de parti politique.

Cette demande doit porter au moins cinquante signatures de personnalités remplissant les conditions légales (nationalité, profession). A la recevabilité de toute requête, succède la possibilité pour le nouveau parti politique de publier un journal (porte-parole du parti). La loi du 1er janvier 1960 ajoute que son application prendra effet à compter du 6 janvier de la même année (17).

Grâce à cette loi, les partis politiques jusqu'alors acculés à la clandestinité, tels le Parti communiste irakien, Al Waṭanī Al Dīmoqrāṭī, ... peuvent désormais entamer une procédure d'officialisation. Aussi, le 9 janvier 1960, ce sont plusieurs partis qui soumettent leur demande au ministère de l'Intérieur :

— Le Parti communiste irakien : dans le seul but de prévenir et d'écarter tout danger de méprise, entre les deux P.C.I. existants, il convient d'adjoindre à leur dénomination commune pour l'un le titre de son journal officiel Itiḥād Al Šaʿab et, pour l'autre, le nom de son créateur Dāwoud Al Ṣāyiġ.

Le premier de ces deux partis étudiés sera le Parti Communiste Irakien de Itiḥād Al Šaʿab (18). Les initiateurs de l'officialisation de ce parti — Zakī Ḫayrī et ses camarades — présentent leur requête au ministère de l'Intérieur afin que l'activité de ce parti puisse être reconnue et autorisée. Le dossier est complété par le programme du parti, baptisé « Pacte national », dans lequel le P.C.I. précise ses desseins : lutte contre les ennemis de la révolution tant dans le pays qu'à l'étranger, ligne de conduite politique qui répond aux besoins de la nation, obtention et le respect des droits nationaux pour les Kurdes et autres minorités irakiennes, tout en gardant conscience que l'Irak est un pays arabe et une partie intégrante de la nation arabe — le Parti communiste garde en mémoire l'appartenance nationaliste arabe de l'Irak.

Dans le domaine de la politique extérieure, le programme de ce parti prévoit la lutte de l'Irak pour obtenir son indépendance contre l'impérialisme et le colonialisme, le renforcement des relations entre l'Irak et les pays socialistes (19).

La deuxième partie de ce programme envisage des

décisions économiques : mobilisation des forces économiques du pays afin que la réforme agraire aboutisse et que le commerce intérieur et extérieur se vivifie. Dans le domaine de la politique pétrolière, le P.C.I. revendique la propriété irakienne du pétrole pour le bien du pays (20). D'autres points ayant également leur importance complètent ce programme : réduction du chômage, offres d'emploi à la classe ouvrière en particulier, élévation du niveau de vie, d'hygiène, de culture, libéralisation de la condition des femmes et respect de leurs droits (21).

Le ministre de l'Intérieur juge irrecevable la requête du P.C.I. et propose que des modifications soient effectuées quant à son programme, celui-ci ne se soumettant pas à la « législation des partis politiques » établie par Kassem. La révision de ce programme porte sur des questions peu cruciales, le refus du gouvernement se basant en fait que sur la forme du programme, qui ressemble d'ailleurs beaucoup à celui du Parti démocratique kurde.

Le refus d'« homologation » du P.C.I. émane en fait directement de Kassem qui entend ainsi entretenir et protéger ce brouillard qui amortit le scandale de l'action du P.C.I. à Kirkouk.

Afin de clore définitivement les portes de l'avenir pour ce parti, Kassem entend constituer un autre Parti communiste irakien sous la direction de Dāwoud Al Ṣāyīġ, qui affirme son soutien au Zaʿīm, tout comme le P.C.I. de « Itiḥād Al Šaʿab ». Ce nouveau parti portera le nom de « Parti communiste irakien ».

Malgré cette « contre-offensive gouvernementale », le P.C.I. de « Itiḥād Al Šaʿab » procède aux modifications de son programme requises par le ministère de l'Intérieur. Rejet le 22 février 1960, de ce nouveau programme, bien qu'étant désormais en conformité avec la « législation des partis politiques » (22). Le motif : existence d'un autre Parti communiste irakien, celui de Dāwoud Al Ṣāyīġ, autorisé par le gouvernement.

L'incompatibilité entre les deux « partis communistes irakiens », et qui plus est avec deux programmes identiques, est évoquée par le ministre de l'Intérieur. Aussi, afin de contrer ce prétexte, le P.C.I. — soutenu par le journal *Itiḥād Al Šaʿab* — se rebaptise du nom de son journal de propagande : *Itiḥād Al Šaʿab* (« Union de la nation »).

Malgré cette proposition, le parti Itiḥād Al Šaʿab essuie un nouveau refus gouvernemental : le nom d'un parti politique doit refléter son programme. Le programme de Itiḥād Al Šaʿab n'étant autre que celui d'un Parti communiste, ce nouveau parti baptisé Itiḥād Al Šaʿab ne peut donc s'approprier son « ex-programme » qu'il lui faut donc réviser intégralement.

Utilisant les arguments juridiques, le ministère de l'Intérieur annihile ainsi toute possibilité d'accès à l'officialisation de ce nouveau parti (23). Toutefois, la « législation des partis » permet aux éventuels partis politiques dont la demande d'officialisation aurait été rejetée de faire appel. Itiḥād Al Šaʿab n'use pas de ce droit, car il a acquis la certitude que le gouvernement met tout en œuvre contre son officialisation et les membres qui soumettent cette demande sont jugés par le gouvernement, comme des indésirables. Kassem entend ne pas laisser se renouveler « l'erreur de Kirkouk », car un nouveau problème de ce genre mettrait son régime dans une position délicate face à de nouvelles critiques.

Décision est donc prise par le gouvernement de constituer ce P.C.I., sous la direction de Dāwoud Al Ṣāyīġ, avec des éléments de l'ancien P.C.I. — celui de Itiḥād Al Šaʿab, des membres de la police politique et des marxistes indépendants (24).

Malgré le refus d'accorder le droit d'existence à Itiḥād Al Šaʿab, ce parti politique persiste à publier son journal, du même nom, qui explicite les idées du parti face aux événements intérieurs ou étrangers, et ce jusqu'au 30 septembre 1960, date à laquelle le ministère de l'Intérieur suspend pour neuf mois la publication de ce journal, suite à la parution, dans ses colonnes, d'un article sur la mort d'un communiste à Bagdad. Cet article tend à faire apparaître cette mort comme « un crime et une trahison » et laisse entrevoir la possibilité de l'engagement de la responsabilité gouvernementale dans cet acte.

A la paralysie du parti succède inéluctablement la mort du journal Itiḥād Al Šaʿab et son remplacement par le journal clandestin de l'ex-P.C.I., *Ṭarīq Al Šaʿab* en novembre 1961.

— Le Parti communiste irakien, groupe de Dāwoud Al Ṣāyīġ.

Dāwoud Al Ṣāyīġ et ses camarades soumettent leur requête d'officialisation au ministère intéressé et présente parallèlement le programme du parti, qui diffère peu de celui de Itiḥād Al Šaʿab (ex-P.C.I.).

Outre les points du programme de ce dernier parti, déjà énumérés précédemment, le Parti communiste irakien de Dāwoud Al Ṣāyīġ ajoute la notion de lutte pour confirmer l'indépendance nationale et pour créer le « Front national démocratique unifié » regroupant tous les partis politiques de gauche reconnus par le gouvernement, ainsi que le développement de la république démocratique.

Le programme de ce parti prévoit la lutte pour la liquidation du colonialisme en Irak et pour la paix dans le monde, la liberté de choix de nationalité, la fraternité entre Kurdes et Arabes sous un même drapeau : celui de l'Irak, l'intensification des relations avec les pays arabes indépendants, une mobilisation pour élever le niveau de vie sociale et politique du pays et l'approfondissement de l'orientation démocratique en Irak (25).

La demande d'officialisation, jugée comme recevable par le ministre de l'Intérieur, autorise ce parti à publier un journal, organe de propagande politique Al Ambda' (« Le principe »).

Al Waṭanī Al Dīmoqrāṭī

Moḥamad Ḥadīd et quelques camarades présentent leur demande de reconnaissance gouvernementale pour Al Ḥizb Al Dīmoqrāṭī (« Le parti démocratique ») et le programme y afférent.

Un programme qui porte sur des points d'ordre général et similaires à ceux des deux P.C.I. : protection du système républicain en Irak, maintien de la souveraineté et de l'indépendance irakiennes, établissement et élargissement des relations entre l'Irak et d'autres pays sur une base mutuelle d'amitié et d'égalité, foi en l'unité entre pays arabes sur le principe de l'union fédérale démocratique, protection des droits nationalistes des minorités des pays arabes (26), équipement de l'armée irakienne avec des armes modernes pour la défense du pays, foi en une société basée sur l'égalité sociale et économique des classes, proposition d'emploi pour tous, création puis développement d'une industrie nationale, de projets d'urbanisme pour élever l'Irak à la position d'un pays progressiste et libre (27). Le ministre de l'Intérieur agrée cette demande d'officialisation.

Le parti démocratique kurde

Mouṣtafā Al Barzānī et quelques amis politiques présentent leur demande de reconnaissance gouvernementale pour leur parti.

Le programme du Parti démocratique kurde proclame que ce parti est un parti révolutionnaire qui représente et se veut le reflet des buts des ouvriers et paysans, des petits et des professions modestes, ainsi que celui des intellectuels du Kurdistan irakien.

Ce programme prêche une lutte politique selon des principes et une théorie marxistes, tout en défendant la république d'Irak selon une ligne politique démocratique. Ce parti prévoit assistance politique à la politique de coopération entre l'Irak et les pays socialistes de l'Europe de l'Est, en cas de soutien irakien à la politique de ces pays.

Ce programme prône également l'élévation du niveau de vie culturel et économique de la nation kurde en Irak, la libération des Kurdes du contrôle colonialiste anglais, ainsi d'ailleurs que du contrôle gouvernemental irakien.

Le ministre de l'Intérieur reçoit cette requête afin que ce parti puisse prendre la défense des droits nationaux du peuple kurde en Irak.

Le parti Al Taḥrīr (« Libération »)

ʿAbd Al Ǧabār ʿAbd Al Wahāb Al Ḥāǧ Bakr et quelques comparses remettent leur requête d'officialisation du parti au ministère de l'Intérieur afin que soit reconnue la création de ce parti politique.

Ils communiquent également leur programme : Al Taḥrīr est un parti politique islamique qui œuvre pour l'application des principes et idées islamiques dans le pays.

Le ministre de l'Intérieur juge irrecevable la demande de reconnaissance de ce parti. Un parti aux concepts islamiques en désaccord avec la démocratie progressiste de la république irakienne. Devant ce rejet, ce parti ne peut exercer d'activité politique sur la scène politique — officielle — irakienne (28).

Le parti républicain

Le 12 février 1960, ʿAbd Al Fataḥ Ibrāhīm et des camarades soumettent une demande d'officialisation au ministère de l'Intérieur pour leur parti politique, avec un programme qui prône la liberté de la nation arabe et de la nation kurde (29).

Outre ces principaux partis politiques, d'autres présentent également des dossiers d'officialisation, mais leur poids et leur activité sur la scène politique irakienne font qu'ils nous autorisent à les placer au second plan de la scène politique.

Le front nationaliste arabe

Après la chute du Front de l'Union nationale, en 1961, le Front nationaliste arabe est créé. Il accueille les forces du Baas arabe socialiste irakien, Al Istiqlāl et Ḥarakat Al Qawmīyīn Alʿ Arab (Mouvement nationaliste arabe). Ce front se fixe pour objectif : l'unité arabe immédiate avec la République Arabe Unie (30).

La création de ce front relève de multiples raisons. Le parti Baas arabe socialiste précise, à ce propos, que si plusieurs groupes nationalistes arabes existent, ceux-ci ne peuvent efficacement présenter leurs opinions politiques, qu'il leur faut donc s'unir avec d'autres partis politiques dont les idées renforceraient celles des nationalistes en Irak.

Pour rompre l'isolement qui entoure Ḥizb Al Baas, et que le gouvernement s'est efforcé d'accroître, il faut envisager la création d'un « front politique afin d'éviter et pour pallier la division et la dispersion des forces nationalistes arabes » (31).

Tous les partis politiques membres de ce front évoquent les pays arabes comme une unité politique intégrale que seule la colonisation a pu diviser, *une partition* qui persiste encore actuellement. Le programme porte également sur la libération de la Palestine, la neutralité positive, le socialisme comme référence à un système économique, les droits nationalistes des minorités irakiennes, comme les Kurdes. Les initiateurs de ce programme promettent de le respecter si le gouvernement de ʿAbd Al Karīm Kassem est renversé par un coup d'État (32).

Ḥarakat Al Qawmīyīn Alʿ Arab se désolidarise du front en juillet 1961, lorsque le chef d'État irakien annexe le Koweït. Pour ce parti, il s'agit d'un acte d'agression envers un pays indépendant, dont la souveraineté a été violée (33).

Si cette annexion est condamnée par ce mouvement, le Parti Baas arabe socialiste irakien et Al Istiqlāl la considèrent comme un premier pas vers l'unité arabe.

Un des buts inavoués de ce front nationaliste arabe reste son opposition au gouvernement de Kassem et à son régime afin de faire prévaloir l'activité du front comme étant efficace et opportune en Irak. La réalité s'avère tout autre : des conflits secouent ce front et le désengagement de Ḥarakat Al Qawmīyīn Alʿ Arab en est le plus bel exemple.

De plus, la présence pesante des partis politiques de gauche sur la scène politique irakienne ne laisse aux partis de ce front que peu de liberté de mouvement et d'action. La seule activité de ce front est en fait l'organisation de diverses manifestations, la publication et la distribution de tracts dirigés contre le chef d'État et sa politique.

Le Parti Baas arabe socialiste irakien prend alors conscience du peu d'efficacité du travail en front politique dans de telles conditions, et du peu de chance de renverser Kassem par le biais de l'activité du front. Aussi ce parti envisage-t-il alors un mouvement militaire contre le chef d'État.

SYNTHÈSE

On peut s'étonner de constater le revirement de position de Kassem vis-à-vis des partis nationalistes arabes qui contribuèrent, avec d'autres partis, à le hisser au pouvoir.

Si Kassem révise cependant sa position et change ainsi d'orientation à l'égard de ces partis, c'est que ceux-ci font de même par rapport à lui.

Le conflit Kassem/Aref laisse déjà présager cette scission du fait du soutien des nationalistes arabes à Aref ; une scission qui s'amorce plus profondément avec le mouvement de Al Šawāf, puis avec les tentatives d'assassinat par le parti Baas Arabe Socialiste qui rendent alors définitives la rupture Kassem/forces nationalistes arabes.

Conscient de l'opposition que constituent ces forces nationalistes arabes, ʿAbd Al Karīm Kassem agit de telle sorte que la liquidation des « forces d'opposition » soit générale, c'est-à-dire tant parmi les officiers en poste au gouvernement que parmi les partis politiques qui, grâce à leur activité, nourrissent le conflit Kassem/Aref. Dès lors, le chef d'État agit de façon à légitimer la liquidation de ces forces nuisibles à son gouvernement. L'occasion se présente sous la forme de l'officialisation des partis politiques irakiens : une loi qui peut aussi bien faire office de stimulus que de frein pour les partis, ceci selon le bon vouloir du chef d'État.

Une volonté gouvernementale qui sera d'autant plus prononcée que la pensée politique de Kassem (nationaliste régional) se heurte de plus en plus fréquemment à celle des nationalistes arabes qui semblent cumuler leurs erreurs tant au sein de leurs partis, que dans leur tactique politique, leur activité et leur idéologie.

Une force politique qui souffre d'une popularité trop restreinte en Irak et bien que bénéficiant de la vague de popularité du nationalisme arabe (Nasser qui entretient alors avec Kassem une « guerre froide » par l'entremise de la presse écrite et parlée) venue d'Égypte.

Afin de pallier cette faiblesse, dont ils ont conscience, les partis nationalistes arabes irakiens, désireux de s'affirmer dans le pouvoir s'allient aux militaires en vue d'un mouvement armé. Ces partis politiques (dont le Baas) trouvent leurs recrues parmi les officiers de pensée nationaliste arabe qui subissent l'oppression du gouvernement. L'ère de l'activité civile est bien révolue pour le parti Baas qui dès lors s'attaque non plus à Kassem seul mais à tous les membres du gouvernement, auxquels il oppose alors la force civile et militaire.

Un conflit qui, s'il était sous-jacent, devient public et se généralise d'autant plus facilement que Kassem commet de son côté quelques erreurs que peu sauront lui pardonner durant son apprentissage de la politique.

NOTES

(1) *La seule solution*, pp. 28-29.
(2) *Ibid.*, p. 29.
(3) *Ibid.*, p. 30.
(4) *Ibid.*, p. 40.
(5) Amīr Iskandar, *Ṣadām Ḥousayn, Monaḍilan wa mofakiran wa insānan* (« Saddam Housayn, lutteur, penseur et homme »), Éditions Hachette, Paris, 1980, p. 45.
(6) *La seule solution*, pp. 53-55.
(7) *Saddam Housayn, lutteur, penseur et homme*, p. 45.
(8) *Ibid.*, p. 45.
(9) *La seule solution*, pp. 81-83.
(10) *Ibid.*, pp. 84-85.
(11) *Itiḥād Al Šaʿab*, n° 218, 8 octobre 1959.
(12) *La lutte du Baas*, Volume 7, p. 135.
(13) *Les jugements du tribunal supérieur spécial*, Volume 20, p. 1.
(14) *Al Ahālī*, Quotidien, Bagdad, n° 371, 26 février 1960.
(15) *Les principes de la révolution du 14 juillet*, Volume 3, pp. 126-140.
(16) *Al Waqāʾiʿ Al ʿIrāqīya*, Quotidien, Bagdad, n° 283, 2 janvier 1960, p. 4.
(17) *Ibid.*, p. 7.
(18) *Itiḥād Al Šaʿab*, 10 janvier 1960.
(19) Le Parti Communiste Irakien, *Al Mīṯāq Al Waṭanī Wa Al Niẓām Al Dāḫilī* (« Le pacte national et le système intérieur »), Éditions Matbaʿat Al Rābita, Bagdad, 1960, p. 8.
(20) *Ibid.*, p. 11.
(21) *Ibid.*, pp. 11-13.
(22) Al Zoubaydī, *La révolution du 14 juillet 1958 en Irak*, p. 281.
(23) Documents du ministère de l'Intérieur irakien, *Courrier du ministère de l'Intérieur, n° S-G/671 du 22 février 1960 aux membres fondateurs du Parti communiste irakien :Zakī Ḥayrī et ses camarades*.
(24) Source personnelle, Al Zoubaydī, *La révolution du 14 juillet 1958 en Irak*, p. 283.
(25) *Al Mabdaʾ*, Quotidien, Bagdad, n°s 261 et 262 des 10 et 11 novembre 1960.
(26) *Al Ahālī*, n° 330, 10 janvier 1960.
(27) *Ibid.*
(28) Al Zoubaydī, *La révolution du 14 juillet 1958 en Irak*, p. 283.
(29) *Al Ṯaqāfa Al Ǧadīda*, Mensuel, Bagdad, n° 215, mars 1960, pp. 115-122.
(30) *La lutte du Baas*, Volume 7, p. 67.
(31) *Ibid.*, pp. 66-67.
(32) Al Zoubaydī, *La révolution du 14 juillet 1958 en Irak*, p. 518.
(33) Le mouvement des nationalistes arabes, *Le manifeste des nationalistes arabes*, Bagdad, juillet 1960.

CINQUIÈME CHAPITRE

AUTRES CONFLITS

Ce que certains nomment le système politique de ʿAbd Al Karīm Kassem n'est en fait que le projet de création d'un système politique. A ce système font en effet défaut : une vision, une imagination quant au système constitutionnel, au système parlementaire et à la politique étrangère et intérieure...

Aussi ce régime se caractérise-t-il par des ambitions, des changements très réformistes, par cet affrontement prolongé avec la crise qui le paralyse et nuit à son épanouissement ; et par une idéologie qui demeure incomplète.

Cette ère de transition s'avère douloureuse.

Outre ces problèmes d'ordre politique général, le système politique de Kassem doit également affronter ceux que véhiculent les révolutionnaires (officiers libres) : les conflits personnels qui prennent rapidement une tournure politique (à titre d'exemple, citons : le conflit Kassem/Aref, le mouvement de Al Šawāf à Mouṣil). Malgré ces secousses qui remuent le pays, Kassem tente de mener à bien sa mission : faire de l'Irak un pays moderne, dans cette période de conflits, de tensions, de divergences.

Cet état conflictuel permanent que traverse l'Irak, alors, ne permet pas au régime de Kassem d'imposer fermement les réformes souhaitées et envisagées ; ce qui explique en partie la crise intérieure qui secoue ce régime.

Comme dans la plupart des pays du Moyen-Orient, ou en voie de développement, le chef de ce pays est un officier et il convient de ne point l'oublier car cela influe également sur la vie politique, les orientations politiques du pays.

Si les militaires sont considérés comme l'avant-garde dans

l'établissement de changements politiques et économiques, ceux-ci n'ont qu'une action mineure dans l'instauration de réformes en raison de leurs possibilités, leurs mouvances intellectuelles moyennes.

Malgré les réformes qu'impose ʿAbd Al Karīm Kassem à l'Irak, sa popularité ne fait pas l'unanimité et il connaît une opposition relativement considérable parmi les partis nationalistes arabes irakiens, ainsi qu'à l'étranger, comme en Égypte (guerre froide par le biais des media). Ǧamal ʿAbd Al Nasser met à profit sa popularité étendue pour que sur la scène politique mondiale Kassem soit isolé.

Outre ces conflits internes et étrangers, Kassem doit affronter deux autres questions : celle du problème kurde et la crise du Koweit. Ces deux points ayant un retentissement particulier en Irak, et à l'étranger, il semble opportun de leur consacrer un intérêt tout particulier.

Le problème kurde

Lorsque la révolution éclate, Kassem et le gouvernement de la révolution veillent à ce que les Kurdes aient leur place dans le nouveau gouvernement, ceci explique qu'un membre kurde — Ḫālid Al Naqšabandī — siège au conseil de souveraineté. Le premier cabinet ministériel se targue également de posséder son ministre kurde : Bābā ʿAlī Al Šayḫ Maḥmoud Al Ḥafīd aux Communications, et cela bien que la représentation kurde soit très faible : un dizième seulement dans ce gouvernement.

Si les officiers libres ont participé à la révolution du 14 juillet 1958, en tant qu'officiers libres, on ne retrouve pas ceux-ci dans la composition du comité suprême de l'Organisation des officiers libres.

En contrepartie, on peut du moins envisager la question sous cet angle, la constitution provisoire de la révolution veille à l'égalité des Kurdes et des Arabes face à leur droits civils.

Le 3 septembre 1958, une amnistie générale en faveur des Kurdes ayant participé à l'action militaire contre le gouvernement monarchique de Fayṣal II est instaurée et permet aux exilés de retrouver l'Irak sans risque de menace d'emprisonnement. Mouṣṭafa Al Barzānī et ses proches bénéficient en particulier de cette amnistie....

Le 5 octobre 1958 voit le retour de Mouṣṭafā Al Barzānī, accompagné de son frère — Aḥmad Al Barzānī — de ses enfants et de sa famille après un long exil en Union soviétique. Le gouvernement de Kassem lui fournit un logement, un véhicule personnel — celui de Ābd Al Ilah — et le rétribue généreusement (cinq cents dinars par mois) (1).

Le 16 avril 1959, soixante-quinze proches de Mouṣṭafā Al Barzānī rentrent en Irak et reçoivent un accueil chaleureux de la part des membres du gouvernement et du bureau politique du Parti communiste irakien (2).

Durant l'année 1959, les relations qui lient Kassem aux Kurdes (groupe de Mouṣṭafā Al Barzānī) sont profondes. Al Barzānī et ses camarades n'aident-ils pas à l'écrasement du mouvement de Al Šawāf à Mouṣil ?

Si les relations politiques s'établissent sur un bon niveau, les contacts personnels — Kassem/Al Barzānī — suivent le même schéma. Al Barzānī ne sévit-il pas contre quelques Kurdes auxquels le gouvernement reproche une conduite parfois inacceptable (3) ? En janvier 1960, Mouṣṭafā Al Barzānī présente sa demande d'officialisation pour le Parti démocratique kurde, demande acceptée le 9 février 1960. Le programme de ce parti se caractérise dans son ensemble par une ligne politique marxiste léniniste, aussi le ministère de l'Intérieur en « censure » quelques points. Ce parti appelle à la défense des droits nationalistes kurdes, tant à Bagdad qu'en province et au Kurdistan. Cette activité tend quelque peu à ennuyer le gouvernement et un problème mineur ne manque pas de naître bientôt. Aussi le parti démocratique kurde fait-il en sorte de réduire son activité dans le nord du pays.

Pcu à pcu, avcc lc rctard accumulé par lc chcf dc l'État quant à l'application de réformes sociales et urbaines au nord de l'Irak, les relations entre ce parti et le gouvernement se détériorent. Le journal du parti démocratique kurde — « Ḫābāt » — commence à attaquer le gouvernement et sa politique générale (4).

Le bureau politique du parti kurde présente un mémoire à Kassem et y explique que si les Kurdes ont appuyé la révolution et le gouvernement qui y succède, ils regrettent et déplorent que le Kurdistan irakien n'ait pas vu les réformes nécessaires, ni d'ailleurs les respects des droit nationalistes kurdes — un point toujours aussi hermétique et mystérieux dans cette constitution provisoire — que prévoyait la constitution.

Aussi les Kurdes demandent :

— le retrait immédiat du Kurdistan de l'armée irakienne qui contrôle les mouvements kurdes et l'arrêt de toute activité militaire dans cette région de l'Irak ;

— le retrait de la police arabe du Kurdistan car celle-ci entretient avec les Kurdes de mauvaises relations ;
— le retour au Kurdistan des employés administratifs exilés en raison de leur activité politique ;
— l'application de l'article de la constitution provisoire qui porte sur l'égalité entre Kurdes et Arabes, face à leurs droits et devoirs ;
— la constitution d'un parlement libéral qui représente tous les courants politiques du pays et qui mette un terme à cette période de transition politique ;
— l'autorisation et la facilitation de la culture du tabac pour les Kurdes (allègement des taxes, aide gouvernementale...) ;
— modification de la loi des impôts fonciers afin de faire progresser le niveau de vie des paysans ;
— requêtes d'ordre économique : baisse des prix des biens de consommation courante ;
— solution du problème de chômage,... (5).

Cette énumération ne reflète que les points les plus importants de cette requête au gouvernement et marque le mécontentement des Kurdes. Le parti kurde annonce une grève politique le 6 septembre 1961 : tous les magasins, marchés, usines, ateliers gardent leurs portes closes et leurs rideaux baissés.

Le gouvernement tente de briser cette grève, le 9 septembre 1961, avec l'aide de l'armée et bombarde les groupes kurdes avec l'artillerie : la guerre opposant la milice kurde à l'armée régulière irakienne éclate alors et se poursuit jusqu'au 8 février 1963. Elle affaiblit le régime en place et absorbe des moyens économiques et militaires importants, pesant sur les effectifs militaires de Kassem (6). La situation tourne à l'avantage du camp kurde.

A la veille du conflit, en août 1961, les Kurdes contrôlaient approximativement la moitié du Kurdistan, soit environ quarante-cinq mille kilomètres carrés de terrain (7).

Si le Parti communiste irakien a toujours soutenu le gouvernement de Kassem, dans ce cas particulier il prend le parti des Kurdes pour la défense des droits nationalistes de ce groupe en Irak et désapprouve les actes de violence et les représailles contre la lutte pour la reconnaissance de leurs droits. A ce sujet le Parti communiste publie d'ailleurs un manifeste (8) se désolidarisant pour la première fois du gouvernement, le critiquant, l'accusant d'appliquer une politique réactionnaire, vis-à-vis des Kurdes en particulier (9).

Les communistes somment le gouvernement de mettre un terme à la campagne militaire gouvernementale dirigée contre les Kurdes au Kurdistan, d'adopter une politique pacifique pour le règlement de ce problème, de relaxer les prisonniers politiques kurdes impliqués dans ce mouvement, et enfin de leur accorder des dédommagements (10).

Si le Parti communiste soutient toujours Kassem, il est cependant indéniable que cette crise kurde le conduite progressivement dans l'opposition gouvernementale. Dès lors, Kassem subit les flux et reflux de l'opposition de gauche, isolant celui-ci des forces qui le soutenaient jusqu'alors.

Après cette tension qui met en lice ʿAbd Al Karīm Kassem et les communistes, en février 1962, ces derniers lancent quelques attaques virulentes contre Kassem, dans une de leurs émissions radiophoniques secrètes, réaffirment leur appui aux Kurdes et informent la nation irakienne de l'évolution de ce conflit. Si le Parti communiste irakien semble prendre du recul vis-à-vis de Kassem et de son gouvernement, l'Union soviétique lui conserve son appui et l'aide par la fourniture d'armes. Les relations vont s'améliorant entre les deux gouvernements.

Si l'Union soviétique soutient le gouvernement irakien, les pays voisins de l'Irak — l'Iran (la Turquie comme nous le soupçonnons) — se tournent vers les Kurdes et leur fournissent l'armement nécessaire, non pas par soutien idéologique ou politique, mais en représailles à la sortie de l'Irak du Pacte de Bagdad. Il s'agit en fait d'une opposition directe à la politique gouvernementale du régime de Kassem.

Quelques affrontements entre l'aviation irakienne et l'aviation iranienne se produisent sur la frontière irako-iranienne, suite aux bombardements de quelques villages iraniens où des Kurdes s'abritent (11). L'aviation irakienne attaque également un village turc solidaire des « rebelles kurdes ». L'aviation turque riposte et abat un avion irakien (12).

La politique inopportune de Kassem dans le règlement de ce conflit mobilise, sans nul doute, les forces politiques de gauche qui, progressivement, se désolidarisent de Kassem qui perd ainsi un allié en le Parti communiste irakien. Ces partis politiques de gauche qui furent les fondations sur lesquelles Kassem put élever son régime et sa politique à l'encontre du mouvement nationaliste arabe, font dès lors défaut au chef d'État irakien.

Outre ces divergences politiques, entre partis de gauche et la politique du gouvernement de Kassem, un problème psychologique s'installe entre les deux camps. L'obstination de Kassem dans ses opinions et décisions politiques, le refus de suivre les conseils de ses proches conduisent les partis politiques de gauche à se regrouper au sein d'un mouvement de protestation : ils proclament leur indépendance, leur droit à l'activité politique et refusent le monopole du contrôle politique que leur impose le chef d'État, un chef d'État qui connaît une popularité croissante du fait de l'application de réformes sociales, urbaines,... de l'élévation du niveau de vie des plus modestes parmi la population.

Fort de cette popularité dont il a pleinement conscience, Kassem juge inutile de requérir le conseil des partis politiques de gauche, comme Al Waṭanī Al Dīmoqrāṭī, et ceci même pour le problème kurde. Cette attitude crée immanquablement une nouvelle opposition gouvernementale, modérée certes mais qui critique, condamne et désapprouve Kassem après l'avoir longtemps appuyé, soutenu, encouragé.

Cette crise kurde a des réactions sur la popularité du Zaʿīm qui faiblit. C'est le premier pas vers le développement de l'opposition gouvernementale. Avec les partis nationalistes arabes, désormais, il faut compter dans l'opposition les Kurdes irakiens et les forces de gauche. Le régime subit un isolement progressif des forces politiques, la popularité du chef d'État ne suffit plus pour contrebalancer cette opposition.

A cet isolement interne, Kassem subit celui, déjà notoire, de l'étranger : Égypte, Turquie, Iran et le Koweit.

Le problème du Koweit

Pour le *cheikh* du Koweit, ʿAbd Allah Al Salīm Al Ṣobāḥ, la révolution du 14 juillet 1958 constitue la fin de la pression, de la quasi-persécution de Nourī Al Said envers le Koweit pour le persuader à adhérer à l'Union hachémite avec l'Irak et la Jordanie.

A la révolution irakienne succède le 25 août 1958 l'envoi d'une missive rédigée par le cheikh koweitien à l'attention de Kassem et qui demande de plus grandes facilités dans les échanges commerciaux entre les deux pays, ainsi que pour les voyages des Koweitiens vers l'Irak (13).

Le 25 octobre de cette même année, ʿAbd Allah Al Sālim Al Ṣobāḥ se rend en visite en Irak dans le but d'affermir et renforcer les relations avec ce pays.

L'accueil qui lui est réservé demeure cordial. Durant la visite — de cinq jours — du cheikh, l'hôte irakien fait montre de prudence, d'ailleurs aucune déclaration n'est faite. Après cette visite, les relations Irak/Koweit semblent devenir plus denses et plus profondes.

L'Irak ne requiert-elle pas, le 19 décembre, l'ouverture d'un Poste d'expansion économique (P.E.E.) irakien au Koweit pour y suivre le déroulement des projets irakiens dans ce pays (14) ?

Les relations entre ces deux pays se poursuivent sur cette ligne de bonne entente jusqu'au 19 juin 1961, date à laquelle la Grande-Bretagne proclame la ratification du traité d'indépendance du Koweit.

Kassem s'empresse d'adresser au cheikh ʿAbd Allah Al Sālim Al Ṣobāh un télégramme de félicitation pour cette indépendance reconquise par l'abrogation du traité britannique signé avec le « maire du Koweit » en 1899. Un traité, qui à la fin du XIXe siècle faisait du Koweit un pays indépendant de la tutelle irakienne, sans que le gouvernement légitime (l'Irak) en soit avisé (15).

Lors d'une conférence de presse, qui se tient le 25 juin 1961, le chef d'État irakien évoque le Koweit comme un arrondissement de Baṣra, une allégation que des documents historiques prouveraient. Kassem n'hésite pas à en produire certains (16).

Une réunion du Conseil des ministres irakien doit aborder cette question qui devient vite un problème car deux opinions se révèlent :

- une solution militaire : occupation militaire par l'Irak du Koweit, puis son annexion ;
- une solution diplomatique, que le ministre des Affaires étrangères appuie.

Si le gouvernement se trouve divisé quant aux modes de règlement de ce problème, il en est de même pour les partis politiques irakiens.

Al Waṭanī Al Dīmoqrāṭī offre son appui à Kassem, considérant le Koweit comme une part intégrante de l'Irak, que seul le colonialisme britannique a pu spolier.

Si Al Waṭanī Al Dīmoqrāṭī développe les mêmes idées que le chef d'État irakien sur l'appartenance du Koweit, il n'en critique pas moins l'occupation irakienne décidée sans aucune concertation, ni consultation avec les autres pays arabes afin d'éviter des complications politiques.

Ce parti désapprouve le chef d'État irakien lorsque celui-ci menace de rompre toutes relations avec les pays arabes qui reconnaissent l'indépendance du Koweit, car cette politique menace l'Irak d'isolement (17).

Le Parti communiste irakien (« Itiḥād Al Šaʿab ») réprouve également Kassem pour sa méthode d'occupation. Itiḥād Al Šaʿab serait favorable à la fourniture d'une aide irakienne au Koweit pour que ce pays puisse définitivement se libérer de toute entrave et chaîne colonialistes, puis à l'évocation d'une union des deux pays (18).

Les partis nationalistes arabes condamnent la politique de Kassem reposant sur des motivations régionales et personnelles, avec un objectif : redonner un souffle de vie à un régime politique qui s'essouffle. Ḥarakat Al Qawmīyīn Al ʿArab (Mouvement des nationalistes arabes) publie d'ailleurs un manifeste qui condamne l'action de Kassem et explique son dessein (19).

Arābiṭa Al Qawmīya rédige également un manifeste qui précise que lorsque Kassem propose l'occupation irakienne du Koweit, il fournit à la Grande-Bretagne le prétexte d'une nouvelle invasion britannique du Koweit (20).

Le Parti Baas arabe socialiste Irakien ne rédige rien à ce sujet, et le chef de ce parti explique ce silence par l'évidence du désir que Kassem développe d'occuper le Koweit pour des desseins de politique régionale. Un acte de traîtrise envers le nationalisme arabe (21).

Si ʿAbd Al Karīm Kassem agit dans le dessein de renforcer sa politique et son régime en Irak, en s'attachant le soutien des partis nationalistes arabes par l'occupation du Koweit, il n'a pas atteint son objectif, bien au contraire. La majorité des partis politiques irakiens développent des avis qui vont à l'encontre de cette annexion.

Dès lors on dénote l'isolement, de plus en plus profond, de Kassem dans la politique irakienne, arabe et même mondiale. Sa décision de rompre toutes relations avec les pays qui reconnaissent l'indépendance du Koweit relève d'un acte d'imprudence et presque de déraison.

Acculé après cette déclaration intempestive, Kassem rappelle plusieurs ambassadeurs irakiens en poste à l'étranger, et même dans des pays arabes. L'Irak se désolidarise de l'Union panarabe.

Cet isolement politique de l'Irak conduit inévitablement les partis politiques nationalistes arabes, comme Ḥizb Al Baas, à contacter d'autres partis nationalistes arabes pour constituer un front. Des contacts s'établissent également avec l'armée en vue d'une opération militaire ayant pour objectif : le renversement du régime politique de Kassem.

Les manifestes rédigés par le Parti Baas arabe socialiste Irakien expliquent d'ailleurs que ce renversement gouvernemental est un des desseins du parti (22).

Si ce chapitre insiste particulièrement sur deux points précis : les problèmes des Kurdes irakiens et le problème de l'annexion du Koweit, c'est qu'en fait ces deux questions de politique furent fondamentales de par l'impact considérable qu'elles eurent sur l'avenir du régime de Kassem.

En effet, le problème kurde conduit progressivement le Parti communiste et les forces communistes dans l'opposition gouvernementale, alors que le problème de l'annexion du Koweit affermit encore davantage les divergences entre nationalistes arabes et le gouvernement.

Il est certain que ces deux points ne reflètent pas à eux seuls les soubressauts qu'a subi le régime de Kassem. D'autres faits presque aussi marquants peuvent être cités : l'instauration de la réforme agraire pas toujours très bien accueillie, l'application d'une nouvelle politique pétrolière,...

L'objet de cette recherche se fixant le régime politique de Kassem, il n'est pas de notre fait de consacrer une étude approfondie à des sujets qui relèvent de l'économie, du social, de l'industrie, de l'agriculture, chacun de ces sujets pouvant à lui seul faire l'objet d'une autre étude tout aussi détaillée.

SYNTHÈSE

Il apparaît que les diverses crises que traverse le régime de ʿAbd Al Karīm Kassem — tant dans ses relations avec les partis politiques et plus particulièrement les partis nationalistes arabes, que dans le problème kurde, que celui de l'annexion du Koweit — tendent à montrer que le régime irakien ne possède pas les moyens politiques d'apporter une solution à ces problèmes.

De plus, faute de références et de visions politiques clairement définies qui puissent déterminer une stratégie à ce niveau des problèmes d'abord considérés comme mineurs, comme celui des Kurdes ou celui de l'annexion du Koweit, prennent rapidement une importance telle qu'ils ébranlent le gouvernement.

Isolé dans son gouvernement, Kassem ne peut s'appuyer sur les conseils de ses ministres. Aussi, afin de préserver son image auprès d'un peuple habitué à une extrême fermeté et à un total désintéressement de la part de ses dirigeants, il tient à conserver le privilège de la décision qui, par manque d'expérience politique, souvent ne répond pas aux besoins de l'actualité.

Responsable du choix des membres du conseil de souveraineté, constitué de personnalités ne représentant pas un grand risque pour la survie du gouvernement, ʿAbd Al Karīm Kassem ne peut faire appel à ceux-ci pour l'aider à résoudre les crises qui affaiblissent son régime alors qu'il s'est tant attaché à minimiser le rôle de ce conseil.

Forts de cet isolement qui noie le chef d'État irakien, les partis politiques profitent de l'occasion offerte par les crises qui se multiplient et qui secouent le pays pour accroître leurs effectifs et leur activité, reconstituant progressivement le pouvoir qui leur avait été ravi durant les toutes premières années de l'existence de ce gouvernement.

Sur les faiblesses du chef d'État renaissent de nouveaux partis, forts de l'enseignement de leurs erreurs passées et qui plus est projetés dans une situation politique qui leur devient favorable dans cette période de mécontentement général tant intérieur — avec au nord de l'Irak le problème des Kurdes, puis celui des partis politiques qui s'éveillent et réclament le droit à l'existence, la prise de conscience politique du peuple — qu'extérieur : relations très tendues avec le gouverment de ʿAbd al Nasser, problème de l'annexion du Koweit, retombées de la politique pétrolière (Iraqi Petroleum Compagny)...

Autant de failles dans le régime que tentent d'exploiter les partis politiques et qui ne manqueront pas de conduire à la chute de ce premier régime de l'ère post monarchique.

Une chute d'autant plus douloureuse qu'elle marque l'échec d'une tentative de constitution de gouvernement à part entière irakien, sans ingérence aucune de quelque pays que ce soit.

NOTES

(1) ADMON ĠARĪB, *Al Ḥaraka al qawmīya al kordiya* (« Le mouvement nationaliste kurde »), Éditions Dār Al Nahār Lil Našr, Beyrouth, 1973, p. 38-39.

(2) *Itiḥad Al Ša'Ab*, 20 avril 1959.

(3) LOQĀ ZODO, *Al mas'ala al kordiya wa al ḥaraka al'onṣiriya fī al'Irāq* (« La question kurde et le mouvement raciste en Irak »), Beyrouth, 1969, p. 113-114.

(4) ǦALĀL AL ṬALĀBANĪ, *Kordistn̄ wa al ạraka al qawmīya al kordiya* (« Kurdistan et le mouvement nationaliste kurde »), Éditions Dār Al Ṭali'a, Beyrouth, 2e édition, 1971, p. 278.

(5) *La question kurde et le mouvement raciste en Irak*, p. 113-114.

(6) *Kurdistan et le mouvement nationaliste kurde*, p. 296-297.

(7) *Le mouvement nationaliste kurde*, p. 58.

(8) Le parti communiste irakien, *Ḥawl al waḍ' al rāhin fī Kordistān* (« Sur la situation actuelle au Kurdistan »), Bagdad, 22 août 1961.

(9) Le parti communiste irakien, *Rapport de novembre 1961 du comité central du parti communiste*.

(10) *Ibid.*

(11) Documents du ministère des Affaires étrangères, *Documents des frontières irako-iraniennes*.

(12) Documents du ministère des Affaires étrangères, *Documents des frontières irako-turques*.

(13) Documents du ministère des Affaires étrangères, *Documents des frontières irako-koweitiennes*.

(14) DĀR ALḤAYĀT, *Bayn al kowayt wa al'Iraq̄ (« Entre le Koweit et l'Irak »*, Damas, sans date, p. 83-84.

(15) Le ministère de l'orientation, *Al kowayt al quaḍā al'Irāquī al salīb* (« Le Koweit, ville irakienne usurpée »), Éditions Maṭba'At al Rābiṭa, Bagdad, 1961, p. 16.

(16) *Ibid.*, p. 15-28.

(17) AL ZOUBAYDĪ, *La révolution du 14 juillet 1958 en Irak*, p. 335.

(18) Le parti communiste irakien, *Le manifeste du parti communiste sur la question du Koweit*, Bagdad, 28 juin 1961.

(19) Mouvement des nationalistes arabes, *Le manifeste du mouvement des nationalistes arabes sur la crise du Koweit*, publié le 10 juillet 1961.

(20) AL RĀBITA AL QAWMĪYA, *Le manifeste d'Al Rābiṭa Al Qawmīya sur la crise du Koweit*, publié le 9 juillet 1961.

(21) AL ZOUBAYDĪ, *La révolution du 14 juillet 1958 en Irak*, p. 357.

(22) Le parti BAAS ARABE SOCIALISTE, *Manifeste du 10 février 1960*.

Manifeste du 16 mai 1961.

Manifeste du 14 juillet 1961.

Manifeste du début octobre 1961.

LA CHUTE DU RÉGIME

LE COUP D'ÉTAT DU 8 FÉVRIER 1963

La chute du mouvement de Al Šawāf à Mouṣil révèle aux membres du Parti Baas arabe socialiste irakien que leur réel ennemi est le chef de l'État.

Le fait que Kassem soutienne le courant communiste dans ces joutes avec les milieux nationalistes arabes et plus particulièrement baasistes, conduit progressivement les membres du parti Baas à penser sa liquidation comme une nécessité.

Le summum des dissensions entre membres du parti Baas et communistes se situe à l'époque de la décision gouvernementale (ʿAbd Al Karīm Kassem) de faire exécuter les peines capitales prononcées au lendemain du mouvement de Al Šawāf (1). Le projet d'assassinat du Premier ministre prévu pour le 8 février 1963, n'est pas de ces idées spontanées et irréfléchies : le parti Baas se prépare à ce dessein par des manifestes et diverses manifestations bien avant ce 8 février fatidique pour Kassem.

Les objectifs de ce parti se précisent et, pour la première fois, mi-mars 1960, un manifeste politique déclare : « Le régime de Kassem se révèle être un régime dictatorial, dont Kassem est le symbole... la nature même de ce régime démontre qu'il n'y a d'autre solution ni espoir de réforme que par sa chute (2). »

Le magazine secret à parution irrégulière de Ḥizb Al Baas : Waʿi Al ʿOmāl (« Conscience des ouvriers ») édite un article qui invite à la lutte contre le gouvernement en place et le régime actuel afin de préserver les droits de la classe ouvrière (3).

Un autre article paraît en janvier 1961, dans le journal clandestin interne du Parti Baas arabe socialiste « Al Ištirākī » (« Le socialiste ») qui appelle « à la lutte et à la résistance contre un régime réactionnaire, féodal, tribal et confessionnel » (4).

Depuis la tentative d'opposition d'octobre 1959, le mouvement le plus important dirigé contre Kassem se situe en mars 1961, avec à son origine le Baas alors que le chef d'État irakien décide de l'augmentation du prix de l'essence. Fort de cette décision, et s'appuyant sur celle-ci, le parti Baas organise des manifestations contre Kassem et son régime (5).

Le Parti Baas invite les chauffeurs de taxi à protester dans un mouvement de grève générale, ainsi qu'à organiser des manifestations en signe de mécontentement vis-à-vis de la politique de Kassem. Plusieurs manifestations de chauffeurs de taxi se déroulent ainsi dans divers quartiers de la capitale, appuyées par des membres du Parti Baas.

Les quartiers à forte influence et idéologie nationaliste arabe, comme Al Aʿẓamīya à Bagdad sont témoins de ces manifestations auxquelles s'opposent, en faisant montre de violence, les forces de police. De chaque côté on dénombre des tués et des blessés. Aussi, le gouvernement instaure le couvre-feu et un contrôle militaire des « quartiers dissidents » (6). Outre ces premières mesures, le gouvernement entame une campagne d'arrestations à l'égard des manifestants, ainsi que des responsables et instigateurs de ces manifestations, alors que Ḥizb Al Baas entend développer de tels mouvements de foule pour anéantir le régime (7).

Au début du mois d'octobre 1961, le Parti Baas Arabe fait paraître un manifeste politique qui traite de la situation politique actuelle en Irak, ce document peut-être considéré comme le plus important publié par le parti à cette date.

Le Baas y explique la politique du parti vis-à-vis du régime de Kassem, sa décision de renverser le régime politique en place ainsi que d'anéantir le mouvement communiste *manu militari.*

Ce manifeste qualifie le régime actuel de traître à la révolution et à la nation, et précise que « l'anéantissement du régime de Kassem demeure le but de notre lutte » (8), que c'est là la clef de la solution à tous les problèmes (9) et que le mot d'ordre : « la chute de Kassem reflète la lutte pour un régime nationaliste arabe et démocratique » (10).

En 1961, le Parti Baas constitue le front nationaliste qui concentre les forces nationalistes en vue d'un coup d'État contre le Premier ministre et son gouvernement. A propos de ce front, le Parti Baas déclare dans un manifeste : « Afin de mettre un terme au régime de Kassem, la création du front nationaliste s'avère une nécessité car la lutte de ce front nous permettra d'atteindre notre but (11). »

Ce parti politique arme progressivement ses membres dans le projet d'un mouvement militaire contre le gouvernement irakien. Si le Parti Baas attaque verbalement — manifestes, tracts, articles de journaux — comme physiquement — manifestations — le gouvernement, il doit également s'en préserver. A ce titre, un manifeste interne et secret distribue aux membres baasistes quelques conseils afin de se protéger de la campagne policière ordonnée par Kassem et visant tout particulièrement les baasistes (perquisitions, filatures, espionnage) : le gouvernement aurait eu connaissance de la préparation d'un coup d'État.

Ce même manifeste précise que le chef d'État irakien craint que l'activité du Parti Baas arabe socialiste irakien ne suive l'exemple du Baas Syrien, qui organise des manifestations contre le gouvernement de Syrie (12).

Le 7 avril 1962 — jour anniversaire de la création du Baas —, « l'Union nationale des étudiants irakiens », une organisation estudiantine baasiste, appelle les étudiants à une manifestation sans motif particulier contre le régime politique. Lors de cette manifestation, le contrôle de la police politique reste constant. Des coups de feu sont même dirigés contre les manifestants dont certains sont faits prisonniers (13).

Cette manifestation, qui se situe presque un an avant le coup d'État du 8 février 1963, n'est qu'un maillon de cette longue chaîne de manifestations contre Kassem.

Cette manifestation demeure la plus importante de l'année 1962 (14). L'été 1962 voit la participation du Parti Baas aux élections syndicales ouvrières et la victoire de son concurrent le communisme. Le Baas, dans un manifeste, accuse les communistes d'avoir entravé les baasistes dans leur activité durant ces élections. Un nouvel appel du Parti Baas invite les partis politiques du front nationaliste arabe à lutter pour la chute du régime de Kassem (15).

Le 30 septembre 1962, une manifestation armée organisée par le Baas arabe socialiste irakien affronte la police. A cette occasion, un nouveau manifeste baasiste condamne le gouvernement de Kassem et sa politique (16). Peu après, en décembre, éclate la grève des étudiants, une grève qui peut être, à juste titre, considérée comme l'introduction civile du mouvement militaire du 8 février 1963, car elle devance le coup d'État et prendra fin avec celui-ci.

Le premier lycée bagdalien qui lance ce mouvement de grève est celui de Al Šarqīya (le second lycée de Bagdad par l'importance après Al Markasīya). A l'origine de la grève de ce lycée se dissimule la branche civile de Ḥizb Al Baas. Ce mouvement de grève se propage aux autres lycées, puis aux universités, secouant le régime de Kassem. Les grèves dépassent les limites de la capitale et contaminent d'autres villes (17).

Parallèlement se développe une autre grève, celle des ouvriers qui prend Kassem pour cible principale.

Le Parti Baas canalise et organise les groupes contestataires, contrôle les rues, les forces civiles en mouvement. Malgré l'action considérable déployée par la branche civile du Baas, ainsi que d'autres d'ailleurs, celle-ci n'a pas d'ampleur suffisante, ni les moyens (effectifs, armement, organisation) pour faire aboutir un coup d'État et instaurer un nouveau régime politique. En effet, il ne faut pas oublier que le mouvement présent reste un mouvement civil, qui s'oppose et affronte un régime soutenu et qui s'appuie sur l'armée régulière et la police.

Des contacts s'établissent donc. Le Parti Baas se tourne vers les officiers libres de la première heure, qu'ils soient toujours en activité dans l'armée irakienne ou déjà à la retraite, mais aucun d'entre eux ne figure dans la composition du Comité suprême.

A ce titre, il faut citer Ṣāliḥ Mahdī ʿAmāš qui adhère au Parti Baas arabe, avant la révolution de 1958 alors qu'il est déjà membre de l'organisation politique Ḫaliya Al Waṣīṭa, et Aḥmad Ḥasan Al Bakr, un nationaliste arabe dont le nom sera retenu par Aref pour la candidature à un poste influent après la révolution. Une proposition rejetée par Kassem qui lui substitue une autre personnalité, ce qui ne manque pas de faire éclater une discorde entre Kassem et Aref (18). Aḥmad Ḥasan Al Bakr, qui est d'ailleurs mis en retraite par Kassem, maintient cependant des contacts suivis avec l'armée.

Ṣāliḥ Mahdī ʿAmāš et le colonel Aḥmad Ḥasan Al Bakr sont les deux officiers les plus notoires et influents contactés par le parti Baas. Ces contacts entre partis Baas et officiers libres ont débuté fin 1961, sous la direction nationale civile du Baas, alors constituée de civils : ʿAlī Ṣāliḥ Al Saʿadī (récemment élu comme chef du Parti Baas arabe socialiste irakien, succédant à Fou'ād Al Rikābī), Ṭālib Ḥousayn Šibīb, Hāšim Ǧawād, Moṣariʿ Al Rāwī, Ḥamdī ʿAbd Al Amaǧīd et de militaires : ʿAbd Al Satār ʿAbd Al Laṭīf, Ṣāliḥ Mahdī ʿAmāš (mis à la retraite peu avant le 8 février 1963 (19)), ʿAbd Al Karīm Mousṭafā Naṣrat (mis à la retraite le 19 août 1958 (20)).

Ces deux derniers officiers font preuve d'une grande activité et multiplient les contacts avec l'armée. Aidée du colonel Aḥmad Ḥasan Al Bakr, ils créent un comité militaire afin d'instruire d'autres officiers, sous-officiers, et soldats.

La direction de ce comité revient à Aref sorti de prison

depuis peu, bien que celui-ci, nationaliste indépendant, ne soit pas membre du Parti Baas. Les colonels Aḥmad Ḥasan Al Bakr, Ṭāhir Yaḥya et Aref, tous trois retraités de l'armée irakienne, maintiennent avec les officiers de l'armée des contacts très suivis.

Si ʿAbd Al Salām Aref agit effectivement avant février 1963, il perd son efficacité lors du coup d'état : il n'est pas baasiste alors que ce mouvement est baasiste. De plus, même si celui-ci avait souhaité entreprendre quelques actions de soutien au Baas, le contrôle de la police politique l'en aurait vite dissuadé (21).

Le comité militaire constitué organise de nouveaux contacts avec d'autres officiers comme le colonel Rašīd Moṣliḥ (mis en retraite après le mouvement de Al Šawāf, qu'il a soutenu moralement), le colonel ʿAbd Al Hādī Al Rāwī, lui aussi à la retraite, le colonel ʿAbd Al Ġanī Al Rāwī, très dynamique et entreprenant, le colonel Ḫālid Makī Al Hāšimī, chef de la division de blindés à Abou Ġrayb, le colonel ʿĀref ʿAbd Al Rāzaq, mis en retraite mais réintégré en 1962 dans l'armée comme chef de base aérienne à Ḥabanīya, le lieutenant-colonel Hardān Al Tikrītī *, commandant de la base aérienne de Kirkouk, et enfin le capitaine Monḏir Al Windāwī (22).

Ces officiers, de leur côté, participent à l'élargissement du comité en multipliant les contacts dans l'armée. La participation des membres de ce comité est efficace durant le coup d'état du 8 février 1963, au cours duquel certains laisseront même leur vie (23).

Tous les membres de ce comité n'adhèrent pas au parti Baas, mais la plupart d'entre eux sont baasistes comme Aḥmad Ḥasan Al Bakr, Monḏir Al Windāwī, Ṣāliḥ Mahdī ʿAmāš, Ḫālid Makī Al Hāšimī, Ḥardān Al Tikrītī, Ṭāhir Yaḥya (membre du parti Baas, mais en démissionne après le coup d'état du 8 février 1963 pour soutenir Aref contre les baasistes) (24) **. Outre ce comité militaire, quelques baasistes indépendants de toute autre organisation attendent le coup d'état pour agir.

Le dessein commun des militaires nationalistes, des baasistes du comité militaire — renverser Kassem du pouvoir — annonce logiquement et inéluctablement la fin et décadence du communisme, réglant alors tous les comptes avec les communistes, et

* Lieutenant-colonel Ḥardān Al Tikrītī : assassiné au Koweit en 1971.

** Uriel Dann — « Iraq under Qassem » limite les effectifs baasistes dans le comité militaire à : Monḏir Al Windāwī et Ḥardā, Al Tikrītī (p. 364), alors que tous les documents, dont dépend cette recherche, avancent les noms précités — dans le texte — comme membres du Baas.

ouvre ainsi la voie vers un rapprochement avec la République Arabe Unie, un rapprochement tant attendu.

Depuis l'été 1960, le poids du contrôle de la police politique sur le Parti Baas s'allège, bien que toujours vigilant. Si les filatures persistent, la pression policière diminue. Quant aux persécutions de la Sécurité nationale, contre le Baas et les nationalistes arabes, elles demeurent discrètes bien que quelques arrestations aient parfois lieu.

Cet allègement du contrôle policier et gouvernemental permet au Parti Baas arabe de poursuivre son activité secrète, qui parfois s'intensifie à tel point qu'elle concurrence celle de « partis politiques officiels ». D'ailleurs, durant les deux dernières années du régime de Kassem, la police politique semble se désintéresser de l'activité de ce parti.

Ce relâchement de la suspicion gouvernementale et policière permet au Baas de constituer une milice qui groupe les forces de milliers de membres, qui appuient le mouvement militaire du 8 février 1963 et occupent les rues de la capitale ce jour-là (25). Ces deux dernières années ne sont qu'une suite de tentatives d'assassinat sur le chef d'État.

La police politique soumet à Kassem ses rapports qui font ressortir qu'une tentative d'assassinat était programmée pour le 14 mars 1962, aussitôt après que le chef d'État irakien ait rencontré à Roṭba Nāzom Al Qodsī — président de la république de Syrie — après la séparation de la Syrie d'avec l'Égypte.

Le 17 juillet 1962, le Baas projette une nouvelle tentative d'assassinat alors que le Zaʿīm inaugure une unité de production de chaussures. Une ébauche annulée car pressentie et découverte par la police politique.

Le 2 décembre 1962, nouvelle démarche également percée à jour, tout comme celle du 19 janvier 1963, qu'un rapport rédigé par le lieutenant-colonel Ǧābirʿ Alī Al Kāẓom dénonce. Des arrestations de baasistes et nationalistes arabes s'ensuivent (26).

Dans chaque tentative de coup d'État déjouée, l'aviation et les forces militaires aériennes, en général, jouent un rôle considérable (27) aux côtés des forces blindées. Si certaines tentatives furent discrètes, celle du 19 janvier 1963 le fut moins, les représailles qui lui succèdent en témoignent : mises à la retraite d'au moins cinquante officiers, arrestations de certains autres. Le début du mois de février 1963 voit une nouvelle vague d'arrestations : trois cadres du Parti Baas arabe socialiste sont incarcérés : Saʿdoun Ḥamādī, Sāliḥ Mahdī ʿAmāš et le chef du Baas irakien Ṣāliḥ Al Saʿadī.

Le parti, bien qu'affaibli, se réorganise autour des plans d'un coup d'État prévu pour le 8 février 1963, tôt, très tôt le matin de ce vendredi de week-end. Le Baas semble avoir prévu l'action dans ses moindres détails : le 7, Kassem restera à son bureau du ministère de la Défense tard jusque dans la nuit, le 8 étant week-end. Donc ce 8 février, le Zaʿīm ne sera pas aussi matinal qu'à l'accoutumé. Par ailleurs, les principaux officiers, également en week-end, n'occuperont pas leur poste (28).

Si les projets préparatifs de l'action entrevoient tous les détails, ceux de l'après-coup d'État le semblent moins. En effet, Aref qui prendra part à ce mouvement, ne connaîtra la constitution du futur gouvernement que le 7 février (29) : le Baas, instigateur de ce mouvement entend en conserver la direction et les décisions, au risque de n'attribuer à Aref qu'un rôle de « marionnette » dont le Baas manipule les ficelles. Le seul atout de Aref dans cette action demeure sa notoriété et son impact sur le milieu militaire.

Le 7 février, ʿAbd Al Salām Aref reçoit l'ordre, du Parti Baas, de revêtir ses vêtements militaires et de se rendre dans le tank du colonel Aḥmad Ḥasan Al Bakr (30). Ordres auxquels Aref se plie : le 8 au matin, très tôt, il quitte son domicile bagdadien à Aʿẓamīya et atteint vers huit heures Abou Ġrayb, à l'ouest de la capitale. Il rencontre au camp militaire — centre de commandement de la 4e division de blindés — le colonel Aḥmad Ḥasan Al Bakr et ensemble s'installent dans le char d'assaut du colonel Al Bakr, apprêté par le colonel Ḫālid Makī Al Hāšimī — chef de cette division. Le blindé se dirige alors vers la capitale sans encombres, y pénètre et manœuvre vers la maison de la radio située dans le quartier de Ṣālḥiya, où quelques officiers de garde participant également à ce mouvement, l'attendent. Les autres officiers présents adhèrent à ce mouvement (31).

L'occupation des bâtiments de la radio reste d'une évidente aisance. Les préparatifs en vue de l'annonce du 1er manifeste du coup d'état s'organisent. Quelques chefs baasistes rejoignent ces militaires dans leur action, comme Ḥāzim Ǧawad, Ṭālib Ḥousayn Šibīb, Mademoiselle Hanā'Al ʿOmarī (la fiancée de ʿAlī Ṣāliḥ Al Saʿadī, le chef du Baas arabe socialiste irakien) (32).

Ḫālid Makī Al Hāšimī regroupe ses forces à Abou Ġrayb et prononce un discours qui invite à participer au coup d'État. Les officiers obéissent. Les blindés font mouvement vers Badgad. A leur arrivée dans la capitale, le coup d'État est déjà amorcé.

Dans le camp militaire de Ḥabānīya, près de la base aérienne militaire, le colonel ʿAbd Al Ġanī Al Rāwī prend connaissance du mouvement par la radio. Aussitôt, il se dirige vers le camp et se présente aux militaires comme envoyé par le conseil de commandement de la révolution du 8 février 1963 pour appeler les soldats à prendre part au mouvement qui doit renverser le régime de Kassem. Il faut souligner que le colonel ʿAbd Al

Ġanī Al Rāwī — chef d'un bataillon — avait été mis en retraite en 1962.

Son appui reçoit l'adhésion de nombre d'officiers baasistes ou nationalistes arabes ; bien que le chef de cette division semble émettre quelques réserves quant à sa participation, il se garde de montrer ouvertement ses réticences envers le mouvement.

Se substituant à ce chef indécis, le colonel ʿAbd Al Ġanī Al Rāwī prend la direction de la division qui s'achemine vers Bagdad. De la base militaire de Ḥabānīya, décollent les premiers avions dirigés par le capitaine Mond̲ir Al Windāwī, lui-même pilotant un Hawker Hunter, qui attaquent vers neuf heures du matin la base aérienne du camp militaire de Rašīd à Bagdad.

Cette opération d'envergure réduite croît bientôt, certains avions bombardent le ministère de la Défense (le cœur, le point vital du système politique de Kassem) pourtant militairement bien protégé. En effet, 2 000 militaires de la 19e Brigade en assurent la protection. L'attaque qui se concentre sur le ministère de la Défense émane de trois Hawker Hunter et d'un MIG 17 de la base aérienne de Kirkouk, commandés par le lieutenant-colonel Ḥardan Al Tikrītī.

Cet assaut dure environ deux heures, avec les aller-retour des appareils entre le ministère de la Défense et leur base pour s'approvisionner en bombes.

Le ministère de la Défense riposte. La défense anti-aérienne abat un avion (33). Mais les attaques, les bombardements incessants ont endommagé lourdement le ministère.

Le chef d'État est sorti de son sommeil par le bruit du bombardement sur le camp de Rašīd. Lorsque le Zaʿīm tente de téléphoner à la base aérienne militaire de Rašīd, pour que neuf escadrilles d'avions décollent afin de bombarder la base à Ḥabānīya, son appel est coupé par un standardiste nationaliste arabe au camp de Rašīd. Incognito, dans un char d'assaut, le chef d'État se rend au ministère de la Défense, pour y organiser et y diriger la résistance.

Depuis le 7 février au soir, la milice baasiste Al Ḥaras Al Qawmī (les gardes nationalistes), soit approximativement deux mille personnes, sur ordre du Baas occupe les artères principales de la capitale et aide l'armée dans son opération militaire (34). La milice investit donc les rues de la capitale, veillant à la sécurité du déroulement des opérations, se dispersant sur le trajet Ḥabāniya/Bagdad, soit sur plusieurs centaines de kilomètres, afin de décourager tout contrôle gouvernemental sur la ville de Ḥabāniya. Une partie de cette milice reçoit du Parti Baas l'ordre de porter aide au colonel Ṭāhir Yaḥya qui doit attaquer et investir le camp militaire de Rašīd.

La milice encercle le camp. Les militaires du camp tentent de briser cet assaut, mais échouent dans leur tentative.

Tandis que le ministère de la Défense subit les assauts aériens, quelques révolutionnaires s'acheminent vers le domicile du général Ǧalāl Al Awqātī, alors chef général des forces aériennes militaires, et l'assassinent afin que toute possibilité de directives pour une contre-attaque aérienne dirigée contre le coup d'état soit anéantie (35).

Peu après neuf heures du matin, la radio diffuse le 1er manifeste du mouvement : ce mouvement redresse la déviation politique amorcée par ʿAbd Al Karīm Kassem, qui éloignait de la ligne politique révolutionnaire du 14 juillet 1958, le présent coup d'État est une révolution de la Nation, de l'armée, de toutes les classes sociales (36).

Le 2e manifeste annonce la mort du général Aḥmad Ṣāliḥ Al ʿAbdī — gouverneur militaire général d'Irak — ainsi que celles de quelques autres officiers, lors du bombardement du ministère de la Défense (37). Ce même manifeste avise de la fermeture des frontières, des aéroports et de l'instauration du couvre-feu que la milice baasiste, Al Ḥaras Al Qawmī, a pour tâche de faire respecter.

Vers dix heures du matin, le colonel Ṭāhir Yaḥyā envahit, par la force, le camp de Rašīd avec l'aide de la milice baasiste et de quelques soldats. Les portes des prisons (dont la prison politique numéro 1, la plus vaste) s'ouvrent. Si le camp militaire de Rašīd est aux mains des révolutionnaires, dans le secteur du ministère de la Défense les affrontements persistent.

Le ministère encerclé par les forces blindées conduites par le colonel ʿAbd Al Ġanī Al Rāwī et le colonel Ḫālid Makī Al Hāšimī affronte les tirs des mitrailleuses des tanks, les armes lourdes n'étant pas approvisionnées en munitions. L'attaque aérienne du ministère se termine vers onze heures ce matin-là alors que sur le terrain, la lutte continue, avec plusieurs tués et blessés.

L'effectif des assaillants se chiffre à plus de deux mille personnes dont certains réussissent à s'infiltrer dans le ministère et y occupent quelques bureaux.

A l'intérieur du ministère, des officiers requièrent du chef d'État qu'il enregistre une cassette magnétique afin de la radiodiffuser à l'attention de la nation à partir d'un poste-émetteur situé dans le palais de Zohour (l'ancien palais royal, antérieurement à celui de Riḥāb) et que défend la garde de Kassem ; un lieu que les révolutionnaires semblent avoir négligé d'investir (38).

ʿAbd Al Karīm Kāssem rejette cette proposition.

Dans l'après-midi, l'occupation du ministère de la Défense touche la moitié des bureaux.

Puis à dix-sept heures trente, les blindés investissent le ministère sous la direction de ʿAbd Al Karīm Naṣrat : rédition de six cents officiers et soldats. Dès lors, on peut considérer que le ministère de la Défense tombe aux mains des révolutionnaires, bien que plusieurs bâtiments et bureaux n'aient pas encore été envahis.

Simultanément à cette action révolutionnaire contre le gouvernement, la parade communiste s'organise.

Un bref recul dans le temps s'impose afin de mieux cerner l'action communiste. En effet, alors que les révolutionnaires conseillent la méfiance à la milice baasiste : un mouvement communiste contre les révolutionnaires étant toujours possible, les forces communistes pressentent, quelques semaines avant ce 8 février 1963, la préparation d'un coup d'État.

Si les communistes devinent ce mouvement, ils n'en mesurent pas la violence, ni les effectifs et leurs appuis. Aussi, ne sont-ils pas préparés, tant au sein de l'armée que dans leur milice, à jouer un rôle tant soit peu catalyseur dans cette révolution.

L'ampleur de cette révolution prend des proportions telles que les forces communistes n'ont pu imaginer que les nationalistes arabes et la milice baasiste réussiront à soumettre puis à se faire obéir des chefs de la police bagdadienne après la lecture du 1er manifeste de la révolution, soit seulement une heure après l'éclatement du coup d'État, qui déposaient alors leurs armes. De plus, les forces effectives, ainsi que le moral des baasistes, n'ont cessé d'étonner les communistes bien que quelques-uns de leurs chefs, cadres et membres aient été appréhendés par la police politique, ou soient exilés.

Face à la force que représentent les baasistes, le parti communiste cherche à rassembler ses effectifs, et mobilise ses membres et ses adhérents dans les quartiers de Bagdad où ce parti jouit d'une popularité sans équivoque (comme à Al Karāda Al Šarqīya, ʿAqd Al Korid et Al Kāẓmīya) (39). Les forces communistes se concentrent vers la rue Abou Nou'ās afin de se diriger ultérieurement vers la rue Rašīd, qu'elle prolonge, et libérer le ministère de la Défense. Vers dix heures du matin, ce 8 février, le Parti communiste irakien publie un manifeste qui invite le peuple à prendre les armes pour écraser ce mouvement guidé par le colonialisme et la réaction. Il appelle les ouvriers et paysans, intellectuels et forces patriotiques et démocratiques à se battre contre ce mouvement dirigé contre le régime de Kassem. C'est un appel général à descendre dans la rue pour balayer les traîtres et défendre l'indépendance nationale (40).

Un manifeste est publié et distribué rapidement dans les rues de la capitale. Le soir même, un autre manifeste du Parti communiste, nouvel appel général, est imprimé : « Tous à vos armes pour écraser la conspiration du colonialisme » : une invitation à réduire à néant, sans rémission, les conspirateurs, à investir par la force les postes de police pour s'emparer des armes où qu'elles se trouvent. Une proclamation qui rappelle que les généraux ʿAbd Al Karīm Kassem, Aḥmad Ṣāliḥ Al ʿAbdī, colonel Fāḍil ʿAbās Al Mahdāwī et les autres officiers qui défendent l'indépendance de l'Irak, demeurent les chefs de l'armée irakienne (41).

Comparativement aux baasistes, le Parti communiste irakien ne possède qu'un armement dérisoire : leurs armes personnelles seront réquisitionnées pour s'opposer aux baasistes (42). Outre ce piètre armement, le chef du Parti communiste ne possède pas toutes les aptitudes nécessaires pour diriger de façon efficace et opportune la lutte contre les baasistes et leurs « adeptes ». Aussi, de nombreux communistes sont tués par la milice baasiste et l'armée, sans aucun ménagement (43). L'entreprise militaire communiste de résistance s'avère donc très vite un échec. Le Parti communiste irakien s'avoue vaincu.

Avant de revenir aux développements de l'action dans le ministère de la Défense et à ses abords, il convient de saisir un bref épisode de résistance contre les baasistes, dans le camp militaire de Wašāš à Bagdad (le deuxième camp militaire, de par l'importance après celui de Rašīd). En effet, dans ce camp militaire, un lieutenant-colonel tente avec de faibles moyens d'organiser une résistance militaire afin de s'opposer à l'armée et à la milice baasistes. C'est un échec. Ce lieutenant-colonel se voit contraint de se rendre sans résistance : aucun coup de feu n'est d'ailleurs tiré.

Un peu à l'extérieur de la capitale, dans la banlieue bagdadienne, plus précisément dans le camp de Baqouba et à proximité du centre principal de la 3e division militaire, une autre ébauche de résistance s'annonce ; celle-ci plus importante que celle notée dans le camp de Wašāš. Dans ce camp, combattent en effet une trentaine de soldats et deux lieutenants communistes ainsi que quelques civils communistes ces derniers délégués par la Parti communiste de Bagdad à titre de conseillers militaires afin d'organiser le contrôle du camp face aux révolutionnaires. Une « guérilla » oppose dès lors nationalistes arabes et occupants du camp tenu par les communistes. Devant la force et les effectifs de l'ennemi, les communistes ne peuvent résister longtemps. C'est un nouvel échec. Deux officiers et un soldat nationalistes arabes sont tués.

Toujours dans la banlieue de Bagdad (à quinze kilomètres

au nord de la capitale), dans le camp militaire de Al Tāǧī, des forces révolutionnaires pénètrent, vers quatorze heures ce 8 février, afin d'y occuper le plus important radar du camp. C'est une autre victoire pour les révolutionnaires (44).

Après ce bref tour d'horizon des points de banlieue bagdadienne où quelquc résistance semble s'effectuer, il convient de revenir sur le ministère de la Défense où Kassem est « toujours captif » avec quelques proches. Leur résistance se prolonge sur plusieurs heures dans le bâtiment principal du ministère. Entre vingt et une et vingt-deux heures, ce soir du 8 février, les « vaincus » se regroupent autour de la radio et prennent connaissance des noms des dirigeants de ce coup d'État : Tāhir Yaḥyā — depuis nommé chef d'état-major — Rašīd Moṣliḥ — gouverneur militaire général — et ʿAbd Al Salām Aref — le nouveau président de la république d'Irak. La radio diffuse également la liste des ministres du nouveau gouvernement (45).

Aux environs de minuit, ʿAbd Al Karīm Kassem ainsi que ses proches — les colonels Fāḍil ʿAbās Al Mahdāwī et Taha Al Šayḫ Aḥmad et le lieutenant Kanʿān Ḫalīl Ḥadād, garde du corps de Kassem — quittent le bâtiment du ministère de la Défense, où ils s'abritaient jusqu'alors et se dirigent vers une galerie secrète qui les conduit vers le hall de la salle de Šaʿab, à l'extrémité du ministère de la Défense. Il passent la nuit dans ce lieu.

Durant la matinée du 9 février, Kassem contacte téléphoniquement Aref alors à la radio de Bagdad et fait part de sa décision de démissionner du gouvernement et requiert de son interlocuteur la promesse de pouvoir quitter le pays pour s'exiler à l'étranger (en Turquie ou en Autriche). Aref rejette cettre requête et somme Kassem de se rendre, de quitter cette salle les bras levés au-dessus de la tête et sans plus aucune décoration, ni galons. Kassem refuse de se soumettre à cet ordre. Il quitte la salle de Šaʿab vers neuf heures trente et se dirige alors vers deux auto-mitrailleuses dans lesquelles se répartissent Kassem et ses proches. Les deux véhicules s'acheminent alors vers le bâtiment de la radio. De l'entrevue qui suit entre ʿAbd Al Karīm Kassem et ʿAbd Al Salām Aref, dans ce bâtiment de la radio, on ignore précisément ce qui se dit.

En effet, plusieurs versions, s'opposent, dont celles :

- De Aref : qui plusieurs jours après le coup d'État déclare aux journaux irakiens, égyptiens et libanais que Kassem aurait, avant sa mort, confessé que Aref était à l'origine de la rédaction du 1er manifeste de la révolution du 14 juillet 1958, ainsi que des plans d'action de cette révolution — une confession qui irait à l'encontre des déclarations personnelles du colonel Aref qui, durant le procès qui l'oppose à Kassem à la fin de 1958, avoue que la rédaction de ce manifeste est bien dévolue à Kassem et que lui-même (Aref) n'est qu'aux ordres de Kassem. Aref ajoute que durant cette entrevue Kassem l'aurait supplié et imploré de ne pas le tuer (46). Devant les allégations avancées par Aref, alors président de la république d'Irak, il faut se montrer sceptique. En effet, pourquoi Aref n'a-t-il pas, ainsi qu'il l'a annoncé fait diffuser à la radio et à la télévision irakiennes, la cassette magnétique enregistrée durant cette entrevue ? Une telle preuve n'aurait pu que lui attirer des réactions favorables ou du moins plus nuancées de la part de certains.

Aussi, peut-on se surprendre à émettre quelques doutes sur sa version des faits durant sa rencontre avec Kassem et se laisser aller à penser que seule la haine fut à l'origine de ces allégations.

Quant à admettre que le général Kassem ait pu supplier et implorer grâce pour sa vie, cela paraît plus qu'improbable lorsque l'on a conscience du courage de cet officier, un courage qu'il a prouvé d'ailleurs à maintes reprises durant sa longue carrière militaire, ainsi qu'à la tête du pays. Cette entrevue, aperçue au travers des dires de Aref, garde donc ses secrets.

- De Kassem : elle apparaît lors du jugement de celui qui fut le Zaʿīm. Ne fait-il pas encore preuve de courage en affrontant alors Aref lors de son procès, en demandant à ce dernier si la peine de mort requise contre lui émane de Aref ou du « tribunal » constitué le jour-même pour ce procès ? Une question à laquelle Aref rétorque qu'il se « lave les mains de cette affaire » (47).

Sur le chemin qui l'a conduit à la Maison de la radio, Kassem a pu entrevoir les chefs du coup d'État. Les officiers baasistes constituent alors un « tribunal » de trois membres du Parti Baas — dont Aref n'est pas, bien entendu. Ce dernier requiert cependant que le tribunal prononce la peine de mort (48), un jugement, une sentence déjà alloués par avance par ce simulacre de procès. Un procès formel. ʿAbd Al Karīm Kassem et ses amis seront fusillés à treize heures trente le 9 février 1963.

Cependant, une version atteste que Al Mahdāwī aurait été battu à mort puis seulement fusillé ; une version qui s'attache à faire ressortir la haine que déploie Aref envers ce militaire qui siégeait parmi les juges lors du procès d'Aref en 1958 (49).

Les dépouilles chargées sur un camion militaire quittent Bagdad. Elles sont inhumées dans une fosse commune, dans un lieu ignoré de tous (50) (qui aurait pu le rester, si le destin n'en avait décidé autrement) à seulement quelques kilomètres au nord de la capitale, près d'un petit village. L'arrivée de ces camions militaires attirent inmanquablement l'attention des habitants du village, qui surveillent de loin l'enterrement. Le lendemain, les paysans exhument les corps et mettent à jour celui de Kassem. Après s'être recueillis sur la dépouille mortelle, ils l'enterrent religieusement et marquent la tombe par des palmes de dattiers plantées à même le sol. La police politique apprend ce geste et récupère le corps du Zaʿim pour l'immerger dans le fleuve, craignant que cette tombe ne devienne rapidement un lieu de pèlerinage d'Imām (51) pour les humbles familles paysannes.

Peu après cet événement, des bruits courent dans les familles paysannes et popoulaires : ʿAbd Al Karīm Kassem — le Zaʿīm — serait encore vivant et serait parmi eux incognito : le corps que la télévision aurait tant exhibé ne serait en fait qu'un mannequin. Cette version fait son chemin : un paysan aurait aperçu Kassem dans son champ et celui-ci lui aurait alors dit qu'il reviendrait sauver le pays ; une fillette issue d'une famille paysanne aurait rencontré, près de la cabane familiale, un homme qui lui aurait demandé un verre d'eau, cet homme lui aurait promis de revenir bientôt pour sauver le pays. La description que cette enfant fait du visage de cet inconnu ressemble étrangement à celui de Kassem. D'autres versions naissent et se multiplient.

Ces diverses versions que ressuscite le Zaʿīm démontrent l'attente du retour d'un sauveur disparu — celui du dernier imam chiʿite Al Mahdī et la transposition de celui-ci dans le personnage de ʿAbd Al Karīm Kassem.

Cette nation vit cette attente d'un sauveur comme un espoir. Un sauveur qui n'est pas sans rappeler Godot de Samuel Beckett, « un Godot » non pas né de l'imagination d'un écrivain, mais de celle d'un peuple, d'une nation qui attend encore son sauveur.

SYNTHÈSE

Le coup d'État du 8 février 1963 apparaît comme l'aboutissement d'un état de crise (dont le côté politique est largement développé dans la deuxième partie de cette recherche) qui se prolonge au sein du gouvernement de ʿAbd Al Karīm Kassem et qui ne trouvera pas de palliatifs immédiats qui répondent aux avertissements répétés et multipliés des partis politiques (manifestations, distributions de tracts, grèves, mouvements civils contre le gouvernement).

Plus fort que jamais de l'expérience tirée de ses erreurs passées, le parti Baas Arabe Socialiste prend conscience de l'impossibilité de renverser le gouvernement par une action basée essentiellement sur un mouvement civil. Dès lors, ce parti s'oriente vers l'armée irakienne qui détient le pouvoir sur laquelle repose le régime en place : des contacts progressifs conduisent alors le Baas à se mêler à l'armée.

Se rapprochant d'officiers nationalistes arabes déçus par le gouvernement de Kassem et opprimés par celui-ci, Al Baas Al Arabī s'attache ainsi de fidèles alliés, ceci d'autant plus facilement que le contrôle de la police politique, généralement très sensible, semble alors se relâcher durant cette période de crise, concourant ainsi à la pénétration du Baas dans l'armée irakienne.

Des rapprochements qui se veulent profitables au parti en palliant la faiblesse de popularité dont il souffre. Une immixtion politique dont le Baas tire grand profit : bénéfice de l'organisation de l'armée, de sa structure, de ses effectifs,... qui font tant défaut aux partis politiques à cette époque.

Comme de nombreux autres partis, le parti Baas irakien se rallie à une personnalité politique, en l'occurrence à ʿAbd Al Salām Aref qui semble alors le mieux correspondre aux idées politiques — nationalistes arabes nasséristes — du parti, ceci afin de tirer profit de l'image qu'impose cet officier dont la popularité, sinon la notoriété, ne sont plus à faire et dont le prestige devrait servir de support au parti. Une tactique, qui ne reste d'ailleurs pas isolée : le Parti communiste irakien, entre autres, ne s'attache-t-il pas durant cette période difficile à défendre l'image de Kassem pour en tirer tous les avantages ?

Le rapprochement parti Baas/Aref donne au coup d'État du Baas la marque nassériste de cet officier. Le putsch se réclame du nationalisme arabe et s'annonce comme étant le moyen de faire face à l'égarement dont a fait preuve Kassem dans sa démarche politique.

Si Aref sert à imprimer au mouvement baasiste un caractère politique, son rôle par contre semble se limiter à cette seule influence car, après la réussite du coup d'état, le parti Baas prend seul les décisions quant au déroulement des opérations. Un coup d'État sanglant où assassinats et jugements arbitraires se multiplient anéantissant toute possibilité et toute éventualité de survie du régime et du gouvernement de Kassem, bien que Aref soit protégé de ces déferlements de violence. Aref qui n'apparaît plus guère, car tenu éloigné par le parti Baas, qui se veut alors seul maître des événements qui doivent construire son avenir politique sans attache aucune avec le passé afin d'assurer la pérennité du nouveau gouvernement.

Ce développement n'est pas particulier à l'Irak, car il semble se rattacher à tous les gouvernements se régénérant par succession de coups d'État. L'exemple du coup d'état du Soudan qui opposa Hašim Al ʿAṭa et ʿAbd Al Ḫaliq Maḥǧoub à Al Nomayrī en est une preuve parmi tant d'autres.

Il convient de se poser la question suivante : Pourquoi le parti Baas a tenu à garder ʿAbd Al Salām Aref en vie, après tant d'acharnements à détruire tout ce qui rappelait un gouvernement passé et que lui, Aref, remémore par son unique présence ? Sans doute parce que cet officier, proche de Kassem durant la période pré-révolutionnaire du 14 juillet 1958 en subissant l'autorité puis l'oppression, devint progressivement un de ses ennemis.

Une erreur qui sera fatale au parti Baas, car moins d'un an après ce coup d'État, plus précisément huit mois après, ʿAbd Al Salām Aref renouvelle l'action du Baas, cette fois-ci pour son compte personnel. Un coup d'État dont le but devient le renversement du parti Baas ainsi que celui de Aḥmad Ḥasan Al Bakr (alors premier ministre), que Aref met d'office à la retraite une fois à la tête d'un gouvernement nationaliste arabe nassériste. Une nouvelle erreur que renouvelle Aref, car en laissant la vie sauve à Aḥmad Ḥasan Al Bakr, il prépare lui-même le coup d'État qui renversera le régime de son frère (ʿAbd Al Raḥman Aref) qui lui succède au pouvoir après son décès mystérieux.

Le 18 juillet 1968, Ahmad Hasan Al Bakr prend la tête du pouvoir poursuivant cette longue tradition par laquelle le pouvoir se transmet par le biais de coups d'État.

NOTES

(1) ʿALI ḤASAN MAĞĪD, *Al torāṯ al niḍālī li ḥizb al Baas al ʿarabī al ištirākī* (« Le patrimoine de la lutte du parti Baas Arabe Socialiste »), Éditions Wizārat al ṯaqafa wa al iʿlam, Bagdad, 1980, p. 101.

(2) Le PARTI BAAS ARABE SOCIALISTE, *Manifeste à la nation*, mars 1960.

(3) *Waʿī al ʿomāl*, magazine irrégulier du parti Baas, fin de l'année 1960.

(4) *Al ištirākī*, magazine irrégulier, janvier 1962.

(5) *Le patrimoine de la lutte du parti Baas arabe socialiste*, p. 107.

(6) *Iraq under Qassem*, p. 107.

(7) *Al ğarīda*, quoditien, Beyrouth, 20 février 1963.

(8) LE PARTI BAAS ARABE SOCIALISTE, *Manifeste politique sur la situation actuelle*, octobre 1961.

(9) *Ibid.*

(10) *Ibid.*

(11) *Ibid.*

(12) LE PARTI ARABE SOCIALISTE, *Ordres aux membres du parti*, mars 1962.

(13) LE PARTI BAAS ARABE SOCIALISTE, *Manifeste à la nation*, avril 1962.

(14) *Afāq ʿarabiya*, mensuel, Bagdad, 6 février 1980.

(15) *Al ištirākī*, août 1962.

(16) LE PARTI BAAS ARABE SOCIALISTE, *Manifeste du 5 octobre 1962*.

(17) LE PARTI BAAS ARABE SOCIALISTE, *Manifeste du 8 janvier 1963*.

(18) AL ZOUBAYDĪ, *La révolution du 14 juillet 1958 en Irak*, p. 412-413.

(19) *Iraq under Qassem*, p. 363.

(20) *Al waqāʾiʿ al ʿirāqiya*, 25 août 1958, p. 3.

(21) *Iraq under Qassem*, p. 363.

(22) *Ibid.*, p. 364.

(23) Source personnelle.

(24) Source personnelle.

(25) *Iraq under Qassem*, p. 364.

(26) Source personnelle. Le 18 juillet 1968, Ahmad Hasan Al Bakr prend la tête du pouvoir poursuivant cette longue tradition par laquelle le pouvoir se transmet par le biais de coups dÉtat.

(27) Auteur inconnu, *Qoṣat al ṯawrā fī al ʿirāq wa souriya* (« L'histoire de la révolution en Irak et en Syrie »), Beyrouth, 1963, p. 28-31.

(28) *Iraq under Qassem*, p. 365.

(29) Source personnelle.

(30) *Le patrimoine de la lutte du Baas arabe socialiste*, p. 138.

(31) Source personnelle.

(32) *Iraq under Qassem*, p. 366.

(33) *Ibid.*, p. 366.

(34) Source personnelle.

(35) *Iraq under Qassem*, p. 366.
(36) Cassette magnétique enregistrée à partir d'un programme de la radio de Bagdad, le 8 février 1963.
(37) *Ibid.*
(38) *Iraq under Qassem*, p. 370.
Source personnelle.
(39) *Iraq under Qassem*, p. 369.
(40) Le Parti Communiste Irakien, *Le manifeste du Parti Communiste irakien*, publié au matin du 8 février 1963.
(41) Le Parti Communiste Irakien, *Le manifeste du Parti Communiste irakien*, publié au soir du 8 février 1963.
Saddam Housayn, lutteur, penseur et homme, p. 71.
(42) Source personnelle.
(43) *Iraq under Qassem*, p. 369.
(44) *Ibid.*, p. 370.
(45) Cassette enregistrée à partir d'un programme de la radio de Bagdad, le 8 février 1963.
Source personnelle.
(46) *L'Irak révolutionnaire*, p. 17-18.
(47) *Iraq under Qassem*, p. 372.
Source personnelle.
(48) Source personnelle.
(49) Source personnelle.
(50) *Iraq under Qassem*, p. 373.
(51) Source personnelle.

CONCLUSION

Né d'une révolution, le régime de ʿAbd Al Karīm Kassem connaît, au fil des années, les secousses parfois plus violentes les unes que les autres et disparaît touché par l'une d'elles : une nouvelle révolution, celle du 8 février 1963.

Une multitude d'événements politiques jalonnent la durée de ce régime — cinq années — valorisant ou meurtrissant le gouvernement du Zaʿīm.

Cette période de l'histoire irakienne est d'une richesse incomparable. Une richesse qui ne surprend pas tant : à un régime monarchique auquel succède un régime politique républicain ne peut se rattacher qu'un afflux considérable de mutations dès lors que l'on mesure la distance qui sépare ces deux types de gouvernements.

L'époque de Kassem — période de transition — marque en quelque sorte un trait d'union entre un passé royaliste et un avenir progressiste voué à la république.

Kassem tente d'imposer un système politique moderne (république) pour succéder à un régime classique (royauté) inspiré du califat. La transition s'avérant problématique, le Zaʿīm choisit alors un système rappelant la royauté mais alliant également des principes républicains ; ce qui explique les contradictions qui jalonnent ce régime.

Kassem s'inspire de la royauté ainsi que des systèmes modernes politiques, il en faut de même sur le plan technique du coup d'État du 14 juillet 1958 car si le Zaʿīm ne suit pas le modèle des coups d'État syriens, ni celui du 23 juillet 1952 d'Égypte, il en puise cependant l'essence pour l'occupation de Bagdad : neutralisation des points stratégiques de la capitale ainsi que des sommités militaires susceptibles de nuire à la révolution.

Si une période transitoire connaît indubitablement des controverses, celle-ci, de par la structure de la révolution qui lui donne jour, se prête d'autant plus facilement à une multiplication des conflits. En effet, avec à la genèse de la révolution du 14 juillet 1958, une Organisation des officiers libres « au caractère modéré », les divergences multiples ne peuvent qu'altérer la nature du nouveau régime dans lequel elles éclatent, profitant par là-même de sa fragilité.

A cette défaillance initiale se joint celle d'un chef d'État militaire aux capacités intellectuelles trop restreintes pour les responsabilités de ce poste, et qui faute d'un intellect, d'un acquis politique plus profond commet des erreurs — desquelles il puise son expérience — au risque de mettre le gouvernement en péril. La conduite du chef d'État vis-à-vis des partis et l'évolution de leurs relations restent révélatrices de l'inexpérience du Zaʿīm en matière politique.

Allié des partis irakiens, aux premiers jours de la révolution, Kassem progressivement « glisse » jusqu'à devenir leur ennemi numéro un, notamment celui des partis nationalistes arabes et conservateurs, car le Zaʿīm s'attache à conserver le soutien des forces progressistes (surtout celui du Parti communiste irakien) dont il bénéficie. Fort d'une popularité acquise par le biais et au travers de réformes trouvant leurs applications dans différents domaines, et conscient de la force qu'elles représentent, Kassem progressivement se détache du P.C.I., son allié des premiers jours.

Même s'il faut interpréter ce désir de distanciation d'avec le parti communiste comme la volonté expresse de préserver le système gouvernemental des critiques et des attaques émanant de l'étranger (après le mouvement de Al Šawāf à Mousil, puis les événements de Kirkouk), Kassem alors installe son régime dans l'isolement et impose une politique aux vues restreintes car amputée des forces réelles de soutien.

« Le refus gouvernemental » d'aide au P.C.I. signe la rupture entre ce parti politique et Kassem pour lequel se dissipe alors tout bénéfice des capacités techniques politiques d'un allié auquel le Zaʿīm entend substituer la force d'une popularité toujours croissante. Une force qui, faute de structure, ne peut constituer un soutien politique sérieux.

Si le gouvernement compte quelques représentants des forces politiques de gauche, Kassem s'attache à édulcorer leurs aspirations afin de s'arroger la suprématie des décisions. Cette tactique politique met ʿAbd Al Karīm Kassem dans une position d'affrontement ouvert vis-à-vis des nationalistes arabes et de méfiance vis-à-vis des partis de gauche. Dès lors, Kassem et son gouvernement affrontent les assauts de mouvements qui leur sont hostiles. Des offensives successives et de mieux en mieux organisées laissent présager l'inévitable chute de ce régime.

Malgré cette politique d'isolement conduite par Kassem, ce dernier peut être considéré comme le chef d'un gouvernement progressiste, le premier et le seul jusqu'à ce jour à bénéficier d'une ouverture politique vers la gauche.

Si ce gouvernement subit les soubressauts de divers mouvements, révoltes, grèves... Kassem œuvre à l'instauration d'une multitude de réformes. Il faut ici insister sur la quantité de ces réformes qui, pensées et mises en application dans des temps mouvementés, émanent d'un gouvernement qui ne survit que cinq années à la révolution du 14 juillet 1958. Les réformes ayant l'impact le plus grand demeurent celles relatives à la politique pétrolière, à l'agriculture, auxquelles s'adjoignent celles de l'urbanisme, de l'armée, de la politique extérieure, de la santé, de l'éducation, de la culture, ... Cette politique de réformes révèle des possibilités de développement pour le futur, qui malheureusement s'éteindront avec la chute de Kassem, le 8 février 1963.

Certains écrivains nationalistes arabes (d'essence essentiellement nassériste et baasiste) qualifient Kassem de dictateur. Une accusation qui porte principalement sur « l'idéologie », et qui s'avère fondée, si l'on admet que la résultante et l'aboutissement de tout coup d'état militaire conduisent à imposer des réformes en vue de la réalisation d'un objectif, d'un programme à la base de la politique de toute organisation révolutionnaire.

La carence de parlement, de constitution, éléments régulateurs dans le respect des règles institutionnelles, favorisent d'autant cet état de fait, et confirme une des spécificités des pays orientaux à laquelle l'Irak ne se soustrait pas : le despotisme.

A ce propos, nous pouvons citer l'ouvrage de Karl Wittfogel, *Le despotisme oriental* qui traite des problèmes des gouvernements orientaux face à leurs moyens de s'imposer et de subsister dans des pays qui ne connaissent que coups d'État et despotisme, l'un n'allant pas sans l'autre. Ce trait commun subsiste encore actuellement dans tous les régimes politiques arabes contemporains qu'ils soient d'essence royaliste ou républicaine, militaire ou civile. Ce despotisme se manifeste d'autant plus violemment s'il se révèle dans un régime d'essence militaire et, qui plus est, aboutit à l'anéantissement d'un régime royaliste et instaure la république (à titre d'exemple, Nasser, Kassem...).

Ces régimes despotiques sont en fait la résultante d'un processus despotique historique antérieur. Dans son ouvrage, K. Wittfogel étudie plus précisément, pour ce qui nous intéresse, le régime de Nasser, régime qui se rapproche dans ses lignes principales, sans aucun doute, de celui de Kassem qui est l'objet de cette étude. Un régime, que Karl Wittfogel décrit comme « l'état possède l'essentiel : l'armée (...) elle est (...) un élément constitutif de l'avant-garde du mouvement nationaliste » et « l'état nassérien, en réalisant l'accumulation primitive de l'industrialisation prépare en fait la fin d'un despotisme millénaire qui n'avait jusqu'alors d'alternative que l'anarchie » *.

---

* Karl WITTFOGEL, *Le despotisme oriental*, Éditions de Minuit, traduit de l'anglais par Anne Marchand, Paris, 1964, p. 43.

Malgré cette empreinte despotique, le régime de Kassem a su préserver certains partis et leur octroyer quelques droits et libertés et par là même la possibilité d'exercer ; une situation qui ne s'est jamais encore reproduite.

A ce « libéralisme » des premiers instants fera place progressivement une censure de plus en plus pesante, qui ira en s'accentuant dans les gouvernements qui succéderont, pour atteindre des sommets avec le parti Baas, parti unique et totalitaire, ayant à sa tête un « chef unique » qui réunit tant le pouvoir exécutif que législatif.

Un totalitarisme qui inhibe toute possibilité de contestations, de mouvement. La comparaison faite entre le régime de Kassem et l'actuel totalitarisme, permet encore de qualifier le premier de « libéral », un libéralisme que l'Irak depuis 1963 n'a pas revécu.

ANNEXES

ANNEXE I

ORGANIGRAMME SOMMAIRE DE LA 3e DIVISION

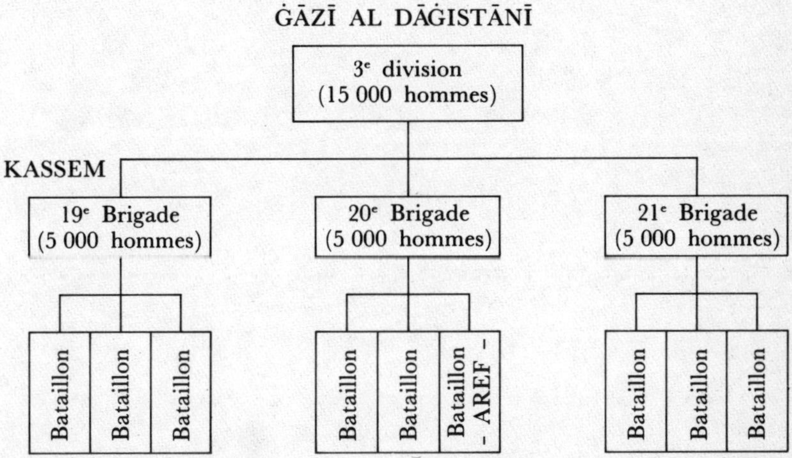

ANNEXE II

N° : M/Q1/27 1410
Date : 5-07-1958
SECRET ET CONFIDENTIEL
A/Administration de la Sécurité nationale.

O/ Renseignements

Suite à notre courrier secret et confidentiel n° M/141/9027 daté du 18-01-1958, nous avons appris que le développement du groupe des officiers libres se poursuit et qu'un éventuel mouvement militaire contre le système actuel est envisageable. Ce mouvement serait appuyé par la République Arabe Unie et la Russie.

Nous vous demandons donc de nous fournir tous renseignements nouveaux concernant ce groupe ou les officiers et membres de ce groupe, car nous avons la conviction que vos services disposent de plusieurs noms d'officiers appartenant à ce groupe, qu'ils soient déjà à la retraite ou encore en service dans l'armée.

Nous vous demandons de nous faire parvenir vos renseignements dans les délais les plus brefs.

Général/ SA'ĪD AMĪN BAKR
Adjoint/Chef des Renseignements militaires.

ANNEXE III

Directorat de la Sécurité nationale

SECRET ET CONFIDENTIEL

Au Directeur du Directorat des renseignements militaires.

Suite à votre courrier M/Q1/27 1410 daté du 5-07-1958, nous avons eu bruit de l'existence du groupe d'officiers libres au sein de l'armée et qui a publié un tract manuscrit. Mais cette existence n'a pu être prouvée malgré tous nos efforts dans cette voie.

Cependant, nous avons pu apprendre que des officiers de réserve de Rawandouz émettent quelques idées progressistes-libérales et que ceux-ci propagent leur poison parmi leurs collègues, parmi eux le sous-lieutenant Fāẓil'Akrāwī et le sergent réserviste 'Āṣim Yāzīn, qui ont terminé, il y a peu, leur service national et sont domiciliés à Mousil. Le journal politique n° 4160 du 6-07-1958, que nous publions et que vous trouverez ci-joint atteste ces affirmations.

Merci de bien vouloir en prendre connaissance et nous tenir informés des informations dont vous pouvez disposer à ce sujet afin de nous aider.

BAHĞAT AL'ATIYA
Directeur de la Sécurité nationale.

ANNEXE IV

LE QUARTIER DU PALAIS DE RIḤĀB

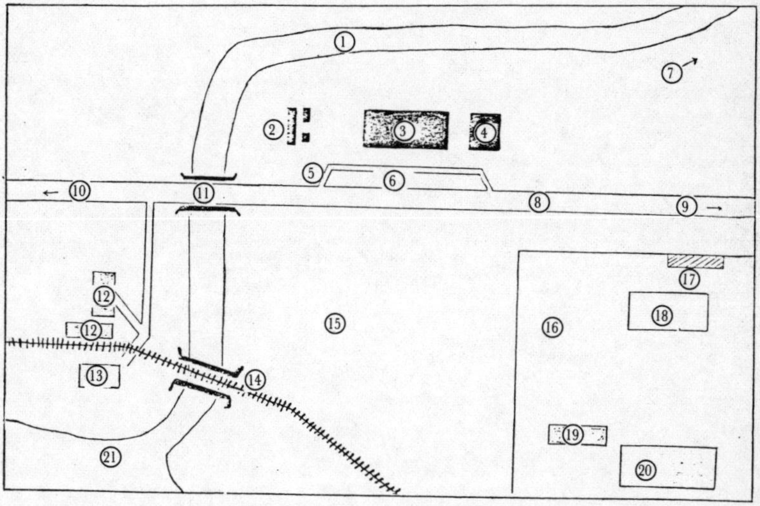

Légende

① Rivière du ḪIR.
② Bâtiment des gardes du palais de RIḤĀB.
③ Palais de RIḤĀB.
④ Palais de la cousine de ʿABD AL ILĀH.
⑤ Chemin privé.
⑥ Jardin public.
⑦ Vers l'aéroport de Bagdad.
⑧ Le grand Boulevard.
⑨ Vers BAGDAD.
⑩ Vers l'Ouest et la frontière syrienne.
⑪ Pont du ḪIR.
⑫ Bâtiments de la Garde-Royale.
⑬ Palais de ZOHOUR (ancien palais de la famille royale).
⑭ Pont de chemin de fer.
⑮ Quartier de ḪARṮYA.
⑯ Camp de WAŠĀŠ.
⑰ Porte principale du camp de WAŠĀŠ.
⑱ Ecole d'infanterie.
⑲ Compagnie d'artillerie de la Garde-Royale.
⑳ Brigade de HĀŠIMĪ.
㉑ Rivière : TIGRE.

ANNEXE V

LE PALAIS DE RIḤĀB

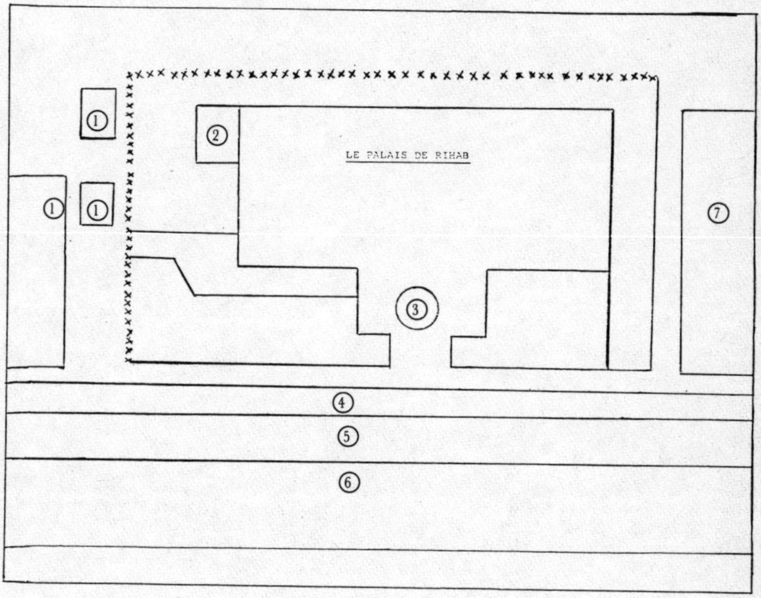

Légende

① Bâtiments de la garde du palais de RIḤĀB.
② Cuisine.
③ Fontaine.
④ Chemin privé.
⑤ Jardin public.
⑥ Le grand Boulevard.
⑦ Palais de la cousine de ʿABD AL ILĀH.

ANNEXE VI

LE SIEGE DU PALAIS DE RIḤĀB

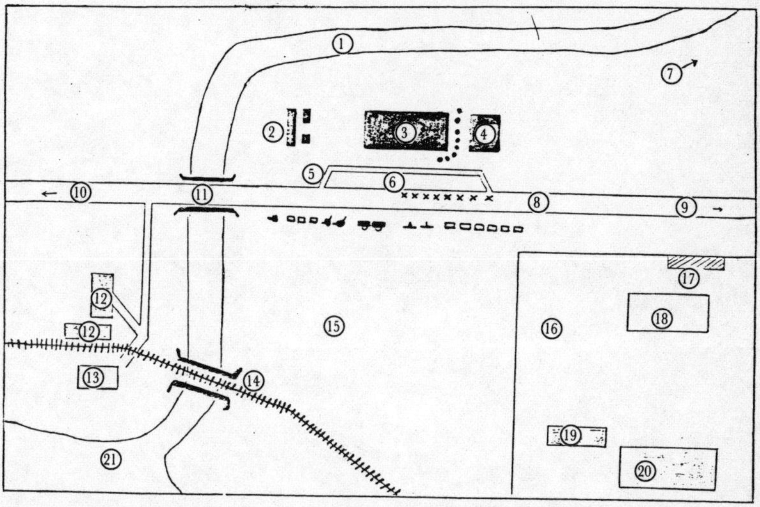

Légende

① Rivière du ḪIR.
② Bâtiment des gardes du palais de RIḤĀB.
③ Palais de RIḤĀB.
④ Palais de la cousine de ʿABD AL ILĀH.
⑤ Chemin privé.
⑥ Jardin public.
⑦ Vers l'aéroport de Bagdad.
⑧ Le grand Boulevard.
⑨ Vers BAGDAD.
⑩ Vers l'Ouest et la frontière syrienne.
⑪ Pont du ḪIR.
⑫ Bâtiments de la Garde-Royale.
⑬ Palais de ZOHOUR (ancien palais de la famille royale).
⑭ Pont de chemin de fer.
⑮ Quartier de ḪARṮYA.
⑯ Camp de WAŠĀŠ.
⑰ Porte principale du camp de WAŠĀŠ.
⑱ Ecole d'infanterie.
⑲ Compagnie d'artillerie de la Garde-Royale.
⑳ Brigade de HĀŠIMĪ.
㉑ Rivière : TIGRE.

● Soldats armés avec mitraillette attaquant le palais.
× Compagnie attaquant le palais.
▭ Camions militaires.
⊥ Jeep.
Véhicule porteur de bombes pour artillerie.
Canon.
Petit camion militaire.

ANNEXE VII

L'ATTAQUE DU PALAIS DE RIḤĀB

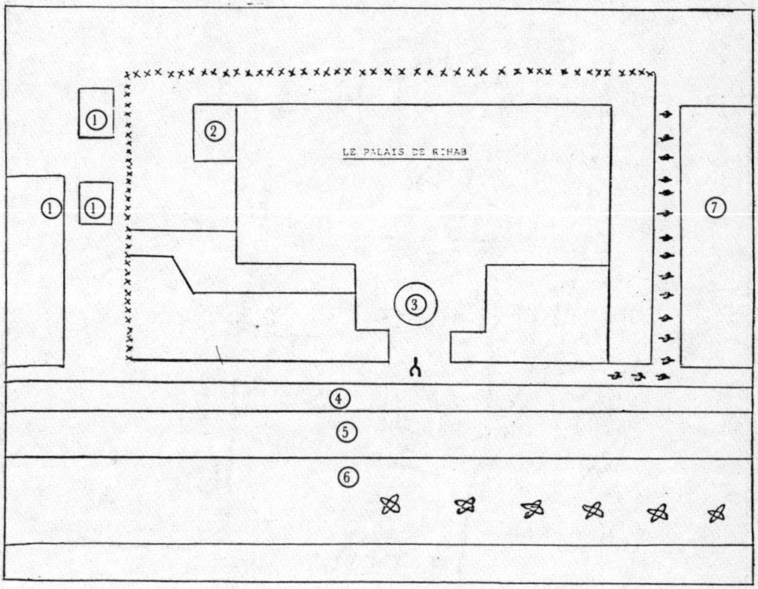

Légende

① Bâtiments de la garde du palais de RIḤĀB.
② Cuisine.
③ Fontaine.
④ Chemin privé.
⑤ Jardin public.
⑥ Le grand Boulevard.
⑦ Palais de la cousine de ʿABD AL ILĀH.

Escadron attaquant le palais de RIḤĀB.
Soldats armés attaquant le palais de RIḤĀB.

La mitrailleuse « BERIN ».

BAGDAD
(Points stratégiques)

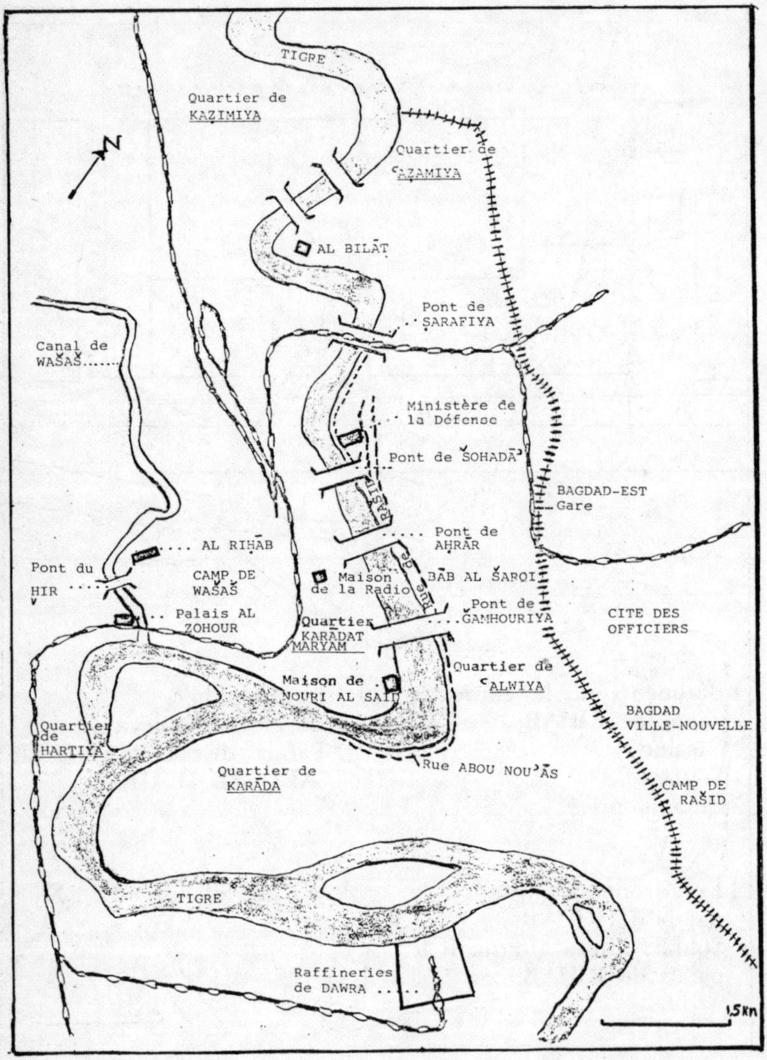

BAGDAD : mouvements de la 19e Brigade le 14 juillet 1958

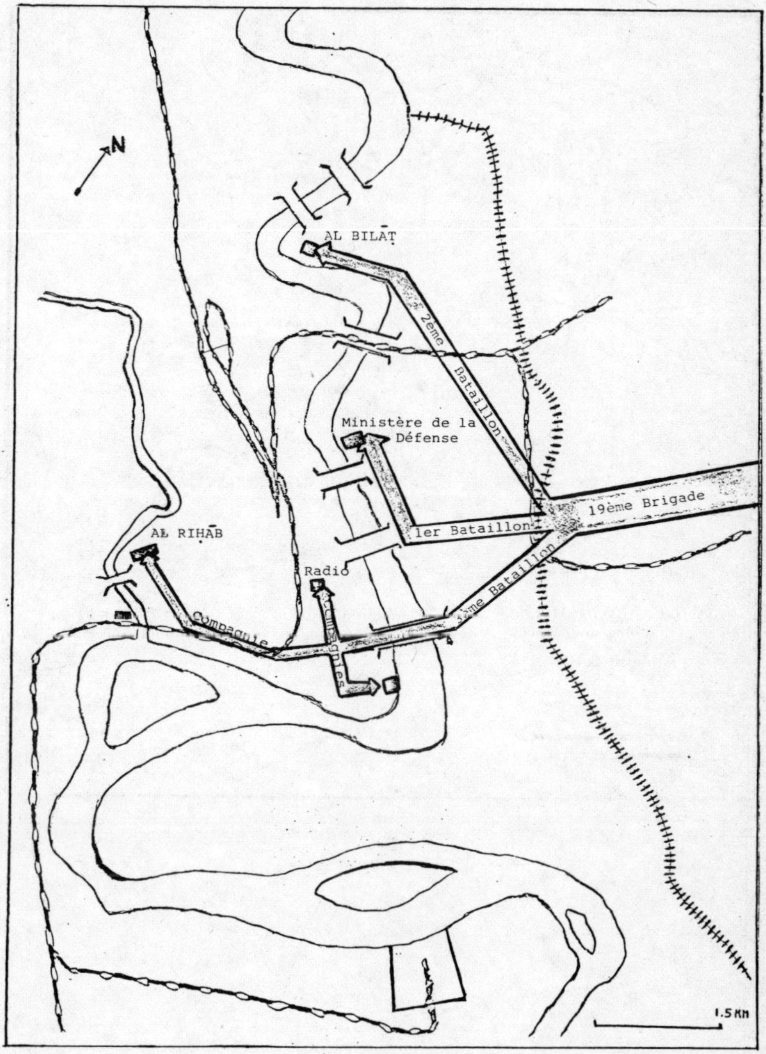

L'IRAK

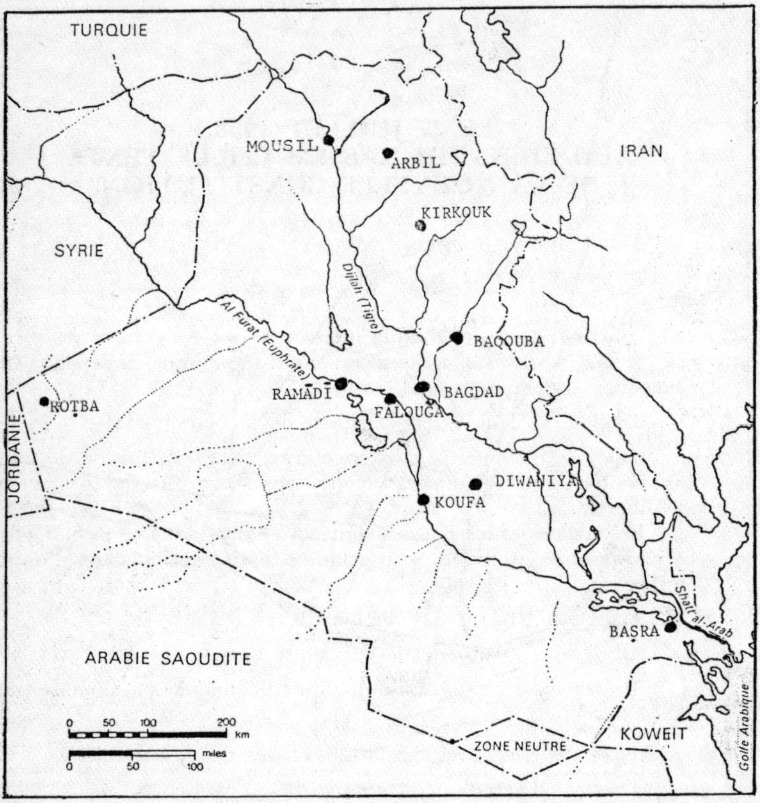
TURQUIE
MOUSIL
ARBIL
IRAN
KIRKOUK
SYRIE
Dijlah (Tigre)
Al Furat (Euphrate)
BAQOUBA
RAMADI
BAGDAD
ROTBA
FALOUGA
JORDANIE
DIWANIYA
KOUFA
Shatt al-Arab
BASRA
ARABIE SAOUDITE
0 50 100 200 km
0 50 100 miles
ZONE NEUTRE
KOWEIT
Golfe Arabique

ANNEXE VIII

LE 27 JUILLET 1958, ABD EL KARIM KASSEM LIT LE TEXTE DE LA NOUVELLE CONSTITUTION

1re partie : « La République d'Irak »

Article 1er : L'État irakien est une république indépendante avec une souveraineté inaltérable.

Article 2 : L'Irak est un élément de la Nation arabe.

Article 3 : L'État irakien s'érige grâce à la coopération de tous les peuples ainsi qu'au respect de tous ses droits qui protègent sa liberté.

Les Arabes et les Kurdes sont partenaires dans ce pays. Cette constitution s'applique à proclamer leurs droits dans l'unité irakienne.

Article 4 : L'Islam est religion d'État.

Article 5 : La capitale de l'Irak est Bagdad.

Article 6 : Le drapeau du pays et l'emblême national seront fixés par une loi.

2e partie : « La source des droits et des devoirs publics » :

Article 7 : La nation est source du pouvoir.

Article 8 : La nationalité irakienne est fixée par la loi.

Article 9 : Tous les peuples sont égaux devant la loi, dans leurs devoirs et leurs droits.

La proscription de la ségrégation raciale, originelle, linguistique, religieuse et doctrinale est établie.

Article 10 : Les libertés de croyance et d'expression sont protégées et réglées par une loi.

Article 11 : Les libertés individuelle et domiciliaire sont protégées, sauf requête contraire de la sécurité nationale.

Article 12 : La liberté de religion est protégée, la loi fixe celle-ci.

Article 13 : La propriété individuelle est protégée par une loi qui définit celle-ci.

Article 14A : La propriété agricole est protégée et limitée par la loi.

Article 14B : Les droits des propriétés agricoles seront protégés par la loi déjà en vigueur dans le pays jusqu'à l'abrogation de celle-ci par une nouvelle loi.

Article 15 : La taxation et l'imposition sont proscrites, sauf autorisées par une loi.

Article 16 : La défense du pays est un devoir sacré.

Le service national est un honneur insigne pour le peuple. Il est défini par une loi.

Article 17 : La force armée dans la République d'Irak est bien de la nation. Son devoir consiste à protéger la souveraineté du pays et la sécurité de ses territoires.

Article 18 : L'État, fondateur de l'armée, en détient le monopole.

Article 19 : L'asile politique est, en Irak, un droit sacré inviolable.

3e partie : « Le système du régime. »

Article 20 : Le président de la république est remplacé par un Conseil de Souveraineté composé d'un chef et de deux membres.

Article 21 : Le Conseil des ministres détient le pouvoir légitime ; le Conseil de Souveraineté valide ce pouvoir.

Article 22 : Le Conseil des ministres, ainsi que les ministres en tant qu'individus sont membres du pouvoir exécutif.

Article 23 : Les juges sont indépendants. Ils ne relèvent d'aucun pouvoir, excepté la législation. Toute ingérence dans leur domaine est proscrite.

Article 24 : Toutes les instructions des tribunaux seront publiées, excepté lors de procès secret en vue de la protection de la sécurité nationale et de la morale.

Article 25 : Tous les jugements sont publiés et rendus au nom du peuple.

Article 26 : Les lois sont publiées au *Journal Officiel* et sont applicables à dater de leur parution, sauf stipulation contraire, ou si le texte publié ne mentionne pas de date d'application, auquel cas la loi est applicable deux jours francs à compter de la date de publication.

4e partie : « Décisions provisoires »

Article 27 : Tous les ordres, décisions et manifestes publiés par le Chef des Forces armées, le Premier ministre et le Conseil de Souveraineté depuis le 14 juillet 1958 jusqu'au terme de cette constitution provisoire ont force de loi.

Article 28 : Toutes décisions légitimées par le pouvoir légitime avant le 14 juillet 1958 restent applicables bien qu'abrogeables ou modifiables conformément aux stipulations contenues dans cette constitution provisoire.

Article 29 : La constitution provisoire est applicable à sa date de publication au *Journal Officiel.*

Article 30 : Les ministres d'État sont chargés de faire respecter cette constitution.

BIBLIOGRAPHIE

Documents

A. Documents non publiés

— Documents du directorat de la Sécurité nationale, *Confessions de ʿOmar Naẓmī*, Dossier n° 5/3/37.

— Documents du directorat de la Sécurité nationale, *Courrier secret n° 1673 du 7 mars 1954.*

— Documents du directorat de la Sécurité nationale, *Dossier des renseignements de l'armée irakienne*, n° 1/15.

— Documents du directorat de la Sécurité nationale, *Le courrier de la sécurité de Bagdad*, Courrier secret, n° 3721 du 10 mai 1958.

— Documents du directorat de la Sécurité nationale, *Rapport particulier*, Dossier n° 9/23, secret 3058, du 3 mai 1954.

— Documents du ministère de la Défense, *Dossier de Bāsil IsmaʿĪl Ḫalīl*, n° 28/57, Courrier du 6 janvier 1957.

— Documents du ministère de la Défense, *Dossier de Moḥamad Al Šayḫ Laṭīf*, n° 6/58.

— Documents du ministère de la Défense, *Dossier du colonel Salmān Al Dargazalī*, n° 19/58.

— Documents du ministère de la Défense, *Télégrammes du ministère de l'Union arabe de Aman de 1917 à 1959*, Dossiers des télégrammes entrant, Bagdad.

— Documents du ministère de l'Intérieur irakien, *Courrier du ministère de l'Intérieur, n° S-G/671 du 22 février 1960 aux membres fondateurs du parti communiste irakien/Zaki Ḫayri et ses camarades*, Bagdad.

— Documents du ministère irakien des Affaires étrangères, *Documents des frontières irako-iraniennes.*

— Documents du ministère irakien des Affaires étrangères, *Documents des frontières irako-koweitiennes.*

— Documents du ministère irakien des Affaires étrangères, *Documents des frontières irako-turques.*

— Documents du parlement irakien, *Les procès-verbaux des conférences du parlement irakien pour l'année 1937.*

— *Malaf Al Waṭa'iq Fī Baġdād* (Le dossier des documents à Bagdad), Dossier n° D/4 1932.

B. Documents publiés

— Le bureau culturel du national Baas, *Al Aḥzāb Al Siyāsiya Fī Al ʿIrāq* (Les partis politiques en Irak), Bagdad, 1975.

— Le bureau culturel national du parti Baas, *Al Ṯawra Al ʿArabīya* (La révolution arabe), Journal intérieur au parti Baas, Mensuel, Bagdad.

— Le bureau culturel national, *Les congrès nationaux du parti Baas*, Bagdad, 1976.

— Le bureau politique de Al Rābiṭa Al Qawmīya, *Korāshaw Al Rābiṭa Al Qawmīya* (Cahier sur Al Rabita Al Qawmīya), Bagdad, 25 avril 1960.

— Le comité central du parti communiste irakien, *Le manifeste du parti communiste irakien à l'occasion du 1er mars 1959.*

— Le directorat de la radio et télévision irakiennes, *Cassette magnétique enregistrée à partir d'un programme de la radio de Bagdad, le 8 février 1963.*

— Le directorat de la radio et télévision irakiennes, *Les registres de la radio de Bagdad*, 1958.

— Le directorat de la sécurité nationale, *Al Ḥaraka Al Šiyouʿiya Fī Al ʿIrāq 1948-1958* (Le mouvement communiste en Irak 1948-1958), 2 volumes, Bagdad, 1966.

— Documents du directorat des renseignements militaires, *Rapport des renseignements militaires sur la situation de l'armée révolutionnaire en Jordanie*, juillet 1958.

— Kassem, ʿAbd Al Karīm, *Ǧaysǒna Fī Ḏikrā Ta'sīsīh Al Ḥādiya wa al Arbaʿīn* (Le quarantième anniversaire de notre armée), Éditions Wizārat Al Iršād, Bagdad, 1962.

— Kassem, ʿAbd Al Karīm, *Mabādi' Ṯawrat 14 Tamouz Fī Ḫoṭab Ibn Al Šaʿ Ab* (Les principes de la révolution du 14 juillet dans les discours du fils de la nation), Éditions Maṭba'At Al Ḥokouma, 3 volumes, Bagdad, 1959-1960.

— Kassem, ʿAbd Al Karīm, *Mabādi' Ṯawrat 14 Tamouz Fī Ḫoṭab Al ZaʿĪm* (Les principes de la révolution du 14 juillet dans les discours du chef), Éditions Maṭba'At Al Ḥokouma, Bagdad, 1958.

— Kassem, ʿAbd Al Karīm, *Moqābala Ṣohafiya Bayn Al Zaʿīm ʿAbd Al Karīm Kassem Wa Al Mistar Antony Nating* (Interview du Général ʿAbd Al Karīm Kassem par Monsieur Antony Nating), Éditions MaṭbaʿAt Al Ǧayš, Bagdad, 1959.

— Kassem, ʿAbd Al Karīm, *Moqararāt Al Mo'tamar Al Awal Linaqābat Al MoʿAlimīn* (Le discours de Kassem à l'occasion de la première conférence du syndicat des instituteurs), Éditions MaṭbaʿAt Dār Al MaʿĀrif, Bagdad, 1960.

— Kassem, ʿAbd Al Karīm, *Al ʿOrouba Naḥnou Homātahā* (L'arabisme, nous sommes ses protecteurs), Éditions Wizārat Al Aršād, Bagdad, 1960.

— Kassem, ʿAbd Al Karīm, *Taḥiyaāt Wa RasāʿIl Ilā Al Mo'tmarāt Al Dowaliya* (Vœux et messages pour les conférences internationales), Bagdad, 1960.

— Kassem, ʿAbd Al Karīm, *Ṭarīq Al Taḥaror al ʿArabī Fi Ḫoṭab ʿAbd Al Karīm Kassem* (Le chemin de la libération arabe dans les discours de ʿAbd Al Karīm Kassem), Éditions Wizārat Al Iršād, Bagdad, 1960.

— Ministère de la Défense, *Moḥākamāt Al Maḥkama Alʿ Askariya Al ʿOlyā Al Ḫāṣa* (Les jugements du tribunal militaire supérieur spécial), Éditions Maṭbaʿ At Al Ḥokouma, 22 volumes, Bagdad, 1959-1962.

— Ministère de la Défense, *Rapport sur les enseignements militaires de la situation de Al Hādī vis-à-vis de la révolution du 14 juillet*, Bagdad, juillet 1958.

— Le ministère de l'Intérieur, *Les dossiers des communistes*, 4 volumes, Éditions Maṭbaʿ At Al Ḥokouma, Bagdad, 1949.

— Le ministère de l'Intérieur, *Manifeste n° 117*, publié par le gouverneur militaire général, le 19 septembre 1959.

— Ministère de l'Orientation nationale, *Dalīl Al Ǧamhouriya Al ʿIrāqiya Li Sanat 1960* (Le guide de la république d'Irak pour l'année 1960, Éditions Maṭbaʿ At Al Tamadom, Bagdad, 1961.

— Ministère de l'Orientation nationale, *Al Kowayt Al Qaḍā'Al ʿIrāqī Al Salib* (Le Koweit, ville irakienne usurpée), Éditions Maṭbaʿ At Al Rābiṭa, Bagdad, 1961.

— Mouvement des nationalistes arabes, *Manifeste de juillet 1960*, Bagdad.

— Mouvement des nationalistes arabes, *Le manifeste du mouvement des nationalistes arabes sur la crise du Koweit*, Bagdad, le 10 juillet 1961.

— Le parti Baas arabe socialiste, *Niḍāl Al Baas* (La lutte du Baas), volume 5, l'Irak 1953-1958, Éditions Dār Al Talīʿa, 3e édition, Beyrouth, 1976.

— Le parti Baas arabe socialiste, *Niḍāl Al Baas* (La lutte du Baas), volume 7 : l'Irak 1958-1963, Éditions Dār Al Talīʿa, 3e édition, Beyrouth, 1976.

— Le parti Baas arabe socialiste, *Niḍāl Al Baas* (La lutte du Baas), volume 8 : Liban 1951-1961, Éditions Dār Al Talīʿa, 2e édition, Beyrouth, 1973.

— Le parti Baas arabe socialiste, *Niḍāl Al Baas ʿIbr Bayānāt Qiyādatihi Al Qawmīya 1955-1962* (La lutte du Baas à travers les manifestes de son commandement national 1955-1962), volume 6, Éditions Dār Al Talīʿa, 2e édition, Beyrouth, 1971.

— Le parti communiste irakien, *Haw Al Waḍʿ Al Rāhin Fī Kordistān* (Sur la situation actuelle au Kurdistan), Bagdad, 22 août 1961.

— Le parti communiste irakien, *Manifeste du parti communiste irakien*, le 14 juillet 1958.

— Le parti communiste irakien, *Le manifeste du parti communiste irakien du matin du 8 février 1963*, Bagdad.

— Le parti communiste irakien, *Le manifeste du parti communiste irakien du soir du 8 février 1963*, Bagdad.

— Le parti communiste irakien, *Le manifeste du parti communiste irakien sur la question du Koweit*, Bagdad, 28 juin 1961.

— Le parti communiste irakien, *Al Mīṯāq Al Waṭanī Wa Al Niẓām Al*

Dāḫilī (Le pacte national et le système intérieur), Éditions Matbaʿat Al Rābiṭa, Bagdad, 1960.

— Le parti communiste irakien, *Rapport du comité central du parti communiste*, Bagdad, novembre 1961.

— Al Rābiṭa Al Qawmīya, *Le manifeste d'Al Rābiṭa Al Qawmiya sur la crise du Koweit*, Bagdad, le 9 juillet 1961.

Périodiques

— *Afāq ʿArabiya*, mensuel, Bagdad.

— *Al Afkār*, quotidien, Bagdad.

— *Al Aḥad*, hebdomadaire, Beyrouth.

— *Al Ahālī*, quotidien, Bagdad.

— *Al Aḫbār*, quotidien, Bagdad.

— *Al Aḫbār*, quotidien, Le Caire.

— *Aḫbār Al Yawm*, quotidien, Le Caire.

— *Āḫir Sāʿ A*, hebdomadaire, Le Caire.

— *Al Ahrām*, quotidien, Le Caire.

— *Al Aḫrār*, quotidien, Beyrouth.

— *Al ʿĀlam*, hebdomadaire, Damas.

— *Al ʿĀlam Al ʿArabī*, quotidien, Bagdad.

— *Al ʿAlam*, quotidien, Rabat, Maroc.

— *Al ʿAmal*, quotidien, Beyrouth.

— *Al ʿAmal*, quotidien, Tunisie.

— *Al Anwār*, quotidien, Beyrouth.

— *Al ʿArab*, quotidien, Bagdad.

— *Al Awqāt*, quotidien, Bagdad.

— *Al Ayām*, quotidien, Bagdad.

— *Baġdād*, quotidien, Bagdad.

— *Cahiers de l'Orient contemporain*, trimestriel, Paris.

— *Dirāsāt ʿArabīya*, mensuel, Beyrouth.

— *The Economist*, hebdomadaire, Londres.

— *L'Express*, hebdomadaire, Paris.

— *Al Fikr Al Ǧadīd*, hebdomadaire, Bagdad.

— *Al Ǧamhourīya*, quotidien, Bagdad.

— *Al Ǧamhourīya*, quotidien, Le Caire.

— *Al Ǧarīda*, quotidien, Beyrouth.

— *Al Ḥawādiṯ*, hebdomadaire, Beyrouth.

— *Al Ḥayāt*, quotidien, Beyrouth.

— *Al Hilāl*, mensuel, Le Caire.
— *Al Ḥoriya*, quotidien, Bagdad.
— *Al Insānīya*, quotidien, Bagdad.
— *Al Isbouʿ Al ʿarabī*, hebdomadaire, Beyrouth.
— *Al Ištirākī*, irrégulier, Bagdad.
— *Itiḥād Al Ša ʿAb*, quotidien, Bagdad.
— *Al Kātib*, revue mensuelle, Le Caire.
— *Life*, hebdomadaire, New York.
— *Lisān Al Ḥāl*, quotidien, Beyrouth.
— *Al Liwā*, quotidien, Beyrouth.
— *Liwā' Al Istiqlāl*, quotidien, Bagdad.
— *Al Mabda'*, quotidien, Bagdad.
— *Al Manār*, quotidien, Bagdad.
— *Al Masā'*, quotidien, Le Caire.
— *The Middle East Journal*, trimestriel, Washington.
— *Al Moḥarir*, quotidien, Beyrouth.
— *Le Monde*, quotidien, Paris.
— *Al Moṣawir*, hebdomadaire, Le Caire.
— *Al Moudjahid*, bi-mensuel mais irrégulier, Alger.
— *Al Mowāṭin*, quotidien, Bagdad.
— *Al Naḥār*, quotidien, Beyrouth.
— *New York Herald Tribune*, quotidien, New York.
— *New York Times*, quotidien, New York.
— *Al Nida'*, quotidien, Beyrouth.
— *Nidā' Al ŠaʿAb*, quotidien, Bagdad.
— *Al QāʿIda*, irrégulier, Bagdad.
— *Al RaʿI Al ʿĀm*, quotidien, Bagdad.
— *Al Raʿi Al ʿĀm*, quotidien, Koweit.
— *Al Raqīb*, quotidien, Beyrouth.
— *Rāyat Al Šāġīla*, irrégulier, Bagdad.
— *Roza Al Yousif*, magazine hebdomadaire, Le Caire.
— *Al ŠaʿAb*, quotidien, Bagdad.
— *Ṣabāḥ Al Ḫayr*, hebdomadaire, Le Caire.
— *Ṣadā Al Istiqlāl*, quotidien, Bagdad.
— *Al Safīr*, quotidien, Beyrouth.
— *Al Šarq*, quotidien, Bagdad.
— *Al Šarq*, quotidien, Beyrouth.
— *Ṣawt Al Ahālī*, quotidien, Bagdad.

— *Ṣawt Al Ǧamāhīr*, quotidien, Bagdad.
— *Ṣawt Al Šaʿ Ab*, quotidien, Bagdad.
— *Al Ṣayād*, hebdomadaire, Beyrouth.
— *Al Siyāsa*, quotidien, Beyrouth.
— *Al Siyāsa Al Dowalīya*, mensuel, Le Caire.
— *Al Ṯaqāfa Al Ǧadīda*, revue mensuelle, Bagdad.
— *Ṭarīq Al Šaʿ Ab*, quotidien, Bagdad.
— *Al Ṯawra*, quotidien, Bagdad.
— *Time*, hebdomadaire, New York.
— *The Times*, quotidien, Londres.
— *Waʿi Al ʿOmāl*, magazine irrégulier du parti BAAS, Bagdad.
— *Al Waqā'iʿ Al ʿIrāqiya*, quotidien, Bagdad.
— *Al Zamān*, quotidien, Bagdad.

OUVRAGES

— ʿAbd Al Karīm, Samīr, *Aḍwā'ʿAlā Al Ḥaraka Al Šiyouʿīya Fī Al ʿIrāq* (Lumières sur le mouvement communiste en Irak), volume 2, 1958-1963, Éditions Dār Al Mirṣād, Beyrouth, sans date.
— ʿAbd Al Malik, *Al Ǧays Wa Al Ḥaraka Al Waṭanīya* (L'armée et le mouvement nationaliste), traduit en arabe par Ḥasan Qoubaysī, Éditions Dār Ibn Haldoun, Beyrouth, sans date.
— Aĥmad, Ḥalīm, *Mouǧaz Tārīḫ Al ʿIrāq Al Ḥadīt 1921-1958* (Résumé d'histoire moderne irakienne 1921-1958), Éditions Dār Ibn Ḫaldoun, Beyrouth, sans date.
— AlʿAkām, ʿAbd Al Amīr, *Al Ḥaraka Al Waṭaniya Fī AlʿIraq 1920-1933* (Le mouvement nationaliste en Irak 1920-1933), Al Naǧaf, 1976.
— Aref, ʿAbd Al Salām, *Moḏakaraī Al Ra'īs ʿAbd Al Salām Aref* (Mémoires du président ʿAbd Al Salām Aref), Éditions Al Mou'Sasa Al Qawmīya, Bagdad, 1967.
— AsʿAd, Fā'Iz ʿzīz, *Inḥirāf Al Niẓām Al Barlamānī Fī Al ʿIrāq* (L'éloignement du système parlementaire), Éditions Wizārat Al IʿLām, Bagdad, 1975.
— Auteur inconnu, *Irāq 14 Tamouz* (L'Irak du 14 juillet), Éditions MaṭbaʿAt Al Naǧāḥ, Bagdad, 1959.
— Auteur inconnu, *Maǧzarat Al Rīḥāb* (Le massacre du palais), Éditions Dār Al Ḥayāt, Beyrouth, 1960.
— Auteur inconnu, *Qoṣat Al Ṯawra Fī Al ʿIrāq Wa Sourīya* (L'histoire de la révolution en Irak et en Syrie), Beyrouth, 1963.
— Al Bāriḥ, ʿAbd Al Razāq, *MaʿNā ʿAbd Al Karīm Kassem* (A travers Abd Al Karim Kassem), Éditions MaṭbaʿAt AlʿAhd Al Ǧadīd, Bagdad, 1962.
— Bilyaif et Brimakof, *Maṣr Fī ʿAhd ʿAbd Al Nasser* (L'Égypte à l'époque

de ʿAbd Al Nasser), traduit en arabe par ʿAbd Al Raḥmān Al Ḥamīsī, Éditions Dār Al ṬalīʿA, 1re édition, Beyrouth, 1975.

— Birwood, Lord, *Nuri As Said, A Study in Arab Leadership*, Cassel, 1959.

— Charnay, Jean-Paul, *Sociologie religieuse de l'Islam*, Éditions Sindbad, Paris, 1977.

— Dann, Uriel, *Iraq under Qassem, A Political History 1958-1963*, Édition Israel University Press, Jérusalem, 1969.

— Dār Al Ḥayat, *Bay Al Kowayt Wa Al ʿIrāq* (Entre le Koweit et l'Irak), Damas, sans date.

— De Gaulle, Charles, *Mémoires d'espoir 1958-1962*, Éditions Plon, Paris, 1970.

— Duroselle, Jean-Baptiste, *Histoire diplomatique de 1919 à nos jours*, Éditions Dalloz, Paris, 8e édition, 1978.

— Frḥān, ʿAbd Al Karīm, *Tawrat 14 Tamouz Fī Al ʿIrāq* (La révolution du 14 juillet en Irak), Éditions Dār Al ṬalīʿA, 1re édition, Beyrouth, mars 1978.

— Fawzī, Aḥmad, *Ġarb Am Ġadīda* (L'ouest ou le coucher du soleil), Éditions Dār Al Šarq Al Ǧadīda, Le Caire, 1961.

— Fawzī, Aḥmad, *Qoṣat ʿAbd Al Karīm Kassem Kāmila* (L'histoire complète de ʿAbd Al Karīm Kassem), Éditions Al Šarikat Al ʿArabiya Lil ṬibāʿA Wa Al Našr, Le Caire, 1963.

— Ġālīb, Ṣabih ʿAlī, *Qiṣat Ṯawrat 14 Tamouz wa al Ḍobāṭ Al Aḥrār* (L'histoire de la révolution du 14 juillet et les officiers libres), Éditions Dār Al Ṭalīʿa ; 1re édition, Beyrouth, 1968.

— Ġālīb, Admon, *Al Ḥaraka Al Qawmiya Al Kordiya* (Le mouvement nationaliste kurde), Éditions Dār Al Nahār Lil Nahār Lil Našr, Beyrouth, 1973.

— Al Ǧida, ʿAbd Al Karīm, *Ṯawrat Al ZaʿĪm Al Monqiḏ* (La révolution du chef-sauveur), Éditions Matbaʿ At Al Borhān, Bagdad, 1960.

— Al Ǧondī, InʿĀ, *'Ilā Ayn Yasīr Al Siyouʿlyoun Fī Al ʿIrāq* (Jusqu'où iront les communistes en Irak ?), Éditions Dār Al Našr Al ʿArabiya, Beyrouth, 1959.

— Graz, Liesl, *L'Irak au présent*, Éditions Trois Continents, Lausanne, 1979.

— Un groupe d'écrivains soviétiques, *Al Siyāsa Al Ḫārgiya Al Soviatiya Bayn ʿĀmay 1955-1965* (La politique étrangère soviétique entre 1955-1965), traduit en arabe par Ḫayrī Ḥamād, Éditions Dār Al Kitāb Al ʿArabī, Le Caire, 1968.

— Guerreau, A. et A., *L'Irak, développements et contradictions*, Éditions Sycomore, Paris, 1978.

— Ḫadourī, Maǧīd, *; Aw Arab MoʿĀṣroun* (Des Arabes contemporains), Éditions Al Dār Al Motaḥida Lil Našr, Beyrouth, 1973.

— Ḫadourī, Maǧīd, *Al ʿIraq̄ Al Gamhouri* (L'Irak républicaine), Éditions Al Dār Al Moutaḥida Lil Našr, Beyrouth, 1974.

— Ḥamīdī, Ǧaʿ Farʿ Abās, *Al Taṭaworāt Al Siyasiya Fī Al ʿIrāq 1941-1953* (Les développements politiques en Irak 1941-1953), Éditions MaṭbaʿAt Al Noʿ Mān, Al Naǧaf, 1976.

— Ḥamīdī, Ǧaʿ Farʿ Abās, *Al Taṭaworāt Wa Al Itiǧāhāt Al Siyasiya Al Dāḫiliya Fī Al ʿIrāq 1953-1958* (Les développements et courants politiques intérieurs en Irak 1953-1958), Bagdad, 1re édition, 1980.

— Ḥanẓal, Fāliḥ, *Asrār maqtal Al ʿĀʾĪla Al Mālika Fī Al ʿIraq* (Les secrets de l'assassinat de la famille royale en Irak), sans date ni lieu.

— Ḥarāz, Riǧab, *Al Šarq Al ʿArabī Fī Al Tāriḫ Al Ḥadīṯ Wa Al MoʿĀṣir* (L'orient arabe dans l'histoire moderne et contemporaine), Le Caire, 1967.

— Al Ḥasanī, ʿAbd Al Razāq, *Tāriḫ Al Wizārāt Al ʿIrāqiya* (L'histoire des ministères irakiens), Éditions Dār Al Kotob, Beyrouth, dix volumes, 4e édition, 1974.

— Ḥasoun, ʿAbd Al Karīm, *Taṣdoʾ Al Bašariya* (La chute de l'humanité), Éditions Al Maktaba Al ʿAṣriya, Beyrouth, 1969.

— Haykal, Moḥamad Ḥasanayn, *ʿAbd Al Nasser Wa Al ʿālam* (ʿAbd Al Nasser et le monde »), Éditions Dār Al Nahār, Beyrouth, 1972.

— Ḫayrī, SoʿĀd, *Min Tāriḫ Al Ḥaraka Al Ṯawriya Al MouʿĀṣira Fī Al ʿIrāq 1920-1958* (Sur le mouvement révolutionnaire contemporain en Irak 1920-1958), Éditions Maṭbaʿ At Al Adīb, Bagdad, volume 1, 1974.

— Ḫayrī, SoʿĀd, *Ṯawrāt 14 Tamouz* (La révolution du 14 juillet), Éditions Dār Ibn Ḫaldoun, 1re édition, Beyrouth, 1980.

— Ḫayrī, Zakī, *Molāḥẓāt Awaliya Ḥawl Al Iṣlāḥ Al Zirāʾī* (Notes sur la réforme agraire), Éditions Maṭbaʿ At Al Šaʿ Ab, Bagdad, 1974.

— Hilāl, Nāǧī, *Aḍwā ʿAlā Ḥokm ʿAbd Al Karīm Kassem* (Lumières sur le régime de ʿAbd Al Karīm Kassem), Éditions Dār Al ʿAhd Al Ǧadīd, Le Caire, 1961.

— Al Ḥilī, Sabīh Našʾ At, *14 Tamouz Yawm Ḫālīd* (14 juillet, une journée immortelle), Bagdad, 1959.

— Houzayn, Fāḍil, *Ṣoqouṭ Al Niẓām Al Malakī Fī Al ʿIrāq* (La chute du système royal en Irak), Éditions Dār Al Hanā Lil Ṯibāʿa, Le Caire, 1974.

— Houzayn, Fāḍil, *Tāriḫ Al Ḥizb Al Waṭanī Al Dīmoqrāṭī 1946-1958* (L'histoire du parti Al Watanī Al Dīmoqrāṭī 1946-1958), Bagdad, 1963.

— Iskandar, Amīr, *Ṣadām Ḥousayn, Monāḍilan waz Mofakiran Wa Insānan* (Saddam Housayn, lutteur, penseur et homme), Éditions Hachette, Paris, 1980.

— Hana, Ḫalīl, *Al ʿIrāq Amsoho WaĠadoho* (L'Irak, son passé, son futur), Éditions Dār Al Rayhānī Lil Ṭibāʿ A, 1re édition, Beyrouth, 1966.

— Karāktākos, *Ṯawrat Al ʿIrāq 14 Tamouz* (La révolution d'Irak, 14 juillet), traduit en arabe par Ḫayri Ḥamād, Éditions Al Maktab Al ʿĀlamī Lil Taʾ Līf, Beyrouth, sans date.

— Kerk, Georges, *Al Siyāsa Al ʿArabiya Al Moʿāṣira* (La politique arabe contemporaine), Éditions Al Dār Al Qawmīya Lil Našr, Le Caire, sans date.

— Koba, Moḥamad Mahdī, *Moḳarātī Fī Samīn Al Aḥdāṯ 1918-1958* (Mes mémoires au cœur des événements 1918-1958), Éditions Dār Al ṬalīʿA, Beyrouth, 1965.

— Al Kobaysī, Bāsil, *Ḥarakat Al Qawmiñ Al ʿArab* (Le mouvement des nationalistes arabes), Éditions Dār Al ṬalīʿA, Beyrouth, 1974.

— Lakour, Walter, *Al Itiḥad Al Sovietī Wa Al Šarq Al Awṣat* (L'Union soviétique et le Moyen-Orient), Éditions Al Maktab Al Tiğarī Lil TibāʿA, Beyrouth, 1959.

— Lénine, *Noṣouṣ Hawl Al Mazā'Il Alʿaskariya* (Textes sur les questions militaires), traduit en arabe par Al Hayṯam Al Ayoubī, Éditions Dār Al Ṭalī'A, 1re édition, Beyrouth, juillet 1972.

— Mağīd, ʿAlī Ḥasan, *Al Torāṯ Al Niḍālī Lī Ḥizb Al Baas Al ʿArabī Al Ištirakī* (Le patrimoine de la lutte du Parti Baas arabe socialiste), Éditions Wizārat Al Taqafa Wa Al IʿLām, Bagdad, 1980.

— Maktabat Ḥousayn Al Nourī, *Tawrat 14 Tamouz* (La révolution du 14 juillet), 2e édition, Damas, 1958.

— Al Malāḥ, ʿAbd Al Ġanī, *Al Tağroba BaʿD 14 Tamouz* (L'expérience après le 14 juillet), Éditions MaṭbaʿAt Maʿtouq, Beyrouth, 1966.

— Marcel, Gabriel, *Présence et immortalité : journal métaphysique 1938-1943 et autres textes*, Éditions Flammarion, Paris, 1959.

— Marcuse, Herbert, *Falsafat Al Nafī* (La philosophie de la négation), traduit en arabe par Moğahid ʿAbd Al Monʿim Moğāhid, Éditions Dār Al Adār Al Adāb, Beyrouth, 1971.

— Marwa, Ḥousayn, *Tawrat Al ʿIrāq 1958* (La révolution d'Irak 1958), Éditions Dār Al Fikr Al Ğadīd, 1re édition, 1958.

— Al Moḥamī, Ğāsim Moḫlos, *Moḏakarāt Al Ṭabaqğalī* (Les mémoires de Ṭabaqğalī), Éditions Al Maktaba Al ʿaṣiriya, Beyrouth, sans date.

— Moštāq, Ṭālib, *Awrāq Ayāmi 1900-1958* (Les pages de mes journées 1900-1958), Éditions Dār Al TalīʿA, 1re édition, Beyrouth, 1968.

— Al Našāšibī, Nāṣir Al Dīn, *Ḥafnat Rīmāl* (Une poignée de sable), Éditions Dār Al MowʿĪd Lil ṬibāʿA Wa Al Našr, Beyrouth, 1965.

— Al NiʿAymī, Aḥmad Nourī, *Al Siyāsa Al Ḫariğiya Al Torkiya BaʿD Al Ḥarb Al ʿĀlmiya Al Ṯāniya* (La politique étrangère turcque après la Deuxième Guerre mondiale), Éditions Dār Al Ḫoriya, Bagdad, 1975.

— ʿOda, Moḥamad, *Ṯawrat Al ʿIrāq* (La révolution irakienne), Éditions Dār Al Nadīm, Le Caire, 1958.

— Al Rikābī, Fou Ād, *Al Hal Al Awḥad* (La seule solution), Éditions Al Šarika Al ʿArabiya Lil ṬibāʿA Wa Al Našr, Le Caire, 1963.

— Riziq, Monīr, *Mo'Āmarat ʿAbd Al Nasser* (La conspiration de ʿAbd Al Nasser), Éditions Dār Al Bilād, Bagdad, 1959.

— Rondot, Philippe, *L'Irak*, Éditions Presses Universitaires de France, 1re édition, Paris, 1979.

— Rossi, Pierre, *L'Irak des révoltes*, Éditions Le Seuil, Paris, 1962.

— Sabrī, Mousā, *Moḥābir Saḥafī Warā' 'Ašrat Ṯawrāt* (Un journaliste des événements des dix révolutions), Éditions Dār Al Ma'Ārif, Le Caire, 1970.

— Al Ṣafār, Moḥamad 'Abd Al Karīm, *'Abd Al Karīm Kassem, Al Baṭal Al Ṯā'Ir* ('Abd Al Karīm Kassem, le héros révolutionnaire), Éditions Maktabat Al Ṯawra Al Fikriya, Bagdad, 1961.

— Al Ṣafār, Moḥamad 'Abd Al Karīm, *'Abd Al Karīm Kassem Kamā Ariftaho Fī Šaḫṣiataho Wa Za'Āmataho* ('Abd Al Karīm Kassem comme je l'ai connu au travers de sa personnalité et de son commandement), Éditions Maktabat Al Ṯawrat Al Fikriya, 2e édition, Bagdad, 1959.

— Sainte Marie, François de, *L'Irak rouge ? Kassem entre Moscou et Le Caire*, Éditions La Table Ronde, Paris, 1960.

— Šarī, Moḥamad Bāqir, *Al'Irāq Al Ṯā'Ir* (L'Irak révolutionnaire), Éditions Dār Al Kitāb Al 'Arabī, Beyrouth, sans date.

— Al Šawi, Fāliḥ, *Za'Īm Molham Wa Qā'Id 'Aẓīm* (Un chef éclairé et un grand dirigeant), Éditions Dār Al Yazẓa Al 'Arabiya Lil Titbā'A, Bagdad, 1962.

— Al Šāwī, Mondir, *Al Qānoun Al Distourī Al 'Irāqī* (La loi constitutionnelle irakienne), Éditions Maṭba'At Šafīq, 2e édition, Bagdad, 1956.

— Šawkat, Nāği, *Sirat Wa Ḏikrayāt Tamānīn 'Āman 1894-1974* (Biographie et mémoires de 80 années 1894-1974), Éditions Dār Al Kitāb Al Ğadīd, 2e édition, Beyrouth, 1975.

— Sayf, Mālik, *Tağrobtī Ma'A Al Ḥizb Al Šiyou'I* (Mon expérience avec le parti communiste), Éditions Foū'Ad Karam, Beyrouth, 1974.

— Al Šītī, 'Abd Allah, *Mo'ğizat Al 'Irāq* (Le miracle d'Irak), Éditions Dār Al Ayā, Damas, 1958.

— Al Siwīdī, Tawfīq, *Moḏakarātī Fī Nisf Qarn Min Tārīḫ Al 'Irāq Wa Al Qaḍiya Al 'Arabiya* (Mes mémoires d'un demi-siècle de l'histoire de l'Irak et des affaires arabes), Éditions Dār Al Kitāb Al 'Arabī, 1re édition, Beyrouth, 1969.

— Snow, Peter, *Hussien, A Biography*, Éditions Bassle and Jenkins, Londres, 1971.

— Al Ṯalabānī, Ğalāl, *Kordistān Wa Al Ḥaraka Al Qawmiya Al Kordiya* (Kurdistan et le mouvement nationaliste kurde), Éditions Dār Al Ṯali'a, Beyrouth, 2e édition, 1971.

— Tully, Andrew, *CIA : The Inside Story*, Éditions William Morro and Company, 3e édition, sans date, ni lieu.

— Vernier, Bernard, *Armée et politique au Moyen-Orient*, Éditions Payot, Paris, 1966.

— Vernier, Bernard, *L'Irak d'aujourd'hui*, Éditions Librairie Colin, Paris, 1963.

— Al Wakīl, Fou'Ād, *Ğamā'At Al Ahalī Fī Al 'Irāq 1932-1937* (Le groupe de Al Ahalī en Irak 1932-1937), Éditions Dār Al Rašīd Lil Našr, 2e édition, Bagdad, 1980.

— Al Youzbakī, Tawfīq, *Dirāsāt Fī Al Waṯan Al ʿArabī, Al Ḥarakāt Al Tawriya Wa Al Siyāsiya* (Études dans le monde arabe, les mouvements révolutionnaires et politiques), Éditions Dār Al Kitāb Lil Ṭibaʿ A, Mouṣil, 1974.

— Zodo, Loqā, *Al Mas'Ala Al Kordiya Wa Al Haraka Al ʿOnṣiriya Fī Al ʿIraq̄* (La question kurde et le mouvement raciste en Irak), Beyrouth, 1969.

— Al Zoubaydī, Layṯ ʿAbd Al Ḥasan, *Tawrat 14 Tamouz 1958 Fī Al ʿIrāq* (La révolution du 14 juillet 1958 en Irak), Éditions Wizārat Al IʿLām, Bagdad, 1979.

Interviews

— ʿAbd Allah Maḥmoud Wanās, avocat général durant le procès de Al Ğadirğī, Paris, octobre 1981.

— Ḥamid Kassem, le frère de ʿAbd Al Karīm Kassem, Bagdad, juin 1979.

Article

— Jean-Paul Charnay, *Le militaire arabe entre le pouvoir et la révolution*, Cahiers internationaux de sociologie, 1972.

CARTES GÉOGRAPHIQUES

TABLE DES MATIÈRES

PREMIÈRE PARTIE

MISE EN PLACE DU RÉGIME

Premier chapitre
De l'Organisation des officiers Libres

Deuxième chapitre
Description tactique de la révolution

DEUXIÈME PARTIE

LES PARTIS POLITIQUES ET LE NOUVEAU RÉGIME (KASSEM ENTRE LE COMMUNISME ET LE NATIONALISME ARABE)

Premier chapitre
Kassem, sa vie et sa pensée politique

Deuxième chapitre
Les partis politiques et leur position vis-à-vis de la révolution

Troisième chapitre
Les conflits entre les partis

Quatrième chapitre
La crise du système
(le conflit entre Kassem et les nationalistes arabes)

Cinquième chapitre
Autres conflits

Achevé d'imprimer en juin 1989
sur les presses de l'imprimerie Laballery — 58500 Clamecy
Dépôt légal : juin 1989 Numéro d'impression : 812008

A RETOURNER LE :

21. JAN. 1991		
23. JAN. 1991		
23. FEV. 1991		